中華書局

大館

英治時期香港的
犯罪、正義與刑罰

潘鬘（May Holdsworth）
文基賢（Christopher Munn）著

林立偉 譯

香港港口：在城鎮上方山坡的旗杆右下方，可見一個有圍牆環繞的地點，監獄和總巡理府官署就
在其中。取自奧克特洛尼（Ouchterlony）《中國戰爭》（*The Chinese War*, 1844）。

1960 年代，置身民居中的域多利監獄廣角照。可見左方位於奧卑利街對面、1895 年落成的兩座新監倉一角。奧卑利街地底有隧道連接這兩座監倉和主監獄。在 1950 年代末或 1960 年代初，這兩座大樓改為警察宿舍，之後在二十世紀末拆卸。

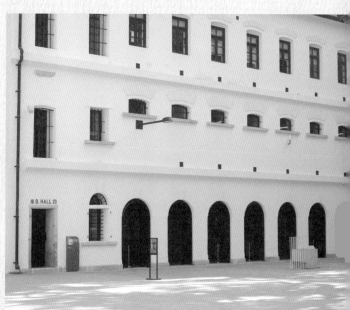

場址概覽（2016）

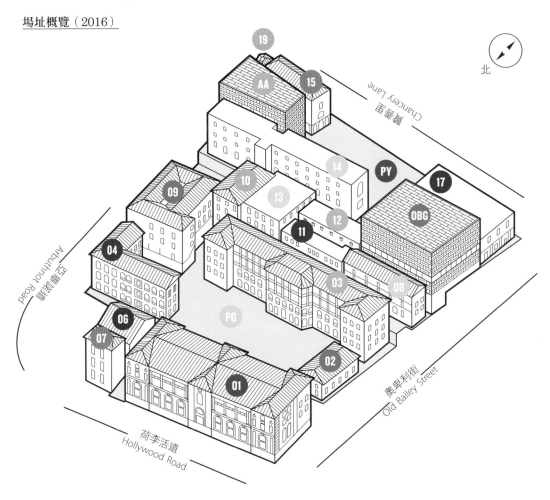

北

嘉賢里 Chancery Lane

奧卑利街 Old Bailey Street

荷李活道 Hollywood Road

亞畢諾道 Arbuthnot Road

01 警察總部大樓　Headquarters Block

02 槍房　Armoury

03 營房大樓　Barrack Block

04 總巡捕官宿舍、副巡捕官宿舍和已婚督察宿舍　Captain Superintendent's Quarters, Deputy Superintendent's Quarters, and Married Inspectors' Quarters

06 已婚警長宿舍　Married Sergeants' Quarters

07 未婚督察宿舍　Single Inspectors' Quarters

08 沐浴樓　Ablutions Block

09 中央裁判司署　Central Magistracy

10 監獄長樓　Gaol Superintendent's House

11 A 倉　A Hall

12 B 倉　B Hall

13 C 倉　C Hall

14 D 倉　D Hall

15 E 倉　E Hall

17 F 倉　F Hall

19 紫荊樓　Bauhinia House

OBG 奧卑利美術館 Old Bailey Galleries（這座新建築現稱賽馬會藝方 JC Contemporary，由 Herzog & de Meuron 設計）

AA 亞畢諾綜藝館 Arbuthnot Auditorium（這座新建築現稱賽馬會立方 JC Cube，由 Herzog & de Meuron 設計）

PG 檢閱廣場　Parade Ground

PY 監獄操場　Prison Yard

被拆卸的建築物：

05 車房　Garage

16 工場和洗衣房　Workshop and laundry

18 辦公室　General office

已婚督察宿舍：2016 年 5 月，這座建築物在修復過程中有部分倒塌。

目錄

緒論 *18*

第一部分 | **中區警署**

第 1 章　營房大樓和警察總部大樓 *34*

第 2 章　英治時期的警隊 *58*

第 3 章　轉捩點 *100*

第二部分 | **中央裁判司署**

第 4 章　興建裁判司署，1847 年至 1914 年 *138*

第 5 章　香港英治時期的裁判司、社會與法律 *154*

第 6 章　案件百萬宗：中央裁判司署一瞥，
1841 年至 1941 年 *202*

第三部分 | **域多利監獄**

第 7 章　維多利亞時代監獄設計的遺跡 *246*

第 8 章　「收容空間不足的問題」 *282*

第 9 章　「希望死絕！」——入獄 *312*

第 10 章　懲罰、反抗與釋放 *350*

註釋 *388*

大事記 *406*

附錄 *416*

主要參考書目 *419*

圖片來源 *425*

緒 論

　　中區警署、中央裁判司署和域多利監獄矗立在前臨維多利亞港的山坡上，這三座建築物彼此毗鄰，位於這座城市的中心地帶，佔據荷李活道的一整個街區。在近年被新建的摩天大廈蓋過之前，它們居高臨下，睥睨低處山坡的其他建築物，其存在令人隱隱然感到不安。從建築角度看，它們是傳承自大英帝國的事物。儘管為適應本地情況和氣候，加入了中式瓦頂和遊廊，以遮蔽亞熱帶的炙熱太陽，但其主要建築元素全都令人想起與大英帝國的聯繫──羅馬多立克式圓柱、拱門和三角楣，還有刻在警察總部大樓外牆的「Ｇ」和「Ｒ」字樣*。四周圍牆看起來固若金湯，加上這些建築物巨大得令人望而生畏，也透露出一些無形的東西：它們是殖民權力的堡壘，是光芒閃耀的明燈，清晰明確地發出安全、法律和懲罰的訊息。

　　在正常情況下，生活和工作於這些建築物內的裁判司**、獄吏和警察，是不會有緬懷他們的紀念物。大體而言他們是普通人，而非那些名字和事跡會永久銘記於肖像畫和雕像的人物。但是，這些人確實擁有把他們永久紀念下來的事物──就是這些在 1995 年獲香港政府列為受保護法定古蹟、令人浮想聯翩的英中合璧建築。

　　一代一代的其他男女牽涉入刑事司法體制之中。在 1841 年至 1941 年間，超過一百五十萬人在中央裁判司署受審，當中主要是華人：賊匪和殺

---

*　譯註：代表當時在位的英王喬治五世。

**　譯註：舊稱巡理府、裁判道，在本書中會根據所述年代交替使用，一般情況則統稱裁判司。

人犯、拐子和強姦犯、小販和街童、流浪漢和醉酒水手、妓女和賭徒、欠債人和乞丐，有些有罪，有些是無辜的。他們因為觸犯了法律，罪行被報章報道，人生才因而被記錄下來。然而，這種紀念物的意義不亞於石造的紀念碑。歷史學家羅伊·波特（Roy Porter）說，如果重建築物而輕人，我們所得到的就只有文物，而非歷史。[1]

　　本書根據這三個機構的一些人物、他們身處的建築物，以及他們從事各種活動的環境，述說這三個機構的歷史。它涵蓋多種視角，但敘事的中軸仍然是人，還有他們的故事。敘述的時間線迂迴往返，上起香港英治時代開始的 1841 年，下迄中區警署、中央裁判司署和域多利監獄停止運作的 2005 年至 2006 年。當中一些事件帶有種族歧視的痕跡。在香港開埠初期，種族歧視在刑事司法體系中十分普遍，而這與其說是殖民管治的壓迫政策，不如說是不信任、偏見、誤解、沒耐心和恐懼所造成的結果，不過在緊急時期，這種歧視似乎常常是刻意為之，並且過分嚴苛。

　　2006 年，中區警署建築群的使用者遷出後，在香港賽馬會慈善信託基金支持下開展保育和活化工程，踏入其歷史的新一頁。經過一段時間的修繕和修復，並增建兩座新建築物後，十六座原有建築物和它們簇聚於其上的場址，蛻變成藝術、古蹟和休閒中心。這個原本是懲罰、救贖和死亡之地，現在對外開放讓公眾遊目審視，成為啟發薰陶和休閒娛樂之所在。

　　但是，在過去好幾十年，公眾對於這個令人望而生畏、諱莫如深和充滿謎團的地方避而不看。監獄不時爆發出囚犯淒涼的哀號，聲音大得整個社區都聽得到，令人確信這是苦難縈繞不去之地。那些受體罰的人所發出的嘶吼尖叫，摻雜瘋子「可怕的哭喊」，這些瘋子「令整間醫院或監獄一直吵鬧喧囂」。[2] 同樣令人驚恐、厭惡並挑起病態癖好的是公開處決。處決最早是在裁判司署的場地內舉行，從 1879 年起改在監獄操場。公開絞刑直至 1895 年才取消。

　　這個地點最初是在 1841 年被選為興建監獄和總巡理府官署（內有法庭）的場址，因為此地遠離人煙，但從這個正蓬勃發展的城鎮仍輕易可達。這個地點「寬敞通風，高於海面約三百呎，並距離海岸五六十

桿[*]」。[3] 不久後，亞畢諾道上就興建了一個像樣的法院——巡理府署，亦即今天那座中央裁判司署的前身，與監獄近在咫尺；到了 1864 年，新建的營房大樓也坐落在附近，成為中區警署（又稱中環總差館、中央警署）。

從外面看，這一切會是什麼模樣？路人見到一個由圍牆包圍的方正場址，北邊是荷李活道，此路名源自香港第二任總督戴維斯（Sir John Davis，又譯德庇時、德惠師）的格洛斯特郡莊園中的荷李活塔（Hollywood Tower，意即冬青林塔）；西邊是奧卑利街，此街道名稱暗喻倫敦的刑事法院，命名或許是帶有諷刺意味；東邊是亞畢諾道。亞畢諾據說是指英國財政部官員兼金融專家喬治·亞畢諾（George Arbuthnot）。[4] 這座「城」的南邊原本是堅道，這條路上建了擔任總巡理府[**]的威廉·堅（William Caine）上尉的新官邸。之後大概是因為周邊地區重新發展，令這個建築群的面積縮小，堅道下方一條名為贊善里的窄路就變成其南面邊界。原版的贊善里是在倫敦的霍爾本（Holborn），一直與衡平法院（Court of Chancery）和英國法律界相關。其後，這個場址北邊又興建了另一座警察建築物——總部大樓，令其範圍擴展至荷李活道。在那個時候，原本的裁判司署已拆卸，另外興建一座新大樓取代，並於 1915 年啟用。對維多利亞城的華人居民來說，這個地點是執法機構總部的所在：他們稱之為「大館」，也就是大差館之意。時至今日仍有許多人這樣稱呼它。

在 1845 年前開闢的荷李活道呈東西走向，大約與海旁和香港第一條通衢皇后大道平行。[5] 它的弧線和轉彎是順應地勢而建，此處地形由港島北岸陡然上升，從「陡峭山脊和深谷」直到「無數山峰」。[6] 對於不同的人來說，荷李活道是差異很大的街道。沿着這條路有民居、宗教場所、商業設施和製造業場所，因此它總是有一種不同社會階層雜糅混合的特質。除了出入警署、法院和監獄的人，往來於這條街道的人潮從最富有的商人、體面可敬的店舖東主和工匠，到娼妓、勞工、小販和乞丐都有，另外還有

---

[*]　譯註：一桿等於五碼半，約五米。

[**]　譯註：以前稱為大英巡理香港等處地方都閫府、巡理正堂，後來稱為首席裁判司。

描繪 1857 年香港島北岸風景的雕刻版畫。綠色標示位置為圍牆內的裁判司署和監獄。它們位於城鎮上方，
「高於海面約 300 呎」。

殺人犯、小偷和扒手。這條路所跨越的社區差異之大，大概是香港任何其他道路都無法比擬的。

荷李活道最東端與雲咸街交界之處，是擔任總巡捕官[*]時間最長的田尼（Walter Meredith Deane）稱為「本城歐人區」的中心。[7] 甚至位於其下方、威靈頓街的妓院，也是「歐洲的」，這些妓院領了牌照專門接待歐籍顧客，不招呼華人。[8] 荷李活道的西端在連接皇后大道西後終止，這個西段穿越了香港最惡劣的貧民窟。此地區在 1894 年的鼠疫後大規模重建，成為古玩和二手貨物買賣蓬勃的鬧區。這種買賣最初集中在荷李活道下方一條稱為摩羅上街的巷子，在第二次世界大戰後擴大，到了二十世紀末，愈來愈多器物珍玩、古董和藝術品不受限制地從中國內地流入，荷李活道上似乎每隔一間店舖就有一家古董店。之後日益高昂的租金把許多古董店和畫廊驅趕到別處，酒吧和餐廳就湧入填補空白，現在荷李活道東側一段是遊客和年輕專業人士聚會流連的地點。

在 1889 年底，這個城市的歐人區得到總督德輔爵士（Sir William Des Voeux）讚揚，他當時報告自四十八年前英國統治開始以來香港令人鼓舞的發展。此島原是「一塊荒岩，零星散佈各處的漁民小屋，是唯一的人煙痕跡」。[9] 到了 1889 年，如果某個人站在營房大樓最頂層縱目遠望，會看到雅致的柱廊房屋的屋頂，在草木蔥蘢的灰綠色山坡映襯下顯得艷麗明亮，所見景象往下直達海港，這個水深而狹窄的海峽，在填海造陸把更多的海洋範圍吞併後，會變得愈來愈狹窄。到了晚上，停泊港內數以千計小船和舢舨發出的燈光，猶如繁星閃爍，[10] 維多利亞城名副其實是一座閃亮之城。

在白天，這名觀察者會看到緊靠着海岸有「長長行列的碼頭和停泊處，堆滿商品的大型貨倉，售賣各種奢侈品及兩個文明所需物品的商店」。[11] 在它們的上方，如軍營、總督府、大教堂和植物公園之類的場所，明確宣稱此島是大英帝國的前哨。層層的台地朝山頂節節上升，而

---

[*] 譯註：當時香港警察首長的名稱，在不同時期也稱總差役官、總緝捕官、巡警道、警察司等。

近期建成的纜車把山頂與市區連接起來。在前一年,《歐人區保留條例》（European District Reservation Ordinance）通過,規定城內位置較高的地區不可有「華人房屋」,到了 1904 年,華人（除了僕役）被完全禁止住在較涼快的山頂高處。

那麼,華人住在哪裏呢?在開埠初期,他們住在維多利亞城的西端,這個「華人城鎮」是 1844 年港府把他們遷出中環後創建的。這個華人城鎮遍佈於稱為太平山的地區:其面積不到半平方英里,是一個由十多條狹窄街道組成的格狀區域,東邊以樓梯街為界,西邊以普仁街為界,南北是兩條與海岸線平行的彎曲道路,把這個區域夾在中間。南邊地勢較高的是堅道,而繞着這地區北方的是荷李活道的西段。

太平山被劃分為無數狹小地段,在其上紛紛興建起兩三層高的房屋,以容納從廣東各地蜂擁到香港尋找工作和機會的人。1888 年,在全港估計 21.5 萬總人口中,超過 10 萬人在那些建得密匝匝的廉價出租房屋中緊挨緊靠地生活。他們主要是遷移勞工,亦即殖民者口中的「苦力階層」。附近的摩羅上街和摩羅下街聚居了一群印度海員,他們和這些廣東勞工一樣,是這個城市的過客。極少移民會攜眷前來,所以此地的早期人口絕大多數是男性。這地區的妓院大為興盛,不用說酒館、賭場和當舖也很蓬勃。在殖民者眼中,太平山是罪惡淵藪。

此地區不但與罪案連在一起。這裏的房屋骯髒,排水設施差劣,食水供應不足,還缺乏像樣的廁所,是傳染病的滋生溫牀。這些房屋背貼背地興建,或者只以水溝分隔,而水溝不過是沒加蓋的下水道。[12] 在荷李活道附近的水池巷,一個家庭住在僅七平方呎的房間,還在唯一的牀底下養了好幾頭豬。[13] 極度擁擠和缺乏衛生設施,令這家人及此區內許多其他人一樣,不得不把睡覺、煮飯、玩耍、買賣和吵架等日常活動都搬到街上,造成他們與警察和其他政府機關直接衝突。

因此,荷李活道橫貫穿越兩個社會結構和種族迥異的世界,而中區警署則位於這兩個世界的中心。從一端走到另一端——由華人區走到歐人區,有時候會激起領土心態。在 1894 年初慶祝元宵節期間,數以千計的

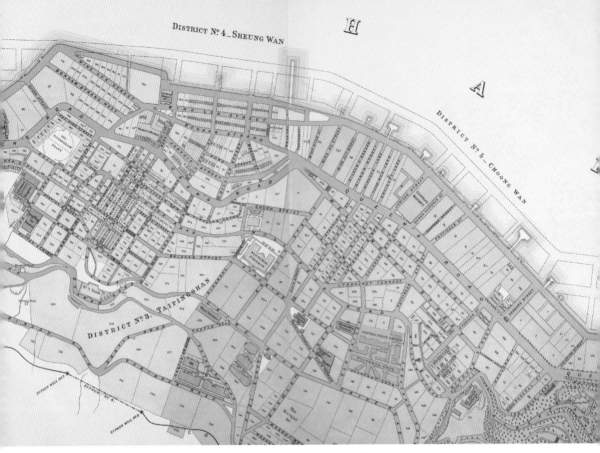

荷李活道從地圖左上角的佔領角（Possession Point，即水坑口）開始，經過圖中央的域多厘書院（Victoria College），在中區警署前方、雲咸街與亞畢諾道的交界處結束。此地圖繪於 1889 年。

維多利亞城約 1887 年時的白天景象。原雕刻版畫刊於《環球畫報》（L'Univers Illustré）（顏色是後來所加）。

VUE DE HO

Voir pag

人聚集在街道上,觀看舞獅隊伍沿荷李活道蜿蜒而行,經過中區警署直到皇后大道。這些吵鬧的群眾闖入歐籍人居住區,結果令人覺得滋擾過甚,兩名印度裔警察在德忌笠街一側的香港會(Hong Kong Club,舊稱新公司)嘗試阻止遊行隊伍前進。此舉幾乎引發暴動,之後幾天還演變為一些運貨苦力在西角(即西環)爆發族群械鬥,導致一人死亡和數人受傷。[14]

在警察和其他政府人員眼中,沒有辛勤工作的苦力是麻煩份子,甚至是潛在威脅。在開埠初期,苦力是香港人口的主要部分,他們自由往來於中國內地與香港島之間。有時候,在發生饑荒、王朝危機、政治動盪、戰爭和叛亂時,會大批來到這個他們認為較平靜繁榮的地方避難。在貿易蓬勃和大興土木的時期,殖民者慶幸在家門口就有隨時可用的廉價勞動力。華人工人參與了 1841 年維多利亞城初建時的第一波建築潮,包括興建了一座石砌監獄和總巡理府官署。但是,在經濟不景和失業嚴重的時期,遊手好閒的勞工在街上遊蕩,增加了社會的普遍憂慮和不安全感。其後,官員認為失業、無家可歸和罪案之間有關連。其他窮途潦倒的人淪落街上行乞。總巡捕官田尼在 1889 年報告,城中有 236 宗關乎「流氓、流浪漢、可疑人物和無業遊民」的案件。國家大醫師(Colonial Surgeon,又譯皇家醫生)艾爾斯(Philip Ayres)則觀察到,在 1889 年域多利監獄平均每

1857 年的文武廟。

日囚禁的 581 名囚犯中，多達三十人是在一週內被抓來的乞丐，他們被判處監禁七天至十四天。他說，這些人許多是肢體畸形或失明，要不就是長了可怕的瘡，他們將之暴露於人前以「博取善心」。[15]

　　沿荷李活道走到城隍街的街角，1877 年該處曾有一座用作臨時瘋人院的房屋。[16] 香港第一所官立中學——著名的中央書院（當時稱為國家大書院，之後改名域多厘書院和皇仁書院），在 1889 年從歌賦街的舊校園遷到這個街角一座華美寬廣的新建築物。這座校舍在 1941 年日軍入侵香港時受損，1948 年拆卸並重建為已婚員佐級警務人員的宿舍。警察遷出後，這座已婚警察宿舍獲保留下來，在 2014 年活化為「標誌性的創意中心」，並命名為 PMQ 元創方。[17]

　　舞獅除了為慶祝元宵，還為慶祝文武廟完成重修。供奉文昌帝君和武帝關公的文武廟建於 1847 年，今天仍然矗立在荷李活道原址，緊鄰太平山區東側邊界。文武廟是香港開埠初期的宗教和社會生活中心，並發揮「某種不獲承認和非官方的地方政府議會」功能。[18]

　　再往西走，我們來到 1872 年在普仁街開幕的東華醫院，這條街與荷李活道的南側垂直相接。東華的創辦原本是為向華人提供傳統中醫藥治療，但這間醫院還在其他不同方面服務華人社會，不但慢慢提升地位，還

積累了社會和政治勢力。但其影響力到 1889 年時已減退，後來社會檢討處理 1894 年鼠疫爆發的做法，東華醫院又捲入這場爭議中，令它不再獲港府信任，而它想要服務的華人也對之猜疑。[19]

在 1850 年代中期，這個華人城鎮逐漸往西蔓延。那時候，中國南方因太平天國起事大受蹂躪，數以千計因這場叛亂流離失所的人來到香港避禍。由於預計需要增建房屋容納這些人，名為西營盤的地區遂發展起來。該區闢建了街道，連接皇后大道西。雖然原本的盤算是西營盤會有較寬廣的街道和面積較大的地段，但該區不久就變得如太平山一樣擁擠。

1894 年被派去太平山區為鼠疫病人房屋清潔和消毒的史樂郡輕步兵團士兵（Shropshire Light Infantry），他們被稱為「清洗旅」。

這一切都將會改變。就在港督德輔發表其樂觀的報告後五年，香港爆發鼠疫，貧窮華人首當其衝，全部病人中有一半來自太平山區，當中百分之七十五至八十的病人死亡。在這個面積十英畝的地區中，許多房屋「狹小、陰暗、排水不良和通風欠佳，當中一些極度污穢，大部分被判斷不適合人類居住」。[20] 附近其他地區大街小巷的房屋，情況同樣惡劣，尤其是西營盤。這些房屋有不少是從事「煮脂肪」的工作，並且猶如「黑暗的洞穴，當中有許多腐臭的肉、脂肪和骨頭，其中一間充滿蛆蟲。這些地方發出的惡臭令人難以忍受」[21] 為防止再發生瘟疫，唯一方法是宣佈這些房屋不安全並予以拆除，而普遍看法認為一把火燒掉它們是最佳方法。根據《太平山收回條例》，385 間房屋被夷為平地。總督威廉‧羅便臣（William Robinson）承認這是十分激烈的改善手段，因為它會將「香港十分之一的地區摧毀和重建」。[22]

沿皇后大道前進的巡遊隊伍,約 1897 年。

　　清拆貧民窟改變了城市的面貌,但執法工作沒有因此而減輕。在之後
的歲月,關於屋宇和公共衛生的新法例日益進步,而愈來愈多人因違反這
些法例而須到裁判司席前受審,還因此被投入獄中。立法局議員鄧律敦
治(Dhun Ruttonjee)在 1956 年提到中環土地短缺,建議賣掉中區警署,
他說:「荷李活道猶如兔子窩,狹仄擁擠,令這個警署無法有效運作。」[23]
他的建議沒有獲得熱烈回應。儘管此地區人口愈來愈多,還有大規模的房
地產發展,但中區警署、中央裁判司署和域多利監獄一直運作至二十一
世紀。

「兔子窩」：在這張 1969 年至 1970 年的航空照片中，可見位於香港市區房屋最密集地區的中區警署、中央裁判司署和域多利監獄。

本書分為三部分。第一部分檢視維多利亞城的實體發展，並概述香港警隊建立與發展的歷史。第一章按時序記敍香港早年的建設，當中會談到警隊在營房大樓設立總部，以及其後遷往另一座警署建築物——總部大樓。這兩座大樓的一些建築元素，可以溯源至當時盛行於英國的折衷主義風格。第二章討論香港英治時代初期罪案氾濫的情況，招募幹練警官和警員的困難，警民之間溝通不良，以及連高級警察都貪污勒索成風等主題。第三章會進一步探討這些和其他被認為造成警察效率低下的弊端。田尼長期擔任總巡捕官的事業生涯毀譽參半，清楚凸顯了紀律和領導能力等問題。隨着十九世紀步入尾聲，警隊除了正常的警政工作，還常常要應付罷工、抵制和暴動等，令其在政治控制中的作用更顯突出。第二次世界大戰後，中區警署不再是警察總部，我們敍述的故事也在此時徐徐落幕。

第二部分審視在英治時代大部分歲月裏，中央裁判司署作為香港刑事司法中心和政府管治工具所發揮的作用。香港的裁判司署（舊稱巡理府署）源自十九世紀英國的治安法庭（police court），但其權力和功能有所變化，以適應香港的特殊情況。第四章關於先後建在這個地點上的兩座裁判司署的歷史，論述 1847 年建成的第一座大樓的不足之處，以及取代它的巍峨大樓建造時遇到的延誤與困難。第五章討論關於裁判司審判權限和判刑權力的變化，當中穿插一些重要裁判司的簡短記述。第六章以 1841 年至 1941 年的十一宗案件為例，勾勒這段時期的主要罪案類型，描述裁判司如何處理，以及我們從中可以得知當時的社會和經濟情況。這一章解釋了為何那麼多普通人會因為一些非刑事性質的輕微罪行而被關進牢裏。

第三部分涵蓋域多利監獄（從 1940 年代起稱為域多利羈留中心，其後又叫域多利監獄）存在超過 160 年的歷史。第七章追溯其建築的演變，重點介紹 1862 年落成的放射型監獄。這座放射型佈局的監獄建築影響深遠，後來日本和中國都採用。這座監獄迭經蛻變的建築實體仍然是我們討論的背景，但第八章集中論述官方對於其局限的反應。域多利監獄無法實行英國獄政改革者所主張的隔離制，令監獄管理者面臨兩難處境，他們常常被要求去達到一些目標，卻沒有獲得所需的資源，本章會加以檢視此話

題。第九章探討入獄程序、分類，以及對於男女和兒童囚犯的處理方式。之後會探討獄吏的工作，並簡短介紹一些監獄首長。大多數的囚犯是華人，幾乎全都對自己的命運默默無語。少數政治異見份子和被遞解出境者則留下關於獄中生活的片鱗半爪。第十章討論三個主題。第一個關乎各種不同方式的刑罰。監獄管理者擔心管理制度對待囚犯太溫和寬容，所以強調嚇阻，而其體現就是更嚴苛的紀律、更艱辛的勞動和更少的食物。另一個主題是犯人以暴動和其他暴力形式實行的反抗，最嚴重的是殺害獄卒。第三個主題是出獄。囚犯離開監獄的方式各異，從獲減刑、赦免到越獄都有。而最決絕的離開——「永去不歸」，就是被處決或自殺。

所有這些匯聚成香港社會陰暗的一面，與中區警署建築群那些「巨大、堅固和所費不貲的大樓」[24] 所形成的宏偉背景襯托，恰成強烈對照。我們嘗試去察看這個磚石背景背後的底蘊，以呈現這個城市一段不堪回首的過去，其癥結就是法律與街坊里巷的普通人之間荊棘重重的相遇。換個方式說，中區警署建築群是殖民者和被殖民者之間、英國人和華人及其他國籍人士之間互相接觸的關鍵樞紐。

這些建築物本身與這段過去密不可分。在香港，許多舊建築以現代化之名而被拆掉，這些建築物能夠存留下來，原本是很了不起的事，但這其實是出於一些歷史因素。它們被保存下來，部分原因是政府不願意花錢在沒有價值的罪犯身上，令這些建築物無法拆卸重建，遑論遷到新址，因此得以綿延存續：這些建築物一直使用，而且沒有被淘汰。另一部分原因是到了它們的使用壽命逐漸屆滿之際，香港社會正好愈來愈意識到須要保存這個城市的實體和文化遺產。1995 年，政府把中區警署、中央裁判司署和域多利監獄列為法定古蹟。獲指定為法定古蹟就限制了其未來的發展，到這個場址清空之時，就定下以保育為本的發展方向。中區警署建築群的翻新活化工作，開始時是側重於物質的項目，涉及建築師、工程師和承建商的參與，但不久就涵蓋對其社會史的探究。本書是此探究的成果，旨在令讀者認識那些經修復的建築物所蘊含的多層意義。

第一部分

中區警署

第 1 章

營房大樓和警察總部大樓[*]

我們今天所見由中區警署、中央裁判司署和域多利監獄組成的建築群，是經歷逾 170 年變化和發展的結果。這些建築物的建造時期不一，包括 1862 年建成的「維多利亞時代監獄設計的遺跡」，亦即我們今天所稱的 D 倉；1864 年竣工、雄偉龐大的營房大樓；1914 年落成、巍峨壯麗的中央裁判司署；以及建於 1916 年至 1919 年、更為典雅堂皇的警察總部大樓。本章論述營房大樓和總部大樓這兩座警隊建築物，以及相關的警察宿舍，把它們的一些設計特色，連繫到同時代英國和其他英國殖民地所見的建築元素。

1. 香港開埠初期的建設

若要論述這個地點的建築和發展，須從 1841 年香港英治時期的開始及其最早期建築物談起。根據幾名目擊者的說法，香港開埠初期的發展十分迅速。工程師奧克特洛尼（John Ouchterlony）寫到這個新的島嶼城鎮建造速度之快令人難以置信：「這些大興土木的工程進行得異常快速，土著城鎮維多利亞城原本滿目荒涼，只有街道和一排排房屋，都是由各種亂七八糟、不耐久而且易燃的物料搭成，此外幾乎別無他物，而經過了兩個

---

[*] 邁克爾・莫里森（Michael Morrison）、布里安・安德森（Brian Anderson）和希瑟・葉爾米（Heather Jermy）對撰寫本章有所貢獻。

月，在寬廣的市場旁，現在至少有一百幢磚造房屋。」[1] 在 1840 年代初隨英國遠征軍到中國的軍人坎寧安上尉（Captain Arthur Cunynghame）同樣大為讚歎：

> 在歷史上的各個時代中，大概沒有一個地方像香港這個城鎮興起得那麼快速，在 1841 年 8 月，這個荒蕪之地連一間房屋還沒有建造，一片叢林都沒有清理。到了 1842 年 6 月，這個城鎮的長度已遠遠超過兩英里，包含貨倉和商店，這裏稱為棧房（Go-downs），在其中幾乎所有貨物都能買到，無論東方的還是歐洲的，而且大部分的價錢都並非很不合理。[2]

奧克特洛尼口中「由各種亂七八糟、不耐久而且易燃的物料搭成」的房屋，是指在香港島北岸沿海濱興建的草棚和臨時倉庫。這個城鎮的建設本來不夠快速，但從中國內地蜂擁而來的華人承建商慣於隨機應變。不久後，那些臨時結構就變成較為永久的建築物，英國駐華商務總監兼全權公使砵甸乍爵士（Sir Henry Pottinger，又譯璞鼎查）寫道：「除了私人居所，還有廣大而堅固的貨倉、貨運碼頭、突堤碼頭等，從四方八面湧現。」[3] 順着海岸線而走的皇后大道，是在 1842 年年底開始成形。除了建築堅固的橋樑，幾百名工人受僱為開路而「爆破和開鑿，拓寬和挖溝」。他們不久就開闢出一條寬六十呎的大道，一些地方因為岩石過於巨大而無法開鑿，所以這些路段收窄至五十呎。[4] 翌年夏天，一名英國觀察家報告這條路「正在由許多苦力碾平，而當中的所有山丘、溝壑和湖泊，都盡可能變成了平滑的表面」。[5] 到了 1845 年，約建成了七百座石砌和磚造建築物，三分之一是歐洲樣式的。

如港督戴維斯爵士在 1846 年所承認，「若非有隨時可用的廉價和高效的華人勞動力」，[6] 所有這種建設原本是不能發生的。由於在初期缺乏指引或政府監管，這些建築物的設計和施工往往都很差劣。華人承建商不熟悉西方建築風格和其經濟因素，他們許多人違約或者破產，在投標中提出不

皇后大道約 1847 年時的景象，由布魯斯（Murdoch Bruce）所繪。原本想成為建築師的布魯斯，在香港開埠初期擔任監工，負責修建道路。他也是藝術家，留下一系列石版畫。在這些石版畫中，採石和碎石的華人勞工是一再出現的主題。這些工人有許多是監獄囚犯。圖左上角的山脊上往下數的第二間建築物，是 1847 年的裁判司署。中區警署之後會建於再往山下的不遠處。

切實際的報價：「幾乎所有因此與華人簽訂的合約最後都不得不由政府來完成，因為工程的估價太低，結果承建商和保證人等覺得自己會蒙受損失的人都一走了之，而在一些例子中他們被監禁。」[7] 然而，還是有大量華人承建商堅持參與這項工作，如同美國訪客蒂法尼（Osmond Tiffany）在 1849 年所見，建築物「動工和落成之快，恍如變戲法般輕易；今天才開挖地窖，第二天屋頂已經完成」。[8]

　　相對於磚頭築砌的廉價出租樓房，那些 1840 年代至 1850 年代建於中區警署場址上的最早期建築物，主要是以本地開採的石材（即花崗岩）和木材建造，這些都是當時英國建築常用的物料。香港有很多花崗岩，它是

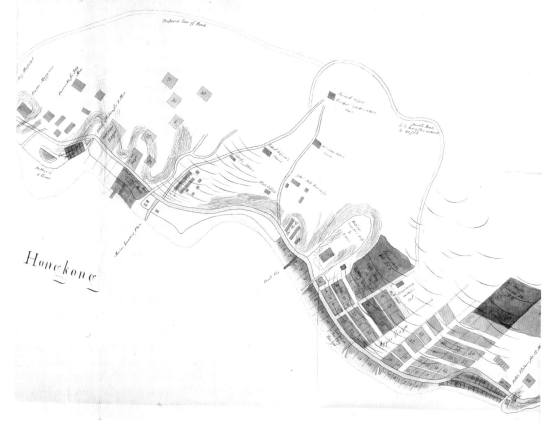

威廉‧堅上尉在 1842 年左右獲得裁判司署和監獄以東的一幅地（十號地段）。

堅固耐用的建材，尤其適合用來建造巨大的公共和商業建築物。這些建築物以因地制宜的英國建築風格建造，令人對英國在香港的統治有一種永恆長存之感。它們的設計也採借其他英國殖民地的做法，例如使用灰泥抹面（chunam，又稱灰泥土批盪），這是印度、新加坡和東南亞其他地方常見的建築材料。這種材料的混合方式隨不同地區而變化，成分包括沙、雞蛋、椰子殼和貝殼化石，而所有配方中通用的成分是生石灰。[9] 在香港首座監獄中，戴鐐囚犯工作隊的囚室地板就採用了灰泥抹面，其後監獄各建築物周圍的道路也以這種材料加上磚塊鋪設。

　　早期殖民開拓者在他們設計的建築物中融入其他建築元素，尤其是圓拱、隅石和三角楣，他們小規模地運用這些建築元素。例如，有證據顯示 1856 年的管獄官樓是有拱頂開口，而 1847 年的裁判司署則設有三角楣。這些組件既反映了歐洲建築風格，也有助營造整體的宏偉感。到了二十世

紀初總部大樓和中央裁判司署建造時，它們的多立克式圓柱和新古典主義式外牆，把這些風格表現得更淋漓盡致。可以想見，殖民者須要營造「他鄉是故鄉」的感覺，以忘卻因面對陌生和未知事物——無論是疾病、海盜搶劫還是戰爭——而產生的恐懼。如同在其他殖民地，殖民者會在家中裝設火爐之類的熟悉事物，不過也會因應氣候而採用一些常見的設計，如遊廊和落地玻璃門，令在炎熱的夏天也能加強空氣流通。香港長期被視為是一個不利健康的地方，殖民者盡一切努力以舒緩任何因「不慎曝曬於太陽底下」所致的疾病。[10]

2. 「中環總差館」：營房大樓

　　除了如火如荼地大興土木，有助於這座城市有秩序地開拓的機構也很快設立。最早的是略具雛形的警隊，由新任總巡理府威廉·堅上尉領導。當時罪案十分猖獗，威廉·堅馬上開始工作，其臨時辦公室大概是在這個新開拓城鎮邊緣搭建的草棚。到了 1841 年冬天，他有了一間連法庭的官署，這座官署雖然屬於這個島上最早出現的「外國」房屋，卻完全由「華人技工」建造，並且「外形酷似華人房屋」。[11] 威廉·堅這座設有法庭的官署，是香港第一座裁判司署，與監獄近在咫尺，而監獄在英國佔領香港的頭幾個月就成為不可或缺之物。理雅各（James Legge）牧師憶述 1840 年代初剛剛開始發展的維多利亞城時說：「往上望向砵典乍街，會看到當時的巡理府署和監獄，它們的主事者是令人生畏的威廉·堅少校。」[12]

　　面對愈來愈多人從中國內地蜂擁來到這個新建城市，維持法律和秩序就成為政府最大和持續的關注，除了賦予威廉·堅司法權力，政府還有其他安排。威廉·堅的草棚不久就變成了「差館」，坎寧安上尉有一天來到此處：

　　　我被大群民眾所吸引而來到差館，在這裏，一組三角形架子上展示了一對「尾巴」，那是剛從某些無賴流氓頭上剪下的，他們因為搶

劫而被逮。這幾乎是加諸他們身上的唯一懲罰，這些身體附屬之物的喪失……被他們視為除死刑以外最嚴酷和最重的懲罰。[13]

剪掉華人罪犯的「尾巴」，亦即辮子，是英國佔領初期施行的一種懲罰（見頁 167）。隨時間過去，有愈來愈多「差館」建立。政府早在 1844 年就招標在維多利亞城建造三間警署，並在赤柱建造一間巡理府署。到了 1851 年中區警署已建成，它的主入口在威靈頓街，通往報案室的入口在閣麟街。毗連士丹利街的北立面有三層，南面則只有兩層，這是一間很大的警署，外牆以磚砌成，地庫的牢房則是石砌。到了 1859 年，香港仔、堅道、東角（East Point）、黃泥涌和赤柱都建了警署。東角警署被命名為一號差館，因為它就在渣甸洋行（Jardine, Matheson & Co.，現怡和洋行）的豪華大宅 The Mount，亦即俗稱的「一號屋」對面。騎警隊和其後鋪設的「電報線」令各分館之間的聯絡通訊得以改善。這些最早期的警署，終於由受過正規警察訓練的總巡捕官查理士·梅理（Charles May，在《香港轅門報》〔Hong Kong Gazette〕中，他的漢名曾譯為玒、麽）來掌管。

在 1862 年，當局正在興建另一座大很多的新監獄來取代舊監獄，這座新監獄是參照英國本頓維爾監獄（Pentonville）的放射式佈局建造的縮小版，並分兩期施工，首先建造南半部。但這部分才剛竣工，港府就另有打算。港督夏喬士·羅便臣爵士（Sir Hercules Robinson）為了另一樁事情，要求梅理提出改善警察紀律和表現的建議。梅理提出了他後來承認對許多人來說是「昂貴、多餘和近乎愚蠢的」方案。[14] 梅理認為自己最棘手的困難，是無法讓手下集中在合適的宿舍內居住。因此大力主張把原本用

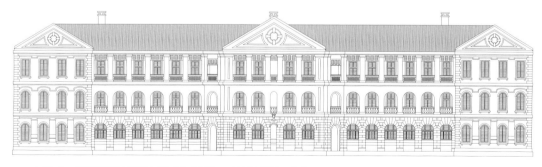

1864 年建成、樓高三層的營房大樓（北立面）。立面仍可見三角楣。

營房大樓和警察總部大樓

來興建監獄北半部的那幅土地，交給警隊興建營房和辦公室，改為在昂船洲另建一座新監獄，昂船洲是根據三年前簽訂的《北京條約》連同九龍割讓給英國。羅便臣對這個城市日益頻繁發生的罪案不寄予任何幻想，對梅理言聽計從。

興建放射型監獄的計劃被放棄，而在昂船洲興建新監獄的建議獲得批准，羅便臣總督着手開展梅理提出的計劃，在這個場址北部興建羅便臣口中「附有操場的中環總差館」。[15] 該處原有的監獄和一個守衛室將被拆除以騰出地方。

中區警署的設計方案不久就準備就緒，量地官（後稱工務司）基化里（Charles Cleverly，又譯急庇利）在 1862 年予以核准。這個方案建議一組建築物，為初具基礎的警隊提供所有必需設施，包括宿舍、辦公室、馬廄和牢房。但有一座主要建築物以鶴立雞群的姿態矗立：最初人們只叫它「中區警署」，後來稱為「營房大樓」（巴力樓）。

營房大樓。

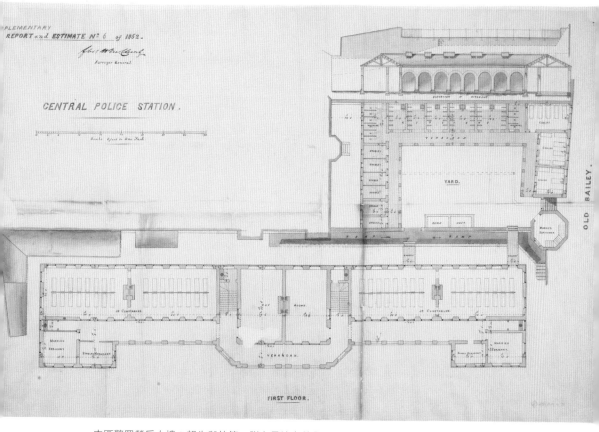

中區警署營房大樓：報告與估算，附有量地官基化里的簽名，1862 年。

歐籍和印度警察接受檢閱，1890 年代。背後是營房大樓。最左方入口旁邊的牆上以英文寫上「落案室」字樣。

1939 年 4 月 11 日在檢閱廣場舉行的獎章頒授儀式。

外部設計

1864 年建成的營房大樓高三層,從東向西擴展,橫越整個場址的中央。相較於樸實得有點單調的監獄建築,按照英式軍營準則設計的營房大樓較為華麗堂皇。其新古典主義式的北面外牆俯瞰前方的檢閱操場,外牆中央部分是一個削角的外凸門廊,其上方有三角楣。東西兩端各有相同形式的外凸開間。這面外牆的地面層有巨大的開放式花崗岩拱道,一樓和二樓設有遊廊。富有建築細節的遊廊甚具特色,這些細節包括一樓的拱形開口和車製石欄杆,以及二樓以壁柱分隔的長方形開口、扁平的石欄杆隔屏和木製遮陽板。這些富有英治時期設計特色的元素,在當時其他公共建築物中均可見,它們構成的建築語言,不但藉着共同的美學風格將這些建築物聯繫起來,還營造出一種權威感。在中央門廊與兩側外凸開間的頂端,都有古典山牆,山牆中央開了牛眼窗,是典型的英式設計。這些山牆在1906 年加建第四層時被拆除。此大樓坡度平緩的屋頂鋪蓋了中式瓦片。

在同一時間,這座主大樓的南邊也建造了一些附屬建築物,包括兩個小便池、六個廁所和兩間「木屑貯藏室」,它們集中在一條斜道之下,而斜道通往一個圍蔽式的馬廄院落。院落周圍有六個馬廄、五個廚房、兩間清洗室,還有三個供「苦力」用的房間,每間可容納五至六人。與這些馬廄相連的,還有供一名已婚警長居住的宿舍,他還有一座兩層高的八角形瞭望塔,從此處可直接出入馬廄院落,可見他的職責關乎馬廄的管理和維護。

內部設計

營房大樓可供 202 名單身警員居住,他們所住的長形宿舍房間,設於大樓中央的削角開間左右兩邊,房間窗戶朝南,遊廊向北。這種佈局顛倒了慣常把遊廊設在南邊遮擋陽光的做法,大概是因為如果按慣常方式,從監獄就能看見大樓內的一舉一動。挑高的天花板上的鑄鐵通風格柵,以及有圓形裝飾環繞的火爐,令住客無論夏天和冬天都感到舒適。面積最大的房間可容納 32 張牀,房間中有木屏風作分隔。所有這些特色,加上附有

木製遮陽板的落地大窗，還有供休閒之用的「康樂室」，為這座大樓增添家居生活氣息。

大樓東西兩端的外凸開間，有為高級警長而設的房間。最多可容納五名單身警長和同樣數目的已婚警長，供已婚警長使用的房間，寬度多了四、五呎，以容納他們的家人。

這座大樓全部三層都是住宿空間，所以供其他用途的地方所餘無幾。但是，在地面層仍有地方可闢設衣服貯藏室、洗手間、華人和印度翻譯員的房間，以及文員、總巡捕官和驗屍官的辦公室。從北面的主入口可直接前往一間扣留和落案室，這是用來向被捕人士問話、錄取口供和落案（或釋放）的房間。這房間有另一個外部出入口，通往一組五個牢房，這些牢房位於當時稱為營房里的地方，用來關押被警察拘捕的犯人。

在新的中區警署獲得住宿之地後，警察的紀律明顯改善，似乎證明梅理的想法正確。在 1868 年，歐洲人飯堂增加了「某些便利設施」，大家一起留在「營房的時間較多，而非一下班就往城裏去」。[16] 但是，住宿環境不一定是令人愉快的。不時有人投訴缺乏「像樣的廚房、茅坑、廁所和馬廄」，並且衛生尤其污穢不堪。[17]

3. 總巡捕官宿舍、副巡捕官宿舍和已婚督察宿舍

警官宿舍也是在 1864 年興建，這棟三層高的 L 形大樓（L 形呈左右相反並側躺於地上），位於這個場址的東北方。它建於原有一間守衛室的地基之上，保留了邊界牆上的階梯狀石托臂，用來承托兩個外凸開間。其設計風格和營房大樓一樣，有遊廊、拱形開口和裝飾的欄杆。

儘管如此，它仍然是像居所多於軍營，提供了比警員和警長宿舍更寬敞的空間。內部方面，其佈局是一連串獨立公寓，並有一間供總巡捕官這名最高級警官居住的獨立屋。東翼（字母 L 中較短的那部分）的三層全是總巡捕官的官邸，有客廳、飯廳、寢室、僕役宿舍和貯物室，東面外牆每層都有遊廊。至於北翼（字母 L 中垂直而較長的那部分），二樓是副巡捕

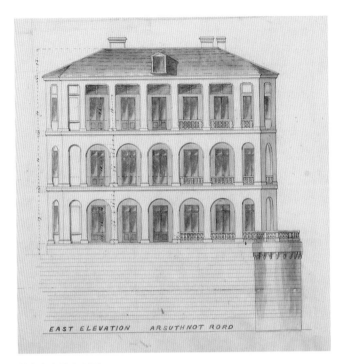

EAST ELEVATION   ARSUTHNOT RORD

警官宿舍的東立面。

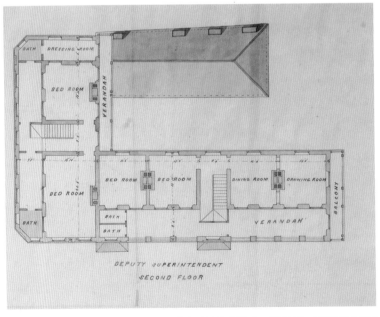

BATH DRESSING ROOM

BED ROOM

VERANDAH

BED ROOM

BED ROOM   BED ROOM   DINING ROOM   DRAWING ROOM

BATH

BATH   BALCONY

BATH

VERANDAH

DEPUTY SUPERINTENDENT

SECOND FLOOR

這座 L 形大樓,在加入一座增建的兩層高建築物後變成 U 形結構,這座兩層高建築物設有廚房和警官僕人宿舍。從這幅平面圖可見二樓副巡捕官宿舍的佈局和相鄰建築物的屋頂。

由亞畢諾道往上方所見的已竣工警官宿舍，約 1920 年。後方遠處可見中央裁判司署。

營房大樓的遊廊。

官居住的地方，有客飯廳、兩間寢室和兩間浴室。北翼也包含四間公寓，各有三個房間，這些供已婚督察（督察舊稱幫辦）居住的公寓，兩間在地面層，兩間在一樓，而北端設有共用的浴室。這些附有遊廊的公寓，可從中央樓梯出入。

這座大樓的南面有一棟毗連的兩層建築物，北側設有遊廊。這座建築物有三個廚房，分別為總巡捕官、副巡捕官和督察供應膳食，另外還有僕人廁所，以及兩間供巡理府署使用的囚室。一樓則有僕人的房間。

4. 已婚警長宿舍、未婚督察宿舍

在 1890 年代，在荷李活道與亞畢諾道（內地段第 215 號）交界處的一幅土地上，又再興建已婚警察宿舍。這個物業是以港幣一萬元買下，供副巡捕官和其他之前住在巡理府署北面一塊地（那時就在中區警署場址外面）上的租用房屋的員工使用。這塊地上有兩間屋，雖然「寬敞」，但無人居住，「幾乎是殘破不堪」。[18] 這些房屋被拆卸，改為興建新宿舍和其他建築物，包括曬衣間和浴室。

一位名叫亞學先生（音譯，Mr A Hok）的人獲得工程合約，並在 1896 年竣工。這些建築物屹立到今天（稱為 C 和 D 座宿舍，又叫已婚警長宿舍和未婚督察宿舍），它們屬於民房規模，設有懸臂式露台。較小的一座兩層高建築物，提供兩間分開的雙層獨立屋；而較大的一座樓高三層，提供三間分開的公寓，每層一間。

5. 中區警署擴建工程

其後需要更多住宿空間時，唯一可行方法就是向上發展——在營房大樓加建一層。這個方案已考慮了許多年，最終在 1904 年開展。要這樣做就必須拆除北立面的三角楣和山牆，還有原本的木桁架，屋頂瓦片當然也全部不留，不過「舊屋頂的主架構等會盡量使用，並在有需要時築建新的架構」。[19] 舊大樓的幾個部分經過加固，令它能夠支撐新增樓層。同時，

在香港會對面的海旁搭建了一些草棚，讓因二樓工程而須暫時遷離的人居住。

工程在 1906 年 5 月底完成並交給警方。新增的住宿設施包括：

兩間印度警員宿舍（每間有十八張牀）；另外兩間歐籍警員宿舍（每間十六張牀），一間供署理警長居住（有五張牀），還有兩間供警長居住（各有兩張牀）。另外還有圖書館、餐廳、桌球室，以及三間供僕役居住的小房間。其北面有一個廣闊的遊廊，幾乎完全橫跨整個立面。這個以紅磚砌成的建築內外都塗上灰泥，以配合舊有建築，成為它的一部分。房間地板是以硬木板鋪在硬木橫樑之上，遊廊地板則是以混凝土板鋪在軋鋼托樑之上。所有橫樑都是由軋鋼工字樑組成。[20]

此項目的開支高達 33,000 元，相關的強化工程還需額外的 7,579 元。

6. 總部大樓

雖然加蓋了一層樓，但新增的空間並不足夠，在 1911 年，營房大樓北面的檢閱廣場搭起草棚作為臨時措施。在 1913 年，香港總督要求殖民地大臣（舊稱理藩院大臣或藩政院大臣）批准興建可容納九十四名華人和五十名印度警察的宿舍、貯物室、警官餐廳、體育館，以及閱讀室和休息室。一年後，政府以約 244,360 元的費用收回緊鄰現有警署地點北面、面向荷李活道的一塊土地。這塊地上有十八座排屋，所以承建商生利建築公司（Messrs Sang & Lee Co.）的首要工作就是拆掉它們。到了 1916 年年底，這些建築物全都拆走了，新建築物的地基也完成。翌年，建安公司（Messrs Kien On & Co.）開始興建上層結構。鋼製的地板橫樑和屋頂桁架是向蘇格蘭的拉納克郡鋼鐵廠（Lanarkshire Steel）進口，而這些建材要到 1917 年年底才運抵香港，令這個項目實際上停擺了九個月。首批鋼材運

總部大樓北立面上刻有「G」和「R」的英文字樣。

荷李活道拾號。

總部大樓的南立面只有兩層。

總部大樓南立面今貌。

到後，豎立支柱和架設桁樑的工作就馬上恢復。總部大樓最終在 1919 年完成，花費 227,633 元。

外部設計

總部大樓並非二十世紀初在這個地點興建的第一座大型建築物。在 1914 年，位於東側邊界沿亞畢諾道新建的中央裁判司署落成。總部大樓是同樣堅固的建築物，但更巨大，佔據由砵典乍街起到奧卑利街止的整個北側邊界。而且它有整整四層樓高。一如裁判司署，其設計融入了許多歐洲建築特色。這大概可以歸功於羅斯（Leslie Owen Ross）（見頁 146）的參與。羅斯是工務司署建築設計處助理工程師，他在 1916 年就離開政府，但其簽名出現在提案繪圖之上。[21] 這表示儘管他沒有從頭到尾監督建築工程完成，但在設計方面參與甚多，而其總部大樓的整體佈局，總的來說比起裁判司署的設計更加揮灑自如，顯示了羅斯的建築師功力更趨圓熟。

總部大樓朝內和朝外的立面有迥然不同的設計，北面俯瞰荷李活道的新古典主義風格外牆十分華麗，南面朝向檢閱操場的外牆則簡樸得多。兩面外牆規模的不同，令設計上變化更加豐富，這個場址位於陡峭的斜坡之上，因此北立面有四層，南立面則只有兩層。整座建築物以紅磚建造，而北面外牆抹上水泥灰漿飾面。

北面外牆是沿行人路而建，事實上成為了這一側的邊界。這面外牆由

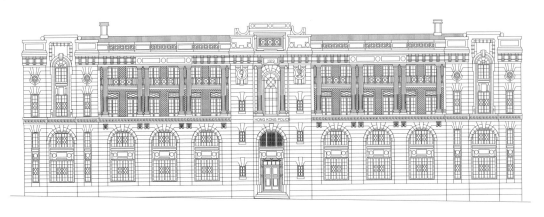

1919 年建成的警察總部大樓（北立面）。

十五個開間組成，中央和兩端最外側的三個開間外凸。它屬於新古典主義風格，更具體的説，是帕拉第奧式（Palladian），最下方的兩層（但它們高度太高，不符合意大利傳統）以粗琢石面砌築，加上着色灰泥飾面；而中央和兩端的開間，則由頂至底都採用這種手法。中央外凸開間有兩層樓高的巨大拱頂開口，當中是設有雙開門的地面主入口；上方是兩層樓高的窗戶，窗戶飾有圓形和交叉圖案，兩側有多立克式圓柱。

橫跨這些開間的地方形成了主樓層，亦即一樓和二樓設有遊廊的開放區域。在兩層樓高的內凹開間，建了一排由頂至底的柱廊，當中有柱身帶凹槽的羅馬多立克式併柱。二樓的欄杆有交叉和圓形圖案，這是從中央裁判司署挪用過來的設計元素，並且在總部大樓用得更為廣泛。

這個立面的裝飾元素十分豐富，包括風鈴草串花環和希臘風格的帶狀回紋裝飾。在護牆的那一層，正面外牆有簷壁飾帶，這是新古典主義建築的典型裝飾手法。此處的建築特色有壁面間飾、三豎線花紋裝飾、露珠飾，外凸的簷口底部還有簷底托板。[22] 簷口邊緣有八個獅頭滴水嘴，每個都連接到溢水管，以排走護牆後方扁平屋頂的積水。

有些裝飾也宣示了這個地方的權威，包括刻有「G」和「R」的英文字樣（代表當時在位的英國國王喬治五世）的圓形紋飾，以及地面層的束棒。束棒的形態是一捆束綁在一起的棍棒，在古羅馬時代是裁判官權力的象徵。

樓高兩層的南面外牆同樣有位於中央的入口開間，左右兩端有側樓，而地面層和一樓都有開放式遊廊橫跨。從這個方向，鋪了瓦片的斜屋頂清晰可見；在北面外牆看，這個屋頂卻隱藏在護牆之後。

東和西兩面的外牆非常樸實平淡。它們的地面層呈明顯的斜角，反映了所在位置的斜坡之陡峭。它們也連繫到南、北立面的設計，像南立面一樣，表面是外露紅磚，並且有以灰泥塗面的隅石和窗戶拱心石。由於總部大樓的這個立面只有兩層，檢閱廣場仍由營房大樓獨領風騷。

如果裁判司署和總部大樓的建築設計確實是出自羅斯之手，那麼，設計元素從這兩座建築物之間的過渡轉移就很明顯。總部大樓主外牆上的比

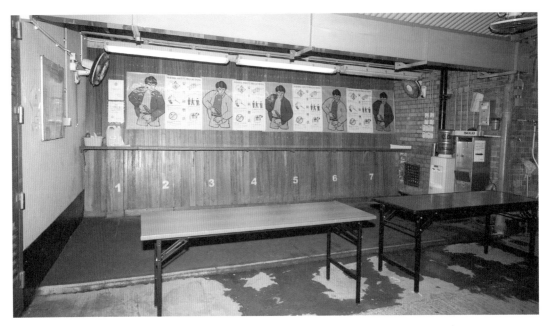

槍房內入子彈和退子彈區。

警察總部大樓地下的 01 室，日佔時期曾為日本海軍指揮官辦公室，戰後至大樓停用前一直為香港島總區指揮官辦公室。

例、裝飾元素和細節的應用，以及整體設計的清晰性，都比裁判司署更為精確，更為經過深思熟慮。值得注意的設計特色包括荷李活道上的中央公眾入口，它淋漓盡致地體現堂皇氣派，此外，建築物的四個樓層分成只有兩個水平部分，因而加強了宏偉感，還可採用盡量巨大的柱式，而其效果甚為可觀。

內部設計

從飾面和建築細節可見，總部大樓有清晰的用途分野、出入口安排和空間層次。這座建築物共有四層：地下一層和二層（即下層地庫和地庫）、地面層和一樓。下層地庫設有車庫、錫克教廟、清真寺、兩層樓高的體育館（連觀眾席），以及其他康樂用途的房間。改善休閒和運動設施顯然是考慮的重點。體育館用於體能訓練和運動之類的活動，例如防衛道訓練班和劍擊比賽。它也是頒發獎章和舉行茶會的場地。[23] 這座新大樓中的其他設施包括：地庫那層有四個供歐籍督察、警長和警員使用的休閒室；印度餐廳和供華人警察使用的大浴室和廁所。槍房也設於地庫。地面層有高級警官、文員和偵探的辦公室，還有拘留室和存放指紋記錄的房間。這些房間飾有模製簷口、掛畫軌道和其他建築特色。較高樓層用作營房住宿。一樓是為二十名印警和一百八十二名華警而設的宿舍和餐廳，連廚房、洗滌室和貯物室。[24] 這新增的住宿設施現在可收容原本臨時住在裁判司署頂樓的一些印度警察。

無論從荷李活道還是由檢閱廣場進入這座建築物，迎面所見是一個堂皇的中央大堂，當中有一道氣勢雄偉的花崗岩樓梯。位於檢閱廣場那層的主樓層有氣派不凡的空間，中央大堂內有多立克式巨柱、格狀天花板和鋪了裝飾地磚的地板。通往東西兩端的走廊有巨大拱形開口，上有拱頂石裝飾，牆壁還鋪上釉面牆磚。上層房間的飾面和建築特色不如主樓層那麼華麗，可見宿舍空間的主要設計方向是重實際用途多於美感。為了將從地面層進入大樓的公眾與住在上層的警察分隔，大樓東西兩端都另設較簡樸的樓梯。

7. 進一步的興建工程

中區警署和中央裁判司署建成後，維持治安的機構就集中在同一地點上。巡邏香港街道的警察在那裏吃飯、更衣和住宿，其他人就在此處的辦公室執行職務。被捕疑犯會被帶到此地問話，有的被釋放，另一些則被落案控告。被起訴的被捕人士會拘留在域多利監獄等候審訊，而受審地點是毗鄰的裁判司署。犯人如被定罪，就要到監獄服刑。

從 1920 到 1930 年代，這個場址沒有顯著變化。總部大樓已把僅有的可用土地都佔滿了，而

1960 年代警察總部大樓一樓警官餐廳門外，掛上 1915 年上水獵虎案後製成的虎頭標本。

現在四周興建了愈來愈多建築物，大規模擴張的範圍顯然已所餘無幾。但是，仍然可能做一些小規模工程和改動，以增加住宿空間。1925 年，在此場址西北角、總部大樓南面興建了新的槍房和貯藏室。這座建築物是兩層高的磚砌結構，包含設備貯藏室、服裝室、月刊貯藏室、保險庫、軍械庫、工場（用來維修槍械）和彈藥庫。為了保安，面向奧卑利街的窗戶全裝上鐵格柵和有鐵絲網的角鐵框架。在 1933 年，有需要額外的貯物空間，地面層的遊廊被圍封起來，在其上興建一樓的加建部分。

1927 年檢閱廣場有另一增建，當時要在裁判司署北面興建供監獄「摩托客貨車」和警車所用的車庫，因此須要拆卸與總巡捕官和副巡捕官宿舍相連的「老舊殘破」僕役宿舍。[25] 後來營房大樓背後的空地搭建了頂篷，變成有蓋停車棚，供警察電單車停泊。

8. 第二次世界大戰及其後果

1941 年 12 月日軍攻打香港期間，中區警署和監獄都遭受空襲而嚴重受損。炸彈擊中奧卑利街和堅道的交界、「監獄分發站」、副警務處長辦公室外的欄柵、砵典乍街和荷李活道的交界、威靈頓街，以及「中央囚室」。[26] 一名歐籍督察和兩名華人司機死亡，另外兩名警察受傷。[27] 營房大樓的地面層和地庫辦公室嚴重受損。助理警司威爾遜（Wilson）回憶：「我的辦公室着火了，我能活着逃出而只受輕傷，實在是非常幸運。」[28] 另一枚炸彈落在亞畢諾道和雲咸街的街角，損壞了裁判司署正面和這個場址東北角的警察宿舍。出生於曼徹斯特的夏飛麗（Phyllis Harrop）遇到了轟炸。她是香港政府人員，後來被派駐於當時在香港活動的國民黨秘密警察，她寫了關於自己戰時經歷的日記，包括逃到重慶。她和另外三名平民搬到總部大樓地庫的「作戰指揮室」（Battle Box）。在那裏的第一晚約 10 點半時，他們

> 被警署四周的槍聲吵醒。警務處長叫我出去查看，或者叫落案室的警察去看看發生什麼事。槍聲似乎是從這座建築物外面的荷李活道附近傳來。我還來不及問，一下巨大爆炸震得整座建築物搖晃起來，我被拋到牆上，幾個人壓在我身上。我奮力從人堆中爬出去，並趕快去找掩閉，但還沒來得及開口，又發生另一次巨大爆炸，似乎是地獄之門大開的光景。槍聲接二連三響起，各處的門窗都被震飛，玻璃破碎。[29]

夏飛麗還說，此時中國秘密警察無疑正積極遏制香港島的「滋事份子」。她指的是處決第五縱隊，在 12 月 13 日，有許多人遭槍決（見頁 129-130）。一名第五縱隊份子被發現胸前綁了一部小型發信機，並擁有日本人發出的通行證。[30] 到了 12 月 16 日，警察總部要遷往山坡下的告羅士打行；部分警察也撤退到附近的畢打行。[31] 第二天，中區警署再受到轟炸。

檢閱廣場上的芒果樹。

位於檢閱廣場一端的已婚警察宿舍，1864年落成，在2015年翻新時突然倒塌，仍在修復中。

在日本佔領香港近四年的歲月裏，日軍利用此處為香港島西區憲兵隊的總部（見頁130）。他們對於所使用的建築物，大概只做最低程度的修繕。這表示許多建築物都空置，被炸毀的部分沒有修復，也沒有定期維修保養。日本人也把槍房用作騎兵隊的馬廄，所以它後來被稱為「馬廄」。戰爭結束後，香港警察如果要重返這個警署辦工，顯然須加以修復。他們也進行了其他改動，加設垂吊式天花板，安裝機電設備供空調、照明之用，還鋪設互聯網線路等現代事物，無可避免會慢慢減損這些建築物的歷史特色，並炮製出風格和設計大同小異的典型辦公室內觀。

總部大樓開展更為重大的現代化工程，在1951年，大樓內兩層樓高的體育館增建了一層閣樓。由此所得的空間，有一部分改為無線電控制室。之後望向荷李活道的巨大拱形窗戶被改動，因而改變了這面外牆的整體面貌。而最顯眼的變化之一，是在1980年代採用藍白兩色的塗裝，警察和監獄建築物的窗台、門框、扶手和其他設施，都漆上這兩種顏色，其後成為香港所有警察建築物的標準色系，迥異於原本色彩較素淨的塗裝。

這個地點的開放空間也在此時期有所改變，包括檢閱廣場在1960年代末被改為停車場。到了1980年代，營房大樓後方興建了一座囚室大樓，用來關押被帶入警署的人，取代在1864年連同主大樓一同興建的一組分離式囚室。

從舊照片可見，至少從十九世紀初起，檢閱廣場已種植了樹木。第二次世界大戰後，當局曾嘗試重新種樹，以帶來生氣，令這個建築群顯得沒那麼荒涼寂寥。檢閱廣場上曾種植木棉樹、白肉榕、竹柏、朴樹和芒果樹，監獄操場則種了石栗、雞蛋花和南洋杉。檢閱廣場上的一些樹木在2009年被颱風吹倒。

第2章

▮▮▮▮▮ 英治時期的警隊

1877年，按察司（後稱首席大法官）士馬理爵士（Sir John Smale）談及當時罪案的情況時，觀察到香港警隊人數比起大英帝國其他地方都來得多。他把這個情況歸因於一個事實，那就是香港從其鄰居中國內地接收了一些「最惡劣、最危險的人物」。在六年前，據報告警察與人口的比例是1比255，遠比利物浦和曼徹斯特等城市為高。

香港至今仍然是世界上警戒最森嚴的城市之一。根據官方數字，在2016年的香港人口中，每256人就有一名警察，此比例與倫敦相若，比紐約來得高。今天香港警察總部設在灣仔，並設港島、東九龍、西九龍、新界北、新界南和「水警」六個總區。在將近一百年的時間，它的總部是設在荷李活道的中區警署，按照1867年至1892年擔任總巡捕官的田尼的說法，此處是「本城歐人區」的中心。[1] 多年以來，警察從這個警署四出維持治安、維持公眾秩序和清潔、滅火、指揮交通、拘捕非法移民、對抗恐怖活動，而最重要的是防止和偵查罪案。在英治時代初期，警察在這個滅罪舞台非常頻繁地與身邊的普通百姓接觸。

英治時期警隊的歷史與中區警署密不可分。幾乎所有本章和下一章描述的警察行動，都是由駐守中區警署的警員和警官開始，並以犯案者或疑犯被帶到這間警署結束。但是，我們的故事要由1841年威廉·堅獲任命為總巡理府說起，那時中區警署還沒有興建。威廉·堅認為這個地方的人惡毒墮落並懷有敵意，所以採取「軍事和東方式」的執法風格。他以鞭笞來懲罰犯法的人，聲稱這是借用自《大清律例》的權宜之計；為防止罪案，

他還實行宵禁。其繼任者查理士·梅理的手法或許稍有不同，但也多多少少是以防患未然的警政概念為基礎。為了搶劫、偷竊、襲擊和其他罪案而來報案的普通人不少，但由於這支警隊最初缺乏偵查罪案的技能，所以就採取預防犯罪的策略。這為我們帶來另一個題目：警察被用作社會控制的工具。警察須負責監視反社會行為和公然猥褻，以防止這些行為會惡化為更嚴重的刑事罪行，因此獲賦予權力清除街道上和房屋內的滋擾煩事，以及取締秘密娼寮和無牌賭館。

香港所採取的政策，與大英帝國其他幾處地方所見的一樣，其特點是以「陌生人」來執行警政工作。從 1854 年到第二次世界大戰結束時，超過一半的警察是從香港以外的地區招募，警官主要來自英國，警長和警員則來自印度。這無可避免在基層人員之間造成緊張，這群人來自多個不同種族，彼此沒有共同點，互不理解，語言也不相通。為顯示他們之間問題重重的關係，本章蒐集了一些進出於中區警署執行其職務的歐籍、印度和華人警察的故事。在整個十九世紀，他們嘗試應付一直居高不下的罪案率，並控制數目極多又往往遷移不定的華人，但卻力不從心，效率極為不彰。

1. 權傾一時的威廉·堅

一如其他佔領別人土地的強國，1841 年佔領香港的殖民者很關注維持治安和保障人命財產。當時最高級的英國行政官義律（Charles Elliot）踏上這個島嶼後不久就頒佈首名政府官員的任命：委派第二十六步兵團的威廉·堅上尉為總巡理府。這項任命賦予威廉·堅警察權力及拘留罪犯的權力，令他成為了香港首名警察首長和監獄長。

這位總巡理府權力很大，並且很認真地運用這些權力，以從罪案的混沌中理出秩序來。威廉·堅是大英帝國的產物，生於愛爾蘭，成長於印度，年輕時就參軍，1814 年當上軍官，曾參與多場戰役英勇作戰。1839 年第二十六步兵團遠征中國作戰，他是其中一員，戰事結束後隨軍到了香

這張水彩畫描繪 1845 年 11 月中國欽差大臣耆英訪問香港的情景。在畫中，左二站立、身穿紅色制服的人就是威廉·堅。耆英坐在中間，他的左方是港督戴維斯爵士，前方站立者是擔任傳譯的郭士立（Karl Gützlaff，又譯郭實臘、郭實拉）。

港，獲義律委任為總巡理府。他「自身體強壯得足以揹起戰鼓以來」[2]就一直身在行伍，對於要退出軍旅有點不大情願。

不過他還是滿懷幹勁地履行其民政職責，每週三晚孜孜不倦地親自到街上巡邏。他對英國法律一竅不通，並且喜歡採用《大清律例》中更為嚴酷的懲罰，因此被批評把軍營的規矩應用到此地的華人子民身上。他認為華人中十之有九是「墮落腐敗」，而「低下層歐籍居民」則有半數是如此。[3]他大力主張執行笞刑。他在 1842 年禁止所有華人於晚上 11 點後在街上行走，只有更夫例外，違者會被警察拘捕，這是他用來防止罪案發生的早期措施之一。其後又頒佈更為嚴苛的規例，要求華人居民在晚上 8 點至 10 點出門必須攜燈籠，10 點後除非獲得總巡捕官發出夜行執照（稱為夜紙、夜照），否則完全不准外出。夜照攜燈法例在動盪或政治緊張時期雷厲風行，在罪案率下降時則有時候暫時放寬，這是官方公然歧視最明目張膽的

體現，華人對之深惡痛絕，卻一直生效至 1897 年。

　　到了其職業生涯終結時，威廉・堅歷任總巡理府、定例局（後稱立法局）和議政局（後稱行政局）議員、輔政司和考數司等職位。他還有一段時間擔任護理總督這個新設立但只短暫存在的職位。但他的最後歲月令人傷感和扼腕。寶靈（John Bowring，又譯包令）在 1855 年到達香港出任總督後，威廉・堅的影響力大不如前，他曾申請多個殖民地職位，包括海峽殖民地總督，但都不成功。他在香港影響力龐大，自然有一些人向他行賄，以求左右司法，有利自己，因此威廉・堅被指貪污。報章對他大加撻伐，他控告揭露醜聞的記者臺特仁（William Tarrant）誹謗，雖然在訴訟中獲勝，但他覺得自己的人格在這個過程中受到懷疑。威廉・堅在 1859 年帶着病軀退休返回英國，四十五年來他一直在印度、中國內地和香港，甚至連休假時都從沒回過英國，對他來說這是個陌生之地。

2. 「百弊叢生與效率不彰之間的抉擇」

　　大量華人勞工、工匠和尋找機會的人，從中國內地來到這個新建立的城市，令其人口從 1841 年 5 月的 7,450 人，在英國佔領後一年內倍增至約 15,000 人。到了 1844 年，人口已接近原來的三倍。除了船員和駐軍，還有幾百名歐籍商人，他們迅速在沿着碇泊區的海旁地段建立碼頭和貨倉。人口中的大多數是中國的蜑民和來自廣東鄉村的移民，不過這些人不斷往來流動於香港和中國內地之間。當中有些不法份子前來這個愈來愈繁榮的地方，尋找容易下手的不義之財。早期的警察工作十分艱巨。首任戶籍官（Registrar General，後稱總登記官、華民政務司）費倫（Samuel Fearon）在 1845 年警告，香港已成為不法之徒、鴉片私梟和三合會的淵藪，而三合會成員「不斷犯下各種駭人聽聞的滔天罪行」。[4]

　　無法無天的狀況蔓延到這個島嶼以外，海盜湧入香港四周水域，經常膽大包天地襲擊船舶劫掠。對於欲在香港島北海岸興建房屋和於貨倉貯存貨物的商人來說，這些情況令人憂心忡忡。但歷任港督和官員都苦於無法

物色有合適能力的人來保衛他們的財產，從開埠之初起到往後六十年，這件事都一直窒礙難行。在 1872 年，英國在中國及日本最高法院（時稱「大英按察使司衙門」）的首席大法官（「大英按察使」）洪卑爵士（Sir Edmund Hornby）說：「為香港建立一支警察隊，在我看來，是百弊叢生與效率不彰之間的抉擇。」[5]

最初，威廉·堅旗下有一支「土著警員」雜牌軍，他們是「華人中最齷齪卑劣之徒」。[6] 這些人無力遏止橫行於這個城鎮的武裝匪幫，因此在 1842 年被解散。《華友西報》（*Friend of China*）抱怨，這個地方，「或者說這個殖民地的歐籍人」，可分成兩個階級，一個是曾被搶劫的人，另一個是快將被搶劫的人。這份報紙建議，居民應當「把他們的箱子釘在地板上，鎖好它們，睡覺時在枕頭下放兩把上好膛的可靠手槍」。[7]

九十名來自現役兵團的英國和印度士兵，再加上一些水手，由兩名軍官拉雜成軍，建成一支警隊。這兩人受命接手威廉·堅的警察職務。他們分別是第四十一馬德拉斯土著步兵團的哈利上尉（Captain Haly）和第十八皇家愛爾蘭兵團的布魯斯上尉（Captain Bruce）。雖然他們的任期很短暫，前者只有一星期，後者十一個月，但他們成功組織了一支印度夜間武裝守衛隊巡邏皇后大道這個主要通衢。一份報紙語帶稱許地指出，這支「印度斯坦夜間守衛隊」很快就遏止了過去十二個月毫無忌憚肆虐這地的夜行盜匪，提供了「幾乎完全的保護」。[8] 由於這些早期與軍隊的聯繫，無怪乎像 captain superintendent（指揮官）、barrack（軍營）、mess（飯堂）、sergeant（士官）、corporal（下士）、private（二等兵）等軍事用語會與英治時代的警隊連在一起。總巡捕官（captain superintendent）這個頭銜一直沿用至胡樂甫（Edward Wolfe）的任期（他是在 1918 年至 1934 年擔任警察首長），他在任內將之改為「警察總監」（inspector general）；1938 年再現代化為「警務處處長」（commissioner）。

那些退伍士兵和離職水手完全不懂中文、警務或偵查工作，是毫無效率的警察。他們與華人通事和「民間人」合作，而這些人常常利用自己的職務去敲詐勒索。馬禮遜學堂的一名學生描繪一片黑暗景象：「城內有

一些警察，有英國人和華人。華人非常殘忍，整天到處以不法方式斂財……岸上的水手總是醉醺醺，有些人會毆打華人和找他們麻煩。」[9]

警隊在 1844 年 5 月根據法例正式成立，經費由向房屋物業徵收的差餉來支付。由於當時香港是靠國會撥款來維持，而且之後好一段時間仍是如此，所以警隊開支在未來歲月都是英國政府和本地納稅人為之爭吵的題目。在下一年，當局通過另一項法例，[10] 嘗試遏止費倫口中三合會的「滔天罪行」。香港政府認為，遏止罪案的方法之一，是要

警隊根據 1844 年第十二號條例成立。

求所有抵達香港的華人申請登記票，列明姓名、年齡、家庭、身高、前居住地和職業。不遵從此規定的人會被罰以藤杖鞭笞。在 1846 年 4 月底，五十四人被罰每人鞭笞二十下和剪辮。原因是他們捲入了一場混戰，當時一名正在追捕偷竊疑犯的警察遭到一群華人擲石。那名警察之後帶同增援回來，卻認不出襲擊他的犯人，因此不管三七二十一以沒有登記票為由，從鬧哄哄的群眾中拘捕這五十四人。他們翌日在法庭上被判罰款，無法繳交就要受體罰，之後交給中國官員逐回原籍。

不過，登記制度作為一種警政管制工具並非完全成功。它無助於找出「天性邪惡的」[11] 華人，也難以限制他們的活動和行動，還會令屬於「優秀階層」的人不願意來香港，這些人包括被認為有助促進香港經濟的商人和熟練工匠。沒有人樂意去經歷登記的麻煩和受此羞辱，或者被視為潛在罪犯，有身份有名望的人尤其厭惡。事實上，廣州英商會的前秘書威廉·史葛（William Scott）說：「若想把一個人變成無賴流氓，沒有什麼比將他當作無賴流氓對待更有效，我在香港所見的情況，頗能證明這點。」[12] 史

4 Chinese Pirates who were hung at Hong Kong 1863   1863

在 1860 年代有超過五十名海盜在香港受審、定罪和受絞刑，畫中是其中四人。這幅當時所畫的鋼筆墨水速寫，出自皇家海軍的戴雷爾（E. M. Dayrell）之手，描繪海盜出庭的情況。

葛親身經歷一件涉及其僕人的濫權事件，令他有切身感受：

> 我約在早上 4 點從廣州抵達，然後前往自己的屋子，卻發覺外面沒有半個人。我得知我的守門人在前一天前去登記，而他把我稱為「鬼」。戶籍官問他：「你是否說你的主人是鬼：魔鬼？」他重複說「鬼」這個字，馬上就被送到監獄，在那裏關了好幾天，背上還被打藤二十下。[13]

另一項法例 [14] 賦予警察更廣泛的權力，而且變得更加擾民。這些權力是為制止耍壞生事或不守規矩行為，以免會變本加厲，增加干犯更嚴重罪行的傾向或機會。一項條文授權警察無需任何理由即可拘留任何有這種反社會行為的人，例如在街上和海港中丟垃圾。另一條文訂明，任何人在不

必要的情況下吹號角或敲鑼滋擾鄰居或驚嚇馬匹，皆屬犯罪。宗教遊行或節慶屬於例外，如果事前獲得總巡理府允許，可以舉行喧囂的慶祝活動。

其他會被懲罰的罪行包括在公共道路上吵鬧嬉戲，以及故意砍伐或損毀樹木和灌木。乞丐不可展露「任何傷口或體衰屍弱情況」博取同情和施捨；並且任何人都不得在公共道路或房屋附近沐浴或做其他「有礙觀瞻和不雅地」暴露身體的事情。事實上，警察在法律上獲全權進行各種行動：進入和檢查海港內的船艇；拘捕所有他認為擾亂公眾安寧的「不道德、無所事事和行為不檢之人」，以及任何他懷疑干犯或意圖干犯重罪或輕罪之人；此外還獲賦予權力拘拿「他發現在日落時分至早上 6 點之間，在任何公路、庭院或其他地方躺臥或遊蕩，而無法給予合理解釋之人」。[15] 因此罪行的定義非常寬泛。其背後構想是：受到監視和各種規例限制，原本打算為非作歹之人就不敢冒然犯案。但理想與現實往往有差距：巡邏的警員既缺乏技巧又未受過訓練，無法或懶得分辨哪些是歹徒蓄謀的犯罪，哪些只是飄蓬貧民迫於無奈的行為。

3. 查理士·梅理組織警隊

在 1843 年，香港首任總督砵甸乍爵士請求殖民地部從英國派五十名警員和四名督察到香港，組成一支訓練有素的警隊，但此要求因為花費過大而遭拒絕。最後只派來查理士·梅理和兩名督察史密瑟斯（Thomas Smithers）和麥格哥（Hugh McGregor）。

梅理在 1845 年 2 月到任後三個月內就擬定了計劃，把警隊人數增至168 人——71 名歐籍人、46 名印度人（他稱為「興都人」）和 51 名華人。這些人中，有部分會派駐赤柱和香港仔警署，21 人則派去當監獄守衛。人數最多的一隊會負責維多利亞城住宅和商業區以及港口的治安。梅理之父是倫敦警察廳的警司，他本人也是富有經驗的督察，他打算以倫敦警察為香港警察效法的榜樣，最厲害的裝備不過是警棍、燈籠和響板——響板轉動時會發出極大聲音，在需要時用來召援。（倫敦警察廳在 1880 年代開

香港首任總督砵甸乍爵士。

始試驗使用哨子，香港警察後來仿效倫敦警察廳，以哨子取代響板。）這些裝備不足以應付香港的武裝罪犯，所以華人和印度警察後來也配備短劍，歐籍警察就有火槍。梅理深知自己所建立的只是一支預防犯罪的隊伍。如他後來所解釋：「由於缺乏偵查手段，因此絕對有需要防患未然，預先杜絕犯罪的手段。」[16] 他靠派人日夜巡邏來做到這點；把三分之二的警力派去執行晚間勤務，他相信這樣會令搶劫加倍困難。他十分清楚外表對於增加權威和士氣能起重要作用，所以引入警察制服。他賦予新組建的水警更穩固的基礎，以巡邏香港水域對抗海盜入侵。然而，情況似乎沒有明顯改善，1856 年的警察調查委員會發現，由於「沒有水警，危害沿岸和海上民眾生命財產的罪案頻繁發生，並日益增加」，海港和登岸處「實際上完全得不到保護」。[17]

人們對於這支新隊伍的幻想很快破滅，到了 1858 年，警察無疑已故態復萌。一份報章抱怨，[18] 香港警隊的開支遠高於《香港轅門報》（後稱《憲報》）所報告的數字，但其成員大部分仍然是因為行為不端、酗酒或無能而從船上被革退的水手，簡言之就是「人口中的渣滓」。直截了當地說，這支警隊是「令英國統治之地蒙羞的最無能和令人厭惡的隊伍」。這份報紙繼續說，他們不是穿上整潔制服儀容端正，反而是衣服「殘舊破爛、邋遢油膩和東補西補；許多人的褲子褲管太短，露出整個腳踝」。腳上的靴子又陳舊殘破，可以窺見皮革後的腳趾或腳跟。

梅理絲毫不受這些批評影響，仍然是強硬、不妥協的總巡捕官，堅信為了保障香港的安全和福祉，體罰完全是必需的。一如威廉・堅，他所持的是當時在英國流行的觀點，把勞動階層窮人與流氓和罪犯混為一談。梅

理也不願意招募華人加入警隊，因為他們「在體能和道德上都很差勁」。他很蔑視華人婦女，説在此地 24,000 名婦女中，八成是妓女。他擔任警察首長十幾年，卻從沒學過廣東話，無法以下屬的語言對他們講話。

梅理效力於港督寶靈爵士的時期，政府官員貪污猖獗、醜聞不斷，他本人也捲入一次對官員行為失當的調查之中。在調查過程中，他的房地產投機活動曝光，揭發他擁有「一個惡名昭彰的妓院巢穴，地點非常靠近警署」。受到「來自政府非常巨大的壓力」後，[19] 梅理最後不情不願地放棄這些妓院。他靠房地產投機獲得大筆財富，1879 年去世時留下約 125,000元遺產。

在 1868 年前，總巡捕官的職責還包括滅火，最初是與軍隊和本地志願人員密切合作。1851 年 12 月 28 日，梅理和他的手下在當天晚上 10 點奉召去撲救一場災難性的火災。起火地點是靠近華人聚居的太平山區的裁縫店志昌號（音譯，Che-cheong）。梅理抵達時，火勢已經迅速逐屋蔓延，這些房屋的上層都以乾燥木材覆蓋，這令火勢更旺。不久後軍方帶同幾輛水車到達，港口船舶的水手上岸協助。為製造隔火帶，當局決定炸掉火焰燃燒路徑上的幾間房屋。但炸藥在皇家炮兵團的湯姆金斯中校（Lieutenant Colonel Tomkyns）和勒格中尉（Lieutenant Lugg）及時離開前就爆炸，兩人都被炸死。到了第二天黎明，火勢蔓延至皇后大道西海旁的建築物，摧毀了 450 間華人房屋，燒死「逾二十名華人，大多數是兒童」。[20]

在 1868 年，根據法例正式成立滅火隊，管理責任從總巡捕官交到稱為「滅火官」（Superintendent of the Hongkong Fire Brigade）的官員身上。滅火隊成員包括一些志願人員和警隊的人，所以一些警員和警長繼續兼任消防員，從這項額外工作中賺取津貼。在總巡捕官田尼眼中，這明顯不是理想的安排，他在 1871 年抱怨，把二十四名歐籍和四十名華人警員派去負責滅火工作，有損整體紀律，因為這些人必然脫離自己直屬上司的掌管，而這肯定有礙正常的勤務分派。[21]

查理士·梅理在香港歷任不同官職。1860 年九龍割讓後，他獲任命為

1878 年香港發生的一場火災。香港在十九世紀遭遇過幾次毀滅性的祝融之災，這場發生在聖誕節翌日的大火是其中之一，共焚燒了十七小時，燒毀城中超過三百座建築物，數以千計的人無家可歸。這幅以弗拉熱（Léon Frager）的插畫為藍本的雕刻版畫，刊於 1879 年 3 月的《世界畫報》（*Le Monde Illustré*）。

專員，並有幾年成為兩名巡理府（Police Magistrate）（見頁 179）之一。在 1879 年 4 月 25 日，在他請病假回英國途中，在新加坡附近死在船上。總督軒尼詩爵士（Sir John Pope Hennessy，他在任時漢名是燕桌斯）形容梅理是「本殖民地最資深、最優秀的官員之一」，認為其「意見甚有見地，本地經驗豐富」，「幫助很大」。軒尼詩在報告中說，去年夏天「香港情況十分惡劣，而梅理先生身為定例局罪案及警察委員會主席，我恐怕他工作過於勞累」。[22]

4.「一群市井的烏合之徒」

除了梅理口中的「興都人」，英治時期的警隊內還可以找到其他各色

人種。梅理列出這支警隊的種族構成時，稱他們為「一群方枘圓鑿之人」：

第一——歐美白種人

第二——果阿、澳門和其他西班牙、葡萄牙殖民地的土著基督徒

第三——印度土著，主要是回教或印度教徒，加上來自英屬北美洲、西印度群島殖民地和美國的有色人種，還有馬耳他人、阿拉伯人和馬來人。[23]

出自斯莫爾先生（Mr Small）之手的打油詩，描繪了對於這些主要族群的刻板偏見，這幾句「刻薄挖苦的打油詩」刊於 1871 年的《孖剌西報》（*Hongkong Daily Press*）：

他們說要給你一隊警察「維持和平安定」，

來者卻是碌碌無能的雜牌軍，西湊東拼。

我敢說，這是一群市井的烏合之徒，

不三不四，不知是什麼來路。

歐洲人爛醉如泥，錫克人身材高瘦，

我們說的話，他們一個字都猜不透；

來自不同部落的印度人好吃懶做，

華人偵探則愛收賄賂。

如我所聽所聞非虛假荒誕，

他們與賭徒、小偷和殺人犯狼狽為奸。

我說政府真可鄙，

拿公帑來養這群厚顏盜匪。[24]

從十九世紀末至二十世紀初的年報中隨意摘取有關英治時期警隊種族構成和人數的資料，可看出警隊一直奉行的政策，是不容許本地華人數目超過歐籍人和其他「外國人」的總和。「外國人」通常是指印度人，有一段時間也指來自牙買加的西印度群島人，後來則包括華北的中國人。在 1922 年，港督司徒拔（Sir Reginald Stubbs，又譯史塔士）建議吸收山

東威海衞警察隊中的歐籍人和華人，因為中國在幾年前開始談判收回租借地，英國準備撤離威海衞。時任副警察總監的經亨利（Thomas Henry King）因此奉命前往山東，在當地招募了五十名警察。第一批威海衞警察在 1923 年 3 月來到香港。他們被派往新界的警署，接替原本駐守當地的印度人。之後九個月又陸續有多批魯警到來，除了新界，還加強了九龍警署的警力。從 1926 年起，魯警人數愈來愈多，在香港警隊內形成一支陣容強大的隊伍。這些威海衞警察有的被派到衝鋒隊，有的則在 1930 年代與三十多名白俄警察共同組成反海盜護航隊，成為其中堅力量。這些北方人不但比南方的廣東人健碩（至少五呎七吋高）和剽悍，而且他們說不同方言，與廣東人並不團結，彼此事實上像是外國人一樣陌生。魯警的招募在 1940 年代中期停止，隨着自然流失，他們的人數在 1960 年代逐漸減少。

香港這支龐大的警隊，費用高昂卻沒效率。殖民者抱怨，付款維持一支如此拙劣無能的警隊，簡直是花冤枉錢。許多不滿和抱怨來自於偏見，關乎不同種族和文化的人的特質，另外是他們被派上用場時會如何表現的疑問。這個疑問從沒真正有定論，但有三個想法始終如一：最高指揮階層一定是英國人、蘇格蘭人或愛爾蘭人（亦即早期殖民者所稱的「歐洲人」）；較低級的警官和普通警員，以印度人為首選，尤其因為他們可以頗容易地（雖然所費不貲）從英屬印度調派來香港；至於「土著」，他們是否可靠很成疑問。問題是：華人警察在他們的同胞與英國政府的代表發生衝突時，會支持哪一方？例如，在 1922 年的海員大罷工中，華人警察和偵探明顯與罷工者友好融洽；據說，如果他們恪盡職守，本應很快把威嚇者統統拘捕，令這場風波迅速落幕。華人警察裏外不是人，效忠方面可能腳踏兩條船，風險太大，難以信任。歷史學家孫福林（Philip Snow）說：「英國人利用印度人來守住香港，把『分而治之』的經典原則運用得淋漓盡致。」[25]

總巡捕官田尼觀察到，「從世界各個角落」羅致人員，組成一支種族混雜的隊伍，「嚴重妨礙警隊的有效運用。必須克服許多對於膚色、種姓

DIGNITY AND——MR. B—RN—D;

OR

THE LATEST EDITION OF "JACK AND THE BEAN-STALK."

《中國笨拙》（*China Punch*）上繪畫「身材高瘦的錫克人」（右），
1868 年。

和民族的偏見……並在內部滋生了許多瑣碎的猜忌妒嫉，令通力合作以
促進公眾福祉的精神喪失」。[26] 當中最大的障礙是缺乏共通語言——歐籍
警官與印度部下之間；還有警員與警員之間，不論是印度人還是華人；而
最關鍵的是警察與他們負責保護的公眾之間。警隊編制中一直設有傳譯
員，而從 1869 年起開始嘗試採取更正規的措施應對語言問題，成立警察
學校就是個開端。但在田尼這名會說中文的前官學生的經驗中，缺乏稱職
語言人才的情況繼續長期令警隊難以有效運作。1893 年至 1901 年擔任總
巡捕官的梅含理（Francis Henry May）在 1894 年鼠疫最熾烈的時期承認，
逐屋搜查工作之所以能夠有效率地完成，須歸功於會說中文的歐籍警察和
能講英文的華人警察。但是雖然

對於會說中文的歐籍警察需求孔殷，可惜供不應求。中文並非一種十分吸引的語言，因此極難鼓勵人去學。我不大願意強迫大家必須學中文，以免令工資偏低的情況雪上加霜，使我們更難從英國延攬人才……[27]

梅含理在北京學過官話，這種語言在當時的香港派不上用場，但他還是親自編製一個新的初級讀本，用來教導印度和華人警員英文。這讀本內的課文有中文和烏爾都語譯文，1900 年開始在警察學校使用，據校長說：「馬上深受那些能夠以自己的語言閱讀的人喜愛。」由於其主題主要關乎警察勤務，所以「這本書非常有用，對師生都大有幫助」。[28] 另一個預計可收良好效果的鼓勵計劃，是印度人和華人如果英文考試及格，可以獲得津貼。至於歐籍人，所有警署都為他們開辦了日常中文班。

歐籍人

1850 年，歐籍警員的月薪是十五元，這樣低的薪金只能吸引到「素行不端」之人。但是，這些歐籍人雖然社會地位低下，卻無損他們的優越感，因為他們自視為與英國統治者站於同一邊。這些歐籍警察許多原本是士兵或水手，常常以高壓氣燄和種族主義態度對待華人，而在海外服役往往會助長這種態度。

這群烏合之眾並非住在營房，因為 1864 年前連一間營房都還沒建成，所以他們就住在能夠找到的住處，往往就是城內的旅館。而城中有許多酒館，他們常常受不住誘惑，到酒館大喝特喝廉價的酒。酗酒和玩忽職守在歐籍警察中十分普遍，在 1847 年短短一段時間內，法庭上接二連三有這類起訴，清楚顯示了這點：萊格（John Legg）因醉酒和使用粗言被罰三元；駐守監獄的喬利（Henry Chorley）因醉酒和無法執行職務被罰七元；伯恩（James Byrne）則被發現醉酒倒臥在警署的遊廊下，他十二次遭舉報行為不檢，被判罰十元或監禁一個月。1876 年 8 月 14 日晚上，一個倒霉的警員從警察營房一樓掉落，馬上送去醫院，後來死於「腦震

盜」。他的督察同僚杜斯（James Dodds）在日記中寫道：「根據猜測，死者是坐或躺在護欄上，之後睡着了滾下。他最近嗜酒成癮。」[29]

即使是住在營房內，生活也有種種艱苦之處，「一名憤憤不平而沒有敲詐勒索的警員」在 1866 年 1 月 24 日投書《孖剌西報》，據他說：那時候歐籍警員的薪水是 26 元一個月，而他須用這「微薄得可憐的工資」買食物，並且花錢找人煮給他吃。他獲供應被鋪和制服——夏天是原色斜紋布短上衣和褲子（這是一種粗亞麻布，憤憤不平的警員形容是「帆布緊身褲」，只比麻包袋稍好一點），附有藍色遮陽巾的硬殼防曬帽（遮陽巾是以平紋細布之類的薄布料製的薄紗，懸在帽子後方為脖子遮陽），畢竟，如果沒有一點保護，「沒有歐洲人能夠忍受在炎炎夏日的街道上經常執勤」。[30] 在冬天，他獲發藍色嗶嘰外套和褲子及軍便帽，還有每年一雙靴子，憤憤不平的警員抱怨它們完全不合腳，覺得尺寸彷彿是以碼為單位製造。每名新入職警察都獲編一個獨有的號碼，如 P.C. 59 和 P.C. 173，佩帶在衣領上。抵擋颱風暴雨則靠油布大衣。督察制服的款式沒什麼不同，但布料有差異，夏季服裝不是粗斜紋布而是白色輕帆布（非斜紋亞麻布或棉

藝術家筆下中區警署出現一頭豬的速寫，這涉及一宗警察勒索案件。背景是營房大樓。

布），而且他們的遮陽巾是絲綢的。冬季嗶嘰外套則帶有淡黃褐色的飾帶。

憤憤不平的警員指出，所有其他服裝都須自掏腰包購買。他承認，警察可以勒索到足夠金錢去買額外裝備。公眾肯定認為警察「敲詐」成風，但這是將少數人的過錯怪罪到整個警隊之上。他聲稱自己「沒有敲詐勒索」。

警長萊斯利（Henry Leslie）似乎就不是那麼潔白無瑕，他在 1866 年 2 月 20 日因濫用職權向黃亞周（音譯，Wong Achow）勒索五元而遭起訴。

黃亞周擁有一頭重一百磅的豬，這頭豬常常走失。一天牠閒逛時遇到警員戈爾丁（Anthony Golding），他把豬趕到中區警署。在戈爾丁去尋找豬的主人前，黃亞周已向戈爾丁的上司萊斯利警長報失，萊斯利把豬還給他，但堅持要黃亞周付出五元。在後來為此事舉行的審判中，辯方說這五元只是豬的主人因感恩而送贈的謝禮，而萊斯利是以個人而非「其職位身份」收禮。陪審團並不信服，判他罪名成立。法官在判刑時指出，警員勒索在香港非常普遍，但這也是性質極為嚴重的罪行，必須予以嚴懲。但是，考慮到萊斯利過往行為良好，他被輕判監禁六個月。

原本隸屬九十九兵團的戈爾丁是指控萊斯利的主要證人，他自己也曾被判刑。一天晚上他顯然喝醉了，跑到「妓院向一名中國人索取了兩元」，[31] 他因此受審並被囚禁十八個月。之後他獲接納重回警隊，他的上司解釋，這是因為他已無法返回軍隊，會淪為流浪漢。

副巡捕官賈曼（James Jarman）的表現好得多──至少一開始時是不錯。他是一名穩重的警官，曾短暫掌管域多利監獄，勤懇任事二十年，深受歐籍人和華人敬重。後來因為經常喝醉酒而變得不再那麼稱職，晚節不保。他之所以貪杯，無疑是因為「損人元氣的氣候」所致，[32] 這是酗酒的慣常藉口。他被奉勸退休，退休金被削減，並在 1870 年離開，離開時得到感謝狀、金牌匾和一首由華人因他保護此城和平安寧而贈予的「頌詩」。這首詩是這樣寫道：

愁眉淚眼送君別，

恩德感戴念勛勞；

福履永綏康寧享，

天賜純嘏凱澤深。[33]

　　偶然還是有些人抵受不住誘惑而違反警察規條。在 1876 年，隸屬「蘇格蘭分隊」的四十五名督察和警員中，有四人因酗酒而遭革職；而隸屬「倫敦分隊」的二十人中，則有一人受此處分。還有些人是因酗酒以外的原因被革職和監禁──同性戀是其中之一。1876 年杜斯於中區警署服役時，警員桑頓（Thornton）被發現在營房內與名叫亞滿（音譯，A Moon）的華人童僕有「違反自然的性關係」。[34] 他們受審後被巡理府各判六個月苦工監。

　　開埠初期，人員流失和折損率極高。比如，在 1870 年前後，歐籍和西印度群島警官的空缺率達到每年百分之五十：他們若非被氣候折磨或因酗酒成癮，就是患病身亡。許多人英年早逝，這點在香港墳場的墓誌銘上深刻可見：

詹姆斯・楊遜（James Youngson）之墓，祖籍亞伯丁郡，近任香港警察隊督察，1876 年 10 月 23 日卒於香港，享年三十五歲。

喬治・麥當奴（George McDonald）之墓，祖籍蘇格蘭羅斯郡斯托那威劉易斯，為香港警察隊一員，1886 年 12 月 15 日卒於香港，享年三十四歲。

約翰・韋伯斯特（John Webster）之墓，祖籍蘇格蘭威格敦郡格拉瑟頓，為香港警察隊一員，1887 年 12 月 21 日卒於香港，得年二十五歲。同袍特立此墓，以示愛戴敬重。

　　警長喬治・麥當奴據說加入警隊將近八年。他長期受慢性痢疾折磨。杜斯在 1876 年 11 月 20 日死於肺結核，享年三十四歲。據報告，1896 年

發生一宗原因不明的自殺事件：該年 3 月從倫敦警察隊招募的十名歐籍警察中，一人在抵達兩週後刎頸自殺。另有一些人在執勤時殉職，例如，1882 年一場火災發生期間，一間正燃燒的房子上層坍塌，壓死警員安德森（Robert Anderson），他得年二十六歲；在 1887 年 11 月 17 日皇后大道的大火中，警員福克斯（Stephen Fox）也被一間屋壓死。至於來自倫敦巴特西的副警長（Lance Sergeant）美刺氏（Harry Arthur Mills），則在 1909 年 1 月 21 日在油麻地執勤時遭槍殺，享年三十歲。1937 年 7 月 2 日，擔任警察槍械員的警長史葛（John Edward Scott），在警察總部槍房為了提供專家意見而檢驗一把左輪手槍時，意外把自己射死。

機利臣街慘劇的一名受害者同樣英勇，他是在 1918 年 1 月 22 日殉職的督察奧沙利雲（Mortimer O'Sullivan）。那天早上，身穿便服、沒帶武器的奧沙利雲，與警長奇勒（Henry Goscombe Clarke）和九名華人警察，前往灣仔機利臣街六號搜查贓物，當中四名華人警察配備了左輪手槍，據所得的消息，該地是一幫賊匪藏身之處。這次突擊行動出了很大差錯。他們發現屋內有六名男人、兩名女子和一名小童，掃蕩期間發生打鬥，之後有人連發多槍。五發子彈射入奧沙利雲的胸膛。打鬥之後蔓延到街上，在增援抵達前，命喪槍下的不止奧沙利雲，奇勒、兩名華人警探和印度警員莫拉星（Mullah Singh）都被奪去性命。匪幫有三人喪命，兩人逃脫，而第六人伍寧被捕。伍寧被控以謀殺罪，但因證據不足獲釋，其後又因一宗發生在九龍的謀殺案再被拘捕。

奧沙利雲獲得英雄式葬禮，長眠於天主教墳場。出席葬禮的人包括港督梅含理和警隊的代表，從總巡捕官馬斯德（Charles McIlvaine Messer）到消防隊員和中區警署的文職人員都來參加。在墓旁擔任喪主的是他任職督察的哥哥柏卓克·奧沙利雲（Patrick O'Sullivan）。

奧沙利雲兄弟屬於一批於 1896 年在梅含理授意下從愛爾蘭招募的警察。[35] 他有一名表兄弟埃德蒙·奧沙利雲（Edmund O'Sullivan），也服務於香港警隊，並且與另一宗轟動一時的謀殺案有關連，那就是楊衢雲謀殺案。

楊衢雲

楊衢雲葬於香港墳場，原本墳墓上只有「6348」這個號碼和石柱墓碑，説明牌則是後來增設的。

1901 年 1 月 10 日，中區警署接獲報案，指結志街五十二號有一名男子被冷血槍擊，位置為結志街與荷李活道西段平行。受害者是楊衢雲，刺客闖入時，他正為一群男童上英文課，刺客以左輪手槍向他連開四槍。一顆子彈射中楊衢雲的頭，其餘打入左肩、胸口和腹部。一名當時剛好在附近的華人警探聽到槍聲趕往現場，發現楊衢雲倒臥地上。楊衢雲被送去國家醫院（Civil Hospital，早期也稱皇家醫館）後不久，中區警署的警察就到達案發現場。[36]

楊衢雲在第二天早上去世，享年四十歲。他是名改革者，也是孫中山的盟友，自 1895 年起一直參與發動試圖推翻清廷的起義。1900 年，楊衢雲和孫中山策劃在惠州起義，但事情並不順利，楊衢雲盡最後努力營救一些同志，安排偷運炸藥到廣州。但事情敗露，不用説他成為清廷通緝的對象，兩廣總督懸賞兩萬元取他首級。

過了將近兩年半後，兇手李桂芬（又名呂超）被繩之於法，法官承認他並非開槍之人，而是前往楊衢雲住處殺害他的四人小組成員。殺死楊衢雲後，四人全部潛逃中國內地領取賞格。但兩年後李桂芬回到香港並馬上被捕。《德臣西報》（The China Mail）説，這個可憐的壞蛋「論罪責不及⋯⋯策劃這場謀殺並僱用這些殺手的中國官員」；[37] 但是，他「被判罪名成立並處以死刑，是罪有應得」。拘捕李桂芬並蒐集起訴證據的人就是埃德蒙·奧沙利雲警長，他為此獲得法官讚揚。

印度人

自布斯上尉於 1844 年以前士兵為成員組成的夜晚守衛隊後，印度人就一直在香港警隊中服務。到了 1854 年，警隊中超過一半成員都是印度人。在 1862 年夏喬士·羅便臣爵士擔任港督期間，總巡捕官昆賢（William Quin）增加印警人數。曾在孟買警隊服務多年的昆賢，從印度招募了 150 名當地警員。他和上司羅便臣一樣，深信香港警隊必須以印度人為主力。兩年後他和這些印警一同遷至新建成的中區警署。那時候印度人（包括孟買的印度兵）佔警隊人數的百分之六十三。

不過，這些「孟買和加爾各答印度人」表現遠遜於預期，似乎「精

神和體格年年衰弱，同時還達到領取養老金的資格」。[38] 這種沉淪墮落似乎反映了警隊的整體情況。羅便臣的繼任者麥當奴爵士（Sir Richard MacDonnell）對他所繼承的警隊的能力和操守甚有抱怨。他批評，從沒在任何英國管治的地方遇過或聽過像香港警察那麼腐敗和一無是處的隊伍。「它的每名成員都汲汲於收受賄賂……超過一半督察每月從妓院和賭館經營者得到的津貼，比他們的薪水還要高。華人受到恐嚇或誘使，向任何身穿權威制服的人付出某種勒索。」[39] 為應對這種惡劣情況，羅便臣安排昆賢退休，任命田尼取而代之，並解散孟買分隊，改以來自信德省的錫克人來取代。為招募錫克人，他派出副巡捕官祁理（Charles Vandeleur Creagh），祁理曾是印度旁遮普的助理地區警司，會說印地語。他不負所託帶回九十九名警員、六名警官、八名隨從和兩名翻譯員，還在印度買了十一匹「年輕耐勞的澳洲馬」供騎警使用。雖然把每匹馬運到香港的費用，是一名錫克警員的六倍，但麥當奴認為這筆錢用得其所，因為這些馬遠勝於本地買到的那些「體格差壞和疲乏無力的」馬。[40] 一年後祁理再招募 105 人和兩名總警長（jemadhar）。

長久以來具有戰士傳統的錫克人組成一支騎兵隊——普羅賓騎兵隊，這支騎兵隊在印度譁變中為英國人作戰，在第二次鴉片戰爭時也參與了北京附近的戰事。這支騎兵隊的一些士兵加入了香港警隊，1867 年 6 月他們抵達中區警署接受港督麥當奴檢閱，他們毫無疑問令人印象極為深刻：

> 這些人的儀容令人擊節讚賞。大部分人佩戴了勳章，並曾於印度譁
> 變和最近的對華戰爭中服役……他們一般都身材高大，大多超過六
> 呎，有些人高達六呎三、四吋……總督深為欣賞他們的外表儀容，
> 並向他們表達了這點，還說他們執行職務時，會獲得很好的照顧。
> 他向他們說的那幾句話……由他們的長官祁理先生轉述。這些人集
> 合起來回答……而他們說的話，即使其所用語言的細微之處，非大
> 部分在場歐籍聽眾所能聽懂，但從其表情和語調來判斷，顯然是表
> 示忠心耿耿之意。祁理先生將成為警隊的第二把手，地位僅次於總
> 巡捕官。[41]

「不肖之徒」，科利森—莫利（H.D. Collison-Morley）中校創作的石版畫，約 1909 年。一名歐籍警官手執犯罪者的辮子押解他，旁邊的錫克警察在觀看。樹下另有兩名戴上腳枷的犯罪者。

　　當局其後嘗試消除語言隔閡：歐籍高級警官被派去旁遮普受訓，而新招募的錫克人必須上英語和中文課。田尼在 1869 年報告：「錫克警員很快就熟悉他們工作的性質，許多人努力學習口語會話，以令自己更能發揮作用；然而，作為一支紀律部隊，在發生任何騷動時，他們無疑會大派用場，而將來會有這種需要。」[42] 事實上，若須派人去拘捕「醉酒鬼、騷亂份子之類」，有誰比起壯碩魁梧的錫克人更值得信賴？畢竟，「華人缺乏將醉酒歐洲人帶到警察局所需的體力」，而田尼估計，「兩名印度警員抵得上三個華人」。[43] 對錫克人推崇備至的還有祁理，他認為遇上重大緊急事故時，沒有人比錫克人更勇敢可靠。[44]

　　在 1900 年前，印警隊中都以錫克人為大多數。1898 年《展拓香港界址專條》簽定後，必須擴大警隊規模，此時旁遮普的穆斯林也受招募，「自此之後，警隊中錫克人和穆斯林的數目一直大致相若」。[45]

　　印度士兵在自己熟悉的環境中驃悍無匹的鐵騎，在香港這個城市的熱鬧街道和擁擠樓宇中，卻為執行法律而艱苦掙扎。他們不習慣本地環境，

最初無論英語或中文都不通，也不清楚自己的權限，處於進退維谷的境地。他們的外表或許令麥當奴總督很滿意，但換到不同環境，處於局勢緊張的時期，他們也可能令人望而生畏。例如，在 1924 年，受到印度阿卡利運動（Akali movement）一個好戰派別的宣傳影響，一些香港錫克警察在身上佩帶長十六吋的克爾潘彎刀（kirpan），這是一種有儀式功能的彎匕首，屬於錫克教五項代表信仰的事物之一（不剪髮是另一項）。總督司徒拔不反對細小的克爾潘彎刀，但殺氣騰騰的長克爾潘彎刀「不僅是反抗權威的象徵，而且由於錫克人好酒，所以是危險事物」。[46] 他請求殖民地部批准把堅持佩帶這種刀的警察革職。

有時候，甚至連他們的頭巾和鬍子也引來無謂的注意。1868 年 2 月某天，「哈特福德號」（Hartford）一名叫迪托（Ditor）的水手，與另一名水手一同上岸，喝了一兩杯後決定僱一頂轎子在鎮上四處遊逛。觀光之旅結束後，轎夫請他支付轎費，此時雙方發生爭執。一名巡邏警察奉召前來，把這兩名麻煩份子帶往中區警署。在押送途中，迪托「不滿這名錫克警察的關注態度，放肆地抓他的鬍子，拔出一大把毛髮」。[47] 這兩名情緒亢奮的友人在巡理府查理士‧梅理席前受審，「就他們這類被羈押的人通常所犯的控罪答辯，也就是醉酒和襲警」，此時這撮鬍鬚就成為重要的呈堂證據。迪托因肆意妄為被罰二十先令，至於他那名較循規蹈矩的同伴，則只罰一元。

至於香港居民，他們對印度警察常常激烈抗拒，無法接受自己要受制於他們眼中「有色外國人」的指手畫腳和頤指氣使。一首中文的順口溜言簡意賅地表達了他們長久以來對印度和華人警察的鄙視：

ABCD，
大頭綠衣，
追賊唔到
吹呶呶！

1920 年代，於山頂酒店外望。圖左平房為「肩輿站」（即轎站），很多轎夫在等待客人。平房於1947 年改建為餐廳。

「大頭」是指錫克警察所戴的頭巾；「綠衣」則是指穿綠色制服、頭戴藤製錐形斗笠、腿纏白色綁腿的華人警察。

理雅各牧師在 1872 年向警察調查委員會提供證詞，在他看來，認為「靠對華人習慣和語言一無所知的外國人組成有效率的警隊」，是十分荒謬的想法。「我覺得，沒有一個外國警察可以在這裏有效工作，這尤其可用來描述我們之前任用的外國人，也就是東印度和西印度人，因為華人十分蔑視所有有色人種。」不過他續說：「我認為錫克人是我們所任用過的人中最正直的。」[48]

本地華人對印度警察的反感情緒很容易爆發，從報紙的法庭消息定期會見到關於各種衝突的報道。在 1868 年 8 月的一件案件中，國家大醫師孖利（John Ivor Murray）的轎夫吳昆寶（音譯，Ng Kun Pow）投訴遭印度警員謝赫‧阿馬甸（Sheik Ahmadeen）虐待。他聲稱自己在前往取冰的

SIKH UT ANTE.

A.S.O.P. (loq.)   Now you understand?   You may always shoot a Chinaman.

「分而治之」：副巡捕官告訴一名錫克警員，可隨時向「中國佬」開槍。《中國笨拙》，1867 年。

路途中被這名警員攔下，遭到毆打，並被抓住辮子帶到警署，受到這種粗暴對待後，他現在無法抬轎子。吳昆寶說，他先是在雲咸街靠近德國會所（舊稱大普國公司）的地方，看到這名警員以頗「威嚴的姿勢」坐在一張椅子上。[49] 警員要求查看吳昆寶所帶的冰氈後，指控他非法藏有這東西，把他帶到中區警署。謝赫·阿馬甸自辯說，在雙方接觸期間，他被這名轎夫以「粗俗下流的中文」肆意謾罵，而且其實是吳昆寶堅持要到警署的。不管怎樣，謝赫·阿馬甸因做事過火而被罰兩元。巡理府在處理這宗案件時認為這是「錫克警察效率不彰的另一證據」，雖然「他們是優秀士兵，但當警察已顯然很無能，這並非適合他們的工作；除非以他們自己方言來說出，否則他們聽不懂命令；此外，他們天性非常遲鈍和愚笨」。[50]

對於印度警察的敵意不止語言上的謾罵。1912 年 1 月，一名男子被印度警員斥責在騎樓洗筷子，就向這名印度人投擲豬膽，然後逃之夭夭。

幾天後，船政廳外有華人移民聚集，喧嘩吵鬧，幾名印度警察試圖制止，被憤怒的群眾擲石，這些警察拔出手槍後他們才肯散去。1933 年 3 月，一名錫克警察在灣仔街市值勤，一名華人青年向他投擲木屐，被他躲過了。木屐卻擊中一名當時正經過街市攤檔的華人女子，她臉部挫傷要到醫院治療。

印度警察遭受來自各方面的敵意，很容易感到被孤立，或者態度變得冷漠，得過且過。無論如何，許多印度警察的主要目標是在返鄉前盡量積攢金錢。而為了省錢，「錫克人甚至連食物都省吃，損害自己的健康和工作效率。」[51] 總巡捕官梅含理肯定知道這點，所以在 1893 年於中區警署設立印度人飯堂，一個供錫克人用餐，另一個為穆斯林而設。之前這些人須自己預備飯餐，結果把太多時間花在煮飯而非休息之上。他們在宿舍吃飯，也難免令宿舍的「衞生潔淨大受影響」。[52]

有些人以另外一些方式來尋求慰藉和放鬆。按察司士馬理在 1870 年說：「在錫克警察之間，違背自然罪行頗為普遍⋯⋯他們這樣做會令華人趨於腐敗墮落。該隊的一名警察現今在獄中終生監禁，即使是獄中最罪大惡極的囚犯，都因其存在而受荼毒。」[53] 另一些人選擇輕生，原因可能出於沮喪、憤怒或絕望。1894 年發生了兩宗自殺事件。較後一宗發生在中區警署。警員蘇蘭星（Serain Singh）從華人飯堂的窗口胡亂開槍，射死了正在吃晚飯的警員程良（音譯，Ching Leung）後以卡賓槍自裁。約二十五歲的蘇蘭星是旁遮普人，兩年前加入香港警隊。

另一宗錫克警察明顯隨意殺人的案件，發生在 1936 年 7 月 26 日。四名印度警察蹲在中區警署印警宿舍的遊廊玩紙牌，有人開槍擊中其中一名警員沙挾星（Sahib Singh），他頸部中槍倒下，幾乎是立即斃命。其他人抬頭看，發現編號 B90 的警員拔加星（Bhag Singh）拿着冒煙的步槍指向他們。警員木多星（Bakhtawar Singh）沉着冷靜（他後來因表現英勇而獲警察銀章），悄悄走到拔加星身後奪去其武器。拔加星被定罪並判處死刑。他出於什麼動機犯案不見於記錄，他的死刑後來減為終生監禁。我們永遠無法知道他和蘇蘭星犯案時的精神狀態是否正常，到底是什麼巨大壓

力令他們崩潰失常，犯下沒有明顯動機的謀殺，也只能靠猜測臆度。

　　印度警察遇到可「敲詐」或勒索一點金錢的機會時，同樣抵受不住誘惑。1928 年 7 月某天，華裔司機劉德蔭把汽車停在干諾道，因無人看管引起阻塞，被傳召出庭應訊。劉德蔭聲稱拘捕他的印度裔交通警察向他索取「咖哩雞」。[54] 劉德蔭向裁判司解釋，咖哩雞是「茶錢或敲詐」的暗語。

　　在 1896 年，住在荷李活道十二號的高級警長阿塔星（Utter Singh）因為從事放貸活動被革職，並失去退休金，他在香港警隊服務十八年，其長官對他「十分滿意」。[55] 雖然放高利貸違反警察規例，但這種活動在印警隊中顯然十分普遍。針對阿塔星的具體指控，是指他向名叫達羅沙（da Rocha）的警察總部電話文員貸款五十元。據知阿塔星從事放貸活動已有好幾年。不過，為了一宗相對輕微的罪行而被即時解僱，這懲罰似乎重得不合比例。阿塔星立即向港督威廉·羅便臣爵士陳情，要求復職和恢復他領取退休金的全部權利；其後他要求把請願書交予殖民地大臣，並親往倫敦陳情。四十五名香港印度商人呈交證明信支持。他們聲稱，錫克人的某些性格特質，令阿塔星的案件受偏見影響，雖然錫克人或許「甚為重視金錢的價值，並且如蘇格蘭人一樣愛好儲蓄」，但他們「並非如人們所描繪的那麼齷齪不堪」。[56] 阿塔星的上訴最初遭駁回，大概是因為在他被革職後一年的 1897 年，發生了一宗聲名狼藉的賭博集團醜聞，而阿塔星的名字出現在此案中被指受賄者的名單上（見頁 97）。不過，所有那些請願書和表達支持的言論，最終引起殖民地大臣張伯倫（Joseph Chamberlain）注意，他經過小心重新審視後，決定把阿塔星的退休金削減百分之十五後繼續發放，條件是他要永久離開香港。

　　但是，對於錫克警員阿瑪星（Amer Singh），香港可說成為他長留之地（見頁 90）。他在一幫華人匪徒搶劫永樂街一間商店時遭槍殺，1894 年 11 月 30 日在快活谷火葬。當時他加入警隊只有兩年半，據說很受上司器重。他的葬禮莊嚴肅穆，兩名印度騎警為靈車擔任前導，在靈車後方，幾乎全體警隊成員以軍事隊形跟隨，當中包括錫克人、華人和歐籍警員，還有歐籍督察，殿後的是署理巡捕官柯士甫（George Horspool）和署理

輔政司駱檄（James Stewart Lockhart，又名駱任廷，後世將其漢名譯為駱克）。警員莫拉星的命運也類似，他在 1918 年 1 月 22 日的機利臣街槍戰中殉職。兩天後他的遺體送往飾滿花朵的錫克教廟，有儀仗隊迎靈，之後在廟內火化。

華人

在第二次世界大戰前，本地華人在警隊中一直屬於少數族裔，從沒超過總人數的一半。英治時期官員對華人警察能否信任有所猜忌；他們也認為華人體格太羸弱、操守太差劣，無法成為好警察。他們跟錫克人和孟買人一樣，一旦上級不注意，巡邏時就會故態復萌，回復一貫「懶散茫然」的態度。他們連在操練時都同樣沒精打彩，大概因為他們腳上穿的是「無聲的」中式鞋子。[57] 此外，歐籍和印度警察從一開始就配備武器，華人則不獲信任，不能配槍，直至 1878 年，能配槍的華人也只有三四十人。後來試驗成功，華人警察才在夜間巡邏時獲發左輪手槍。

另一方面，歐籍警察沒有能力與普通民眾溝通，須依賴華人偵查罪案。田尼說：「歐籍警官無論才幹有多強，如果沒有華人與他合作，他想要追查華人罪犯的下落必然是徒勞無功的。」[58] 他建議在中區警署附近租一間屋，方便線人就近居住。田尼也建議擴大為囚犯拍照存檔的做法，以協助認出慣犯。

有一段時間政府甚依賴會說中文的前港府官員高和爾（Daniel Caldwell）。高和爾組織了自己的線人網絡，一張報紙稱他們為「跑腿」。在 1866 年，這個組織在總督麥當奴支持下成為了半官方的秘密警察隊，1870 年 8 月 20 日的《孖剌西報》斥之為「本地行政機關中最引人非議的份子」。這支秘密警隊干涉各個與維持治安有關的政府部門的工作，包括船政廳、華民政務司署，不用說還有警隊。按察司士馬理也對高和爾這支隊伍側目而視，認為他們是香港的「國中之國」。副巡捕官賴斯（T. Fitz Roy Rice）覺得他們有時候或許能提供有幫助的服務，但高和爾的「非正規密探」常常濫用權力，敲詐勒索封口費包庇犯罪活動。[59]

同時，華人社會中日益富裕的商人對於警隊無力遏止罪案和保護他們的財產，日益感到擔憂。比起城中歐籍人區域，華商的物業財產得到的保護本來就較小，加上有關廣州局勢動盪的傳言，情況令人憂慮，必需採取行動自衞。一些商人決定自行僱請更練，由他們招募和支付開支。港督十分贊同這個計劃。麥當奴爵士其後向殖民地大臣解釋，這些更練所體現的

> 不僅是加強偵查罪案手段的構想，更代表了一個重要的目標，就是利用土著人口的積極支持和幹勁，與行政機關合作維持治安。華人仍然稱我們為「蠻夷」，他們對「蠻夷」所做的事多半漠不關心並嗤之以鼻，那些親身經歷和目睹華人這種傾向的人，會很明白彌合分隔這兩個種族的鴻溝是何等重要。[60]

1866 年成立的更練，根據法例是聽命於華民政務司，其巡邏範圍是主要商業區和港口及碼頭以外的區域。到了 1915 年，他們涵蓋的範圍擴展至九龍。第一批更練包括四十名練丁，由五名練目率領，他們每天由華民政務司和總巡捕官委派任務。由華人社會領袖組成的團防局為更練提供制服，並負責其管理。

但是，那些反對高和爾的「跑腿」的人，對於更練這支第三武力同樣以猜疑態度視之，原因是它令警隊與其他政府部門的權威分散，並且常常自行其是，不顧法規。《孖剌西報》同樣有此憂慮：「這些人究竟是不是執行警察職務？如果不是，那最好將之解散；如果是，他們應當確實交由警察部而非其他部門來控制和監督。」[61] 此建議及 1872 年警察調查委員會的建議被置諸不理。更練繼續是一支獨立的部隊，直至 1949 年政府接手管理，並把其服務條件與警察看齊。

當局不時嘗試去協調更練與正規警隊的活動，並令雙方的聯繫更密切。在團防局的建議下，總巡捕官在 1894 年成為團防局成員。1913 年，更練獲派負責登記戶口的工作，此舉有助警察找出鴉片煙館和無牌妓寨。在 1919 年，二十三名更練民裝偵探交由富有經驗並能說流利廣東話的

營房大樓前的華人和印度警察，約 1890 年。

警長馬非（Timothy Murphy）指揮。在 1927 年，督察晏杜路（Kenneth Andrew，1912 年至 1938 年任職於香港警隊）被派去負責管理更練偵探。[62] 更練人數最多時共有 160 人（1934 年）。那時候他們須到警察學校上課，接受使用左輪手槍的訓練，由他們交到裁判司署審訊的案件也愈來愈多。[63]

　　兩名更練獲總巡捕官推薦而得到政府特別嘉獎：林安和潘興在 1894 年 11 月 22 日的永樂街劫案協助正規警察而榮耀顯赫。當天傍晚，七名有武器的「亡命之徒」進入永樂街五十六號市中心附近的朱富蘭號，這是一名新加坡富商開設的煙酒出口雜貨店。這些匪徒把店員的辮子綁在一起，令他們無法動彈，之後因找不到保險箱的鑰匙，進而搜掠店舖。他們掠得 740 元和一隻連銀鏈的銀懷錶，其後有人大聲叫喊，多名更練和錫克警

高和爾在香港墳場之墓。

察阿瑪星聞聲趕至。阿瑪星進入商店時匪徒開火，他手臂中了兩槍，左胸近心臟處中了一槍。三名匪徒從通往海旁的後門逃走。這時一名華裔路人被流彈擊中倒斃街上。不久後更練潘興抓住一名匪徒將之拘捕。練目林安則沿海旁追捕另一名逃匪，其後一名歐籍警員和印度警長把此匪徒截獲制伏，但他已把左輪手槍丟進港口中。之後潛水員把槍打撈上岸。翌日早上，另外兩名亡命之徒在皇后大道一間鴉片煙館被捕。

至於警隊本身，名聲最盛的華人警察是侯亨，他在 1916 年因「逾三十年長期而忠誠的服務」獲頒一級獎章。[64] 在往後歲月獲得更多榮譽：侯亨被派去指揮華人偵探，是最早兩名晉升到督察級的華人警察之一。他也是首名獲頒英王警察獎章的華人，由總督司徒拔爵士在 1921 年 7 月 8 日於中區警署別在他身上。之後要等十八年才有另一名華人警察獲得此獎章。

在侯亨的年代，鑑證科學的發展仍是未來事物，但他大概得益於 1919 年出版的《指紋法》，這是一本關於指紋鑑別法的中文指南。作者伍冰壺在 1928 年被列為警察部的四級文員——大概是通譯。[65] 伍冰壺在序言中說，在買賣借貸之契約中用指紋代替簽名，在中國相沿已久。指紋是個人獨有的，是識別個人的善法；為什麼在警察工作中沒有使用這種方法來辨別慣犯？十九世紀末、二十世紀初，這種早期稱為「指印識別」的系統由印度的英國官員引入倫敦警察廳，1904 年畢地利（Joseph Francis Badeley，1901 年至 1913 年擔任總巡捕官）在域多利監獄採用，記錄囚犯的指紋。指紋登記不久後就交中央處理，由警察總部更新。登記簿保存在原木櫃子內，必須勞神費勁去分類，而配對指紋要靠人工篩選，耗時甚久。此時，鑑證科和先進科技還是遙不可及之事。在 1921 年，當局靠腳印認出逃犯楊波（音譯，Yeung Po）。

侯亨是偵探幫辦，這是一個特殊職位，但總體而言，華人警察甚至無法升至副督察，直至 1936 年總督郝德傑（Sir Andrew Caldecott）爵士實行一個計劃，讓十名華人擔任見習副督察。1937 年再增加十名。警務處長信心十足地預測，「隨着他們更深切領會到必須廉潔自守和自立自強」，

這項計劃必會成功。[66]

　　東華醫院派出暗差（偵探）去杜絕移民出洋過程中的各種弊病，這也是華人執行的非正式警政工作。許多來自中國南方的男子以香港為踏腳點，由此地搭船到海外工作，例如秘魯、古巴，或者加州的金礦。契約勞工和苦力貿易是利潤極豐厚的行業，在港府加以管制之前，許多不肖經紀無所不用其極，甚至會靠綁架拐帶去滿足對華工的需求。買賣人口也包括婦女和女童，她們被人購買、綁架或誘拐，如同貨物般經由香港用船運到舊金山或澳洲南部的妓院。貧苦人家把女兒賣給富裕家庭為養女或為僕，稱為「妹仔」（婢女），這種蓄婢制是中國南方華人的習俗（見頁 216），尤其容易被人利用來培養妓女。為打擊這些弊端，保良局在 1880 年成立。它也僱用線人和暗差去抓捕拐帶者，1893 年後，當局調派更練到保良局執行這種工作。之後在 1938 年，一個特別調查委員會從英國來港，調查蓄婢制弊害，以及販賣女孩從事不道德工作的情況，當局從正規警隊調派兩名督察和一名偵探去協助這個委員會調查。

5. 「社會罪惡」

　　在香港執行警政，除了處理嚴重罪行，還要應付或可稱為城市社會弊病的問題，用十九世紀的用語來說則是「罪惡」。之所以稱為「罪惡」，因為官方以帶有道德倫理色彩的態度看待賭博和賣春之類的惡習。歐德理（E. J. Eitel）這名傳教士、漢學家兼政府官員認為，華人瘋狂沉迷賭博是「源於中國社會有機體的先天痼疾，難以根除」。[67] 其他論者則指出，華人社會和家庭生活是建立在「一夫多妻和女奴制」的基礎上，必定會滋長「道德敗壞和賣淫」。而「這個香港社會罪惡的源泉，幾乎是無法解決」。[68] 警察被視為公共道德的守護者，負有遏止賭風和賣淫的重責。

賣淫

從英治時期開始直至 1940 年代，香港人口的男女比例一直極不平

戴上獎章的侯亨，此圖以照片為藍本繪畫。　伍冰壺，他寫了一本關於在刑事偵查中使用指紋的指南。

衡，為彌補缺少婦女的情況，無數妓院應運而生。為遏止愈來愈多在陸海軍服役的歐籍男性感染性病的趨勢，港府在 1857 年推出妓院登記制度。這個制度賦予官員權力檢查妓院娼妓，如發現她們染上梅毒或其他性病，就送到「性病醫院」（又稱病婦醫館、雜症醫院）治療，直至痊癒為止。招待華人和那些歐籍人光顧的妓院是有種族區隔。為免冒犯華人的感情，強制醫學檢查只針對接待歐洲人的妓女。到了 1867 年總督麥當奴制訂《傳染病條例》，賦予華民政務司、醫院督察、巡院醫官和總巡捕官在任何時間進入妓院檢查的權力，並容許他們無需逮捕令即可拘捕無牌「私開」娼寨的經營者。這並非查理士·梅理樂於負責的事；事實上他強調「自己絕不會批准警察去做任何此條例規定的妓院控制和監管工作」，因為這除了會令他無法專注於警務工作，還「極可能導致貪污」。[69]

　　警察不願參與此事，令當局須另設妓院督察（Inspector of Brothels，當時稱為查私寨幫辦），之後再設兩名助理督察。這些督察大多是從低級

警察中招募。當時署理總巡捕官的祁理說，相較於正規警隊的督察，這個階層的人「非常差劣」。[70] 先不說他們所做的工作很令人喪氣，這些穿便裝的「道德警察」往往還會貪污，或收受無牌妓院經營者的賄賂，或行徑更為惡劣，明目張膽地向他們勒索封口費。

妓院督察想出了一個誘人犯罪的陰謀，就是付錢找線人假裝嫖客光顧無牌娼寮，並以帶有記號的鈔票付款給妓女，之後就以這些鈔票為指控私開娼寮的證據。報告說：「有時候線人會與妓女交歡」。其後督察就會來巡查，在「該女子身上，或者更常見的是在牀蓆下、枕頭中或其他容器內」搜出有記號的鈔票。[71] 有時候督察會親自扮演線人的角色，一名姓李（Lee）的歐籍督察在 1870 年就做了這樣的事。在這位李督察的兩宗案件中，一名叫吉斯維爾（Charles Guisville）的警員作供，說他「經常與涉案女子性交」；而在第二宗案件中，他肯定那名女子是歐洲人。在另外兩宗案件中，名叫彼得森（Peterson）的督察和叫賴蘭斯（Rylands）的警員誘使街頭女子收受金錢賣淫。最令人唏噓的案件發生在 1872 年，涉及一名叫荷頓（Horton）的督察，他拘捕了幾名妓女，她們受審時憶述荷頓如何與首被告（妓院經營者）討價還價，想要為第二被告開苞。這名第二被告是個十五歲女孩，被他帶往性病醫院檢查，證明確實是處女。

人們對全由男性組成的警隊本身也存有戒心，警隊的常務規定禁止警察在未得授權下進入妓院，之後規定只准在執行職務時進入。據祁理說，就這一禁令而言，歐籍人尚算守規矩，而「佔印警隊大多數的穆斯林，由於宗教或種姓原因，通常都很檢點」。[72] 在 1873 年前，歐籍警員也被強制接受醫療檢驗，檢查是否患上性病。警員布里亞利（George Briarly）抗命不從，他最初不肯接受這種羞辱人的檢驗，但之後同意遵從，他因違反紀律被罰五元後被革職。但他很幸運，此事件引起報界同情，報界說布里亞利是通情達理之人，受到當局不公平對待，《孖剌西報》發起公眾捐款，為他籌募歸國旅費。

對那些覺得難以節慾的人來說，連在城中較宜居的區域都不乏放縱肉慾的機會，一名督察說：「幾乎每條街都有無牌妓院，接待華人或歐籍人

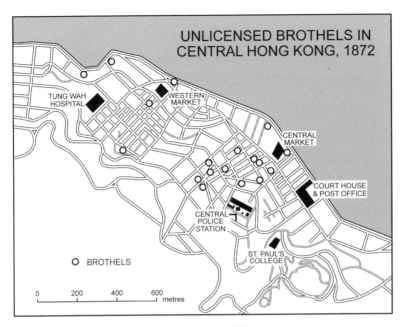

中區警署四周的無牌妓院，1872 年。圓形為妓院位置。

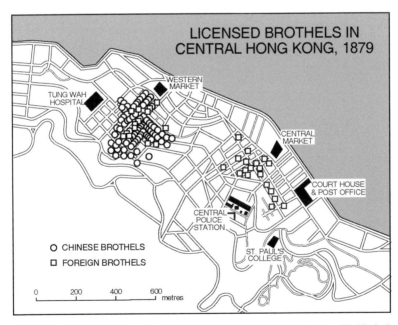

中區警署四周的有牌妓院，1879 年。華人和外籍人由不同的妓院招待。圓形為中式妓院位置，方形為外國妓院。

　　　　　　　　　　　　　　　　大館：英治時期香港的犯罪、正義與刑罰

的都有。」[73] 一名在 1870 年自願接受醫學檢查、名叫法蘭西斯卡·貝爾赫（Francisca Berger）的人，在威靈頓街羅馬天主教書院對面經營一處「不道德場所」。除了威靈頓街，從 1870 年至 1877 年的記錄所見，有牌和無牌妓院還存在於奧卑利街、伊利近街、卑利街、擺花街和荷李活道，以及同一地區內的其他幾條街道。單單沿荷李活道就有 140 間無牌華人妓院。據田尼說，威靈頓街這條「城中的主要大道」，也有許多有牌妓院。查理士·梅理抱怨，這是一條通衢，必然有歐籍女士會經過，因此「尤其不適合於設立招待歐籍人的有牌妓院」。[74] 許多人向警方投訴「這條街有傷風化的情況」。田尼向總督軒尼詩報告，一樓都是「一片燈光通明，每個窗戶都有妓女望出來，偶爾會呼喊和招喚路人入內」。[75]

《傳染病條例》的條文在 1889 年至 1890 年廢除，但受規範的賣淫業和獲容許經營的妓院實際上繼續存在，直至十九世紀末年英國「純潔」運動日益壯大熾盛，此運動支持者對香港施加的壓力愈來愈大。香港警察在 1900 年語帶欣慰地表示，在新法例協助下，有望把獨佔市中心所有街道的大量妓院關閉，令香港不再成為吸引世界各地妓女到來之地。香港妓院最初是由歐洲妓女提供服務，之後再有由華人妓女接待歐洲嫖客的妓院，到了 1930 年代中期，香港的妓院被正式取締。

賭博

《德臣西報》，1887 年 4 月 2 日：兩人因開收白鴿票被崑士（Quincey）督察和孟恩（Mann）警長拘捕，昨日在巡理府各被罰一百元。一人立即繳交罰款，另一人大概會在一兩天內籌得該筆款項。

《德臣西報》，1887 年 9 月 12 日：應崑士督察之要求，六人今天於巡理府在屈侯士（Henry Ernest Wodehouse）席前被控公開賭博。首被告被罰五十元或監禁六星期，其餘人各被判罰五元或監禁十四天。

彩色明信片上所見的番攤賭徒，約十九世紀末至二十世紀初。

《德臣西報》，1890 年 10 月 24 日：崑士督察和一隊警察昨天突擊掃
蕩士丹利街一間賭窟，兩名被拘捕的賭博會所經營者，今天在巡理
府威士（A. G. Wise）先生席前受審。這案件犯人獲准以每人 250 元
保釋候審。

賭博像賣淫一樣被視為社會問題。愛賭成癮被認為是華人天性，這類
賭徒不會因為禁賭法例而有所收斂，他們只會賄賂警察，令他們睜一眼，
閉一眼；另一些人則賭到輸光最後的家當，直至因損失慘重而鋌而走險
犯罪或自殺。港府建議向數目有限的賭館發牌，藉此加以監管，殖民地
部堅決反對。在 1867 年，麥當奴爵士以最終會取締所有賭博為藉口，成
功推動了發牌給十一家（後來增至十六家）賭館。田尼在 1867 年向殖民

地部報告，最受歡迎的主要賭博形式是番攤，玩法是在方形的白鑞板上放一堆銅錢或籌碼，數目不定，並以瓷碗覆蓋。板的四邊各寫上一至四的數字。賭客可在數字或這四角下注。瓷碗揭開後，莊家以每四個為一組移走籌碼，以最後一組剩餘的籌碼數目決定勝出者。如果沒有剩餘，下注數字四的人會贏得四倍彩金，但會在當中扣除百分之七給賭館。另一種是白鴿票，這是購買彩票方式的賭博。票上印有八十個字。購買者從中圈出十個字號，「根據這些劃出的字與賣家開出的字號是否相符來定輸贏」。[76] 1872年當麥當奴的發賭牌計劃被廢除，番攤、白鴿票，還有闈姓（以科舉考試中舉者的姓名來下注）和字花[77]（以人名或物件名稱來賭博，見頁 223）都正式被禁。取消賭牌沒有帶來良好效果。雖然後來此世紀的法律逐漸嚴苛，懲罰增加，但賭博和警察貪污繼續猖獗。

1896 年阿塔星因放貸而被革職；翌年又揭發他原來還涉及賭博集團，此集團的曝光，顯示了警察貪污腐敗的程度是如何廣泛。揭露 1897 年醜聞的人是總巡捕官梅含理，他親自帶隊掃蕩賭博集團大本營。在該處找到包含大量警察姓名的確鑿名單：十四名歐籍警察（一名署理副警司職務的總督察、六名督察、一名署理督察、四名警長和兩名署理警長），三十八名印度警長和警員，還有七十六名華人警長傳譯員、警長和警員。這些人全部定期從中區警署附近的非法賭館獲得保護費。這些犯罪者有的被革職，有的被要求自行辭職，有的在任期屆滿後不獲續任。他們的離去令警隊人手銳減。

帶點諷刺意味的是，在上述案件中非常積極掃蕩賭博的威廉·崑士（William Quincey），竟然是被革職的督察之一。儘管他使用英文姓名，但崑士事實上是華裔（漢名王經年）。他在太平天國騷動期間成為孤兒，1864 年被戈登將軍（General Charles Gordon）從江蘇省帶到英國接受教育。他之後被招募到香港警隊，成為「歐籍」警察的一員。他仕途得意，不久後就獲晉升，並負責指揮偵緝隊。他因為賭博醜聞而身敗名裂，但他很有進取精神，幸運地能開創事業生涯的第二春：他被權傾一時的將軍兼政治家袁世凱延攬到中國擔任警察首長。

貪污

在歐籍人心目中，無疑覺得「勒索」和撈油水在傳統中國社會無處不在，而且是一種可接受的潤滑劑，能令政府官僚機器的齒輪順暢運轉。寶靈爵士宣稱，在中國「貪污腐敗普遍存在於從最高到最低的各階層官員間，期望他們定居此天昏地殖民地後就能根除這種民族弊病，是有違常理的」。[78] 在外國受教育但生為華裔的崑士收取賄賂，人們大概可以說他只是恢復本性，要為歐籍督察的貪婪找藉口則較難。一名腐敗警察是威祖（Job Witchell）督察，他是從布里斯托警察隊招募，過往記錄良好，他因從賭館收受賄賂罪名成立，被判監禁六個月。低級警察無疑很容易抵受不住誘惑受賄，但一般人假定高級英國警官是不會有這種墮落行為，甚至視之為理所當然。這次賭博醜聞大大損害了這種印象。《士蔑西報》（*Hongkong Telegraph*）不禁幸災樂禍：

> 終於有一名警隊督察被揭發犯下他那職級警官中最惡劣和令人髮指的瀆職行為，轎夫、煤炭裝卸工人、「港口小偷」和土著家傭都喜不自勝。[79]

發覺歐籍高級警官原來也非完人，轎夫之類的人或許心中感到痛快；但他們是否期望集團貪污會從街上完全消失，則大有疑問。尤其是如小販之類在公眾地方無牌擺賣為生的人，警察定期來「抽稅」，以對他們的臨時生意睜一眼，閉一眼，這通常都被視為隱藏的額外經營成本。有些人即使從事合法生意，但為了避免觸犯任何法律，或免被冤枉誣告，也會支付賄賂。1929 年的春天，一個「勒索集團」遭揭發，顯示警察總部小販牌照部的警察所組織的賄賂規模是如何廣泛。那些警員「實行了一套制度，定期向小販勒索賄賂，無論他們有牌還是無牌，這些勒索得來的金錢會存放到一個共同基金中」。[80] 他們的做法很聰明，會委派一些小販負責收賄款。收款人每個禮拜會告訴小販一個暗號，之後如果當值警察前來查問就說出暗號，證明自己已交「稅」。靠此伎倆，牽涉交易的各方就心照不宣

地知道那個禮拜已經購買了免受拘捕（無論拘捕是否正當）的權利。

對於警察貪污，小販沒有大聲疾呼反對，政府也默不作聲，雖然它不時會制訂規則來要求公務員須有良好操守。一直要等到 1973 年總警司葛柏（Peter Godber）的罪行曝光後，才促使公眾和政府大刀闊斧處理這種弊端。那時候，人們相信全體警察中超過三分之一的人從經營賣淫、賭博和販毒的三合會收取保護費，中飽私囊。但沒有什麼人會懷疑葛柏，他來自倫敦又是高級外籍警官，六七暴動（見頁 122）時，他在警察與左派示威者之間的衝突中表現出色。其實他進行買賣職位的生意，利潤非常豐厚：低級警察向他付款，以換取派駐罪案猖獗的地區，因為那是可以獲得最多保護費的肥缺。葛柏為逃避調查而逃往英國前，積累了四百三十萬元賄款。他的罪行曝光，市民的震驚和 1897 年威祖督察被定罪時大眾的反應如出一轍：「腐敗差人」似乎並非只限於低級警察。

葛柏案令警察貪污頓然成為公開問題，並促成 1974 年廉政公署的設立。在 1975 年 1 月 8 日，葛柏被以手銬扣在一名廉政公署調查員之手引渡回香港，由押解車隊載往中區警署，再送到中央裁判司署提堂進行簡短聆訊（見頁 199）。葛柏在赤柱監獄服刑四年，據說晚年在西班牙度過。

第3章

轉捩點

如果我們以香港警察首長為切入點來思考這支警隊的歷史，那麼，事業生涯既長久又惹人爭議的田尼，顯然是一個過渡人物。他是首名受過中文訓練的總巡捕官，任期從 1867 年到 1892 年，比任何其他警隊首長都來得長。他擔任此職位二十五年間，至少曾在五名港督手下任事：麥當奴（George McDonald）、堅尼地（Arthur Kennedy）、軒尼詩（John Pope Hennessy）、寶雲（Geoge Bowen）和德輔（William Des Voeux）。1870 年，警隊被批評「極度昂貴而且弊病叢生」；[1] 到了 1893 年，它已向成為一支專業隊伍邁進，警官本着「最忠誠、堅貞和幹練的方式」履行職務。[2] 田尼卸任後，經過一段短暫的空白期，就由梅含理接替他成為總巡捕官，兩人任內的發展是顯示這種進步的指標。本章會追溯他們的事業生涯，以及關於紀律和領導能力的爭議，這些問題在 1872 年的警察調查委員會中達到白熱化的地步。

1872 年的調查委員會是警隊歷史的轉捩點，在此之前，源於種族特質的假設所造成的猜疑，妨礙了嘗試建立一支有效率警隊的工作。警隊長期以來任用廣東人以外的「陌生人」為基層骨幹，這種策略現在受到質疑。田尼判斷錯誤和統馭能力薄弱，使人質疑任命大學畢業生為警隊首長是否明智之舉。但人們慢慢清楚知道，有效的領導力並非來自學位，而是對香港特殊情況的了解。查理士·梅理是以倫敦警察隊為藍本來組織最早的香港警隊，但香港與中國內地之間的邊界往來無阻，他須因應這點來調整警隊的性質和運作方式。這種地理特點是二十世紀頭幾十年香港人的主

要焦點。隨着華人社會變得愈來愈強勢，並且愈來愈深入參與中國的重大發展，警隊就須再增強人手和裝備，以能遏止日益高漲的罷工和抵制浪潮，以及應付受共產主義激發而在香港爆發的騷動。本章還會簡短勾勒警察如何應付 1966 年和 1967 年的暴力衝突。除了這一例外，我們大體上按時序鋪排的敘述架構，是局限於中區警署用作全港警察總部的時期。本章最後一節審視二次大戰前後的改革嘗試。

1. 田尼

田尼 1840 年生於倫敦，在聖保羅學校和劍橋大學三一學院接受教育，1862 年加入香港公務員隊伍，是早期的官學生。他與另外兩名官學生（其中一人是後來成為域多利監獄司獄官）的湯隆基〔Malcolm Stuart Tonnochy，後世把他的名字譯為杜老誌〕一同接受過兩年廣東話教育。田尼在二十七歲的青葱年華，獲委任為署理總巡捕官，1868 年真除。在

總巡捕官田尼，此肖像根據一幅攝於中區警署的團體照繪畫，約 1885 年。

"AN ADORABLE CREAGH-TUR."

祁理（左）和他的錫克人助手（右），《中國笨拙》，1874 年 5 月。

1871 年至 1872 年的警察調查委員會中，田尼身為警察首長的表現受到烈火試煉。

1871 年 8 月 28 日，工務司署的譚連（George Tomlin）在光天化日之下，於靠近中區警署的一條路上被襲擊搶劫，而警署當時應有一名警察在當值。據說襲擊他的歹徒共有四人，他們輕鬆逃過了追捕。香港許多有財產的人，已經被該年夏天的暴力罪案浪潮所嚇怕，這宗劫案是最後一根稻草。譚連的遭遇發生後兩天，非官守太平紳士在香港會開會，討論令人擔憂的罪案上升趨勢。會議決議敦促在麥當奴爵士休假期間署理總督職務的威非路少將（H. M. Whitfield）設立調查委員會。威非路認為這是小題大做，不願遵從。資深太平紳士賴里（Phineas Ryrie）之後在香港大會堂召開一次公眾會議。

會上決議向殖民地大臣金巴利伯爵（Earl of Kimberley）陳情。這份陳情請願書有四百人簽署，幾乎全是擁有物業的歐籍頭臉人物，請願書開首和結尾都把罪案急增歸咎於警察無能和「治安法律」的條文可能不足。使用或沒使用暴力的入屋盜竊和搶劫天天發生，陳情者還說，「大部分或者許多案件發生後，都沒有向警方報案，尤其是華人，因為大家都覺得警隊在偵緝方面十分無能」。[3] 除非犯罪者當場人贓並獲，或者有可能馬上拘捕犯人，否則「通常不會向中區警署報告。而在已報案的案件，再聽到任何消息的不足十分之一」。

在這個會議結束後兩天，威非路有點自解地向金巴利勳爵辯白，把罪案上升的部分原因，歸咎於有數量多得不尋常的危險人物從廣州、澳門和「海盜盤踞的鄰近島嶼」湧入。香港「離中國內地近得只距一槍之遙」，中國罪犯尤其如出入於無人之境。[4] 香港也接收了兩批由法國人以船從越南西貢遞解回中國的無業遊民，這些被遣返的中國遊民數目可觀，而當中許多人顯然潛回香港。

對於陳情者提到的高罪案數字，威非路表示懷疑，如同副巡捕官祁理在 1870 年所說，對於已偵破的案件和尋回的財物數目，警方統計數字都不可靠。[5] 雖然威非路受到陳情者逼迫，但他頂住壓力沒有任何行動，至

少在港督麥當奴回來之前都按兵不動。但他確實質疑總巡捕官的能力，並承認由於田尼的領導能力薄弱，損害了警隊的紀律及管理工作。他沒有提及田尼無權控制更練或高和爾的密探，以及權責分散無可避免會損害效率。

1872 年的警察調查委員會

港督麥當奴休假回來後，在 1871 年 12 月 22 日設立一個警察調查委員會。這個委員會是至今對於警隊最徹底的調查，堪稱里程碑。它在一開首就指出有兩個重要障礙，令他們無法得出明確的結論：第一，由證人提供的文件記錄和口述證據，許多是互相矛盾，而以他們的地位和經驗來說，大部分這些證人應當有更好的識見；第二，

此殖民地的警政工作之所以窒礙難行，困難來自於其地理位置、氣候、語言和中國人民族性格的特質，而這些全都難以克服。[6]

提出這樣的定性後，委員會繼續處理它要探討的事項，將之分為三大題目：警隊現有的組織，警隊未來的組織，以及一般罪案。

它費了很大工夫討論權責分散的問題——雖然討論了，但沒有予以解決，所以更練繼續由華民政務司而非警察首長負責管理。它也探討了領導力的問題。《德臣西報》堅稱，警隊最大的弊病是

缺乏經驗充足和具實務能力的首長；這名官員不能只是穿上繡銀絲制服風姿瀟灑，在馬背上正襟危坐，而是要能負起着手組織警隊的大任，永遠身在現場，並且四處移動不休，親自實際地督導警隊的各個分支部門……但是，提出了所有這些改善建議後，能夠統領指揮並受全體警隊尊敬之人付諸闕如，這個問題恆久存在；因此我們無可避免地得出一個結論：一個精明幹練、敏捷麻利、實事求是和善於統御的官員，是香港警隊充分發揮其效率所不可或缺的條件。[7]

香港警察在營房大樓前接受檢閱，約 1890 年。原照片刊於《女王的帝國》(*The Queen's Empire*)，圖片說明：「英國人頗可理直氣壯地誇耀的一點是，他們的帝國所及之處，都瞬即建立起法律與秩序，維持治安⋯⋯沒有一座城市的警務工作勝過香港。從其比例可見，這支警隊是由白臉孔的英國人、來自印度北部身材高而黝黑的錫克人和黃臉孔的華人組成⋯⋯」

"That in all callings which bring them into close relations with foreigners, many of them of a highly fiduciary character, the Chinese, where they have been well selected and looked after, have shown themselves capable, adaptive, and open to educational influences frequently in a high degree."

[*Vide* REPORT OF POLICE COMMISSION.

這幅刊於《中國笨拙》的漫畫描繪四名歐洲人正在協助一名華人穿上警察制服，是對 1872 年警察調查委員會的回應。

當中的暗示頗為呼之欲出：把一個龐大而重要的部隊首長職責，放在「如田尼那樣之前沒受過多少警務訓練，而其有限經驗主要來自書本的紳士身上」是一項錯誤。[8] 有些委員會成員指出，大學學位並非管理警隊的合適資歷，此職責只需「一般的謹慎和判斷力」即可。這似乎反映了倫敦警察廳創立者卑利（Robert Peel）的看法，他拒絕僱用「紳士」為警司和督察，因為他覺得以這些人的資格來說是大材小用。田尼的批評者繼續說，他把太多注意力放在辦公室工作，而對實際勤務不夠留心。如果從後來獲任命的人可看出什麼端倪的話，那就是這種意見並沒得到廣泛支持：在二十世紀頭四十年，田尼的繼任者——梅含理、畢地利、馬斯德、胡樂甫（Edward Dudley Corscaden Wolfe）和經亨利，全是大學畢業生。

一如過往，警隊的種族構成廣受討論和分析，委員會成員在此過程中比較了歐洲人、東印度人、西印度人和華人作為警員的優點。他們很倚重傳教士理雅各博士的看法，由於理雅各的人品操守，以及他對中國和中國人的了解，其意見的「分量幾乎是獨一無二的」。首先，理雅各認為，對華人習慣和語言一無所知的外國人可以在香港組成一支有效率的警隊，這種想法十分荒謬。那麼問題是：「要怎樣做才能獲得一支最好的警隊，就算它或許還算不上一流？我相信它必須主要由華人組成。」[9] 他說，香港有愈來愈多高尚體面的華人，此地繼續繁榮對他們來說攸關重要。想要組建忠誠的華人警隊，唯有靠他們與政府之間的友好和互相了解為基礎。中國及日本最高法院首席大法官洪卑爵士也英雄所見略同。他告訴委員會：「我不相信可以靠一個民族來管治另一個民族……僅靠加派大量警員，不管他們屬於什麼階級，你都永遠無法維持治安。當中欠缺的是爭取華人賢達的合作，並加以善用。」[10]

理雅各和洪卑的證詞是影響委員會看法的關鍵，使之傾向於成立由歐籍人和華人組成的警隊，並逐漸淘汰印警（不過這直至二十世紀中葉才真正實現）。結果，這個由歐籍成員組成的委員會出乎意料地支持改革。它提出的結論中有一項反映了理雅各的想法：「對於一支人數龐大的部隊的

有效運作來說，合作精神是不可或缺的元素，而若想以合作精神來激勵之，唯一方法是盡可能令它由同種族的人組成，而且其成員是恆久關心其福祉並願為之承擔責任之人。」[11] 而他們遠比招募外國人便宜，也是很有說服力的考慮因素。不過，警隊各職級的警官不用說都應該是歐籍人。委員會補充：「歐籍人實際上應當是警隊的頭腦。」田尼也贊成警隊由歐籍人與華人組成，這無疑是為了有利於偵查罪案和拘捕重犯。

傳教士兼漢學家理雅各博士。他在 1876 年成為牛津大學首名中文教授。

然而，並非所有委員會成員都能豁達地接受邁向本地化。六名成員中有三人反對。其中一人是時任監督學院（Inspector of Schools，此職位在不同時期有不同中文名稱，根據《香港轅門報》，1875 年稱為監督學院，1909 年改稱提學府，1914 年再改為視學官）、後來擔任輔政司的史安（Frederick Stewart，後世將其漢名譯為史劍域），他不贊同其他委員支持警隊幾乎全由歐籍人和華人組成的看法。他指出，沒有正派華人會想去當警察；華人體格孱弱，欠缺勇氣；華人警察一受到威嚇就不敢作聲；一有機會就會收賄；他們的證供通常都不可信；他們會協助和教唆華人罪犯對付外國受害者；連華人自己都鄙視和不信任華人警察，簡單來說，史安把過去三十年針對華人警察的所有批評重提一遍。

委員會提出的其他建議包括：增加警察薪資、提升警隊的偵緝能力、鼓勵非華裔警察學習廣東話，以及加強夜間巡邏。它還評論到另外一些組織上的細枝末節，從營房住宿設施不足，小便池、廁所和供水的情況「令人嘔心和不健康」，到餐廳管理差劣，那是「最大弊害的泉源」，因為餐廳無限量供應酒類，警察還可以賒賬，無可避免會造成他們「在營房各處酗酒、賭博和玩紙牌」。

到了委員會提交報告時，麥當奴爵士已經卸任港督，所以報告中所提出的建議，須留待其繼任者堅尼地爵士（Sir Arthur Kennedy）來實行。四十五名歐籍警員從蘇格蘭招募而來，而印警隊則靠隊中人員合約屆滿或臨近退休自然淘汰。他們的空缺由華人取代，他們將有自己的警司屈侯士，他是 1867 年派到香港的官學生，會說中文（見頁 185）。當然，事情沒有就此告一段落，因為針對警察的投訴一直沒有停止，不過，田尼在 1873 年很欣慰地報告，警方拘捕犯罪者的成績優於前一年，而一些較不嚴重的罪案，如入屋犯案和住宅偷竊，數字都顯著下降，似乎情況即將否極泰來。

田尼與警察職務

田尼撐過了委員會指他經驗不足和缺乏判斷力的鞭撻，但兩年後又再飽受攻擊，被批評嚴重疏忽職守。1874 年 9 月，香港受到破壞力極強的颱風吹襲，沿岸和海上的人命財產大受蹂躪。烈風摧殘了中區警署、裁判司署和監獄，部分屋頂被吹走，田尼命令手下留在營房以策安全，拒絕出動他們救災，其後被地方居民嚴厲譴責，要求公開調查。政府對此要求置諸不理後，陳情者的發言人賴里於定例局提出削減田尼的工資。但賴里的動議在表決時被官守議員的票數否決，田尼被這場爭執弄得灰頭土臉，但保住了薪水沒被扣減。

如果說田尼在這場風災中的表現是其職業生涯的污點，那麼他在 1878 年一夜間就扭轉乾坤，挽回了聲譽，他在那晚奮力對抗入屋盜竊的匪徒，展現盡忠職守的精神。在 5 月 19 日深夜，田尼、林賽（Lindsay）督察和幾名錫克和華人警員接到報案後前往必列者士街。七、八名形跡可疑的男子在五十八號（有些報道說是五十六號）屋外徘徊，這間屋所住的是一名富有地主的收租人。警察觀察到那些歹徒拆下屋子的後門，並帶着塞口布和像是鐵矛的尖銳工具。

林賽督察和一名華人警員悄悄繞到屋子後方，田尼和一些錫克人和華人警員則部署在屋前。田尼下令編號 271 的老更破門（「老更」是本地人

THE LOKONG

刊於《中國笨拙》1868 年 4 月號上的漫畫描繪了一些「老更」。「老更」是十九世紀香港對警員的俗稱，大概是源自「更夫」這個稱呼。在畫面左邊人物下方的圖片說明是：「他的儀容應當是這樣的」；畫面右邊三個老更下方的圖片說明則寫着：「他通常是這副模樣」。

對華人警察的俗稱）。就在林賽於屋後方與他所發現的匪徒糾纏之際，田尼嘗試制伏另一人。這名匪徒以刀、矛和塞口布反抗，田尼兩隻手都被刺中，右手掌受傷嚴重，後來有拇指不保之虞。經過一番扭打格鬥後，四名匪徒被逮捕。屋內找到塞口布、幾包胡椒粉、鐵矛、刀、蠟燭、幾盒火柴、紙火把「和華人竊賊通常所用的其他事物」，顯然可見他們是在策劃盜竊。[12]

襲擊田尼的人逃掉了，所以無人被控傷害；被捕四人被法庭裁定非法擁有破門入屋工具罪名成立，並判處兩年苦工監，他們的首領秦亞英（音譯，Chun Aying）被認出是一名「舂米工」。

田尼總是擺脫不了爭議。1888 年盤艇挑夫罷工，港督德輔及其顧問認為最好派出軍隊展示武力，而非出動警察。德輔對於他的警察首長失去信心，在 1888 年的另一宗事件中表露無遺，在此事件中，田尼不肯控告濫用權力處理私人糾紛的警長阿利姆（Sheik Alim）。阿利姆的妻子是一名「中國女人」，那年夏天帶着約一千元屬於丈夫的財產私奔。阿利姆（身

穿制服卻沒有搜查令）在兩名華人警員陪同下硬闖乍畏街（現稱蘇坑街）一家布匹店，聲稱一名店員與他的妻子私奔。這三名警察徹底搜查布匹店後，把店中兩人抓到中區警署。但這證明是誣告，兩人被釋放。其中一人大為忿怒，向華民政務司正式投訴。然而，田尼本可以行為不端對阿利姆進行紀律處分，但他沒有採取這種內部方式，反而認為此事應交由民事訴訟來處理。德輔和殖民地部獲悉他的決定後都不以為然。他們相信是時候把香港警隊交給一名新首長來領導，[13] 但卻無法在其他地方找到可委派給田尼的職位。殖民地部察覺到田尼的任期已很長，並且風波不少，但他的經驗很特殊，而且還有許多其他官員須要考慮，所以難以在另一個殖民地覓得讓他升遷的機會。如果他健康不佳，或許還可以鼓勵他退休。結果田尼在香港總巡捕官職位上再留任了四年。

2. 梅含理

田尼最終在 1892 年退休；他的繼任者是前域多利監獄司獄官哥頓少將（Major General Alexander Gordon），他在 1893 年去世，所以任職總巡捕官僅一年。緊接在哥頓之後上任的是梅含理，這名官學生在 1897 年的賭博醜聞中行動十分果斷。

梅含理是個常識扎實之人，1907 年至 1912 年擔任港督的盧吉爵士（Sir Frederick Lugard）形容他「寡言、冷漠，像他與之相處甚久的華人一樣，喜怒不形於色，態度唐突，意志堅定，固執己見……極為熱衷於運動，並且如釘子般硬朗」。[14] 他在香港有長久經驗又熟悉華人，但這並不表示他就因此較自由開明。畢竟，英治時代的香港是令種族

總巡捕官梅含理，1899 年。

偏見熾盛的沃土，此外，推動制訂 1904 年《山頂區保留條例》及 1918 年將之修訂的人就是梅含理，此條例禁止華人在山頂居住，唯有歐籍家庭的僕役除外。

由於他「如釘子般硬朗」並且嚴於律己，總巡捕官這份工作十分適合梅含理，人們都說遠比他在 1912 年升任的總督職位更適合。他的批評者說，他缺乏這個高層職位所需的優秀領導才能，以及令公眾心悅誠服的大將之風，所以警察首長已是他所能駕馭的最高職級。在他主事期間，警察肯定有了長足進展，邁向成為一支專業隊伍，由於面臨各種令他們窮於應付的重大問題，使其人員和資源都得到了淬練。梅含理出掌總巡捕官（1893–1901）任內爆發 1894 年的鼠疫，同年還發生令警員阿瑪星殉職的永樂街劫案；1897 年又揭發賭博醜聞，暴露出警察貪污猖獗，打擊了士氣，涉及其中的警察被強制退休和革職，令警隊流失大量人手；1895 年發生宗族械鬥，同年在熙來攘往的禧利街上，一名苦力光天化日下似乎遭人隨意胡亂射殺；還有 1899 年接管新界時，梅含理和一隊人數不多的錫克警察遭憤怒的村民襲擊。

不過，梅含理所遇過最千鈞一髮的暴力事件，並非發生在他服務警隊期間，而是 1912 年 7 月 4 日他重回香港擔任總督時。那時他剛當了一年斐濟總督和西太平洋高級專員。已獲冊封爵士的梅含理坐船抵達，再搭政府小艇橫渡海港到卜公碼頭上岸，接受十七響禮炮迎接。他在碼頭與夫人分別坐在兩頂並排的有簾轎子上，由八名印度警察護送前往大會堂。跟隨其後的是一名歐籍警長和另外四頂載着梅含理女兒斯特拉（Stella）、菲比（Phoebe）、艾麗絲（Iris）和迪奧妮（Dione）的轎子。這支隊伍從畢打街轉到德輔道時，一名年輕華人從人群中衝出，手拿左輪手槍指向梅含理。若非一名錫克警察機警敏捷，這個後來得知他名叫李漢雄的刺客就會射中總督。這名錫克警察把李漢雄的手往上格開，子彈偏離目標，射進了當時並排停在旁邊、梅含理夫人所乘的轎子木框。李漢雄想再開第二槍時就被制伏和拘捕。他由錫克和華人警察押往監獄時，嗜血的群眾大叫「打死他！」和「殺掉他！」。[15]

刺殺梅含理爵士失敗後，襲擊者李漢雄（戴帽子者）被警察帶走，1912 年 7 月 4 日。

　　李漢雄在法庭上對意圖行刺直認不諱，但他向裁判司所説的供詞雜亂無章，難以從中整理出這次行刺事件的清晰動機。據説他刺殺港督是要為父親報仇，其父是十五年前涉及賭博醜聞的警察，並因此入獄。但李漢雄也怪罪梅含理以高壓手段對待香港和斐濟華人。另一個引起他仇恨的原因，是近期一項條例把中國銅錢剔除出香港法定貨幣之外，李漢雄和其他華人認為這項措施是對新成立的中華民國政府的輕蔑。梅含理本人聲稱這次襲擊並沒有政治意義，雖然監獄醫生判斷這名行刺不遂的殺手精神正常，但梅含理肯定他是瘋子。李漢雄被判終生監禁並服苦役，但六年後獲赦免，而下令釋放他的正是梅含理。

　　梅含理在港督任內仍然關注警察事務，他在 1919 年把警察與監獄事務分開，並分別以總巡捕官和司獄官兩個職位來掌管，藉此創造更緊密團結和更專業的警隊。

3. 警察與政治

1872 年的調查委員會在檢視警隊組織時挑剔田尼，不只因為他缺乏經驗，還因為他為警隊注入太多軍事色彩，如組織檢閱、演習和其他炫耀性質的做法。委員會成員認為，對於新加坡之類或會發生「危險騷動和部族暴亂」[16] 的英國殖民地，半軍事化的警隊或許有其必要，但在像香港這樣的地方肯定是多餘。多年來華人社會一直「極為和平與安分守己，而要打擊和偵查充斥本港的小偷和流氓，須要的是時刻保持警覺和防患未然，而非展示軍事訓練」。[17] 但是，委員會的想法後來被證明是錯誤的，在之後幾十年，群眾示威、罷工、抵制、炸彈襲擊和街頭暴亂等動盪事件，不時威脅香港的和平穩定。十九世紀過去，邁入二十世紀後，政治管制成為愈來愈重要的任務。警隊是政府的工具，在政治上從來就不是不偏不倚的。在社會示威和顛覆騷動熾烈的時期，警隊與軍方並肩支撐英國權威，以監視、拘禁或遞解出境為手段，處理可能製造麻煩的政治人物，而在應付本土民眾敵意爆發的事件中，警察不久就發展出以箝制壓迫為手段的能力。

社會動盪或許源於普遍的民怨（比如低工資，還有悲慘的生活環境）加上具體的委屈，也可能體現了對於政府凡事皆管，並以擾民措施控制日常生活和各行各業的不滿。在香港，為表達對中國內地政治事件的支持而展現的愛國舉動，也會觸發騷動。1884 年中法戰爭爆發，中國的三合會與香港華文報章一同煽動這種反歐狂熱，盤艇挑夫和其他華人勞工拒絕為停泊香港的法國船舶提供服務或補給。然而，當局沒有去澆熄火焰，反而不理抗議，繼續容許法國船停靠港口，這樣無疑是火上加油，民眾仇恨的對象很快從法國蔓延到港府。華人工人和武裝錫克警察和英國軍隊爆發了一場衝突，群情洶湧之下，民眾向警察擲石，警察則向人群開火。

康有為

中國的政治事件有時候會把香港警隊往相反的方向推拉：如果這一刻警察受命把中國異見者和革命黨人遞解出境，下一刻卻要庇護他們並趕走

追捕他們的人。警隊是香港政府的分支，而港府則須遵照倫敦官員的指示行事，包括盯衡外交全局的外交部官員。因此，香港當局一方面信誓旦旦表明自己恪遵英國的悠久傳統，只要到來的各國政治難民循規蹈矩，就會向他們提供庇護和保護，但是他們常常發現自己盛情待客的做法，受到現實考慮因素或中國政府的不滿所掣肘。

主張變法維新的康有為，是受香港警察保護中最著名的中國政治難民之一，港府先視他為友，後待之如敵，情況就像從 1890 年代到二十世紀後的孫中山一樣。

康有為在 1898 年成為逃犯，因為他慫恿光緒皇帝實行一連串政治、軍事和教育改革，在朝廷的保守派眼中，這些措施太過激進，令他們非常不滿，康有為因此遭到慈禧太后報復。慈禧猛烈反擊，軟禁光緒帝，並以叛亂謀反的罪名把六名變法派領袖迅速斬首。但康有為設法離開北京前往上海，從上海坐英國汽輪，由英國軍艦「文德號」（Bonaventure）護送駛往香港。抵達後他與當時主持政府工作的少將布力爵士（Sir Wilsone Black）、總巡捕官梅含理和歐亞混血富商何東會面。布力安排康有為住在中區警署的營房，「以防他擔心遭人暗殺或下毒」。[18] 其後康有為搬到香港島西摩道何東的大宅「紅行」（Idlewild），逗留在那裏直至他坐船前往日本，打算從日本轉到加拿大和英國。

1899 年底，康有為被發現返回香港，靜靜地在荷李活道一間屋內居住。他在那裏的時候曾兩次有人試圖暗殺他，證明不安全。他是頭上懸有賞格的通緝犯，清廷對於能將康有為及另一謀反份子梁啟超「緝拿到案者，定必加以破格之賞」，而能將他們「設法致死」的人，也將「從優給賞」。[19] 有一天晚上，一名清廷殺手帶着棍棒爬到康有為在一樓的房間。康有為及時扭頭躲開棍擊，只差幾吋就打中他。之後他大聲叫喊，殺手就逃走了。第二次的圖謀涉及在這間屋之下的隧道埋藏炸藥，幸好炸藥在造成任何損害前就被發現。港督卜力爵士（Sir Henry Blake）覺得有責任保護這名政治難民，派了十八名錫克警察去保護康有為。怪誕的是，卜力之後竟問殖民地大臣張伯倫（Joseph Chamberlain），他是否可以向中國政府

討回這些警察的費用。[20] 他被告知不要做這樣的事。

在十二年的流亡生涯中，康有為流轉於不同地方，在新加坡、檳城、印度、曼谷、錫蘭，以及歐洲、北美和墨西哥的幾個主要城市爭取民眾支持他的保皇會。他四處求助並受到友好接待，但他的態度仍然堅定反外。在 1903 年 12 月他返回香港逗留幾個月，表面上是探望在此地的母親，但也組織了一場保皇會會議，並創辦《商報》。他再次選在中區警署附近居住，當時署理港督職務的梅含理命令警察保護他。監視康有為的原因有兩方面：一是他仍然是清廷通緝的要犯，並且是暗殺對象；另外是自從他前一次來港後，港府一直懷疑他利用香港為基地，招兵買馬準備在廣州附近起義。[21] 而此事並非外交部或殖民地部所能容忍的，康有為在 1904 年 3 月與《商報》老闆和編輯一同被遞解出境，原因是該報專欄上刊登了煽動性和反西方人的言論。

1913 年，即辛亥革命後兩年，康有為不受阻撓回到香港，為於該年夏天辭世的母親收殮遺體，以運到廣州安葬。他不再是不受歡迎人物，坐蒸汽船離開香港時，梅含理派出軍艦護送出港，再由廣東都督派出的兩艘砲艇護送到廣州。

暴亂集會

1884 年的反法騷動之後，罷工和由政治引發的動盪事件頻繁爆發。1908 年發生抵制日貨運動後，在 1911 年中國辛亥革命後，又爆發一連串動盪事件。在 1911 年 11 月 13 日，香港華人慶祝清朝被推翻，燒爆竹（燒掉共值一萬英鎊的爆竹）、佔用電車，並且熱鬧亢奮地遊行慶祝，鑼鼓喧天。屈侯士與田尼之妹埃莉諾（Eleanor）所生的兒子活侯士（Philip Peveril John Wodehouse）當時擔任署理警察司。身在中區警署的活侯士有第一手的見證：

上個星期一晚上，整個香港都慶祝北京政府倒台（那其實並非事實）。大量人群在街道上遊行，歡呼並揮舞民國旗幟。他們大多

康有為

風雲激慘淡，天地有傾缺。金翅食龍子，海波翻沸潘。支那積蘆傲，政頹民苦僁。愚公志移山，欲救邦國活。遭逢除聖主，憂民變法決。謬贊維新政，百日民大悦。掃除二千年，枇粺一旦脱。龍蛇鬬倉皇，螻蟻命經絶。幸依大國仁，兵船救命行。奔秦莊爲復，吟越病母隔。經年游子憂，懟僁。香港許重來，邁辛加嚴密。亡人感恩惠，威寶光威烈。文通倉頡字，俗諺震。金鏡騰光，叔伯哀婉戀。蘭止屑，頻煩杜高軒采問。旦輓頃尾權良，説歡惜秦焚，百卷灰燼滅無由，酬賞歡只。著書説歡誰，以時晦養存，及家人節網繆在平世。自慚罪孽誼，心折況茲通播，且感激五中熱。將軍過愛客，縞紵已，心折況茲通播，且感激五中熱。將軍過愛客，夫人畫妙絶，衙戟最爲我謝，異報永歲月，倘乘風雷作長。顧親隣結。

駱橄輔政君禮意勤拳，存問周摯，亡人感激賦詩陳謝

光緒二十五年避地香港，荷承大國保護，巡捕嚴密

康有為

為感謝香港政府在中區警署提供保護和庇護，康有為在 1898 年 10 月 14 日向輔政司駱檄獻上自己所賦的詩。康有為寫給駱檄的信件，以及在紅紙寫上自己名字的名帖，現存於國立蘇格蘭圖書館駱檄檔案。

很有秩序，除了一宗報館受襲的事件，據說這家報館是親清帝國的。[22]

　　這本來算是無傷大雅，但這種乍然閃現的恣縱歡樂，在日益從中國內地湧入的流氓煽風點火下，不久就燒成了騷動和暴力的烈焰。華人婦女的珠寶首飾被搶，警察遭人擲石，並有人大喊「殺死外國人！」據總巡捕官畢地利說，歐籍婦女在街上被推撞和侮辱。總督盧吉向記者說：「歐籍人有點恐慌……許多人不敢參加聖安德魯舞會，擔心舞會場地會被人用炸藥炸掉！」[23]

　　盧吉馬上着手應對暴力和威脅。他通過特別條例再次採用「九尾鞭」笞刑，增加政府軍火庫的武器彈藥存量，並下令軍隊每天在熙來攘往的大街上帶刺刀行軍（見頁 233）。華人社會領袖對於保安情況很焦慮，急欲恢復正常貿易，完全贊同這些措施。結果沒有爆發嚴重的違法事件。

在兩次世界大戰間，發生了幾次大規模罷工和抵制活動，令香港經濟幾乎癱瘓，最值得注意的是 1922 年的海員罷工和 1925 年至 1926 年的反英省港大罷工。在香港政府和華商精英眼中，這些罷工是由中國左派份子所煽動，令警隊維持公眾秩序的工作受到嚴格考驗。

1922 年的罷工由海員和碼頭工人要求加薪開始。不久後，支持海員的麵包師傅、屠夫和家庭僕役也都停止工作，並返回廣州。為防止

署理副巡捕官活侯士。

罷工蔓延至香港全體勞工階層，港督司徒拔爵士發出公告，禁止沒有出境許可證的華人離開。二千多名罷工者，主要是僕役和廚師，被阻止從水路或坐火車離境後，在 3 月 3 日決定徒步經大埔越過邊界。他們突破了警察封鎖線，但到九龍時警察朝地上開槍警告，罷工者暫停前進。這沒有阻止他們太久。他們再前進到近沙田的另一個由警察和軍隊把守的路障，打算再次闖關時，副警司經亨利下令開火。開槍射擊驅散了罷工者，但五人當場被殺或之後傷重死亡。這事件在警察和軍方留下永遠的污點。

局勢動盪令罪案再度爆發，因而必須增強警力應付，最早幾批來自威海衞的警察很快充實了警隊陣容。在 1922 年至 1923 年間，警方從偵探部內成立刑事偵緝處，1923 年又成立攝影科支援其工作。到了 1925 年，經亨利成為刑事偵緝處處長。同年，由中國共產黨主導的中華全國總工會成立。在 1925 年大規模示威和罷工此起彼落，部分原因是這個總工會的活動。在 5 月 30 日，上海一批工人和學生遊行示威，聲援一家日本棉紗廠的罷工者，他們聚集在公共租界一間巡捕房前，抗議外國帝國主義。英國捕頭指揮的錫克警察開火，幾名示威者被殺，多人受傷。其後廣州沙面的英法租界發生更血腥的衝突，超過五十名示威者喪生。為反擊這些肆意的

殺戮，憤怒的示威者，包括工會領袖，號召華南地區大罷工和大規模抵制英國貨。香港積極響應此反殖民大業。這是又一次中國民族主義和革命騷動蔓延至香港的事件。這場省港大罷工由 1925 年 6 月持續至 1926 年 10 月，其間有二十五萬人（約佔香港華人人口的百分之四十五）大舉離開香港前往廣州，令香港貿易和經濟受到毀滅性的打擊。

在這幅 1925 年省港罷工委員會散發的宣傳畫報中，香港警察被形容為「如狼似虎」，譴責他們待工人如牛馬般鞭撻。

1925 年至 1926 年的省港大罷工令警察面臨「大概是這支隊伍歷史上遇過最棘手的境況」。[24] 幸好華人警察的士氣明顯有改善。1922 年時，這些警察顯出「被動和模稜兩可的態度」[25]——因為有兩面效忠的二心？但到了 1925 年，在 583 名廣東籍的警察和偵探中，只有八人因為這場大罷工而棄職。

據說在這個關鍵時期香港「猶如死城」。[26] 或許因為被瀰漫全港的不安氣氛弄得惶惶不可終日，一名警察通譯在 1926 年初聲稱在中區警署遇鬼，飽受驚嚇。他或許還記得，1924 年這裏曾意外挖出一具骷髏，[27] 由此可知監獄範圍內埋葬了囚犯屍體。據說這名通譯當時正在電話房內打字，突然瞥見身後

有一個高大的黑色人影，全身包覆在黑色的長身大衣內，津津有味地看着這名打字員。幾秒後，這「鬼魂」站直身子，滑過地板，消失於保險庫中。據這名通譯說，這「鬼魂」沒有腳，腿部似乎從膝蓋到腳踝都被切掉。[28]

除了要應付罷工與其他騷動事件之類的特殊挑戰，當然還必須繼續執行一般警務工作，警察要去巡邏、指揮交通、檢查登記證和牌照、防止犯罪活動，並要處理醜陋的城市悲劇，例如收殮被棄街頭的屍體。就內部保安而言，政治因素仍然存在或者並非遙不可及，所以政治監管持續進行。在 1920 年代末，警隊開始注意到中國左派份子在香港的存在，國民黨在廣東清黨後，迫使共產主義運動轉入地下，這些人因此到香港尋找立足點。這些廣東的共產黨人在 1927 年於香港設立總部。就在這一年，邊界彼方的政治騷動引發難民潮湧入香港，後備警察成立。來自亞洲其他地方的共產黨人也利用香港的便利，以此為基地重整旗鼓或策劃顛覆活動：胡志明在 1930 年在香港成立越南共產黨（見頁 346），印尼獨立運動領袖陳馬六甲也在 1932 年逗留此地（見頁 344）。此時，由刑事偵緝處內反共產活動小組發展出來的政治課，正忙於掃蕩共產黨人的據點，在 1930 年秋天至 1931 天春天，六個月內有十七次之多。這些掃蕩是與廣東公安局的密探合作執行，通常會充公大量煽動刊物，並拘捕和驅逐煽動者。

不久後，政治課改名為政治部，並效法蘇格蘭場內負責政治情報和國家安全罪行的部門（政治部在 1997 年香港回歸前解散，所有敏感文件都運往英國）。須將製造麻煩和不受歡迎人物驅逐出香港的情況愈來愈多，這個過程由駐在中區警署、專管遞解出境的警察監督。靠掃蕩、逮捕和放逐多種手段共同壓制下，明顯成功控制住共產黨人。到了 1935 年，政治部在報告中說共產黨人的行動被瓦解：「除了郵寄到本港的共產主義刊物，在 1935 年未見有在香港散播共產主義宣傳。」[29] 到了翌年，共產黨人把總部遷回廣州。

然而，左派活動份子在 1930 年代末雖然沉寂下來，但從來沒有完全撤離香港。1949 年中華人民共和國成立時，有許多人支持擁護，雖然共產黨人向英國當局清楚表明他們無意收回香港，並指示在香港的共產黨支持者保持低調，但許多香港人有朝不保夕之感，彷彿站在懸崖邊緣搖搖欲墜。港府擔憂共產黨會滲透更練，在 1949 年加快把它吸納到正規警察之內。對於政治部來說，1950 至 1960 年代是情形最惡劣的時期，當時香

1967 年 5 月 17 日，警察在油麻地驅趕示威者。

1969 年 9 月 12 日，新華社記者羅玉和等獲釋。

港成為國民黨和共產黨相鬥的戰場。1955 年 4 月印度航空客機「克什米爾公主號」(*Kashmir Princess*) 從香港起飛後,國民黨特工安裝在機上的定時炸彈爆炸,殺死十一名乘客和五名機組人員。這顆炸彈原本是打算炸中國總理周恩來的,但他不在機上。在 1963 年,兩名政治部探員因協助國民黨情報機關獲取機密資料而被拘捕。香港捲入這種你死我活的冷戰政治,政治部必須比平常更勤奮工作。在公眾心目中,自然會把它聯繫到深夜傳召、秘密審問和暗中拘留之類的事情,簡言之,就是執行反間諜工作的秘密警察的各種詭秘元素。

警方也被指控騷擾被拘捕人士,甚至在控制示威者時行為殘暴,尤其是在 1966 年和 1967 年這兩場至今最暴力的暴動之中。在 1966 年 4 月 4 日,十九歲的盧麒與另一名年輕人蘇守忠在香港島的天星碼頭會面。蘇守忠一身黑衣,外套上寫滿抗議渡海小輪頭等打算加價五仙的標語,還以英文寫了「Hail Elsie」的字句。蘇守忠正在絕食。Elsie 是指葉錫恩 (Elsie Elliott),她是市政局議員,又是大力主張改善勞工權益的社運人士,一直發聲揭露警察貪污和販毒猖獗。第二天蘇守忠仍不肯離開,之後被警察以阻街為由拘捕,帶到中區警署。這是引發愈來愈多心懷不滿的青年示威的導火線。在盧麒和另外一、兩人領導下,上千名示威者在其後兩天零星地暴動,他們大多是十六歲至二十歲的年輕人。為應付暴動,政府動員全港正規和輔助警察,軍方也處於戒備狀態。此時警隊中有三連軍事化的防暴警察;最初名為警察訓練分遣隊,後來稱為警察機動部隊。他們的裝備有防暴警棍和藤牌、催淚彈、點三零口徑卡賓槍和能發射木子彈的催淚彈發射槍,這些武器令人想到暴力和壓迫。二十一歲的李德義聲稱他出於「好奇心的驅使」參加示威,這名目擊者告訴為調查暴動起因而成立的委員會:「我看到穿制服的警察、警探還有警司用警棍毆打市民……我們十幾個人面對二十名防暴隊警察,還有便衣警察胡亂抓人。」[30] 另一名證人莫樂為在供詞中宣稱,在 4 月 5 日九龍的遊行中,有警員用腳踢一名男孩子,其他被警察抓到的年輕人也遭毆打。[31]

但是,警方否認暴力的指控,堅稱他們的行動非常克制,而這點從非

常低的傷亡數字可以佐證：一名暴動人士被警察射殺而另外 3 人受槍傷；13 名其他平民受傷，而 10 名警察也受傷；323 名人士入獄，57 人送回家或教導所；另外 328 人被定罪後釋放。

根據官方說法，天星小輪暴動的起因無關政治，而是由於對社會狀況的不滿，但 1967 年 5 月的騷亂就明顯有強烈的政治含意。當時中國內地「文化大革命」正如火如荼，在以「港澳工作委員會」為名的中共在港分支機構策動下，香港的左派支持者很快有了共同目標，與內地同胞站在同一陣線，對抗他們的殖民「壓迫者」。

5 月初，九龍新蒲崗一家人造花廠爆發工潮，其員工罷工，由此點燃這場暴動事件。事件開始時形勢尚算平和，但到第二天，工會掌控了這場勞資糾紛，罷工工人的行動也趨於激烈。警察奉召到場後，手持警棍衝向高聲叫嚷的暴徒，以非法集會為由拘捕了一些人。警民衝突後的事情通常都有固定模式可尋，警察的行為往往受到審視，並被指控濫用暴力。但是，根據大多數記述，鎮壓手法似乎很溫和。然而，在那些動盪歲月，不同人有時候會有不同記憶一點也不奇怪，記憶會被政治偏見所扭曲。在前學校教師兼政治人物曾鈺成的記憶中，

> 工人開始時只是和平靜坐，他們只是手持「紅寶書」（《毛主席語錄》）坐在那裏，唱歌和叫口號。然後我見到防暴警察來把他們打得死去活來。當一些警察被恐怖份子放置的炸彈炸死時，我們很多人認為他們是應有此報，因為他們是為一個暴虐的政府工作。[32]

到了該月下旬，示威者轉移到中區並抵達港督府門前。在 5 月 22 日，數以百計示威者橫衝直撞試圖向港督請願，在希爾頓酒店外與防暴警察爆發極激烈的衝突，少女蘇少玲和婦人黃桂英在該處被捕。她們最初被控暴動性集會，後改為非法集會，兩人都聲稱被捕後在中區警署被警察毆打。[33] 但是，在那個動盪混亂的夏天，據說有些示威者在臉上塗上雞血，或展示染成紅色的繃帶，用來證明他們口中的警察暴力。

示威和暴力在七個月間不斷惡化，警隊以克制的手法處理威嚇、炸彈和破壞活動，爭取到公眾支持，贏得人們對於它能維持香港治安的信心。香港人看見警察盡忠職守，他們經過一番權衡後，最終認為警察運用權力時既有紀律也是必需的。英女王在 1969 年授予香港警察「皇家」榮銜，正式嘉許它在這場衝突中的表現。

4. 街童、乞丐、狗、交通和屍體

雖然共產黨人在 1930 年代末撤離，但其他不安定情況時常發生，這或許可歸因於當局對於罪案和懲罰的態度趨於強硬，愈來愈多人被帶到法庭受審，監獄也愈來愈擁擠（1932 年荔枝角一座新的女子監獄啟用，赤柱監獄也在 1937 年建成）。往後十年罪案大增，從 1930 至 1940 年間，罪案數字增加了 156%，與人口的大幅膨脹一致，人口在二十年間增加了84%。在這多達五十萬的新增人口中，很大部分是為逃避華東的中日衝突戰火而來的難民。

為了集中精力遏止愈來愈高的罪案率，難免會令警察對慣常警務工作的注意力減少。但是，縱然要應付謀殺案、海盜劫掠、武裝搶劫，甚或是輕微偷竊，不用說還有勞資糾紛或政治顛覆，一些尋常職務還是要處理。愈來愈多時間須花在處理交通、疾病和衛生、颱風、簽發牌照，以及入境或社會福利等後來慢慢變成由其他專責部門處理的各種日常工作。這些都被警察視為邊緣任務，但卻絕非不重要。以 1937 年為例，這是抗日戰爭爆發的一年，這場戰爭對香港影響很大，造成許多麻煩，由這個多事之秋的警察工作報告分項摘要可見，警察肩負了多方面工作的重擔，如果他們感到人困馬乏、焦頭爛額，也是情有可原。

·霍亂
在 7 月，一場嚴重的霍亂疫症席捲香港。警察和衛生署人員一同被派到碼頭和鐵路站去為入境旅客篩檢和注射疫苗，同時加強管制售賣可能傳

播疾病的食品的小販。

·颱風

數以百計房屋和船艇被三十年來吹襲香港最猛烈的颱風蹂躪。「安利號」輪船的船尾被強風大浪捲起,擱淺在干諾道中的路面。在 9 月 1 日至 2 日的夜晚,警察在各個地區執勤,包括海旁。他們在海旁以繩索把自己綁在一起,拯救遭遇船難的搭客和船員。干諾道西發生火災,消防隊奮力對抗不斷吹打的強風和淹沒消防車的湧浪,好不容易才控制住火勢。這個夜晚的傷亡人數高得令人痛心:574 名男女和兒童,大多是溺斃。

·乞丐

警察處理了 2,903 名乞丐,當中 584 人遭起訴並被法庭定罪。在全部被遣走的人中,264 人被發現之前曾被遞解出境。另外 32 名行乞慣犯被驅逐出境,十年內不得回來。

·失蹤兒童

這年報告失蹤的兒童有 260 名,其中 160 名走失或逃家的人獲尋回。

·入境

這年,114 名華人以外的不同國籍之人,被警察入境和護照處控以違反護照條例、偷渡和遊蕩的罪名,須上法庭受審。警察也處理了 52 名無依貧民。

·人事登記

由於中國境內爆發中日戰爭,大量難民為逃避戰火而湧入香港,多達 6,444 名外來者前往人事登記處登記。

1920 年代，皇后大道中與威靈頓街交界。圖右可見警察在交通亭下，負責指揮交通職務。

·屍體

警察每年都在街頭和其他地方發現無名屍體，主要是兒童。在 1937 年，總共 1,347 具的屍體中，有 357 具是在維多利亞城發現。

·狗

在這一年，警察在香港島和九龍發出 2,709 個養狗牌照，並大力執行為狗戴口套的規定，以防止狂犬病。

·牌照

除了私人和商業汽車、電單車、人力車（公共和私人）的牌照，警察也須簽發關於武器、「危險物品」、毒藥、印刷機、桌球枱和保齡球場的牌照，另外還有舞廳和按摩院牌照。

第3章
轉捩點

·交通

因違反交通規例提出了 6,908 宗檢控，共罰款 27,214 元；還有一宗誤殺的記錄。

860 人通過駕駛考試。71 宗暫時吊銷和 8 宗註銷駕駛執照。

4,713 輛公共車輛通過檢驗證明適合使用；7,698 部商業車輛經檢驗並證明適合使用。

在樓宇密集區實施時速三十英里的限制；皇后大道為實行時速二十英里的路段，軍器廠街至美利道之間的一段除外。某些停車場實行停車兩小時的限制。

·街邊貧童會

在 8 月，街邊貧童會的成員羅樹雲（音譯，Lo Shu Wan）因為在干諾道抓到被裁定偷竊罪名成立的陳佑（音譯，Chan Yau），獲中央裁判司署裁判司施戈斐侶（Walter Schofield）讚揚，並給予十元獎金。街邊貧童會由警察設立，目的是協助被遺棄街上和流浪兒童改過自新。他們獲提供乾淨居所（1926 年是在中央裁判司署上的一間房間，1929 年是在荷李活道四十號租用的一間屋）和有酬工作（例如賣報紙），可以上學或當學徒，還有遊戲和體育。警方希望有了這樣的協助，這些兒童就不會落入三合會的控制，不會淪落到行乞、當小販或靠小偷小摸為生。貧童會同一時間最多只會收容約三十名兒童。有時候有些不能適應的兒童會逃跑，並再次當小偷。如果再犯被抓到，很可能會受幾下藤條鞭笞，或被關到域多利監獄，獄內有一個專門關少年囚犯的獨立囚室。到了 1930 年代初，刑事司法制度不再把少年犯和成年罪犯關在一起。在成立了香港仔工業學校、男女童院、勞教中心和感化設施之類的機構後，街邊貧童會就已無用武之地，遂於 1938 年關閉。

5. 戰爭與和平

在 1938 年，警方在街上發現 2,991 具無名屍體，相當於之前四年平均數字的三倍。這反映了大量貧困無依難民為逃避中國內地的動盪局勢而湧入香港。由於抗日戰事爆發，香港人口在過去六、七年間大增 111％，這種情況對香港的社會和經濟生活造成嚴重破壞。而更糟的情況還沒來到：日軍佔領廣州後一路南侵，很快兵臨廣東省與香港的邊界。在 1939 年 2 月，三架日本單翼機飛到新界上空，轟炸羅湖的鐵路，並以機槍掃射逃進香港的難民。一枚炸彈落到羅湖鐵路的末段，直接命中印度警察的廚房，殺死警員蘇打星（Surta Singh）。

幾個月後，《德臣西報》刊登了一篇關於市內企圖武裝搶劫的聳動故事：頭條是「中區槍戰兩人被殺」。[34] 張達之是中德藥行的僱員，他在將近中午時分到皇后大道中的華僑銀行以支票提取現金。他轉入利源東街時，一群匪徒向他的臉潑撒胡椒粉。他大聲呼喊，引來兩名剛下班的警探注意。偵緝警員 C612 譚松和偵緝警員 C623 尹文趕忙追截賊人，賊人為了脫身而亂開槍，過程中擊中四名途人。一顆子彈擊中尹文，重創了他。但是，開槍的匪徒不久就被譚松以左輪手槍擊中。之後譚松沒時間重新裝上子彈，但他展現「非凡勇氣」衝向第二名劫匪，並用槍柄猛擊他的頭部。譚松制伏此人將之拘捕。[35] 譚松因勇敢出眾，獲頒英王警察勳章。

這宗意圖搶劫事件是一週內的第三宗嚴重罪案，那一年不只搶劫和偷竊案件大幅增加，無牌小販之類的小罪案也大幅增加。據 1939 年的警察工作報告所承認，大多數盜竊案是由於極端貧窮所致。賣淫、賭博，以及違法鴉片煙館和海洛英毒窟等「社會罪惡」也在大幅擴散。在移民湧入無法過止、罪案上升以及戰爭迫近的陰霾籠罩下，香港似乎是個動盪不安和危險的地方。1941 年至 1945 年擔任警務處長的俞允時（John Pennefather-Evans）描述「情況已糟糕透頂」，另一方面，警力相對於人口的比例下降。

原本在馬來亞任職的俞允時在 1941 年到達香港，接替經亨利擔任警務處長。他馬上看到，除了罪案和難民問題，警隊還有不少結構性問題：

「印警隊習性懶散」、貪污猖獗，還有警司職責的安排差劣。[36] 由於太多官僚繁文縟節和過度中央集權化，「抓賊工作」被忽略。隨着香港邁向現代化，警察所負擔的各種職務也大增，不只需要更多人手，還需要更妥善的管理：

1942 年時的俞允時，這幅畫在棕色包裝紙上速寫，出自與他一同囚禁在赤柱拘留營的沙維斯基（A. J. Savitsky）之手。

> 警官職責太多，結果沒有一件能處理得妥善。隨寒暑推移，警隊負擔的職務愈來愈多，加重了每名警官的總體負擔，而他們的職務是按地域分配。我已改變了這些做法，並且為警官分派工作時，盡可能讓一名警官負責全港的某一項職務，例如一人掌管交通，一人掌管水警，一人掌管人事，一人掌管訓練和福利，等等。這令負責常規職務的警官可以有時間執行一般的戒備及守護工作，而不用承擔大量其他職務。[37]

　　住宿設施也不足夠。三年前刑事偵緝處政治部須從總部遷往德輔道中的中天行，原本打算待為增加辦公空間而在「中區警署西北角」進行的改善工程完成後，它就可以搬回去。同時這座警署的舊辦公室被改建成已婚警察宿舍。這裏的地方如此寶貴，所以不再設立警察餐廳，而據俞允時說，這項設施對保留警隊傳統和培養警察的團隊精神十分重要。

　　「歐籍人和華人都普遍渴望好好整頓香港」，這種氣氛令俞允時受到鼓舞。[38] 他在 1941 年 11 月呈交殖民地部的初期報告中勾勒出重組警隊的計劃，但其推動力因 12 月日軍入侵香港而戛然而止。他不久後就被關進赤柱拘留營。為了打發營中的日子，他為自己的報告充實更多細節，制訂出更詳盡的改革方案──「香港警察臨時報告」。他在這份臨時報告中提

出：招募更多受過教育的華人加入警隊，提供更精良的訓練和更佳的工作環境，並且逐漸淘汰歐籍督察，而在此期間，他要求這些歐籍督察加強學習中文。他繼續對印警隊抱有戒心，很大程度上是因為駐港英軍中的錫克士兵威脅要叛變。錫克人聲稱英國人輕蔑他們的宗教，命令他們戴鋼盔而不准戴頭巾，而頭巾是代表他們信仰的五項傳統象徵之一。無論如何，他們極可能會被印度獨立運動吸引而參與其中，並受到更着力討好他們的日本人籠絡。在印度人服務香港警隊的幾十年間，歐洲人和華人對他們的輕蔑形成了巨大陰影，現在受到日本人拉攏，許多人都很樂意倒戈。毫不奇怪英國人視之為背叛。在戰後，英國人不讓被遣送回鄉的錫克警察重返香港復職，而除了保留原已在警隊的旁遮普穆斯林，還嘗試招募更多穆斯林加入。不過，此時想要延攬印度次大陸的人才已經有點太晚了，因為印巴分治後，新建立的印度和巴基斯坦政府出於民族主義，都不願意為國外警隊供應人手，令以陌生人管理陌生人這種之前盛行於大英帝國一些地方的做法，一夕間土崩瓦解。除了香港，上海、錫蘭、北婆羅洲、千里達、牙買加、馬來亞和新加坡都曾招募印度人當警察。由於印度和巴基斯坦政府的這種政策變化，有關香港警隊中低級人員種族構成的辯論，自然就慢慢不了了之。

其他日本人的同謀和第五縱隊份子（據説當中一些人是從華人警察中招募）在全港各地進行了一些小規模破壞活動，例如毀壞防空警報器，並把煤油加進放置於各警署各處用來滅火的水桶中。在掌管政治部的沙輔頓（Frank Walter Shaftain）指示下，刑事偵緝處警察開始搜捕和以「霹靂手段」[39]對付最罪大惡極的破壞者和通敵份子，包括汪精衞主持的南京傀儡政權的支持者。據報告，1941 年 12 月 13 日，一名警長在中環目擊七十名汪政權的特務被就地處決。這些特務是被政治部探員和國民黨治安人員抓獲：

> 他們雙手被反綁在身後，頭上套了麻包袋，但他們仍然知道接下來會發生什麼事。X 先生以湯普森衝鋒槍把他們一批批射殺，之後他沿着那一排屍體走，用手槍逐一射擊他們的頭部。手法十分專業。[40]

根據另一名警長的記錄，五名華人破壞份子在中區警署被處理掉，據說是按照沙輔頓的指示，他下令行刑隊集合，但自己沒有現身於槍斃現場。[41]

沙輔頓之後發現三合會份子與日本人合謀，計劃在 1941 年 12 月 13 日凌晨時分殺害香港全體歐洲人。[42] 最後，經過在警察總部和思豪酒店（Cecil Hotel）艱辛談判，並向黑幫領袖付出大筆金錢後，才化解了一場殺戮。

酷刑室

日軍入侵香港後一週，對香港島實施空襲，令島上滿目瘡痍。濃煙散去後，發現中區警署嚴重損毀，一些工作要遷到他處——山腳下的告羅士打行。但中區警署沒有丟空太久。香港投降後，日本人把這座警署稍為修葺就用作香港島西地區憲兵隊總部和監獄，拘留被懷疑顛覆的平民。

1946 年至 1948 年間，香港審理了四十六宗戰爭罪行，在這些案件的檔案中記載了很駭人的故事，顯示權傾一時的憲兵隊是如何殘暴。憲兵隊名義上是軍隊，實際上擔當軍事警察的角色。這些戰爭罪行案例描繪出很可怕的場景；例如，一個案例記載了埃爾莎・貝奈特（Elsa Bennett）被虐待的經過，她因被懷疑從事間諜活動和協助丈夫偷運金錢進入赤柱拘留營為英、美兩國戰俘買食物而被捕。她的丈夫是美國商人切斯特・貝奈特（Chester Bennett），八個月前因為「對抗大日本帝國政府的罪行」而在赤柱被斬首。

擁有葡萄牙和愛爾蘭血統的埃爾莎・貝奈特（婚前本姓蘇亞雷斯〔Soares〕）在戰前就居於香港，1944 年 6 月她被日本憲兵逮捕，帶到中區警署並拘留在那裏三個月，那時候她頻繁被審問。她在 1945 年 10 月向英國軍事法庭提交宣誓書，在其中説她那時被平民傳譯員大塚關太郎和憲兵軍曹小美野以酷刑折磨。為逼她認罪，

> 她被剝掉衣服〔只剩內衣〕，臉朝上被綁在平放的梯子上，身體動彈不得，臉上覆蓋毛巾，一個大型消防水龍頭打開，從那裏流出的

水直接流到她臉上，水流完全覆蓋她的鼻和嘴；她被這樣折磨了約三十分鐘，在此過程中喝下大量的水，導致腹部膨脹，苦不堪言，並且一再嗆到和窒息昏迷，遭受極大痛苦……[43]

另外一次，大塚和小美野又剝光她的衣服鞭打她，她在 1946 年向一名記者說：「他們常常這樣對待女囚犯。即使他們沒有鞭打我時，我都聽得見他們在其他囚室懲罰其他女人——華人女人。我聽見揮鞭的聲響，還有之後的叫喊。」[44] 指控她當間諜的人因她一直不肯承認，就五天不給她吃東西。她被扣留在中區警署期間，牢房很「骯髒」，她從沒得到清潔身體的水。那裏沒有牀，沒有椅子，僅僅「在爬滿蝨子的地板上有一張破爛毯子」。[45]

大塚被判隸屬中區警署憲兵隊總部時虐待貝奈特夫人罪名成立，監禁六年（之後減至四年）。

1945 年 8 月中旬，日本宣佈投降而戰爭結束。為了在這個滿目瘡痍的城市制止搶掠和維持治安，尤其是鄉郊地區，臨時政府別無他法，只得要求日本憲兵隊在英軍抵達前繼續留下。海軍少將夏慤（Cecil Harcourt）率領的艦隊在 8 月 30 日駛到香港。9 月 2 日，在一些華人副督察和一隊「會說英文的忠誠華人」協助下，海軍登陸部隊上岸。[46] 那天早上大批印度人，包括頭戴人們熟悉的彩色頭巾，手拿着「拉提」（lathi，印度警察所用的一種長而沉重的包鐵竹杖）的前警察，在香港大酒店對面排隊，打算重新加入警隊和聽候指示。有些人被遣走並禁止重返警隊。僅餘的歐籍警察（總共 180 人）從赤柱拘留營出來，接管日本憲兵的工作。他們在「香港會」居住了一段時間，之後分發到原本所屬的分區警署，如果原本的警署已被破壞，則另派到其他警署。當然，中區警署仍然屹立，森森然令人想起日軍的暴行，而且它損毀嚴重，難以想像它還可以繼續用作香港警隊總部。

俞允時的警隊改革建議遲遲未能實現，因為其警務處長職位先是由軍政府委任的辛士誠上校（Colonel C. H. Samsom）取代，之後在 1946 年由麥景陶（Duncan Macintosh）接任。沙輔頓也看到未來。他在居港三十三

年後離開前夕接受《德臣西報》訪問，他說：

> 我深信，如果獲得這樣的薪水和責任，華人將是能幹的政府人員。
> 我預見在未來的香港會有華人副警司和督察，他們擁有的權力、生
> 活條件和薪資，都會與迄今為止幾乎只由歐籍人享有的相同。政府
> 如果只付出苦力的薪水，就無法期望僱員會誠實正直……處理罪案
> 令你對人類的弱點有所領悟。你不會因此而變得冷漠無情，而是會
> 更有同情心。大多數罪案都是有其經濟背景的。[47]

　　這些理想沒有馬上得到實現。麥景陶上任後關注的優先要務，是以手
上所能運用的資源建立起警隊，因為相較於戰前的約 2,200 人，它現在的
人員少了六百多人。從海外招募低級警察的工作在戰後停止了，招募歐籍
人亦只限督察級或以上。不過，在 1940 年代末至 1950 年代初，華人仍然
只能當低層人員，政府和警隊的上層要津仍由外籍人佔據。1949 年共產
黨取得中國政權後，從威海衞招募的魯警也無以為繼。隨着大英帝國版圖
縮減，許多從巴勒斯坦、東非和太平洋國家被裁汰的警察紛紛來到香港，
在此地度過最後的事業生涯，一時間增加了歐籍警官的數目。

　　沙輔頓和俞允時提出的概念最終在戰後改革中實現，令警隊追上時代
的發展。那時候愈來愈多人認為警隊須吸納更多有合適才能的華人，並培
訓他們擔當高級職位；而招募歐洲人和印度人變得困難，令這種政策上的
改變更為迫切。而當時在一個領域邁出了幾乎可形容為破天荒的一步：
1949 年許錦濤（Kimmy Koh）獲任命為香港警隊首名女副督察，最初任
職於警察總部；到了 1951 年，再有九名女性警員加入。

　　香港人口由日佔時期的 60 萬人到重光後增至 150 萬，1950 年末再膨
脹至 240 萬。在這 240 萬人中，將近 100 萬是為逃避中國內戰而來的難
民，這場內戰在 1949 年以共產黨得勝告終。警察聲稱，許多難民是罪犯
或者「久經戰陣」的國民黨士兵：

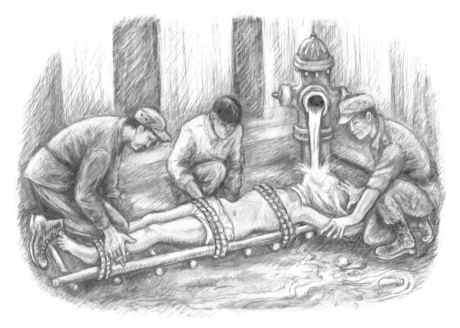

水刑令人感覺猶如溺水。這幅圖畫嘗試描繪日佔時期埃爾莎·貝奈特在中區警署受到這種虐待的情景。

女子警察射擊隊獲獎留影，前排右二為許錦濤。

因中國內戰和政權易手所引致的動盪，將大量不肖之徒帶來香港這個庇護所，他們擁有武器並能嫻熟使用。政權的改變也在邊界製造了一些問題，包括在邊境執行職務的中國和英國警察之間的合作逐漸瓦解。[48]

然而，嚴重罪案的數目在 1950 年下降了，裁判司審理的案件，大多是由貧窮、無家和艱困所逼而鋌而走險的人所犯的輕微罪行。警察十分清楚這些被檢控的人，許多是從中國來港只有幾天或數週的移民。由於這些令人憂慮的急速變化，以及維持治安的工作日益複雜，警隊必須加快轉型為多元化、精良幹練和「擁有科學設備」的部隊。[49] 到了 1955 年，經過十年的和平時期，警力增至 5,275 人，包括 3,496 名廣東和客家「員佐級」警察（佔總數的 66%），554 名北方華人，174 名巴基斯坦人，25 名葡萄牙人，412 名「亞裔偵探」和 60 名女警，加上憲委級警官和督察。警隊在許多方面都有長足發展，尤其是在傳統警務工作範圍以外延伸的服務，加深了與香港社會大眾的生活聯繫，並提升警隊的公眾形象。街上的普通人與警察打交道時，主調不再是衝突而是合作。對外方面，香港警隊與海

1950 至 1960 年代的營房大樓。

外同行緊密聯繫，以便更有效打擊跨國販毒和走私。警隊擁有的新科技和趨於專門化，令其應對罪案和保安的手法可以有新變化，但新類型的罪行也同樣因此而出現，加上人口增長，警隊需要更多人手，同時也令他們受到更嚴格的審視。

警隊擴大後，其規模已非中區警署所能容納。在戰後一段時間——很長的時間，它棲身於干諾道的新東方大廈，該地的工作環境也愈來愈「令人無法忍受」。[50] 另一個轉捩點在 1954 年出現，警察總部在該年遷往灣仔軍器廠街的堅偉大樓，這是專門為用作警察總部而建的建築物。但是，命運之輪並沒有轉了一圈後回到原處。大樓的名字

新東方大廈，約 1941 年。警察總部在 1945 年至 1954 年遷至這座大廈。

是向香港首名警隊首長致敬，但現在怎樣也難以想像香港會重回他當年的無法無天和混亂。即使警察的工作永無終結之日，但香港今天的罪案率低於其他人口同樣稠密的城市。新警察總部啟用和中區警署降為地區總部是一個訊號，表示警隊已經脫離昔日維多利亞時代的繫縛，並朝向現代執法部隊的未來邁進。

第二部分

中央裁判司署

第4章

興建裁判司署，1847年至 1914年[*]

位於亞畢諾道的中央裁判司署猶如堡壘，散發懾人的權威氣勢。從 1841年至1980年代初這140年間，中區警署建築群所在地上接連建造了 三座法院大樓，現存的裁判司署是第三座。本章以英國和香港的建築發展 為背景，追溯建造這三座法院的來龍去脈。

1841年的首個「法庭」是設在總巡理府官署內，位於海岸上方山坡 一個嶙峋的岩層之上。以下是《陸海軍公報》（*Naval and Military Gazette*） 的記載：

> 這位「總巡理府」可說是被丟到荒蕪的山邊，除了一間為他遮風擋 雨的茅屋，完全別無他物，他要自己想辦法造出「一間機構」。既 無建築師也沒工程師，在他孜孜不倦辛勤操持下，一座合宜的監 獄、法庭等都出現了；在這個三年前只聞野犬嚎叫的地方，這位無 家的陌生人，或曰老朋友，現在有了溫暖而舒適宜人的容身之所。[1]

總巡理府官署的繪圖沒有留存下來。《廣州紀事報》（*Canton Register*） 形容它是「非常漂亮的中式私人小屋」。[2] 但其競爭對手《廣州周報》

---

[*] 邁克爾·莫里森（Michael Morrison）、布里安·安德森（Brian Anderson）和希瑟·葉爾米 （Heather Jermy）對撰寫此文有所貢獻

（*Canton Press*）則在一篇文章中諷刺香港的建築浮誇造作，並如此形容：「這座巡理府署，光是提到這個以磚和石堆成的東西，就令人感到作嘔，從任何關於良好品味和合宜的準則觀之，它都非常令人噁心。」[3] 這座建築物的總造價高達 5,600 元，其中 500 元是來自威廉·堅的私人資金。[4]

1. 1847 年的巡理府署

不久後，威廉·堅的房子明顯可見建造品質很粗劣，很快就須要進行改建工程，同時還在 1847 年於亞畢諾道建成一座專門的巡理府署。[5] 它很可能是由量地官基化里設計。基化里在倫敦時曾是執業土木工程師，1843 年來到香港，會合在此地擔任海事工程師兼船長的哥哥奧斯蒙德（Osmund Cleverly）。基化里首先是擔任助理量地官，1846 年成為量地官。在之後二十年，基化里負責興建無數公共建築物（包括聖約翰座堂和總督府），並監督道路工程、填海和其他項目。他在 1864 年申請退休金時聲稱：「現今所見的維多利亞城，完全是在我指導下建成。」[6] 雖然受到緊絀的預算所限，部分建築工人又是缺乏技術的苦工囚犯，但是，基化里領導下的量地官署所主持設計的眾多新政府建築物，在建造時對於本地環境和建築物料有日益透徹的了解，並更注重整體設計和美學特質。

兩層高的巡理府署呈 H 字形，門廳和主入口朝西，前臨一個內部庭園，稍遠處是監獄。相反方向有遊廊，俯瞰亞畢諾道。從一幅拍攝巡理府署周邊地帶的十九世紀照片可見，這座建築物的上層，其中央遊廊和兩側開間，一左一右的兩個開間上方築有三角楣。總巡理府的法庭位於此建築物的中央部分。二樓其中一個開間有一個小房間，是供副巡理府（後稱第二巡理府）所用。其他房間包括總巡理府的私人辦公室，供證人和囚犯、傳達員（把喺）、書記所用，以及用於存放記錄的房間。從 1856 年起，公開絞刑在這座建築物旁邊的空地舉行，從亞畢諾道可以目睹行刑景象。

人們很早開始就發覺這座建築物不夠完善。相對於其長度，主法庭的房間顯得非常高，所以傳音效果很差，聲音全都聽不清楚，就算靠得

很近，都幾乎聽不見盤問證人的聲音。[7] 總巡理府德都德（Henry Tudor Davies）在 1857 年抱怨，審訊常常被聚集在外面門廳的群眾噪音所騷擾，而門廳是他們唯一能聚集的地方，即使那裏沒有什麼遮陽擋雨的設施。法庭內常常不夠地方容納犯人：德都德指出，有幾次他在同一案件中須審訊超過二十名犯人，有一次還多達七十五人，另一次則有九十五人。這座建築物沒有把證人分隔安置的設施，也沒有關押候審犯人的牢房。主法庭的審訊不斷被從辦公室出來前往樓上那間小法庭的書記所打斷。案件常常須要休庭，「原因據說是關鍵證人不見了，而他們其實在法庭範圍內，但由於安置證人的設備不妥善而遍尋不獲；而這樣休庭嚴重損害司法公正，因為在這地，馬上會有人利用這種情況來提供假證據」。[8]

早在 1856 年，亦即原本的建築物落成還不到十年，港督寶靈就建議在另一個地點興建一座全新的巡理府署，選址畢打山（大約是今天舊牛奶公司倉庫的位置）。這個地點那時由國家醫院佔用，而寶靈計劃在亞畢諾道巡理府署的位置重建國家醫院，方便國家大醫師在醫院和隔壁的監獄履行職責。這座巡理府署的設計出自署理量地官加柏（William Cowper）之手，那是一座寬廣的兩層高古典風格建築，前方有柱廊，頂部有猶如宣禮塔的鐘樓。這座原本打算建造的新大樓，比原有的巡理府署大得多，估計造價 7,260 英鎊。它會設有舊建築物所缺少的設施，包括堅固寬敞的囚室，多間互相分隔的證人室，以及能遮風擋雨又開闊的室外等候區，等候區設有座位供「現在慣常到訪巡理府署又無法將之趕走的閒人使用」。[9] 但是，殖民地大臣憂慮香港的財政狀況，拒絕批准計劃，所以這座建築從來沒有建造。取而代之的是在現有的巡理府署進行小規模擴建，以容納更多犯人。到 1892 年時，再有一些小型增建部分落成。

這座建築物的室內依然侷促悶熱。英國歌舞雜耍表演藝人艾伯特·史密斯（Albert Smith）在 1858 年到訪香港時，想要尋找一些美麗的風景為素材，因而在 8 月一個炎熱的星期一早上去了巡理府署，在那裏看到德都德在審理一些瑣碎的民事糾紛，擔任通譯的是一名「年輕機靈的葡萄牙人，名叫羅薩里奧（Rozario）」。史密斯寫道，那是一個「很悅目的場景」：

一座設有四層樓高鐘樓的巡理府署的立面圖，1856 年。這座巡理府署並沒建成。

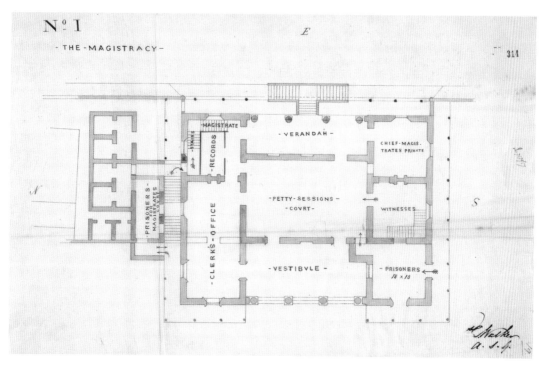

1857 年為巡理府署增建和改造而製作的地面層平面圖。

華人公眾通常無所事事站那裏，就像弓街(Bow Street)所見的情況一樣；有幾名紮小腳的婦女和蜑家（艇戶）女孩，頭上綁着手帕，風姿頗為嫵媚。當中一些人真的很漂亮。我在那裏旁聽了兩三宗案件。在其中一宗，經營酒館的海厄特(Hyatt)傳喚離他而去的僕人亞桃（音譯，A-took）。亞桃顯然被對面的旅館收買了。海厄特不想亞桃再回來，而且他已去了新的地方；因此，雖然亞桃在四個星期中為海厄特工作了三星期，但法官判他得不到任何報償。之後是一宗關於鴉片球買賣的棘手案件。甲發誓他向乙訂了一個鴉片球並已付款，但從來沒有送貨。乙堅稱已送貨，並傳召店員丙和丁證明，還拿出了賬簿為證。乙是眾所周知的正派店家，所以甲因撒謊和浪費女王時間而被罰五元。[10]

在主法庭中，巡理府的法官席只是一張桌子，根據 1861 年編製的清單所列，那是一張覆上桌布的半圓形桌子，另外還有椅子供巡理府、可能會出席的太平紳士，以及其他被認為可與巡理府同坐的位高權重之人使用：有時候是尋求引渡嫌疑犯的來訪中國官員，或者律政司或法律界其他成員，又或者作供的傳教士，甚至是前來官式巡視的總督。像艾伯特·史密斯這類知名或受敬重的歐洲人，有時候也會獲得坐在巡理府旁邊的位置，在某些事例中，他們即使是以被告身份出庭也獲此優待。法官席以欄杆與法庭其餘部分隔開，附近有供通譯、傳達員和記者使用的桌椅。公眾人士有椅子（供歐籍人使用）和板凳（供其他人使用）可坐。

這些安排似乎繼續到十九世紀餘下的歲月。在 1898 年，一份報紙描述以下的觀察：

在各英國殖民統治地區中，沒有比這更為燈光差劣、設計欠佳和通風不良的治安法庭。房間骯髒得可怕，天花板結滿蜘蛛網，最適合鑲嵌在此處門上的銘文，是但丁形容為寫在地獄之門上的那種。被告席通常擠滿犯人，有些人已病得很嚴重，並且污穢不堪，約兩呎

外有一張單獨的桌子，是供律師、記者和警察使用的。被告席內經常沒有空間容納當天所有的犯人，而「被擠出來的眾人」就塞在被告席欄杆與律師、記者的椅背之間，這種事情常常發生。要與二三十個從「番攤賭館」抓來的人近距離緊靠，並不是一件令人愜意的事，幾名律師寧願麻煩一些也不想忍受太接近他們。房間後方還密密麻麻擠滿華人。他們通常是無所事事的苦力，來這裏消磨時間，許多人還發出證明自己肺部有毛病的噁心巨響。[11]

這篇文章最後說，大體而言，這個法庭「極度不適合於其用途」。同年的另一篇描述形容它「不是一個特別令人感到舒服的地方……而常常出現在該處的那些人，就更令人不舒服」。

在以欄杆圍繞、被稱為被告席的窄長區域內，每天早上都擠滿一群三教九流的流氓、流浪漢、小偷、目無法紀份子、賭徒等等，他們是前一天法庭散庭後，被英國、印度和華人警察拘捕的人。這些人有老有少，許多人衣衫襤褸，衣不蔽體，許多人還骯髒不堪。在離被告席幾呎外，有供警察、律師和報界代表使用的桌子，被告席後方是容納公眾人士的地方。殖民地內所有沒工作的苦力，似乎每天都很盡責地來填滿這個地方，而他們是一群令人倒胃口的人。在溫暖的日子，大氣中瀰漫由人群散發出的噁心惡臭，而不斷的「清喉嚨」和吐痰無助改善這種情況。當犯人的案件被召喚，他就在被告席中站起來，通過通譯聆聽指控他的證據，說出想說的話或傳召證人，如果被判有罪，負責的警員就抓住他的辮子，將他帶到小小的等候室，他會留在那裏直至交付羈押令發出，之後就消失在幾碼外的鐵欄大閘門之後。從一直放在桌子上作為證據的煙盤、煙槍、鴉片煙秤和放滿煙膏的牛角盒數目可見，這個城市一定是發生了一宗很大的非法鴉片買賣。有時候實在惡臭難當，尤其是那裏剛巧有一根陳年鴉片煙槍作為證據呈堂時，令人禁不住想出去透透新鮮空氣。

鴉片煙槍。

報道繼續說，外面的空地可見「堆放了林林總總稀奇古怪的事物」。

這裏有一捆從官地非法砍下的樹枝，那處有一袋袋從帆船充公的麵粉、糖或煤；在那邊還有一堆生鏽步槍、一盤蠔豉、一袋根莖藥材、船舶設備，還有各式各樣作為證據的貨物和物品。事實上，法庭常常像是一間從事各種各樣生意買賣的舊貨店。有時候會有染了血跡的衣服，還有刀子或其他帶有不祥痕跡的武器呈堂，透露出關於謀殺或襲擊的故事，連帶所有不幸悲慘的細節。在襲擊案件中，巡理府大老爺常常會要求檢視「傷痕」，而華人的服裝很容易就能掀開，展示身體或下肢的瘀傷或創口……還有一種很常見的情況是，某人會弄得自己鼻子流血，然後把血污塗滿臉上，讓它在那裏乾掉，以便可以在上庭時展現最駭人的景象。

華人犯人在面臨懲罰時，通常都秉持「其民族一貫的泰然沉着，但偶爾某個從偏遠地方初來乍到的人，會傷心難過起來，而且當他被抓住辮子

拉往等候室時，一臉頹然沮喪，此情此景幾乎令人憐憫。華人女性就不一定那麼逆來順受，有些犯了法的艇家女常常會變得很歇斯底里，或者以最『粗鄙下流的話』破口大罵她的檢控者」。[12]

1877 年的監獄調查委員會曾認為，由於這座巡理府署如此殘破，不久後就會拆卸以騰出地方興建獄卒宿舍。不過，這座建築物再存在了三十五年，繼續積聚蜘蛛網和灰塵。《南華早報》在 1904 年觀察到，被告席似乎自建成以來就沒有清潔過，並記述在最近一宗案件中，一名男子被控沒有清潔自己的房屋而使之污穢不堪，在被問到對此有何解釋時，他「很有禮貌地告知法官，他的屋子遠比現在身處的法庭要乾淨得多！」[13]

2. 新的中央裁判司署

到了二十世紀初，當局終於認為興建新巡理府署之事不能再拖延。1910 年審議了初步設計方案，但是，由於規格要求有所改變而要重新設計，[14] 待到 1913 年 1 月，拆卸舊巡理府署和建造新地基的合約才批給承建商建安公司。在建造期間，巡理府法庭暫時遷到皇后大道的舊臬署（即最高法院，又稱臬憲衙門）大樓，它自 1912 年臬署遷到皇后像廣場的法院大樓後就空置。巡理府法庭在那裏逗留了兩年多，而在此期間，就開展這個棘手的山坡地上建造新裁判司署的困難工作。

建造工程首先是開挖很深的地窖，但發現這片土地主要是岩層，開挖困難，故延宕了一段長時間，另外因為亞畢諾道的擋土牆需要維修，也造成延誤。這幅牆被發現「狀況有缺陷，不足以支撐這座新建築物」，[15] 因此幾乎完全被拆除，再以石灰和水泥砂漿重建，但重用了原有的石材飾面。儘管遇到這些障礙，但到 1913 年 5 月時已可以開始建築工程。地基完成後，建築物本身的興建工作進展就很迅速，到了該年年底，牆壁已修築至一樓以上五呎，而此樓層的門和窗框均已裝上。木工的工程進度也十分良好。

在設計新的中央裁判司署及不久後為增加警察住宿設施而建的總部大

樓時，工務司署毫不猶疑就規劃了兩座巨大建築物，是當時香港建築設計登峰造極之作。從這兩座建築物可見其深受西方設計的影響。這可能是因為監督建築師羅斯曾在倫敦受訓練，先在亨德及史都華建築師事務所（Hunt & Steward），之後在 1904 年至 1910 年於威爾遜（W. G. Wilson）的事務所。他在 1910 年獲香港工務司署建築處延攬，一直任職至 1916 年。他對建築的影響屬於傳統式的。他來香港前於英國執業，直接帶來當時由古典主義風格主導的公共建築流行趨勢。這種風格在裁判司署的設計清晰可見，羅斯在工務司漆咸（William Chatham）的指導下監督建造工程。漆咸在 1890 年獲羅致到香港擔任執行工程師（Executive Engineer），之後在工務司署有很長的職業生涯。他在 1897 年擔任署理工務司，1901 年真除。

值得注意的是，裁判司署、總部大樓和附近的舊牛奶公司倉庫之間有重複的設計元素。牛奶公司倉庫位於雲咸街和下亞厘畢道交界的角落，最早的部分建於 1892 年，由丹備及理（Danby & Leigh）建築事務所設計，這家公司後來成為李柯倫治（Leigh & Orange，也叫理及柯倫治），羅斯在 1916 年離開工務司署後就加入這家公司。1913 年至 1917 年舊牛奶公司倉庫進行了大規模翻修，其成果是存在到今天的紅磚條紋（所謂的「帶狀磚飾」）和石砌建築，如果受委託執行改造的是李柯倫治，那麼羅斯非常可能曾參與此設計。在舊牛奶公司倉庫、中央裁判司署和總部大樓，都能找到拱心石、壁柱等共有的新古典主義建築特色。

這些建築物不只美學上受到海外影響，在結構設計和施工方面亦是如此。各種從英國運來或根據英國標準建造的物料包括：鑄鐵橫樑、水泥地板、石灰漿、鋼筋混凝土橫樑和地板，以及在裁判司署和總部大樓一些較重要地方使用的上釉瓷磚和人造石地板（一種耐磨的混凝土）。裁判司署的屋頂還鋪了「路寶來」（ruberoid，一種以毛氈製造的防水物料，在毛氈浸漬和塗上類似焦油、名為瀝青的物質）。

外部設計

中央裁判司署和總部大樓（見頁47）是以新古典主義風格設計，兩座建築物都使用了英國建造技術，例如結構鋼材和精工銑削的木製窗框和門框。兩座建築物都有一些共同的建築特色，包括（有點造作地）使用巨大的柱式，[16] 以及希臘回紋和拱心石拱門之類風格獨特的裝飾元素，而許多拱門是以水泥塗面建造。

在西方特色和物料之外，還有一些適應本地環境的設計。例如，裁判司署東面外牆的牆壁是以廣州紅磚和石灰砂漿砌成，表面覆上廈門磚，而窗台板、門框緣飾和其他建築特色就使用了本地開採的花崗岩。淺坡度的四坡屋頂上鋪了中式筒瓦和板瓦，別有風味的煙囪外形也是本土形式。一如建於此場址上的幾乎所有監獄和警署建築物，裁判司署也設計了遊廊和法式落地大門，令夏天時空氣流通。

裁判司署大樓在亞畢諾道有一面兩層高、式樣獨特的東向外牆，以一組巨大的多立克柱式環繞，其上的閣樓層則較簡樸平淡。低層是斜面的花崗岩護土牆。這幅花崗岩牆壁的中央，開了一扇深深往內凹的小門通向街

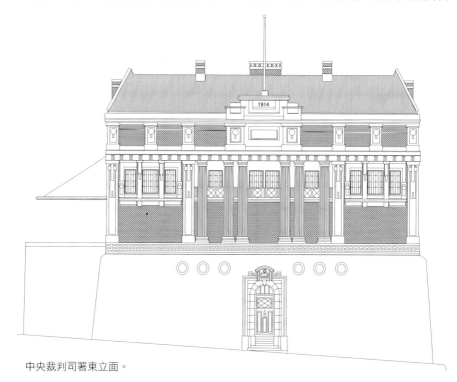

中央裁判司署東立面。

中央裁判司署。

道，還開了六個圓窗。雖然這個門口看似是主入口（由於這面外牆的雄偉氣勢），但它其實是裁判司的入口，連接一道陡峭的樓梯，通往裁判司辦公室。這個入口設在這裏，與一般做法迥然相異，通常做法是闢設隱蔽的後門或側門，不為公眾所見。此處的這個入口，明顯與這座建築物南面和西面的其他公眾出入口截然分隔。它有粗面花崗岩門框，門框有裝飾性的弧形托座拱心石，上方是頂部拱起呈弧形的擋板，上面刻着建造年份（「1914」），兩側有風鈴草串花環和回紋裝飾。樓梯盡頭是一扇鑲板門，門上有格狀窗戶和半圓形楣窗。從另一個方向來看，在那些被帶到裁判司席前受審而又膽敢鋌而走險的犯人眼中，這道樓梯提供了逃走的途徑。在1977年10月，被控行劫的二十三歲男子衞錦泉，因延長其羈押事宜而第七次上庭，他在警察準備扣上手銬把他帶回赤柱監獄時掙脫逃跑，從此樓

供裁判司所用的入口，深深凹入厚重的護土牆內。

1920年代，贊善里望向亞畢諾道方向。左為中央裁判司署，右曾為懲教人員宿舍，今為中央廣場。

梯直奔到路面，卻被一輛十三號巴士撞個正着，當場死亡。[17]

第二層有三個開間的寬度。兩邊最外側的兩個開間外觀相同，但寬度不一樣。每個開間的兩側都有以模製鑲板裝飾的壁柱，繞過轉角處包裹至北向和南向立面，三扇開於高處的窗，坐落在有簡樸擋板的模製窗台上。壁柱和窗戶都有風鈴草串花環裝飾。中央內凹的開間是個開放式柱廊，當中的羅馬多立克式併柱，柱身刻有凹槽；柱子中段後方建了一道橫樑，令柱廊變成兩層的開放式遊廊，其欄杆有交叉和圓形圖案，這設計元素也見於總部大樓。這一樓層頂部有一個羅馬多立克式柱頂楣構，中央的區額以新藝術風格字體鑴刻了裁判司署的英文名稱「THE MAGISTRACY」。此樓層底部有深雕的希臘風格帶狀回紋裝飾，與多立克式圓柱等其他新古典主義元素聯繫在一起。

在頂部，共有七個開間的閣樓層完全以水泥塗面。下方柱頂楣構的檐頭牆形成此樓層的基座，其上方有一些粗短的墩柱，墩柱鋪上內凹的模製鑲板，上有圓形浮雕和風鈴草串花環裝飾。這些墩柱後方是一個左至右橫跨整個樓層寬度的遊廊；中央開間有一個長方形的開口，開口上裝了以交叉和圓形圖案裝飾的格柵，而南側的兩個開間則裝上窗戶。閣樓之上是一個簡樸的柱頂楣構，其中央是年份石碑（也是鑴刻了「1914」），兩側有回紋裝飾，最頂部豎立了一根旗桿。

裁判司署坐落在花崗岩護土牆的邊緣，這幅護土牆差不多和裁判司署的外牆一樣高，由於其地面層與亞畢諾道之間的高度相差很大，裁判司署居高臨下佔據顯眼位置。雖然今天周圍拔地而起的摩天辦公大廈，已使它相形見絀，但在當年，裁判司署是雄踞一方的建築物，散發強烈的權威感。

相較於東立面，這座建築物其餘三面外牆的表面，只是簡樸地以磚塊鋪面，間有木框窗戶點綴。只有南面外牆稍有一點特色，那就是在為主法庭採光的落地玻璃窗上方，設有巨大而扁平的懸吊式簷篷。西面外牆有三個入口，全都不像東面的裁判司入口那麼令人驚豔。位於西北角的其中一個入口，門口有裝飾圍繞，表明它是主入口，可由此通往公眾旁聽席和其

他設施。後來在西面外牆中間位置開設了職員入口，以更直接通往入口大堂，最後變成裁判司署的主要公眾入口。這座建築物的這一面與相鄰的監獄長樓，由一個窄長的空間分隔，形成了一條「屋背」巷道。

就是因為裁判司署的後方外牆這麼不起眼，這座建築物基本上是毫不在意這個場址，沒有試圖向其西北方的檢閱廣場展現自己的特色。就這點而言，裁判司署不同於營房大樓，後者把自己最華麗的外牆朝向其北方。無論是有意還是無心，這些設計上的決定令三個機構之間在建築形態上有清晰區隔，比起由地面層高低不同和界牆圍隔所造成的分野更為明顯。

內部設計

這座裁判司署的內部頗為複雜。它共有四層，原本包括有貯物室的局部地窖、兩個貯存記錄的保險庫、兩個犯人等候室、三間有鐵枝的囚室、僕役房間，還有廚房和廁所。只能開挖局部地窖是因為這地點的斜坡佈局影響。南面和北面各有一個大法庭，兩者都是兩層樓的高度，從地面層跨到一樓。兩個法庭都各有一道內部樓梯，從地窖的拘留室經過活門通往被告席。設在地面層和一樓的其他專門設施包括裁判司、律師和證人的房間，還有繳交罰款處和供文職人員使用的房間。一樓包含可供十二名印度警察使用的宿舍和飯堂、一間可容一名非委任級（警佐級）警察的小房間，還有廚房和廁所。二樓有兩組供已婚警察的宿舍，每組有三間房間。此樓層還有一間供十八名印度警察居住的宿舍，加上不可缺少的廚房、廁所和僕役住宿設施。最頂兩層的佈局是環繞中央採光天井而佈置的。

兩層樓高的法庭頂部，是以鋼筋混凝土建造的桶形天花板，上有裝飾性的鑄鐵通風格柵。大多數桌椅設備和法官席都是以柚木為材。牆壁也鋪上四呎高的柚木板，法官席四周更高達九呎。在鑲板部分上方的牆壁，則以壁柱和灰塑裝飾點綴，並延伸至桶形拱頂天花板。[18] 環繞窗戶周邊的灰塑裝飾尤其顯眼，這裏的窗戶有幾種不同風格，包括不同樓層的水平外推窗和圓形花格回轉窗。人們對於這些外形為半圓或圓形裝飾線條的灰塑有不同解讀，有人說是花環，也有人說是垂花掛飾或束棒。束棒的形態是一

位於裁判司署西面外牆的主入口十分樸實。對於圍繞皇冠的圓形裝飾線條代表什麼，人言人殊，有人說是花環，也有人說是束棒的象徵。

捆束綁在一起的棍棒，有時候還會伸出一個斧刃，傳統上是裁判司權力和權威的象徵，因此似乎很適合裁判司署的形象。

　　由於須要分隔裁判司、被告、證人和公眾以及警察，因此空間規劃頗為困難。為了容納不同的設施和使用者，需要三道樓梯（不算法庭內的樓梯）。建築師為這個問題苦思惡想的跡象，可見於從亞畢諾道入口前往裁判司房間的那道中央樓梯非常狹小，還有靠天井採光而照明不足，天井亦曾加建橋樑連接，其後又因用途改變而拆除。

　　新的裁判司署除了設有獨立的樓梯和入口，以分隔前往大樓不同部分的通道，還擁有許多當時的標準便利設施：電燈和電風扇、廚房、有抽水馬桶的洗手間，以及鋼筋混凝土地板。但對於法庭設施的投訴仍然所在多有。記者抱怨極度缺乏供報界使用的地方，還指出被告席是多麼狹小，如在掃蕩賭館後，常常會有大量犯人同時出庭。一名匿名官員說，建築師「忘記了該處會有警察和犯人」。一宗 1953 年發生的可怕意外，顯示從囚室通往法庭的陡峭樓梯有多危險。在 5 月，五十二歲的高天慶與其妻同被

控偽造身份證，他在通往第二法庭被告席的樓梯跌倒，不久殞命。[19]

　　新的中央裁判司署在 1914 年建成。原本估計工程須花費 106,000 元，不過，儘管遇到困難和延宕，實際支出卻比原本估計少了約 10,000 元。這是二十世紀初大型公共建設計劃的一部分，該計劃包括（今天還留存下來的建築物）上環街市北座（西港城）、九龍火車站、香港大學和皇后像廣場的最高法院。

　　1915 年 4 月 26 日，裁判司法庭開張。由活約翰（John Roskruge Wood）和連些路（R.E. Lindsell）分別在兩個法庭審案，最早的案件包括一名歐籍人因拒絕支付人力車資，並在之後的爭執中踢警察而被罰款十五元和賠償一元；一名華人因損毀屬於渣甸洋行的樹木被罰款十元或監禁十四天，此人之前也犯過類似罪行，才剛出獄不久；還有一名男子被控在紅磡一間屋中偷竊衣服、珠寶和金錢而被還押。在較大的那個法庭裏，律師廖亞利孖打（Leonardo D'Almada）因穿上特別警察後備隊的警長制服出庭，遭署理首席裁判司活約翰斥責，此事反映了當時的局勢。一如大英帝國其他地方，那時香港正與德國及其盟國開戰，雖然此地並沒發生戰事，但它還是處於高度戒備狀態。

　　裁判司署在頭二十年大致維持原樣，不過在 1938 年頂樓進行了大規模改建，加入了第三個法庭，以及裁判司辦公室、證人室和繳交罰款處，還為一名感化官提供獨立的住宿設施，加上等候室和少年犯的房間。戰後再增加第四個法庭。

　　在建築物的功能進行現代化改建後，大多數原有飾面都消失了，到了 2005 年中央裁判司署正式關閉時，這座建築物的內部面貌頗為簡樸。法庭仍然保留了原有的桶狀拱頂天花板和灰塑裝飾，裁判司的房間也仍然有火爐的緣飾。入口通道保留了牆上的釉面磚，這種愛德華時代建築物的典型設計特色，也見於總部大樓。然而，其他室外裝潢則大多被拆除，或者被自 1984 年這座建築物不再用作法院後進駐的不同使用者加裝的隔板和固定裝置所遮蔽。

第5章

香港英治時代的裁判司、社會與法律

　　一名記者在 1857 年寫道，香港的巡理府「在執行法律和履行公義時所接觸的民眾之多，是其他政府官員全部加起來都不如」。[1] 位於亞畢諾道的裁判司署是香港英治時代刑事司法的引擎，大多數案件都在那裏判決，而那些移交更高級法院審理的案件，幾乎全是在這座建築物內進行初步聆訊。在其擁擠的法庭內，巡理府快刀斬亂麻般以罰款、監禁和其他懲罰迅速處理案件。文咸爵士（Sir George Bonham）這位早期的港督說，巡理府的判決會決定「華人居民對我們的整體管治制度有多尊重，以及對於容許他們在此地居留的法律有多願意遵從」。[2]

　　在十九世紀的一些歲月，香港有記錄的人口中，有逾十分之一的人曾被帶到裁判司席前，為其被控告的罪名答辯。由於這時的香港人口流動性非常高，這些數字不可盡信。許多被告是多次重複犯案的慣犯。官方資料或許也低估了香港人口的真正數目。例如，1921 年的人口統計報告人口總數是六十八萬人，但在 1924 年，政府的倒糞承辦商根據每天清理的人類排泄物數量估計，城中人口數目應當是此數字的將近兩倍。不過，這樣的檢控率仍然很高，遠高於英格蘭和威爾斯的同類數字，當地的數字為百分之二至三，大概也高於英屬香港以外的村鎮，當地人自行管理自己的事務，很少與裁判司接觸。

　　在香港英治時代的兩個主要法院中，裁判司署是等級較低的一個，其

職權管轄範圍僅限於輕微罪行和糾紛。較高級的最高法院擁有無限制的職權管轄範圍，可審理民事案件和由陪審團審理較嚴重的刑事案件。幾乎所有在最高法院受審的刑事案被告，都是由裁判司經過初步聆訊（又稱交付審判程序）以決定他們是否有案須予答辯，然後送交最高法院審理。對於中國當局通緝並要求引渡的疑犯，裁判司也會舉行類似的聆訊。在香港受英國統治後頭一百年間，在最高法院審訊的刑事案被告少於一萬五千人，但在裁判司署受簡易程序審訊的有超過一百萬人。大多數人被警察或其他執法人員拘捕後，帶到裁判司席前受審。超過百分之七十被判有罪，超過四分之一的人被判囚而關進域多利監獄。因此，裁判司署是警察與監獄之間的司法紐帶，有罪還是無罪就在這裏判斷，被告的命運就在此地決定。

所有香港居民，不論種族、階級或國籍，都在裁判司的職權管轄範圍之內。從十九世紀末起，大多數新的法律條文都不因種族不同而有差別對待。但是，從英治時代初期起，刑事司法制度就有系統地不利於華人和其他非歐裔人，在裁判司署層面尤其如此。許多香港的早期法律，是以明文方式或在實際執行上只針對華人。裁判司常常不相信華人的證供，尤其當證據是指控歐籍的頭臉人物時。華人和其他亞洲人更可能因為繳不出罰款而要坐牢。鞭笞、枷號或其他形式的體罰只會施加在華人身上。他們許多人被視為對香港毫無建樹的外人，除了裁判司和法官所判處的刑罰，還面臨法律規定以外的懲罰，例如遞解出境。每當社會發生動盪，政府就會制訂嚴刑峻法，針對華人居民施以高壓和歧視性的對待，而且常常在危機結束後，那些苛法仍然繼續長期留在法典之中。

儘管有這些不公平情況，但華人居民沒有因此卻步而不利用法庭。殷實和有名望的人會獲裁判司另眼看待，裁判司對於許多警察證供不予採信，視之為不誠實和不可靠，而這往往其來有自。即使原訴人的身份如何卑微，例如被偷了價值微不足道的財物的受害者，或者被醉酒歐籍人拒付車資或毆打的人力車夫，往往都能討回公道。1945 年英國從日本人手上取回香港控制權後，這個制度慢慢邁向族群之間真正和實質的平等。歧視華人的法律因為「與時代精神相違背」[3] 而被廢除。在 1949 年的共產主義

1847 年氣勢雄偉的早期裁判司署，矗立於這座城市的上方，在香港的天際線獨領風騷。在這幅巴普蒂斯塔（Marciano Baptista）所繪的海港風景中，裁判司署所在的白色建築物，位於由旗杆延伸至一排四棵樹的直線右方。

巡理府身後的當值表列出「May」（查理士・梅理）和「Mitch」（米切爾）。坐着的巡理府是米切爾（F.W. Mitchell）。1862 年至 1875 年他擔任香港的驛務司，偶爾會在常任巡理府休假時署理巡理府職務。據説這時期的巡理府會在星期六匆匆結束審訊，以便準時出席賽馬活動。《中國笨拙》，日子不詳，大概是 1860 年代末或 1870 年代初。

革命後，香港居民不再能自由進出中國內地，變成了在此地落戶定居的社群，因此更加期望自己會在法律下得到合理和平等的對待。

在本章中，我們會追溯亞畢諾道的裁判司署作為法院 140 年間的發展，從 1841 年起談到 1980 年代初的最後歲月，重點放在日本佔領香港前的一百年，在那段時期，裁判司署雖然不是香港最高級的法院，卻是香港的主要法院。曾被稱為香港巡理府署、域多利裁判署、中央裁判司署和（近期）中央法庭，這個裁判司署設於市區建築物內，與域多利監獄和中區警署為鄰，是最繁忙並且是 1924 年前唯一的裁判司署：1841 年到 1847 年的總巡理府官署，1847 年至 1913 年專門興建的小法院，以及 1915 年起的中央裁判司署。

1. 裁判司署與政府

香港裁判司署是模仿英國各城市的都會治安法庭。英國治安法庭的發展，源於把較輕微的罪案從原本由陪審團審判，轉為交給簡易法庭處理的過程，而簡易法庭是由有法律資格的受薪裁判官審案。治安法庭源於 1740 年代亨利・菲爾丁（Henry Fielding）的倫敦弓街裁判官法庭，在 1790 年代社會動盪時期擴大了治安法庭的規模。到了十九世紀初，它們的司法管轄權涵蓋諸如非法管有、普通襲擊、醉酒鬧事和行為不檢，以及遊蕩等非重刑罪。慢慢地，在 1855 年由輕微偷竊案開始，可公訴（或較嚴重）的罪行也加入。裁判官會向犯罪者處以罰款和最高三個月的監禁為懲罰，某些案件刑期可至六個月。對於一些輕微罪行，訴訟的消息獲廣為傳播，就已算伸張了公義。至於另外一些，如能提供守行為的保證或向受害者賠償，往往就可了事。

治安法庭連同其他的英國司法形式移植到各英國殖民地，並因應每個地方的特殊情況加以修改。一如在倫敦，在香港巡理府的英文名稱是 Police Magistrate，當中「police」一字主要是指民政管理，但也反映了巡理府與警隊之間的密切聯繫。把案件交到巡理府席前審訊的人，通常是警

察和其他穿制服的執法者，而非私人原訴人。幾名早期的香港巡理府都有警察經歷。總巡捕官也具有太平紳士身份，偶爾會與巡理府坐在法官席共同審理案件——田尼的事例就尤其有名，1874 年他在同一宗案件中，既在法官席審案，又擔任控方證人。[4]

雖然香港採用了英國制度，但殖民地大臣士丹利勳爵（Lord Stanley）在 1843 年寫道，在整個大英帝國中，沒有一個地方出現「像香港島那種迥異於常規的例外情況」。[5] 英治初期的香港是一個由歐洲人統治的細小地方，處於廣袤的大清帝國邊陲，其所在地區眾所周知是法紀蕩然，景況堪稱風雨飄搖。香港急增的華人居民對英國政府毫無忠誠可言。清政府也從沒完全認可英國對於中國皇帝的子民擁有治權。英國官員明白到，要向一群習慣於完全不同的司法制度的流動人口實行英式法律，必須有所妥協。他們最初曾考慮仿效新的通商口岸制度：委任來自內地的中國法官，以中國法律治理這裏剛開始受殖民統治的華人。或者，他們建議對於輕微罪行，可由英國裁判司來執行法例，干犯嚴重罪行的華人則交給中國當局處理。但倫敦政府認為這樣做可能會削弱英國對於主權的主張。結果，香港的英國法庭對全體居民行使完全的司法管轄權，無論他們在這裏逗留的時間多麼短暫。

面對居高不下的罪案率，早期的港督擔心在社會動盪頻生的時期，英式司法的效果不及中國政府的嚴刑峻法。在 1850 年代中期中國南方叛亂事件的高峰期，廣州每天有四百多名叛軍被斬首。在較風平浪靜的時期，沒那麼嚴厲的懲罰包括：以或輕或重的竹杖打最多一百下、流放瘴癘之地、黥面刺臂，以及戴頸枷或其他刑具。這些懲罰有部分經過修改後用於英治時代初期的香港。其他手段包括立即遞解出境，或把海盜和其他一些被指是罪犯的人交給中國當局審訊。這些方法在本地報界引起爭議，倫敦官員也對此感到不安，不得不另外提出其他處理方法。如同殖民地部助理次官詹姆斯・史蒂芬爵士（Sir James Stephen）所承認：「對於我們在該地所要對付的人來說，我們的刑法並不足畏，也幾乎無法應用於他們身上，而如果英國法庭和官員要執行他們的法律，也無法不背離我們視之為不可

違反的原則。我不知道如何能使這些互相扞格的責任並行不悖。」[6] 在往後許多年間，這種兩難情況一直令為香港制訂司法和刑罰政策的人十分苦惱。

一如英國的裁判官，香港裁判司審理大部分刑事和一些民事案件。他們發出傳票和手令，迫令人們出庭應訊。他們決定是否有足夠證據把被控嚴重罪行的人送交陪審團審訊。許多他們懲處的人所犯的罪行不存在於英國，例如破壞鴉片承充制度（見頁 227）；而比起英國的裁判官，香港裁判司擁有更大的判刑權力。這些權力與其他政府部門實行的廣泛監控制度緊密扣連，此制度的重點放在宵禁、登記、治安監察和驅逐不受歡迎人物。裁判司也有其他職責。早期的總巡理府兼管警隊（1841 年至 1857 年）、監獄（1841 年至 1862 年）和公共街市（1840 年代）。驗屍官的職位正式來說在 1888 年取消，直至 1967 年才恢復（後稱死因裁判官），而在中間的這段時間，裁判司也肩負驗屍官的工作。在 1910 年酒牌局創立之前，裁判司須主持太平紳士（舊稱掌法紳士）發酒牌給旅館和酒館經營者的會議。早期的巡理府禧利（Charles Batten Hillier，又名奚禮爾）在 1850 年代負責監管香港的移民出洋事務。另一名巡理府屈侯士則在 1880 至 1890 年代掌管水車隊（消防隊）。

1898 年新界納入香港版圖後，理民府官在鄉郊地區獲賦予裁判司的權力。1924 年九龍開設了另一座裁判司署。但在二次大戰結束前，活動的中心仍然是中央裁判司署。它在其位於亞畢諾道的大樓中，繼續處理大多數檢控，處理的案件數目，直至 1950 年代才被九龍裁判司署超越。從香港開埠之初起，每年都有成千上萬的人被帶到裁判司席前。這數字從在 1890 年代的每年一萬多，增至 1920 年代末至 1930 年代的逾三萬，到了 1950 年代中期，再升至約十五萬。案件由港督委派的常任（即「受薪」）裁判司審理。通常會有兩名這種裁判司，分別主持不同的法庭；對於需要更嚴厲懲罰的案件，兩人會共同審案。職責的分配並不平均。遇到裁判司生病和長期休假，工作就往往落到另一名裁判司手中。由於公共服務的緊縮，從 1897 年起有五年編制名額削減至只有一名裁判司，而那時正是裁

倫敦弓街的裁判官法庭和警署。

1915 年啟用的中央裁判司署。這幅由斯圖亞特・艾倫（Stuart Allen）所繪的畫作
現掛在香港終審法院。

判司署最忙碌的時候。到了 1901 年，中央裁判司署恢復有兩名裁判司審案。在 1938 年，九龍加士居道的新裁判司署在原有的兩名裁判司之外，再有第三名裁判司獲委任。

香港自英治時代最初期起，就委任商界、專業界精英和高級官員為太平紳士。太平紳士肩負一些司法功能。在 1849 年，為回應英國國會批評香港的管治缺乏公眾參與，港督文咸成立簡易裁判庭，這是演變自英國的法庭。根據經擴大的簡易司法管轄權，太平紳士輪流與總巡理府審案，包括小額錢債和輕微盜竊案，這些案件之前在臬署已長期積壓。這個制度卻在約一年後崩解。因為除了一些涉及他們自己利益的矚目案件，太平紳士通常都不大上庭。無論如何，文咸立法賦予總巡理府可以同樣權力獨自在簡易裁判庭審案。1862 年，當局改革巡理府署的安排，簡易裁判庭被廢除，但太平紳士仍然不時與巡理府共同審案。二次大戰後，案件數量已超出常任裁判司所能應付的範圍，那時太平紳士常兩人一起審理交通傳票聆訊和其他輕微罪行。

雖然大眾如不滿裁判司署的判決，可以向最高法院上訴，但傳統上裁判司署常被視為政府行政機關多於司法機構的分支。從十九世紀末起到二次大戰前夕，裁判司這個職位通常是政府官員的進身之階。許多裁判司只是受過粗淺法律訓練的官學生（現代政務官的前身），他們效忠的對象首先是總督和公務員體系。雖然政府很少干涉特定案件，但律政司（也曾譯法政司司使、法政使）會密切監督裁判司，尤其是要確保那些沒有受過法律訓練的人不會偏離法律。港督不時會向裁判司發出訓示，指導他們如何履行職務。

2. 裁判司的司法管轄權

1843 年 4 月 5 日香港的立法機構成立，香港承襲沿用存在於這一天的英國法律，「除非有關法律不適合此殖民地的情況及其居民」，[7] 而這種含糊的方案為法庭製造了許多問題。港督可按照定例局（後稱立法局）的

建議制訂法律，對英國法律加以修改；對於這些香港制訂的法律，女王可根據其大臣的建議不予批准。香港定例局成員大部分是政府官員，這種情況直至其歷史很後的時期才有所改變。它的非官守議員是從商界和專業界別的領袖中委任，他們對於徵稅和開支等問題直言不諱，提出異議，而對於政府以嚴刑峻法對付罪案卻很支持。政府常常制訂法例規範裁判司的工作，有些港督還很喜歡嘗試新猷。

　　身處動盪環境中的殖民管治者對自己的安全深感憂慮，因而制訂特殊法例限制華人的行動和行為，藉此防止罪案。宵禁是華人最深惡痛絕的控制措施之一，它規定華人居民晚間外出須獲官方發出的夜照和攜燈籠，否則會被罰款或監禁。這項帶歧視性的限制從開埠初期起一直留在法律條文中，直至 1897 年慶祝維多利亞女王登基鑽禧紀念時，為向華人示好才廢除。英國人希望自己居住的城市乾淨、有利健康和平靜，所以對髒亂滋擾和噪音十分在意——至少在他們居住和工作的區域之內。酗酒、流浪、娼妓、賭博、拐帶和人口買賣等港口城市常見的社會問題，須特別注意。保障稅收是關注重點，在這個奉行自由通商政策的城市，政府收入主要是來自牌照和專營權，包括一本萬利的熟鴉片零售承充制度。所有這些都需要一層又一層的法律和規例來支撐。到了十九世紀末，法律和規例形成了一個錯綜複雜的網絡，影響生活的幾乎所有層面。最高法院在處理較嚴重和普遍的罪案時，其職權範圍緊跟英國制度，但裁判司署實行的司法形式，在某些方面是香港特有的——雖然類似情況也見於其他亞洲殖民地。

　　日益增加和巨細無遺的法律條文（香港稱為「條例」）訂明可由裁判司審理的罪行及最高刑罰。這些條例涵蓋的內容包括簡易程序罪行、「秩序及潔淨」、發牌、鴉片、滋擾和賭博。到了二十世紀初，再有新法例針對有關電車、巴士、汽車和其他新科技事物的罪行，而對於貿易、武器、衛生和樓宇安全也有了更詳盡的監管。裁判司的總體權力是來自《裁判司條例》，此條例幾乎每年修訂，並在 1862 年、1875 年、1890 年和 1932 年全面重新制訂。從 1875 年起，此條例也訂明有哪些可公訴罪行經裁判司完成交付審判程序後，移交最高法院由陪審團審訊。這個不時會修訂的清

單，包括可判死刑（例如謀殺或叛亂）或終生監禁（例如持械搶劫、海盜行為或強姦，但入屋犯法不是）的罪行、褻瀆、作偽證、縱火、誹謗，以及較嚴重或複雜的偽造和偷竊。這等於把大量罪行（尤其與財產有關的）留給裁判司以簡易程序審理。不同於英國的做法，香港沒有對涉及的財產價值定出上限。此外，除了交給最高法院審理的罪行，被告無權要求由陪審團審判，在不屬於留供最高法院處理的可公訴罪行檢控案件中，哪些應移交最高法院審理，單由裁判司一人就可決定。[8]

從 1840 年代末起，裁判司的權力和管轄範圍逐漸擴大，幾乎所有香港發生的罪案都能以簡易程序處理，而須交付最高法院審理的案件就減少了約一半。英國和其他實行普通法的司法管轄區也採用了類似程序，但在香港，它實行得更快、更廣泛。把犯人交付最高法院的陪審團審訊的程序很繁複，會造成延擱並需大量資源。陪審員主要來自人數不多的歐籍人社群，他們對自己的時間被佔用很反感，尤其涉及他們毫不關心的民眾的瑣碎罪行。證人常常會潛逃或受人唆弄。被告在等待審判到來前，可能要在監獄裏熬好幾個星期或好幾個月。

最高法院的判刑很反覆無常，並且往往很嚴厲。無辜者會因為敵人或勒索者提出的證據而被定罪，誤判和冤獄很常見。早期醜聞非常多，在其中一宗中，四名被判海盜罪的無辜者（其中三人曾被判終生流放）在 1848 年獲赦免，因為後來揭發唯一指控者的警察線人杜亞保，一直向人勒索，威脅如果不付錢就檢舉他們。在開埠初期最大的醜聞中，當過高級警官和法庭通譯的華民政務司高和爾（Daniel Caldwell），在兩次大調查中被揭發他賴以獲取情報的人馬草黃（Ma-chow Wong，又名 Wong A-kee）是香港主要的黑幫份子，策劃海盜劫掠，並威脅誣告無辜之人勒索金錢，高和爾因此被革職。馬草黃在 1857 年被繩以於法，並被枭署以組織殺人的海盜襲擊罪名判處十五年流放。

過了一些年後，在 1874 年，另一名著名的勒索者李林桂被判無期徒刑，他威脅兩名為渣甸洋行代理茶葉貿易的富商，說如果不付出五千元，就控告兩人在汕頭殺人，並引渡到中國衙門受審。李林桂曾在 1860 年代

No.____

This is to certify, that the bearer hereof, *a-Sai*
is authorised to pass and repass during the Night Season from and to
the House of *James Arthur Lyson* in
the Club House, Victoria, during the period of *24*
days from the date hereof.

Dated this *2* day of July, 1863.

限至六月十七日止

此照不得交給別人

Captain Superintendent of Police.

Expiring 31st July, 1863.

1863 年發出的夜照。

FINE SPECIMEN OF THE ARACHNIDÆ HONGKONGENSIS,
(SQUEEZE-UM-QUI),

Recently added to the collection of M. S. Tunnocky, Esq.

勒索者李林桂（「敲詐
亞桂」）的惡毒陰謀，
《中國笨拙》把他畫成
戴眼鏡的蜘蛛，將要
吃掉受害者。漫畫中
的標本收集者湯隆基
是李林桂在獄中服無
期徒刑時的司獄官，
1874 年 10 月。

末擔任巡理府署通譯。其後他成為一名律師的書記，並獲得中國官銜，以此來謀取個人利益。他在域多利監獄坐牢時是模範囚犯，在醫院裏幫忙當通譯和處理雜務。1885 年他獲港督寶雲爵士赦免，其後被遣返中國，據說還獲中國官方授以要職。

杜亞保、馬草黃和李林桂因犯罪而被捕和受罰。但人們普遍相信，在其他許多案件中，犯罪者以一些法律細節為由或藉唆使證人而脫罪。總巡捕官梅含理在 1894 年說，警察必須「如影隨形」跟着證人，以保證他們會出庭，而且在幾宗案件中，他們在裁判司聆訊時所給的證供，與在最高法院所給的差異很大。就算證據只是稍有不同，但加上翻譯不一致造成的複雜情況，也會令犯人獲無罪釋放。裁判司署的簡易審訊避免了許多最高法院複雜的司法問題。它很即時、快速和有效。另外，它的成本還很低──在有些年份甚至有利可圖，在二十世紀初，裁判司署通過罰款和其他收入，為政府賺取了大量金錢。

一如英國的情況，在香港擴大實行簡易司法審判，對被告和證人都有好處。除了星期天不開庭，裁判司署在每週其餘日子都會審案，包括一些公眾假期。最高法院的刑事法庭頂多每月開庭，而且許多審訊因為找不到證人而須延後。官員指出，香港的華人居民習慣於中國那種由一名縣官斷案的簡單審訊方式，並不理解最高法院的複雜程序。在裁判司署，他們會很快得到判決，被判刑期也較短，即使被判有罪的可能性較高。官員向殖民地部保證，裁判司已隨時能獲得法律意見。在這個狹小的城市，裁判司是在行政部門和法官眼皮底下履行職務，還有報界在時時刻刻監察。任何冤枉不公之事都會很快為人察知。「天生的」英國人及其他希望獲得更妥善對待的人，則很清楚自己有權向最高法院上訴。

3. 懲罰

政府官員以情況特殊為由，每有機會都很樂意擴大裁判司的懲處權力，而這通常是發生在罪案上升引發恐慌和社會動盪時期。在十九世紀

至二十世紀初，裁判司的最大判刑權力一般是六個月監禁（或須包括做苦工）或罰款最高五十元（1890 年增至 100 元，1915 年再提高到 250 元——相當於一般工人的一兩年收入）。六個月的最高監禁刑期適用於普通刑事罪行，如盜竊和輕微的入屋犯法，以及各種與稅收有關的罪行，尤其是違反《鴉片條例》的罪行，該條例規範熟鴉片在香港的零售販賣。對於許多輕微罪行，通常都只是罰款了事；這些罪行包括阻街、殘酷對待動物、夜間發出滋擾噪音，以及猥褻裸露身體。如不繳交罰款，就會以按比例計算方式換算成監禁刑期。有些特定罪行會有較重的懲罰，例如，普通襲擊或被遞解出境後潛逃回港，會監禁高達一年；1891 年制訂更嚴厲的新法例後，干犯賭博罪行可被判監九個月和罰款高達一千元；從 1923 年起，製造或販賣嗎啡、海洛英或可卡因，最高可判囚一年或罰款 2,500 元。到了 1930 年代，政府加強管制毒品，藏有非法鴉片的人常被罰款 2,500 元或 3,000 元。這個數額相當於高薪技術工人的五、六年薪水。但對一些人來說，鴉片走私是高利潤的生意。在 1933 年 6 月，三名鴉片走私犯在中央裁判司署共被罰一萬元，他們面不改容走到法庭的繳款處，即時付清罰款，旁觀的人看得目瞪口呆。[9]

兩名裁判司共同審案權力會更廣大。他們可以向犯罪者判處最高一年監禁，對於某些罪行甚至可高至兩年，例如，從他人身上偷竊的男罪犯（從 1863 年起），以及某些涉及買賣婦女和女童的罪行（從 1890 年起）。至於在十九世紀的英國，標準上限是三個月監禁，對於某些積累罪行是六個月（二十世紀初分別提高至六和十二個月）。在英國，任何被告如被控以可判三個月以上監禁的罪行，都可以選擇由陪審團審訊。在 1890 年，新的《裁判司條例》在最後一刻做了一項修訂，悄悄把單一裁判司對於可公訴罪行的判囚時間上限提高至十二個月。在 1895 年，按察司注意到交付最高法院的刑事案件數目減少，反對單一裁判司手上握有如此大的權力。殖民地部指示港督把監禁上限改回六個月。

早期懲罰

在英國統治初期，對於某些罪行的懲罰包括剪去華人犯罪者的辮子。那時候，男性華人在腦後拖着一條長長的髮辮，其餘部分則剃成半光頭，辮子是身份認同的印記，甚至是地位的象徵，留辮表示歸順滿清統治，不留辮則是會被處死的違法行為。在 1842 年，許多有名望的華人威脅説，如果不廢除剪辮這種羞辱人的懲罰，他們就離開香港。在英國國會經過一番爭議後，剪辮不再成為司法刑罰。在監獄，長期囚禁的犯人仍會被剪辮，但理由是為了「健康和清潔」，而非處罰，他們獲釋前通常會獲給予時間讓頭髮長回來（見頁 313）。

有些早期華人罪犯被判枷號，這種中式頸枷是套在犯人頸上可帶着移動的木板，它會卡住頭部，令戴枷者無法進食或自由活動。在 1840 年代初的香港，枷似乎只用於某些輕微罪行，包括無法出示登記票。梁郭氏是最早被臬署定罪的人之一，這名女子因為意圖拐賣兩名蜑家婦女為娼，在 1844 年 10 月被判監禁十八個月，另加每月一次戴枷示眾。這是香港最高法院判處的唯一「中式懲罰」：英國政府反對賦予早期的最高法院「根據中國法律」懲罰華人罪犯的模糊權力，訓令港督予以撤銷。

腳枷

中式頸枷不久後就被英式腳枷（英國在十九世紀中葉已經不用）取代，這種刑具可以應用於幾乎任何犯罪者，男女均可，他們在其他刑罰之外再被判戴腳枷。犯罪者兩腿被腳枷鎖上，在如街市、繁忙的街角或大笪地等公眾地方示眾幾小時，還有牌子寫明他們所犯何罪。這種刑罰到了 1890 年代已不再使用。但在 1903 年，域多利監獄有人滿之患，高級裁判司士蔑（Thomas Sercombe Smith）決定重用這種刑罰，大規模施加於所有華人罪犯身上。在 1904 年，超過一千名男女被罰枷號，通常每次四或六小時，以此代替入獄，也有人在監禁之外再加枷號。衣不蔽體的勞工階級民眾在寒冬中戴着枷具瑟縮顫抖的情景，令開明自由派人士大為憤怒。一份報紙認為肺結核爆發和獄內有人死於心臟衰竭都是由這種刑罰所致。[10]

頸枷，取自戴維斯著的《第二任港督的中國筆記》(*The Chinese*)，初版於 1836 年面世。

一名被裁判司判處戴腳枷的犯人，約 1910 年。

不過，香港的枷刑還是比鄰近的廣州溫和，當地的小偷要戴上束縛更大的枷具長達兩星期。有時候，香港對於用刑的監管很寬鬆。例如，在 1906 年，一名犯人枷號三小時後，獲得看守他的警察比新星（Bishen Singh）批准，到附近廁所如廁，而他就趁機逃走。比新星被控疏忽職守。[11] 不過，警察對待枷號犯人的態度多半是很粗暴和令人深覺羞辱。華人領袖投訴這種刑罰被濫用，並反對它只施行於華人罪犯身上。1907 年的立法限制枷號只能用於可判監禁的罪行。在 1921 年，它只限應用在拐帶和買賣婦女的罪犯身上。此懲罰在 1930 年不再使用，並正式廢除。政府在逐漸減少使用枷具之同時，對更廣泛的罪行以鞭笞為懲罰，尤其用於對付年輕男罪犯。

笞刑

在 1840 年代初，威廉·堅掌管的巡理府署對於干犯各種罪行的華人，除了短期監禁，還常常判處以藤杖鞭笞臀部的懲罰。海盜劫掠、搶劫或入屋犯法等嚴重案件，會交給港督或其副手發落。1844 年 1 月的一宗典型案件中，港督砵甸乍判處九名海盜每人五年苦工監，還附有額外指示：

> 每名犯人於監禁期間的每年第一和第六個月，須在總巡理府指定的日子接受鞭笞一百下；而在受笞刑前，須站立枷號一小時，胸前掛上寫有其罪行和所受刑罰的牌子；監禁期滿後驅逐出香港，並警告如被發現潛回本港，會被判終生監禁。[12]

隨着香港刑事司法制度變得更有規範，法例對於每次笞刑的次數和鞭打的數目（通常是三十六或五十下）有所限制，對於哪些罪行可判處笞刑也有訂明。做法隨時日推移而變化。在十九世紀中葉，可被判笞刑的罪行包括盜竊、襲擊、從他人身上偷竊財物、當流氓和流浪漢、猥褻露體、在公眾地方大小便、行乞、惡意損毀財物、賭博、暴動性集會、身為三合會

會員、被遞解出境後潛逃回港，以及其他雜項罪行。在 1860 年代初，殖民地部不理香港官員強烈反對而發出訓令，規定這種刑罰主要應只用於慣犯、搶劫和其他涉及暴力的罪案。例如，1867 年 1 月 7 日，在一波暴力罪案浪潮期間，巡理府懷特（John Charles Whyte）判「自稱廚師」的黃亞友（音譯，Wong Ayow）監禁六個月和受笞刑兩次，原因是他在荷李活道昇平戲園附近參與圍毆一名華人，案中還有一頂帽子被人偷去。第二天他被帶出監獄，「胸前和背後各有一塊告示牌，寫明他所犯罪行，他被剃光了頭，帶着將要用來鞭打他的『狐狸』，還有很快就會咬進他背脊的『貓』（九尾鞭又叫九尾貓）」。之後他「在就近的一根燈柱受刑，被鞭笞三十下，這是他第一輪的笞刑懲罰」。[13]

巡理府查理士‧梅理堅稱，這種懲罰對於多種罪行都是必需的。他寫道：「我從經驗得知，華人罪犯懼怕笞刑，這是好事，他們不畏監禁……事實上，體罰是遏止罪惡的唯一有效方法。」[14] 但到了 1870 年代，包括梅理的巡理府都很少判處笞刑。不過臬署在 1865 年開始採用這種刑罰，之後繼續廣泛施行。巡理府判處的笞刑是以藤條打臀部，臬署則可下令三次公開以九尾鞭笞打背部，每次最多五十下（如果犯罪者不足十六歲，則以藤條打最多二十五下），另外還須坐苦工監。在此條例生效頭六個月，有四十八名犯人合共被罰打 4,956 下。

早期的笞刑通常是在上市場的公共笞刑台舉行，直至 1844 年底政府清拆這個地區作為歐籍人居住區，上市場是華人商業區（以今天的嘉咸街為中心），鄰近巡理府署。到了 1860 至 1870 年代，臬署判處的笞刑是由域多利監獄的獄卒安排，執行地點或在罪案發生現場，或在一處固定行刑地點，這個地點最初在皇后大道，之後改為文咸東街附近海旁的船政廳外面。一份報紙報道，1865 年 11 月 27 日星期一下午，在臬署每月刑事法庭審訊結束後，十五名男罪犯從監獄被帶到皇后大道的笞刑柱。其中李亞施（音譯，Ly Asee）和另一人各被判六個月苦工監，並接受三次公開笞刑，每次鞭打五十下。原因是他們因為綁架基督教徒朱亞興（音譯，Chuy Ahing），他們認為朱亞興可以在「人口販賣」中賣得好價錢，以

繩索和鐵鍊把他綁起來，勒索五千元贖金。還有一人何亞義（音譯，Ho Ayee）因入屋犯法和拐帶小童而被判十二個月苦工監，並受鞭笞三百下。

答刑台周圍房屋的窗戶和陽台都滿是觀眾，男女均有，他們「似乎把整件事情視為娛樂節目」。在這根「恥辱之柱」前方，聚集了一群「政府高官、法官、律師、陸海軍官、銀行家、商人等等」，見證「在鞭打的可怕折磨下的抽搐和哀號，並數着擊打的『啪嗒聲』」。國家大醫師也在場，以防施加的刑罰會超出這些人所能承受的極限，有兩三人沒有受完原定的鞭打次數就獲釋放。執行鞭打的人是「四名孔武有力的大漢，他們揮起鞭來靈巧嫻熟，彷彿要證明他們獲授予這個職位是理所當然」。[15]

答刑只施加在男性身上。從 1860 年代起，明文上並不因種族而有所區別。但在第二次世界大戰前，裁判司和法官實際上不會對歐籍人判以答刑。唯一例外是在 1866 年，臬署法官鮑爾（Henry Ball）對一名被判傷害罪名成立的美國水手，以及一名搶劫華人婦女的前波蘭警察處以答刑。這樣的判決引發殖民者群體憤怒，因此最終並沒執行。[16] 一份由其中一人呈上的陳情書指出，法律面前人人平等，這在英國本土是正常合理之事，但華人沒有法律平等的概念，而在華人面前鞭答歐籍人，會令全體歐籍人蒙羞。[17]

鞭答除了用作司法懲罰，還在域多利監獄內作為紀律處分的手段，用來懲罰違反監獄規例的犯人，例如譁變、襲擊、猥褻，或擾亂行為、懶散和蓄意破壞。香港監獄內執行鞭答的次數遠比英國監獄頻繁，例如，1876 年 7 月前的五年內，超過一千次體罰施加於香港的囚犯身上，相較之下，英國約有五千次，但英國人口是香港的一百七十倍。

監獄和法庭廣泛對犯人施以答刑，令 1877 年到香港就任總督、作風自由開明的軒尼詩爵士大為震驚。他說：「就我所知，在女王陛下的帝國沒有一個地方的法律像香港那樣，如此廣泛地賦予巡理府和法官判處答刑的權力。」他補充說：

半裸的囚犯大陣仗地穿越擁擠的街道遊街示眾，以及公開展示英國

獄卒以強健有力的手臂鞭打被綁在笞刑柱上的華人，使其身體血流如注，無益於蜂擁前往觀看、無人照顧的孩童，他們生下來即受此文明政府管治，而對他們大部分人來說，這種景象是他從此政府獲得的唯一教訓。[18]

除了一些在英國仍可判以笞刑的罪行，例如暴力搶劫，意圖使人窒息、悶死或勒殺（只能由臬署判刑），以及十六歲以下男罪犯干犯的盜竊案，軒尼詩廢除了其餘所有罪行的笞刑。不過，他離任後笞刑又慢慢重回法律之中，用於處罰其他罪行，而軒尼詩深惡痛絕的九尾鞭鞭笞，則直至1954年才廢除。

在十九世紀後期，關於應否擴大應用笞刑在英國有一番辯論，這種懲罰慢慢恢復採用，尤其判處於年輕罪犯身上，同樣過程也在香港發生。一如在英國，這種懲罰在香港廣泛使用在年輕犯罪者身上，通常採用藤條，而且鞭打次數少於成年人。鞭刑是用來代替監禁，令易受影響的青少年不會像怙惡不悛的罪犯那樣走上腐敗之路。從1909年起，裁判司可以對任何被定罪的十六歲以下男孩處以笞刑，而這包括無牌小販之類的輕微罪行。

直至1990年，對少年犯和成年男性的體罰判刑繼續存在於法律上。可處以體罰的罪行包括：猥褻侵犯婦女、偷竊婦孺財物，以及男子間的猥褻作為。在1913年，男性罪犯可被判笞刑的罪行再擴大，包括為不道德目的購買婦女、被驅逐出境後潛回香港，以及搭船偷渡；同年，港督梅含理賦予裁判司權力，對於被流放後潛回香港的罪犯，可處以用樺條鞭打臀部最多二十四下。

儘管笞刑在威廉·堅執掌司法的頭幾年十分普遍，而且如梅理這些官員都大力主張使用，但它從來都不是香港的主要刑罰。在大多數歲月裏，笞刑作為司法刑罰（而非監獄內的紀律處分）在裁判司所判處的所有懲罰中，所佔比例不足百分之一，從十九世紀末至二十世紀初，每年少於一百宗案件被判笞刑，不過在梅含理於1913年修訂法例後，有一陣子它的使

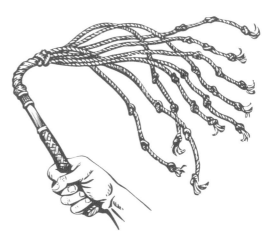

由枝條束成的樺鞭。在十九世紀末，裁判司可對多種罪行判處以樺鞭鞭打的刑罰。它在1936年被廢除，藤條成為裁判司判處笞刑時唯一可用的工具。在香港的極端氣候，由英國運來的樺鞭不是太潮濕發霉就是太脆，令它難以有效發揮作用。

九尾鞭：由九根帶結的繩索或九條皮帶組成的鞭子。

用率增加了。笞刑在1960年代式微，到了1970年代初，社會對暴力罪案感到憂慮，這種刑罰又再次普遍使用。

罰款與監禁

裁判司最常判處的懲罰是罰款，金額按罪行性質和嚴重程度而不同。犯罪者如無力或不願繳交，就會根據《裁判司條例》訂明的換算方式以入獄代替，例如，在1890年代，這換算方式由最高七天抵償最多一元，到以六個月抵償超過一百五十元的罰款。這種「以監禁抵償未繳款項」方式（相對於不能選擇以繳付罰款代替的「強制監禁」）入獄的人，在監獄囚犯中佔很大比例。他們的刑期通常非常短：有些只不過數天，有的甚至短至幾小時。

有些裁判司憂慮被告無力繳交罰款，也關注只干犯輕微罪行的人遭肆意拘捕，這點在1866年埃利斯（James Ellis）的投訴中可見一斑。埃利斯是一名查街總差（inspector of nuisances），曾檢控一些人在街上丟垃圾和

倒糞入水塘。他對於巡理府把這些犯人釋放很不滿。之後，埃利斯在向獲指派調查黃熱病爆發的委員會作供時，抱怨自己無法在華人聚居的太平山區執行職務，因為巡理府不滿他「把那麼多無力繳交罰款的貧民帶到他們席前」。埃利斯的證供無意間被披露，隨即引發公眾爭議。巡理府懷特和史密斯（Cecil Clementi Smith）對於被一名負責衛生的查街總差教導他們怎樣做好份內工作感到十分氣憤，否認自己太過寬大。港督麥當奴卻公開斥責他們沒有執行法律。之後因為骯亂而被傳召出庭的案件大增。[19] 該年稍後，埃利斯被革職。原因沒有透露，但他在前一年被控勒索之後獲判無罪，這可能是一點蛛絲馬跡。根據東方屠場的華人經理說，埃利斯曾向他們索取禮物，包括火雞、羊腿、一籃水鴨、橙和幾箱白蘭地。[20]

在 1895 年，有些巡理府因不同原因而受到批評。署理按察司阿克羅伊德（Edward J. Ackroyd）批評巡理府因為擁有非法鴉片、沒帶夜照或違反港口規例等罪名，對低下階層的人判罰他們不可能負擔的高額罰款，他這番言論震撼了香港官場。他說，這些人全都無力繳交罰款，別無選擇只得入獄。阿克羅伊德說：「這些事情寧可放過一千次，也勝過大量製造刑事犯。盡量不要把人關入獄中；讓他們看着監獄圍牆，自行想像牆內正在發生的各種刑罰就好了；看在老天份上，不要因為某人不是百萬富翁就把他投入牢中。」[21] 在 1908 年，在巡理府署工作十二年、負責收取罰款的看銀（shroff，即會計）黎永尚（音譯，Lai Wing Sheung）申請調往船政廳，他解釋，之所以想調職是「因為我不想看到那些不夠錢或根本無錢繳交罰款的被告哭哭啼啼」，還說「也因為我受不了警察有時候對我的嚴苛對待」。[22]

有時候，富有同情心的裁判司為幫助赤貧罪犯，會讓他們短期入獄。處理華人乞丐的標準做法是把他們遣返中國原籍（有時候由裁判司的濟貧箱掏錢資助他們的盤川）或把他們送往東華醫院。香港也是來自船舶和亞洲鄰近港口的歐籍貧民的聚集地和遺棄地。政府不能把他們遣送到中國，而船舶通常也不願意把他們載回原國。少數人在尋找工作期間，獲收留在監獄中食宿。有些人會酗酒並在海濱拾荒，或在街上遊蕩，向體面

光鮮的歐籍人乞討金錢或從華
人店舖偷取食物。另一些人就
遁入山中。例如，在 1880 年 1
月，艾爾弗雷德·泰勒（Alfred
Taylor）和查爾斯·馬丁（Charles
Martin）被警察發現棲身在羅便
臣道上方山邊的洞穴內，兩人
無家可歸又挨餓。泰勒曾是域
多利監獄的獄卒，馬丁則是智
利人，兩個月前坐一艘德國船
來到香港。他們因流氓和遊民
罪被判入獄一個月。到了 1888
年，歐籍遊民的問題變得很嚴
重，須要立法制訂詳細的《流
浪條例》，針對華人以外的人。

PORTRAIT OF THE ORIGINAL "FAN-KWEI," OR
FOREIGN DEVIL.

《中國笨拙》諷刺的原創人物「番鬼」，1874 年。
水手如果酗酒，就會被船丟在岸上，他們往往就
淪為貧困潦倒的「海濱拾荒者」。

這條例訂明船東和軍方須向政
府支付供養或遣返遊民和逃兵的費用，並授權港督成立「收容所」，讓巡
理府把被發現非華裔的貧困行乞者判定為遊民後，送往該處接受救濟。域
多利監獄之後指定作該用途。

4. 裁判司

到了十九世紀中葉，在英國，受薪的裁判司至少須有七年擔任大律師
的經驗。而在香港，除了少數的例外，早期的裁判司（巡理府）並沒有類
似資歷。那時候裁判司的薪資一般是年薪八百英鎊，不足以從英國吸引有
能力的大律師來這個遙遠、花費昂貴又不利健康的地方工作。之後，從
1870 年代到二次大戰前夕，裁判司成為官學生固定擔任的職位。自 1860
年代起從英國大學畢業生中招募、受過中文訓練的官學生，成為政府內掌

管政務的階層，佔據高級要職。由官學生出任裁判司的優勢是，他們聽得懂大部分被告和證人所說的廣東話。即使如此，審訊通常都是透過通譯進行。從 1891 年起，追隨新加坡和錫蘭的做法，裁判司職位會優先讓通過基本法律考試的官學生擔任。大多數官學生只會擔任裁判司一兩年，之後就晉升至其他更高職位。另有一些人獲得法律資格後成為法官，有少數人當上按察司。在十九世紀不同時期，高級裁判司會在定例局或議政局這兩個香港最高管治機構中擁有席位。二次大戰前香港的裁判司全是歐籍人——唯一短暫的例外是伍敘，這名在倫敦受訓的大律師從 1880 年至 1881 年擔任此職位約十二個月。此外，裁判司一直全是男性，首名女性裁判司是 1956 年獲委任的些路（Betty Searle），她曾短暫在中央裁判司署審理案件。

首位巡理府威廉‧堅沒受過什麼正規教育（見頁 59）。第一次鴉片戰爭期間英國人佔領舟山時，他不時在當地擔任軍法官，負責維持部隊、隨軍人員和被佔領民眾的紀律。他在香港身兼巡理府和警察首長（任期為 1841 年至 1846 年），於英治時期頭幾年罪案充斥的混亂歲月維持治安。最初，管治安排尤其司法工作都是臨時性質。在等候「女王旨意」和像樣的法庭建成期間，威廉‧堅根據義律在 1841 年發出的公告，按中國律例和風俗（「除不得拷訊研鞫外，其餘稍無所改」）審理華人居民，其他人則按英國法律治理。對於華人案件，他獲授權可處以最多四百元罰款，最高三個月監禁（1842 年提高至六個月）和最多一百下鞭笞體罰。需要處以更重懲罰的案件，則交由政府首長定奪。

就算到了 1844 年香港建立英式司法體系後，威廉‧堅仍繼續建議以《大清律例》為處理香港華人的法律依據。除了他所得的訓令中所列明的刑罰，威廉‧堅還向干犯輕微罪行的人處以剪辮刑罰。曾有一段時間，在警署外的三角形笞刑木架上掛着一條條斷辮，以此可怕景象警告有犯罪意圖的人不要以身試法。他也採用其他控制罪案的方法，包括對華人實施宵禁、威脅向窩藏逃犯的村落集體罰款、把海盜交給中國當局，並在 1843 年 10 月 16 日晚上，下令火燒下市場附近的草棚聚落，因為他相信那裏是

「夜行賊匪」的大本營。

1845 年夏天，威廉‧堅從巡理府晉升為輔政司時，華人領袖上稟陳情，要求他留任總巡理府。他們寫道：「切民等自開港以來，得蒙堅大老爺仁政宏敷，商賈得其樂業。」首任港督砵甸乍爵士則說，開埠初期香港居民得享安全和幸福，「主要歸功於威廉‧堅少校本人的努力不懈和以身作則」。[23] 砵甸乍的繼任者戴維斯爵士，很同意威廉‧堅對於司法的許多看法，並把他拔擢到高級職位。另一些人則批評威廉‧堅做法無情。他的敵人指控他涉及各種貪污，包括以司法來換取性服務，還向盧亞貴借錢，盧亞貴是早期鴉片專賣的承充人，也是惡名昭彰的不法份子。

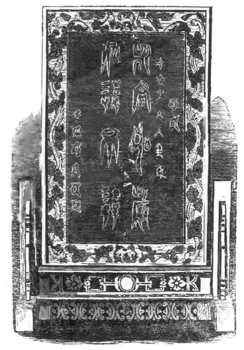

CHINESE MIRROR PRESENTED TO LIEUT.-COLONEL CAINE, LATE LIEUTENANT-GOVERNOR OF HONG-KONG.

這幅石版畫中的鏡子，是 1859 年香港華人在威廉‧堅離開香港前送給他以示感謝的禮物，圖中鏡上的中文字寫成鬼畫符般，這幅石版畫刊登於 1860 年 4 月的《倫敦新聞畫報》（*Illustrated London News*）。

第二名總巡理府禧利（任期為 1847 年至 1856 年）是威廉‧堅的弟子，在 1844 年獲威廉‧堅舉薦出任副巡理府。自學中文的禧利是虔誠基督徒，為巡理府署帶來一些道德氣息。他參與推廣教育的機構，並與傳教士麥都思（W. H. Medhurst）和理雅各合作出版《遐邇貫珍》，這是一份刊載本地新聞、聖經故事和西方資訊的中文報刊。一如威廉‧堅，他會在晚上親自率領警察巡邏城內各處。他也和威廉‧堅一樣，主張採用「中式」刑罰，尤其是笞刑。在 1846 年一宗備受批評的案件中，他把 54 名沒有登記票而又形跡可疑的人判處「打藤」並驅逐出境（見頁 40）。

在 1852 年至 1853 年，禧利在休假時入讀中殿律師學院，這是倫敦四大律師學院之一，目的是取得大律師資格。他回到香港後繼續擔任總巡理府，並出任不同委員會的成員，包括調查苦力貿易弊端的委員會主席。在此之後，他於 1854 年獲委任為新的出洋事務總管（Emigration Agent），負責確保在香港執行《華人搭客法》。1856 年獲委任為英國駐曼谷領事這個新職位，主要因為他的語言能力。他在 5 月離開香港時獲龐大的華人巡遊隊伍歡送，隊伍從文武廟起步並前往禧利的住處，

> 沿途有鑼鼓絲竹伴奏，並抬着兩頂華麗轎子，就像在宗教巡行中神明所用的神轎，一頂轎載着一盆清水，另一頂則載了一面鏡子，表示他的操守清淨如水和無瑕如鏡。華人也向禧利先生呈獻頌詞，一塊表達崇敬和善意的錦牌。隊伍之後於城中巡遊，告知華人居民他們失去了這位無可替代的人。[24]

禧利抵達曼谷後不久就患上痢疾，1856 年 10 月 18 日去世，享年三十六歲。

米切爾（W. H. Mitchell）繼禧利之後獲委任為署理總巡理府。他原是報紙主編，也是港督文咸的宣傳人員，自 1850 年起出任副巡理府，也擔任傳票官（Sheriff），在監獄中負有若干職責，包括安排處決。他在巡理府署的職業生涯雖然短暫，卻充滿爭議。他被指貪污，並據說試圖向囚犯勒索金錢，因而被控瀆職而受審，最後獲判無罪。殖民地部最後找到大律師德都德來香港掌管巡理府署，米切爾此時前往英國休假一年，之後在 1857 年 11 月回來再當副巡理府。他在 1862 年退休領取長俸，在英國修讀法律，1865 年返回香港擔任大律師，之後北上到上海新設的英國在華最高法院執業。

早期的專業巡理府多半做得不長久。德都德（任期為 1856 年至 1859 年）「每天勞神費力從互相矛盾的謊言中抽取真相」，[25] 他向副手米切爾承認，擔任這個職位的真正資格是「本地知識和對於華人性格的經驗」。他

到任時獲告知「他將看到的法例，是與他離開英國時通行當地的法律迥然不同」。[26] 他在任時碰上英國與中國重燃戰火，以及香港歷史上一些最嚴重的醜聞，包括華民政務司高和爾和署理輔政司必列者士（W. T. Bridges）被控告貪污。德都德是勤奮正直的巡理府，被培養成為按察司，因為衰弱無能的胡爾梅（John Walter Hulme）即將離任。但德都德在將近兩年後辭職，加入中國海關。他的朋友晏士地（Thomas Anstey）說他之所以離開，是因為對「香港的不公義情況」和它們「長期不受懲辦」感到沮喪：德都德是貪污調查委員會成員，他剛正不阿的性格得罪了一些官員，包括港督寶靈爵士。[27] 德都德的繼任者卡拉漢（Thomas Callaghan）是來自愛爾蘭的律師，他的處境更為艱難。他以年薪 1,200 英鎊受聘，「到任後因要面對奇怪複雜的職責而崩潰」。[28] 上任約一年後，卡拉漢在 1861 年晉升為熱帶島嶼納閩島的總督，之後繼續在甘比亞和福克蘭群島等偏遠地方繼續其悒悒不歡的殖民地官員生涯。

在短暫嘗試過延攬這些具法律資格的巡理府後，政府又恢復採用「現地人員」。在 1860 至 1870 年代，擔任巡理府的是前總巡捕官查理士・梅理。在經過重組的巡理府署，原本的總巡理府和副巡理府由兩名地位相若的巡理府取代，之前不時擔任副巡理府的梅理在 1862 年出任正巡理府。他沒有法律資格，並且儘管擔任警察首長多年，他不懂中文。用其敵人高和爾的話來說，他「從來都不認得華人的臉孔，除非見過至少四、五次」。[29] 梅理在任超過十七年，一直做到 1879 年，那年他休假坐船回英國時死於海上。他擔任巡理府時也肩負許多其他職責，包括署理輔政司、署理庫務司和滅火官。

梅理有一些與威廉・堅相似的特質。他堅信監禁不足以嚇阻華人罪犯，這種看法甚有影響力。他大力主張使用笞刑，並對賭徒、流氓和遊民、扒手和慣犯施以重罰。但他對於程序是一絲不苟的，尤其是中國當局要求把他們通緝的人引渡到中國衙門受審的案件。雖然梅理沒有受過法律訓練，但港督軒尼詩（他有時候不是很有識人之明）甚至認為他適合當最高法院法官。[30]

1847 年至 1856 年擔任巡理府的禧利。

約 1868 年的《中國笨拙》。這幅漫畫的圖片說明寫道:「督憲大人今早前往警察宿舍巡視。參觀了不同的房間結束巡視後,督憲大人短暫坐在法官席,身旁是主持審訊的巡理府米切爾(F. W. Mitchell)先生。」這名總督是麥當奴爵士。

由於梅理身兼其他官方職務，令他無法花太多時間審理巡理府署的案件，大量案件須由第二巡理府處理。在 1860 年代的大部分時間，這個職位是由愛爾蘭大律師懷特擔任（任期為 1862 年至 1867 年），他獲愛爾蘭律政司推薦來到香港。懷特長期在簡易程序法庭審理輕微民事糾紛。他在 1865 年成為定例局議員。[31] 他後來辭職以在香港執業當大律師，華商領袖陳情要求他留任巡理府，因為他「盡心聽訟，公正無偏，片言折獄，直道而行，眾所景仰」。[32] 港督麥當奴在 1869 年嘗試勸懷特回去當巡理府不果，因為他是香港少數大律師之一，無法放棄私人執業。不過，他繼續擔任簡易程序法庭的法官，直至 1871 年因健康欠佳辭職為止。那年他休假返回愛爾蘭，不久後就在 7 月於當地去世。

禧利是自學成才的漢學家，據說曾以中文審理一些案件，除了他這個例外，至今為止的其他巡理府中文都不大靈光。在大部分情況他們都是依賴傳譯員（當時稱為傳供、通事、通譯），而他們翻譯的不止粵語，還有香港流動人口所用的其他中國方言，以及其他亞洲及歐洲語言。各種各樣的傳譯員往來於裁判司署，包括華人、澳門葡人和少數歐籍人，有些人由此再到最高法院或其他政府部門擔任更佳職位，另一些人則在商界或專業界發展事業。懂英文和當過政府傳譯員的經驗，對許多人來說是平步青雲的晉身階梯。有許多著名人物初出茅廬時曾於巡理府署當過傳譯員。容閎也是一個早期例子，他在 1850 年代曾短期擔任這職位，之後成為中國著名的維新派和外交家，另外還有唐廷桂（另稱唐茂枝）和唐廷樞（另稱唐景星）昆仲，兩人其後為中國推動工業化發揮重要作用。從他們擔任傳譯員的事業生涯可見，在香港開埠初年這是個處境險惡的職位。唐廷桂在 1851 年被懷疑牽涉海盜案件而被革職。取代他的唐廷樞於 1850 年代末在審訊中作證，最終令貪污的華民政務司高和爾被革職，之後唐廷樞和另一名傳譯員被迫辭職。甚有語言天分的高和爾在 1840 至 1850 年代初當警察時，也曾在法庭擔任傳譯員，有時候還同時擔任檢控人。

裁判司署傳譯員的工作在焦躁的氣氛中執行，既困難又吃力不討好。中英兩種語言在句子結構、時態或詞彙上差異甚大。香港的法庭程序迥異

1872 年 12 月 23 日巡理府署一景。盧亞標（音譯，Lo Apiu）被指參與佛山的一宗劫案。在這類案件中，巡理府的職責之一是考慮是否有足夠證據建議把被告引渡到中國受審。巡理府米切爾（F. W. Mitchell）認為證據是捏造的，並把盧亞標釋放。戴單眼鏡和蓄鬍子的歐籍傳譯員是前華民政務司高和爾，他在 1861 年官場失意後擔任「華人代理人」，替人仲裁糾紛並在法庭上協助陷入麻煩的人；《中國笨拙》。

於中國的。傳譯員常常被批評無能、貪污，又不清楚自己在法庭上的正確職責。《泰晤士報》（The Times）記者庫克（George Cooke）在 1858 年報道德都德的法庭時說，巡理府問了一個簡單問題，之後「傳譯員就和證人或犯人糾纏爭論五分鐘」。[33] 漢學家兼傳譯員歐德理（E.J. Eitel）幾年後也有類似評論，指法庭傳譯員常常與證人「冗長而隨意地攀談」，又自己提出問題，並且因為證人的回答愚蠢而「欺負、教訓和斥責」他們。[34] 犯人覺得傳譯員有很大影響力，所以上庭前向他們送禮是司空見慣。然而，儘管瀰漫猜疑氣氛，但巡理府對於傳譯員一般都很滿意，而且懂中文的巡理府會監察他們的表現，使他們的品質年年改善。犯錯的通譯被紀律處分或革職的情況很罕見。在 1886 年，裁判司署傳譯員李福勝（音譯，Li Fuk-shing）被革職，因為總巡捕官田尼發覺他偏袒三合會成員，而據稱李福勝本人也加入了三合會（見頁 221）。

伍敍是才華非常不同的傳譯員，在二次大戰前成為香港唯一的華人巡理府。伍敍（又名伍才、伍秩庸，香港以外地方通常稱他為伍廷芳）完全

在教會學校受教育的華人唐廷樞曾任
巡理府署傳譯員，其後成為怡和洋行
買辦，再之後又擔任輪船招商局和開
平煤礦總辦。

伍敍在香港，約 1880 年。

符合這個職位的要求：具法律專業知識，中文流利，又熟知香港及其居民
的情況。伍敍生於新加坡，在廣州入讀教會學校，後在香港入讀聖保羅書
院。在擔任翻譯和記者工作後，他在 1860 年代成為裁判司署和其他法庭
的書記和傳譯員，之後在倫敦林肯法學院攻讀法律，1877 年獲大律師資
格，1878 年回到香港執業成為首位華人大律師，其後獲委任為首名華人
太平紳士。香港華人領袖委派他為代言人。歐籍人視他為幾乎可與自己平
起平坐的人物。他是少數在港穗輪船上可與歐籍乘客一樣獲得頭等午餐招
待的華人之一。按察司士馬理說：「香港沒有人比他更可敬和正直。」[35] 奉
行平等精神的軒尼詩爵士把伍敍引為知己，也是他諮詢華人事務的顧問。
在 1880 年 5 月，軒尼詩委任他為定例局臨時議員和署理巡理府，准許他
擔任巡理府時繼續當私人執業大律師，這是破格優待。

　　伍敍在香港擔任巡理府僅十二個月。其時在英屬印度，有關賦予印度
法官審判歐籍人權力的建議，在當地引發軒然大波，伍敍的任命引發一名
英國國會議員詢問：香港的「土著」巡理府是否真的擁有對歐籍罪犯的審

判權。[36] 香港報章批評伍敍在幾宗案件中太過仁慈。然而，他的判刑和其他多名巡理府（前警察祁理、大律師法蘭些士〔J. J. Francis〕和司獄官湯隆基——此時期的巡理府變換很頻繁）的沒有太大不同。他們審理盜竊、襲擊、賭博、侵犯鴉片承充權，以及一般的街頭亂拋垃圾等罪行，都是以小額罰款、監禁和枷號來懲罰犯罪者。由於港督軒尼詩推行改革，當時巡理府不能判處笞刑，而伍敍至少在一宗猥褻侵犯案中為此感到懊惱。他向一些歐籍人判處罰款或監禁，通常是因為醉酒和行為不檢，或流氓和遊民罪。

伍敍所處理最嚴重的案件涉及一名歐籍被告，三十歲的英國人鮑勒（Thomas Ide Bowler）在 1881 年 4 月被一名十六歲華人少女控告意圖強姦，鮑勒是巡理府署的常客，有時是原告，有時是被告。伍敍須決定是否把鮑勒交予桌署審判。那名少女經由一名老鴇穿針引線，同意為鮑勒提供服務並被送到他家中，但發現他是外國人後拒絕交易。據說鮑勒之後想強姦她。從國家大醫師取得的醫學檢驗證據，無法證明少女所提的強姦和襲擊指控，負責檢控的督察克拉多克（Cradock）撤回案件，鮑勒獲釋放。[37]

伍敍在殖民者和華人社會中近乎登峰造極的位置，既搖搖欲墜又不長久。對於許多歐籍殖民者來說，他與不受歡迎的港督軒尼詩過從太密切，軒尼詩是維多利亞時代末期大英帝國的「掃帚星」，每到一個殖民地當總督都會留下爭議和醜聞。殖民地部在 1877 年把他調到香港，希望在這個管理良好和繁榮的地方，不會有太多機會讓他製造麻煩。但他們大錯特錯了。軒尼詩眷顧華商的看法，令殖民者精英十分氣憤，有些人稱之為「中國狂熱」，他們認為這樣做破壞已建立的秩序：正在崛起並躊躇滿志的華人商界精英，蠶食了英國商界的地盤。他們又把罪案上升，歸咎於軒尼詩嘗試推行側重監禁而非鞭笞的現代刑罰政策。軒尼詩在 1882 年 5 月突然離開香港，之前發生了一宗曠日持久的醜聞，據說他在這醜聞中以雨傘襲擊一名著名英國大律師。[38] 華人領袖馬上就放棄伍敍，他在 1882 年年底離開香港前往天津，在之前軒尼詩的政策催生房地產泡沫期間，他投機買賣結果損失慘重。伍敍在中國作為外交家、政治家和改革家，繼續享有顯赫

事業。晚清時期，他是主持編修新律的大臣之一，主張引入陪審團和英式司法制度，但並不成功。他在上呈中國皇帝的奏摺中說，在香港，「凡審判事宜，係用英法，專憑證佐，不事刑求。隨訊隨結，案件從無積壓，實無鰓鰓過慮也」。[39]

由官學生出任的裁判司中，最早和最著名的其中之一是羅士理（James Russell，任期 1869 年至 1879 年）。他在 1888 年至 1892 年成為香港按察司。羅士理是愛爾蘭裔，中文流利，並成為鴉片、收養兒童、蓄婢和其他華人事務的專家。另外一些官學生也成為裁判司和法官。當中三名二十世紀初的裁判司十分著名：士蔑，他之後成為海峽殖民地的法官；活約翰，他是 1920 至 1930 年代香港的法官；以及金弼士爵士（Sir Henry Hessey Johnston Gompertz，又譯甘弼士），他是能流利講幾種中國方言的官學生。金弼士從檳城調到香港，擔任裁判司、田土法庭主席和法官，之後在 1925 年獲任命為馬來聯邦的按察司。

擔任裁判司的官學生中，有少數沒能進升到裁判司以外的職位。其中一人是屈侯士，他是十九世紀最後二十年間香港巡理府署的中流砥柱。屈侯士從 1881 年至 1898 年擔任巡理府，和梅理一樣成為了戰前在任時間最長的巡理府。屈侯士生於一個舊英國士紳家庭，1867 年抵達香港擔任官學生。他在職業生涯初期曾任政府通譯、傳票官、議政定例二局經歷和總巡捕官，1881 年出任巡理府和驗屍官，在 1883 年至 1895 年也兼任滅火官，這項職務其後交由總巡捕官梅含理負責。

在 1890 年代，巡理府署處理的案件急增，部分原因是對於賭博和違反鴉片承充權的執法增加，從 1890 年不足一萬

屈侯士，1910 年。

宗，增至 1890 年代中期每年超過一萬七千宗。在這十年政府縮編時期的大部分時間裏，屈侯士是香港唯一的常任巡理府。在其三十一年職業生涯，大多是擔任此職，除了有時短期擔任一些署理職務如庫務司（在其巡理府工作以外兼任）。1893 年他兼任其中一個職位時，與另外兩名官學生被批評失職，那時候一名書信館（後稱郵政署）文員偷取了政府將近 63,000 元的地租收入去從事投機買賣。這名葡萄牙裔文員阿爾維斯（A.F. Alves）偽裝成華人苦力逃到西貢的山中。經過三星期搜捕，他在很悽慘可憐的境況下落網，並在臬署受審，被判六年苦工監。

屈侯士對於無法升遷很不滿，在 1888 年向殖民地大臣投訴，說自己擔任巡理府、驗屍官和滅火官的薪俸，不足以讓他過得體的生活。他把 460 元月薪中的一半寄回英國，支付家人的生活費和四名兒子的教育開支：最年長的是活侯士（見頁 115）；排行第三的是佩勒姆‧格倫維爾（Pelham Grenville），他就是後來成為著名幽默小說家的 P. G. Wodehouse，他在回憶錄《年過七十》（Over Seventy）中形容父親「普通得像米布丁一般」。屈侯士剩下的薪金用於繳付香港的租金和其他開支，最後只剩三十四元可用於酒、訂報、社交應酬、休假旅費，以及買衣服給自己和妻子，結果入不敷支。他還抱怨，滅火工作不但危險而且很昂貴，因為他為此被迫住在城內，還要修補一套常常會破損的制服。

屈侯士的薪金漸漸提高了，因為銀的價值下降，而當時港幣是以銀為基礎，所以就有為此而補償香港公務員的總體計劃。但是，關於他想升職的要求就如泥牛入海。在 1888 年，港督德輔爵士向殖民地大臣説，雖然屈侯士是卓越的滅火隊首長和勤奮的官員，但作為巡理府，他「非常缺乏判斷力」。屈侯士與前任港督軒尼詩爵士交惡，軒尼詩因為屈侯士各種不謹慎的行為而把他逐出總督府，包括曾帶兩名年輕官學生去光顧華人妓院，而其中一名官學生是駱檄，他比屈侯士晚十二年加入港府，1895 年成為輔政司，而這是屈侯士一直垂涎的職位。[40] 屈侯士獲得議政局議員席位作為補償，是香港最後一次有司法官員獲得如此高的政治職位。

二十世紀初在任時間最長的巡理府，也是首名在香港出生的巡理府。

1901 年政府復設副巡理府，夏士倫（Francis Arthur Hazeland，又譯希士倫）就在該年出任這個職位，1909 年升任正巡理府，在任至 1916 年退休為止。這些年間他也擔任法官，並在 1910 年 10 月擔任了十三天按察司。一份報紙以頭條報道他退休和即將返回「故鄉」薩里（Surrey）的消息時，用了「從書記的小凳子到法官席」這樣的字眼。他的職業生涯橫跨人力車興起到汽車來臨的時代，他最後審理的案件之一，是調查名叫廖奉的小童在粉嶺哥爾夫球會附近被一輛時速十五英里的汽車撞死的案件。[41]

夏士倫是律師之子，在中央書院受教育。他的公職生涯始於 1878 年擔任一名法官的書記，之後平步青雲，1900 年在英國獲大律師資格。夏士倫不僅是擁有大律師資格的巡理府，如港督盧吉所注意到，他擁有精通廣東話這種「幾乎是更重要的資格」。夏士倫身為巡理府的格言是「首先要注意證人、原告和被告的神態舉止」。據說律師知道這點後就為委託人綵排，「集中練習流露出無辜神情」。[42]

二十世紀初另外兩名長期在中央裁判司署任職的裁判司是連些路（Roger Edward Lindsell，又譯連素）和施戈斐侶。連些路是官學生，在通過廣東話考試後，於華民政務司署和裁判司署這兩個十分需要懂中文的人才的部門之間輪流任職多年。他從 1925 年起擔任首席裁判司，1930 年獲大律師資格後，在 1930 年代大部分時間擔任法官。在他擔任首席裁判司的時期，法庭比以往更繁忙。違反道路交通規例成為很普遍的罪行，佔全部案件的約五分之一，1925 年超過四千宗；數目與之相若的還有無牌擺賣，而數目更高的是各種鴉片罪行。

在 1925 年至 1926 年，香港經歷了一場因上海和廣州的英國警察和軍隊暴行所觸發的大罷工。在這場由廣州共產黨領袖所組織的大罷工中，數以千計工人和僕役離開香港前往廣州，令香港商業癱瘓。緊急法令賦予裁判司額外的判刑權力，懲治被控恐嚇、無牌藏有軍火或未經許可運出鈔票的被告。在這段動盪歲月裏的 1926 年 1 月 4 日星期一，中央裁判司署的主法庭舉行了一個有趣的儀式。為表示上週三（聖誕節翌日）這個法庭完全沒有新案件須要審理，連一個小販都沒有，署理警察司活侯士向連些

連些路

連些路所著的《麻雀》（*Ma-cheuk or Mah-jongg*）一書封面（第四版）。精通這種中國玩意的連些路，由裁判司署的通譯曾業文協助下寫成此書，在 1922 年出版。那一年，連些路和其他裁判司判罰了逾一千人，因為他們沉迷於另一些同樣要靠技術和機運但沒那麼高尚的遊戲。

路送上一對白手套。這是依循英國的古老傳統「處女巡迴法庭」(maiden assizes，香港最高法院已承襲此傳統)，在此儀式中，白手套代表沒有罪犯被判死刑，法庭沒有受他們的血玷污。活侯士說，這大概是香港歷史中獨一無二的事件。但他承認，情況並非正常。由於大罷工仍在繼續，所以這個城市很冷清，而且警務監察工作加強，遏阻了一般罪案。街頭小販因為有助緩解食物短缺問題，所以當局大多放任自流。[43]

連些路的繼任者是另一名官學生施戈斐侶，他是 1930 年代大部分時期的首席裁判司。施戈斐侶在 1920 年代曾擔任新界理民府官，以父母官的態度為離島和偏遠海灣的村民主持公道。他是香港地質學和考古學的先驅。身為早期的九龍裁判司，他的判決手法很有人情味，往往寬大為懷。雖然在他掌管香港和九龍裁判司署的歲月，須審理的案件數目增加了將近一倍，但來自罰款的收入卻減少了，而且對於因輕微罪行被定罪的人，大多只判簽保以保證遵守法紀——這是英國的標準懲罰方式，但之前在香港很少採用。1937 年 7 月，一間木匠店被人偷去螺絲，施戈斐侶讓這宗案件的被告簽保，並告訴他的僱主，亦即原告，如果他不支付足夠薪水，就必定會丟失東西。有時候施戈斐侶會倒過來對付仗勢凌人的警察。在 1937 年的一宗案件中，堅尼地城海旁一名工人因為豆類貨物阻街問題與印籍警長扭打起來。警長用警棍打這名工人，並在他和其母(她來到現場)搭電車前往警署時繼續打他們。施戈斐侶聽了所有人的證供後撤銷這名工人的控罪，改為向警長罰款二十元。[44]

施戈斐侶主張在香港另設一套專門針對少年犯的司法體系。朝此方向邁進的變革在 1931 年開始，當時嘗試讓年輕犯罪者(通常是小販或偷了些小錢的小偷)在一個房間而非拘留室中等候審判，並且在法庭上以不那麼正式的方式來處理他們。例如，裁判司有時候與被告同坐於一張桌子的兩邊，而非坐在法官席。一個由警察總監擔任主席、成員包括施戈斐侶的前任連些路的委員會，在該年提交報告，建議效法英國的做法，另設法庭和刑罰政策來處理十六歲以下的人。它提出的建議還包括委任女性太平紳士參加少年法庭，以閉門形式聆訊，並引入感化教育。政府認為委任女太

平紳士的做法太過當，這個做法直至 1947 年才實現。但是，1932 年定例局通過香港首條《少年犯條例》，創造了少年法庭，並訂明如能以感化、罰款、體罰或送往感化院等其他合適方式來處理年輕人，就不應判他們監禁。在 1933 年，指定在維多利亞城、九龍、大埔和南約理民府設立四個少年法庭。1933 年 11 月 20 日，施戈斐侶的同僚巴邇法（S. F. Balfour）在中央裁判署主持首個少年法庭。施戈斐侶也羅致香港最早的感化官，當中有男也有女。到了 1930 年代中期，新設立的羈留院和工業學校都很快充滿年輕犯罪者，雖然笞刑仍然是對付男孩的標準刑罰。[45]

在 1939 年，政府開始以具有專業資格的律師取代官學生出任裁判司，目的是延攬殖民地法律事務處（Colonial Legal Service）的成員，這是為大英帝國供應法官和法務官員的專業隊伍。可是，這項措施帶來的即時效果是招募了一些私人執業的香港律師，其中一人是安德森（Donald Anderson），這位在香港受教育的年輕大律師來自一個顯赫的本地歐亞混血兒家族，祖父洪錦寧和伯公洪錦城是巡理府署的傳譯員。安德森在 1941 年初成為九龍的裁判司。該年年底他參與香港保衛戰，12 月 19 日在黃泥涌峽的戰事中陣亡。

另一名大律師出任裁判司是些路頓（Harold Sheldon，又譯佘路頓），他在 1940 年 1 月獲委任為中央裁判司署首席裁判司。他是御用大律師，1925 年起就在香港執業的大律師，並在許多備受矚目的案件中擔任辯護律師。些路頓為裁判司署注入一股新的魄力，據律師兼立法局議員羅文錦說，「大大增加了裁判司的尊嚴和威望」。[46] 在 1941 年，些路頓以原訴人身份現身於裁判司同僚勞里（G. T. Lowry）席前，他有一天前往裁判司署途中，看到警察毆打一名走在雪廠街的苦力。些路頓說他對這名警察提出投訴，是要嚇阻心懷惡意的不肖警察再做這種不公義的事。這名警察被判罰五十元或以六週苦工抵免。

5. 戰後歲月

太平洋戰爭結束後，香港裁判司署經歷了轉型。跟隨其他一些英國屬地的做法，裁判司的審判權大為加強，一般的最高判刑權力從戰前最高監禁六個月和罰款二百五十元，增至最高監禁兩年（在合併刑期中可至三年）和罰款兩千元。幾項之前必須交付最高法院處理的刑事罪（包括縱火和賄賂），現在可由裁判司審理。這些獲加強的權力，最初是在 1941 年 12 月日軍迅速攻城略地佔領香港的交戰時期作為緊急措施。它們在戰後短暫繼續維持，以免最高法院無法應付手頭的案件，之後在 1949 年成為永久措施。

經過一段軍事管治時期後，民事法庭在 1946 年 5 月重新設立，政府開始委任來自香港法律界的人當裁判司，當中包括華裔和葡萄牙裔律師。不過，為應付人口急速膨脹所帶來的需要，政府愈來愈多從海外物色人才來主持新的裁判司法庭，令本地化運動的步履蹣跚起來。在 1950 年代，裁判司人數從原本五個增至二十個。1960 年代以後，隨着銅鑼灣和北九龍（1960 年）、粉嶺（1961 年）、西區（1965 年）、荃灣和黃大仙（1971年）、觀塘（1984）、沙田（1987 年）和屯門（1989 年）的裁判司署大樓啟用，裁判司數目繼續增長。到了 1980 年代末，約六十名專業裁判司在全香港各地的十座法院大樓內審案。

中央裁判司署在 1984 年停止法院的職能。在戰後四分之一個世紀中的不同時期，有約二百名男性和少數女性在香港、九龍和新界的裁判司署擔任裁判司。當中許多人曾在中央裁判司署的三個裁判法庭中審案。羅顯勝是早期的裁判司之一，他在戰前是大律師，日佔時期曾向日本法官提供有關英國和中國法律的意見。香港重光後，他在 1946 年香港戰後最早的通敵審訊中，為最惡名昭彰的香港通敵份子黃佐治辯護。黃佐治是日本憲兵隊的司機，利用自己的職位恐嚇勒索和附敵叛國，被判有罪和處死。1948 年羅顯勝近六十歲時獲委任為中央裁判司署的裁判司，1952 年成為首席裁判司並於 1959 年退休，其後又重新獲得委任，一直做到七十

裁判司羅顯勝

多歲，1964 年起繼續在南九龍和銅鑼灣裁判司署任職，1970 年八十歲時退休。

羅顯勝以其風趣幽默、體恤困苦之人和盡量不判處監禁而著名。他說，香港的種種問題都是由貧窮所致，解決之道不在監管或懲罰，而在教育和更為平等的財富分配。他嚴詞訓斥膽敢「擾亂香港這個綠洲和平安寧」的被告，之後以有條件釋放的方式放走他們。每天早上 11 點正，他會暫停審訊，在法官席鋪上白色桌布，放上茶和餅乾招待職員和律師。對於在聖誕前夕被帶到法庭的小販，他每年都會向他們發表一番講話，差不多變成了傳統。他會教訓他們一頓，予以警誡，然後釋放，並祝他們聖誕快樂。在 1958 年他向四十多名小販致詞，告誡他們被拘捕時不要抵抗，有抗辯須到法庭上陳述，因為警察不能在街上審訊他們。

羅顯勝尤其同情女性罪犯。一名女子被控十三條為不道德目的遊蕩罪名，哭成了淚人兒，羅顯勝看到此情此景，就請她說出願意付出的罰款金額，她想了一想後答道：「五十元。」羅顯勝馬上命她繳交此數。在 1952 年的一宗案件中，他教一名年輕英國士兵如何向港督陳情，請求撤銷針對其華裔女朋友的遞解令。這個女子曾因遊蕩和其他輕微罪行被遞解出境，但非法返回香港以與母親和兒子團聚。羅顯勝判她入獄服刑，藉此給予這名士兵時間去寫陳情書。之後補充一句：「但不要說是我教你這樣做。」接着再以廣東話向那名女子解釋。在 1964 年的另一宗案件中，一名因輕微偷竊罪被起訴的護士，由於另一名裁判司在休假前把她還押候審，足足等待了三個月，羅顯勝撤銷她的控罪，並說：「公義必須新鮮才甜美。」[47] 羅顯勝經常自掏腰包替被告繳交罰款，又常常利用濟貧箱幫助貧困罪犯。他在 1989 年以百歲高齡謝世。他的女兒羅凱倫在 1986 年成為香港首名女法官。

另一名戰後著名的裁判司是高富（Paul Corfe），他是擁有大律師資格的英國行政官員，曾在羅德西亞、贊比亞和亞丁工作，亞丁是個動盪的殖民地，經過四年緊急狀態後，英國人於 1967 年撤走，高富在 1966 年來到香港。在香港的十六年歲月裏，高富大部分時間在中央裁判司署度

過，1983 年七十一歲時退休。高富是敢言的裁判司，他認為香港司機駕駛技術低劣，是考牌官受賄所致，又把貪污普遍歸咎於僱主支付的薪金太低。他堅決維護法庭尊嚴，在 1970 年判向另一名裁判司賈施雅（Arthur Garcia）丟鞋子的男子入獄六個月。此人原本已因傷人和其他罪名在坐牢，一聽到自己因為藏毒刑期被加長了八個月，就向裁判司丟鞋子。賈施雅躲過了飛鞋，但高富說，此舉是「向在法官席開庭聽審的裁判司施襲的極端嚴重例子」。[48] 在 1972 年，他在法官席上很不尋常地發言反駁葉錫恩，葉錫恩是致力消除不公義的社會運動人士，她投書報章，聲稱裁判司與現實脫節，所以「香港法庭鮮有主持公義」。高富說，很難想像從事任何其他職業的人，會比他們更直接感受到香港發生的事情。他說，在大多數法庭中，每天都可見宅心仁厚和履仁蹈義之舉。裁判司所聆訊的案件，「當中被告和證人來自香港生活的每一階層，在這個過度擁擠的地方，日常平凡生活的悲歡離合、人間百態，每天都展現於眼前」。[49]

在高富說出這番話之前幾個禮拜，發生了一件非常喧鬧的事件，一百二十六名（大多數是女性）被控非法集會的人在法庭上吵吵鬧鬧。他們來自仁義新村，那是獅子山下一個荒僻簡陋的安置區，用來暫時安置之前住在寮屋區的居民。他們一直在那裏住了四年，政府原本承諾他們在仁義新村居住六至十八個月內，就會獲徙置到永久房屋，現在他們指責政府食言。由於其他地方發生大水災，政府不得不先安置數以千計其他在輪候居所的人，令仁義新村居民被迫要等待更長時間。

在 9 月 5 日，大批仁義新村居民，在學生陪同下前往中環，並在大會堂外靜坐，警察就把他們拘捕並帶上法庭，在公眾席上的人大叫「不要簽！」的鼓動下，他們不肯簽保。在法庭外的示威者高唱《團結就是力量》（旋律來自 *Battle Hymn of the Republic*）的歌聲中，高富下令通宵拘押全部一百二十六名被告。他們最終在約晚上 11 點簽保，獲釋離開等候第二天再上庭。第二天他們一行人從天星小輪碼頭走到中央裁判司署，在那裏面對三天的審訊，被告所帶的嬰兒哭聲不時打斷審訊過程。在 9 月 9 日早上，高富聽取了超過六十名警察的證供後，判全部人罪名成立，但大

部分人獲無條件釋放。僅十三名學生和五名村代表例外，他們須簽保和守行為，而他們不肯簽保。之後約一百名村民加入他們，在法庭集體絕食，在一名市政局議員到場，答應協助他們覆審後，絕食終於在下午 3 點半結束。11 月 9 日覆審結束，高富裁定不留案底。他說，村民看到他們認為可以盡早獲得安置的承諾沒有兌現，其失望是可以理解的，他也聽說一些學生希望到海外升學，留了案底會令他們有困難。

高富仁慈寬厚之舉很多——對於乞丐、努力養家活口的被告，甚至貪污的警察。但他的名字也跟判處重刑連在一起。在 1970 年代，眾所周知他會把協助非法入境者的人判處入獄。在 1978 年一宗備受討論的案件中，他把一名七十二歲的沙頭角小販判入獄六個月，因為他向四名非法入境者提供食物，並替他們打電話給香港的親戚。高富說，若非這名小販年事已高，他會判處監禁十五個月而非六個月。他更是香港裁判司中對被告處以最長刑期的一位。在 1967 年 7 月 29 日，他以與非法藏有武器者為伍的罪名，將二十三人各判囚六年。被告聽到判刑時顯然十分錯愕。這些男女在警察掃蕩筲箕灣五金工人工會時被捕，警察在工會內發現自製武器、汽油彈和酸性溶液。可判如此高的刑期，是因為匆匆頒佈的緊急法令，短暫（或許未經深思熟慮）把裁判司對這種罪行可判處的刑期，增至最高十年；而在高富判刑後兩天，此權力就被撤銷。

對五金工人工會的搜查，發生在六七風暴期間暴力衝突最嚴重的歲月，而六七風暴是文化大革命的延伸。左派組織試圖以罷工和示威推翻英國在香港的統治，這些手段都失敗後，就採用恐怖主義活動。在公眾支持下，警察運用緊急法令所賦予的權力強硬地回應。超過二千五百人因為違反宵禁令、暴動、襲擊，以及涉及炸彈和危險武器的更嚴重罪行而被帶上法庭，逾一千人被定罪。大多數犯罪者是由九龍兩個裁判司署和中央裁判司署的裁判司審訊，在許多案件中，裁判司都判處重刑，以嚇阻其他想要效尤之人。違反宵禁的人通常被判罰款或擔保守行為，但有些案件會被判入獄三、六或甚至十二個月。那些參與暴動的人被判入獄長達兩年。有些年輕犯罪者被判笞刑。

裁判法庭首次成為喧鬧政治抗議舉行的地點。示威人士聚集在香港各個裁判司署，在大樓貼上寫滿反帝國主義標語的大字報。銅鑼灣裁判司署外有炸彈爆炸。裁判司李扶連（Anthony Leathlean）成為恐怖襲擊的目標，一天晚上他下班回到位於新界偏僻之地的家時，車道上有炸彈爆炸，他沒有受傷。李扶連主持中央裁判司署內的一個法庭，1957 年他二十四歲時擔任裁判司，是香港歷來獲委任最年輕的裁判司。他原本是皇家空軍傳譯員，會說普通話並精於古典音樂和歌劇。其後擔任北九龍的裁判司時，他會帶着自己的寵物犬到法庭，那是一隻雜種流浪狗，有一天在街上跟隨他回家。1967 年，他在中央裁判司署忙於審理各種與騷動有關的案件，從違反宵禁到恐嚇。他的法庭常常擠滿高呼口號的旁聽者。在一宗案件中，二十八名被告現身在李扶連席前受審，分別是七名記者、十七名教師、兩名書記員、一名保姆和一名無業人士，他們於港督府外示威後被控告非法集會。記者被逐一帶到他面前，各人分別高喊：「抗議非法逮捕。抗議港英當局。干涉新聞自由。我無罪。要立即放人。」一名頭部包紮了繃帶的教師出庭時，約三十名旁聽人士站起來重複叫囂：「我抗議。」之後被警察逐出法庭。[50]

裁判司在緊急法令下獲賦予特別權力，在聆訊期間可以拒絕公眾進入法庭。十八歲的曾德成因為在學校散發傳單批評香港教育制度，就在這種閉門聆訊中被裁判司范禮士（T. L. van Rees）按緊急法令判囚兩年。一名訪港的英國國會議員說，一些裁判司在判罰年輕人時表現出「情緒性的報復心態」，[51] 而曾德成案就是當中的著名例子。曾德成後來成為左派報章《大公報》編輯，近年還出任民政事務局局長。

與六七風暴相關的最嚴重案件——放炸彈、謀殺和其他恐怖活動，都交給更高級的法院審理。但是，六七風暴期間一宗極受爭議並且肯定是最具政治意義的案件，是由中央裁判司署審理。審訊在 1967 年 8 月至 9 月間進行，三份左派報章的編輯、督印人和承印人被控煽動罪。這三份報章是《香港夜報》、《新午報》和《田豐日報》，它們所做的事包括發表文章呼籲罷工和教唆華人警察離職；控罪十分多，花了三天才宣讀完畢。五名

被告包括胡棣周這名左派運動的重要人物。裁判司賴特（Enoch Light）在守衛森嚴的法庭中審理此案，這名原本在亞丁任職的裁判司備受左派報章攻擊，被稱為「狗法官」，而北京政府要求釋放五名被告。在審訊開始後不久的 8 月 22 日，紅衛兵闖入英國駐北京代辦處，放火將之燒毀並毆打英國官員。總理周恩來後來私下向英國政府道歉。賴特裁定五名被告罪名成立，各判入獄三年，加上巨額罰款。

在 1960 年代，香港島上其他地方都設立了裁判司署，中央裁判司署（現在通常稱為「中央法庭」）變得更為專門化。當時交通違例案件會在中央裁判司署的其中一個法庭中審訊——有幾年通常是由以非官守太平紳士組成的太平紳士法庭來審理。從 1972 年起有好幾年，香港島新成立的城市清潔法庭也在那裏審案，同樣是由非官守太平紳士主持。但中央裁判司署最重要的功能，是為刑事偵緝部和毒品調查科、三合會調查科、兇殺組等特別部門調查的嚴重案件舉行初步聆訊。廉政公署在 1974 年成立後，也把案件交由中央裁判司署聆訊。

這些初步聆訊包括交付審判程序，法庭會判斷案件的表面證據是否成立，以交付最高法院審理；另外，控方可選擇由裁判司進行較簡略的法律程序，把案件交付地方法院審理。最高法院負責審訊謀殺、強姦和持械行劫等最嚴重案件。1953 年設立的地方法院是中級法院，對於刑事案件可判處最高五年（1973 年增至七年）的刑期。地方法院設在全香港幾處地方，由集法官和陪審團職責於一身的地方法院法官主持。與中央裁判司署最近的地方法院，位於砲台里的前法國外方傳道會大樓內（之後在 1997 年至 2015 年，這裏變成香港終審法院的家）。

中央裁判司署的地點位處中心，保安頗為嚴密，與旁邊的警署和羈留中心聯繫方便，並擁有以當時的標準來說算寬敞的法庭。有一些在該處進行的聆訊，需要軍事級的保安措施。在 1974 年底至 1975 年初，吳錫豪和另外幾名販毒疑犯的初級偵訊令警方繃緊神經，不敢輕忽，因為他們發現有人意圖謀殺一名控方證人。吳錫豪是香港一個龐大販毒組織的主腦，這個三合會領導的企業以跨國公司方式運作，每年利潤估計高達兩億元。它

的業務包括從泰國輸入鴉片和嗎啡，在香港的秘密工場製成海洛英，供應本地市場並出口到世界各地。

為了吳錫豪的初級偵訊，警方派出兩百名警察機動部隊的藍帽子警員支援警探和一般警員。裁判司署經過徹底搜查，四周都有警察站崗，並以金屬欄柵圍繞。被告從域多利收押所押解到中區警署，再從警署前往裁判司署時，整條奧卑利街被封鎖。高富在二號法庭主持的初級偵訊持續幾個星期。吳錫豪與另外八名被告在 1975 年於最高法院受審，共被控四十項串謀控罪，包括幾年間偷運超過三十噸鴉片、嗎啡和海洛英到香港。他們被裁定罪名成立，並判處長期監禁。吳錫豪被判三十年監禁，是到當時為止香港歷史上最長的固定刑期。他在 1991 年因醫療理由獲釋放，三週後死於肝癌。

同時，在 1976 年 2 月，吳錫豪的妻子兼生意夥伴鄭月英，在最高法院被定罪和判入獄十六年，罰款一百萬元，是當時香港毒販最高額的罰款。她在初級偵訊時，從中區警署經由地下通道被押到中央裁判司署，在此之前，這個通道已經超過十年沒有使用。鄭月英被還押在大欖女懲教所時，試圖喝混合「白花油」的洗衣粉水自殺。

1970 年代另一名備受矚目在中央裁判司署出庭的人是葛柏（Peter Godber），這名貪污總警察在 1973 年 6 月潛逃英國，逃離法網。葛柏被揭發在香港擔任警察的二十一年間，累積了四百三十萬元財富，那是他總收入的六倍，這觸發了公眾示威，要求採取更強硬行動杜絕貪污。總督麥理浩爵士（Sir Murray MacLehose）委任一個調查委員會調查貪污情況，並在 1974 年成立廉政公署。把葛柏緝拿回港的持久戰開始。他被控擁有來歷不明並與其官職收入不相稱的財富，這項罪名在英國不存在。因此，為了把他引渡回港，要提出具體的賄賂罪名。而這來自其前同僚鄭漢權警司的證供，他聲稱曾給予葛柏兩萬五千元，以安排他調往灣仔警區，對於貪污警察來說，那是收入豐厚的肥缺。經過在倫敦弓街裁判法庭漫長的聆訊後，葛柏最終在 1975 年 1 月引渡到香港。

葛柏在 1975 年 1 月 21 日至 23 日短暫現身於中央裁判司署受審。他

的案件其後轉交地方法院審理，這只需裁判司的移交令即可轉解，無需像轉交最高法院那樣，有時候須經過曠日持久的初級偵訊。在第一天，他與吳錫豪一同從赤柱監獄被載到中央裁判司署，吳錫豪耗時甚長的初級偵訊在另一法庭舉行。葛柏看起來很輕鬆愉快，並由裁判司范耐理（Patrick Flannery）審理。葛柏的律師要求撤銷控罪，認為控方因證人未能出庭而要求延期，無理拖延審訊。范耐理拒絕。但第二天他批准擔保，條件是十分苛刻的三十五萬元保釋金，葛柏的律師聲稱這個金額過高。不過，如其他人指出，這只相當於葛柏在英國接受引渡聆訊期間所交的保釋金的七分之一。在葛柏忙於籌措這筆錢時，控方要求檢討這個決定。在第三天，范耐理撤回批准保釋的決定，下令葛柏還押監獄。

葛柏在 2 月在砲台里的維多利亞地方法院由楊鐵樑（當時是地方法院法官，後來成為首席大法官）審理。他被裁定收受賄賂和串謀貪污罪名成立，被判入獄四年。這次定罪是根據鄭漢權和另一名警司韓德（Ernest 'Taffy' Hunt）這兩個承認貪污的警察所提供的證據，有些人對於以這種方法來定葛柏的罪懷有疑慮，即使對其結果沒有異議。

葛柏受審的維多利亞地方法院，在 1970 年代是幾宗貪污案的審訊地點。法院設於法國外方傳道會大樓之內，設施有限，總是不能滿足需求。至少有一宗案件必須移師到較寬敞並且專為審訊而建的中央裁判司署內審訊。這是 1974 年的赤柱監獄運毒案，這宗案件涉及一個由監獄職員、囚犯、不同的三合會成員和幾名女人組成的網絡，他們偷運毒品進入監獄。四十五名被告（在有些人認罪或無罪釋放後減至三十人）被控串謀運毒，由已成為法官的李扶連於維多利亞地方法院審訊。法庭無法容納那麼多被告，因此李扶連必須把法庭轉到中央裁判司署，在該處進行的審訊歷時141 天。據說在當時是香港史上最長的刑事審訊。李扶連裁定其中十四名被告罪名成立，判入獄一年半至五年半不等。

1979 年 1 月 12 日是中央裁判司署最後一天運作的日子。兩名建築公司的會計被控偷竊公司金錢，他們這樣做因為公司承接了地下鐵路的合約，完成工程的壓力甚大，他們就以這些錢購買食物和飲品，與地盤工人

聯歡宴會，鼓舞士氣，高富判他們緩刑。他也審理了兩名香港電話公司職員被控收受電話清潔公司賄賂的案件。高富沒有聽取答辯，在批准保釋後把案件押後至 2 月 2 日再審，並說往後的聆訊會在銅鑼灣裁判司署進行。

　　關閉亞畢諾道裁判法庭的主要原因，是司法機構面臨更大的辦公空間問題。六個月前，皇后像廣場的最高法院，因為地下鐵路建造工程導致出現裂痕而須緊急撤離。最高法院把部分工作遷往炮台里的維多利亞地方法院。維多利亞地方法院則遷到西區裁判署。西區裁判署（它之後會使用舊中央裁判司署辦公）遷往干諾道中的中區消防局大樓。1979 年 2 月，最高法院在中央裁判司署舊址獲得額外的空間，稱為「高等法院分院」或「亞畢諾道分院」。這個分院容納了負責審理刑事案的最高法院四個法庭。這些法庭在 1982 年 10 月遷回舊最高法院大樓，之後在那裏逗留兩年，直至金鐘道的新最高法院大樓竣工。在這新的調動安排中，西區裁判署的法庭在 1982 年底從中區消防局大樓（地下鐵路需要在這個地點進行工程）搬到中央裁判司署，留在那裏直至 1984 年底搬回薄扶林道舊址。「為免引起混淆」，位於亞畢諾道的裁判司署在 1982 年至 1984 年短暫重新使用期間，被稱為「西區裁判署」或「西區法庭」。[52]

　　在這段短時間，中央裁判司署回復過往的功能：審判違例小販、觸犯交通規則者，以及被控偷竊、襲擊和其他各種輕微罪行的人，其間也可見 1950 年代羅顯勝常常在法庭上展現的幽默詼諧。在 1983 年 1 月的一宗案件中，希爾（Michael Hill）這位西區裁判署在亞畢諾道時期最後幾位裁判司之一，與一名被告有一段風趣的對話，這名被告與一名貨車司機發生打鬥，原因是貨車司機試圖把貨車停在他放手推車的地方。被告告訴法庭他是政府請的清垃圾工人。希爾答道：「我們的工作沒什麼不同。你撿拾垃圾令街道清潔，而我則撿拾靈魂令法庭清潔。」希爾讓兩人以二百五十元自簽擔保守行為六個月，「以防你們又再碰上對方」。[53]

　　不過，在亞畢諾道審理的最後一批案件中，有一宗也是最嚴重的。在 1984 年 5 月至 6 月，它的一個法庭暫時被用作最高法院法庭，受審的四名被告被控謀殺兩名護衛員，以及打劫彌敦道一家金行價值一百六十五萬

元的珠寶金飾。選擇這個法庭是因為其保安措施。當時的保安工作是歷來最森嚴的,警察機動部隊的藍帽子警員和其他警察手持長槍駐守各入口,除了律師和陪審員外,所有人都要徹底搜身和隨身袋子。一名辯方律師說:「這裏就像是個堡壘。」[54] 當局收到消息,指其他匪幫成員可能來劫走被告。最後,六週的審判平安無事。主要靠一名被赦免同黨的證供,兩人被定罪,一人謀殺和行劫罪名成立,被判死刑(之後改為監禁);另一人行劫和誤殺罪名成立,被判入獄十五年。

從 1985 年起,舊裁判司署大樓先後成為香港國際仲裁中心(它是亞洲首個同類中心)和多個警察協會進駐之地。

案件百萬宗：中央裁判司署一瞥，1841 年至 1941 年

在 1841 年 1 月英國佔領香港起，到 1941 年 12 月日本入侵香港止的 101 年間，位於亞畢諾道的中央裁判司署內的裁判司審理了超過一百萬宗案件，逾一百五十萬名被告出庭應訊，另加數目相若的證人。這些案件許多都是一般罪行。通常是各種偷竊、入屋犯法和襲擊等。至於數目少得多的搶劫、海盜、強姦和謀殺等案件，往往在中央裁判司署經過幾天或幾週初級偵訊（交付審判程序）後交予最高法院由陪審團審訊。然而，大部分案件都屬於非刑事性質，當中涉及的罪行之所以存在，是為了保持公共地方整潔光鮮，或保障政府從牌照和專營權獲得收入之類的事情。本章探索中央裁判司署在其運作頭一百年的工作，每十年選取一宗有代表性的案件，以當時的社會環境為脈絡加以分析檢視。

1. 1846 年：盜竊——廚師捲款潛逃案

10 月 27 日，一艘中國船在將近日落時分航向這個島的南邊，船上船員和搭客共有十八人……這艘客船經過下市場外、本地船舶通常聚集的水域時，與另一艘停泊在該處的船碰撞，但沒有造成損毀。船員發生了一些爭執，之後那艘拋錨停泊的帆船上的一些船員跳上舢舨，帶了兩枝火槍銜尾追逐，並開了一槍或好幾槍。不巧的

是，此時在不遠處的另一艘船上有一名警察，他正在搜尋一名盜去
主人二百五十元的遊民，警察看見舢舨上的追趕，以為發生劫案，
或者這些人是在追捕他正在尋找的賊人，所以也加入去追那艘搭客
船。這些被這樣窮追的可憐傢伙發覺逃走無望，無計可施下就跳入
海中，五人淹死，其餘人被捕。

《華友西報》，1846 年 11 月 4 日

　　《華友西報》說，以上只是這場大戲的第一幕。第二幕開始時，十三
名被捕的生還者被帶到巡理府禧利席前，被控身處一艘藏有武器和火藥的
船上意圖犯罪，並身為流氓和遊民。像許多往來於香港附近水域的搭客船
一樣，這艘船之所以有武器是為對付海盜。禧利把這十三人全部判罪名成
立，九人被處以笞刑和監禁三個月，另外四人受鞭笞並交給九龍寨城的九
龍司巡檢。幾天後來到第三幕，驗屍官檢驗淹死者屍體，認為那艘警察船
上的人錯誤地展開追捕，引致這些人跳船落水，是犯了誤殺罪。指揮這艘
船的人是鄧肯（Robert Duncan），他是一名製帆工，他動用這艘船去追
捕他的廚師，亦即報紙報道中所說的「遊民」，他相信此人從他的桌子偷
走了兩百五十元後潛逃。這名廚師並不在那艘搭客船上，似乎已遠走高
飛了。

　　之後在 11 月，鄧肯的律師法恩科姆（Edward Farncomb）以法律程序
中有各種失當為由，向臬署申請撤銷驗屍官的驗屍結果。按察司胡爾梅馬
上准其所請。港督之後把驗屍官麥斯威尼（Percy McSwyney）革職，但那
時麥斯威尼已經以人身保護令把九名剩餘的搭客從監獄釋放。按察司胡爾
梅在滿是人的法庭上教訓了禧利一頓，告訴他這樣判處監禁是非法的，令
他深感羞辱。威廉·堅（當時是輔政司）說，這番訓斥令禧利幾乎心為之
碎。作為報復，威廉·堅指示禧利把所有偷竊案件，無論多麼微不足道，
全上交胡爾梅的法庭審理，而非像過去那樣在巡理府署審判。報章撻伐禧
利的做法殘酷。《華友西報》說：「禧利先生是漢學家，他在法官席上似乎
主要是以中國刑律為指引，中國刑律對於有不當行為的人，會處以打四十

大板的懲罰,儘管他們沒有違反任何具體法律。」該報之後補充,在此案件中的「不當行為」,是指「搭客船被人開槍射擊後逃走」,以及「面對那些似乎想殺害他們的人時,選擇跳海而非投降」。[1]

這宗廚師捲款潛逃案是香港開埠初期各種司法不公的情況之一。執行法律的首要任務是保障歐籍人和富有華商的財產。這表示如果有人犯了像鄧肯那個逃之夭夭的廚師被指干犯的罪行,又被臬署裁定罪名成立的話,就會被處以重刑。這些刑罰包括流放到其他殖民地七或十年,入屋行竊者、劫匪和海盜還會被流放終生。這名廚師被控偷取了一大筆金錢,但大部分偷竊案所涉及的金錢都是小數目,如衣服、食物等,在1877年的一宗罪案中,巡理府查理士·梅理位於羅便臣道的花園內被偷去四十多個無花果。經過仔細偵查後,追溯到梅理的看更,這名工作了五年的忠心僕人一向很誠實,現在卻被另一名巡理府羅士理判罰十元或入獄二十一天。長期以來,歐籍人對於僕役「敲詐」、侵吞金錢和偷取貴重物品一直深感焦慮,如同鄧肯的案件所顯示那樣,這些犯罪者可以輕易逃往中國內地,抓到他們的機會很渺茫。

另一個令人擔心的是「街頭苦力」。這些數目龐大的臨時勞工鬆散地隸屬於同鄉會和同業公會,每遇香港有工作機會,就從鄰近的鄉村自由地往來。苦力靠從事卸貨或建屋工作,一般能在幾天內賺得足夠金錢滿足自己的基本需要——買一點食物、些許鴉片,以及在百無聊賴的漫長時間去賭博和上妓院。他們多半聚集在這個早期城鎮邊緣的茅棚聚落,或者流連街道上,許多人在街上睡覺、吃飯、賭博,有時候還會打鬥。殖民者自然認為他們與犯罪活動有關,並廣泛利用法律去控制它們。其中一項控制工具是藏有「任何可合理地被懷疑是偷竊或以非法手段取得的事物」,而無法向巡理府「提出令人滿意的解釋」這項罪名。[2] 街上的「苦力階層」華人,只要藏有任何警察認為正常情況下不可能屬他所有的事物,都可以此取自英國法律的條文來起訴。這項刑事罪行把舉證責任放到被告身上,在英國法律中很罕見。在這種情況下,提出「令人滿意的解釋」十分困難,令香港英治時代初期幾十年有大量人被定罪。另一個籠統的罪名,是「流

Panorama von Hongkong.

港口內檣桅林立的情景，1850 年代的香港。

「街頭苦力」，攝影師約翰・湯姆生（John Thomson）說，他們帶着竹竿和繩索，就能「沿着車水馬龍的大道」載人送貨，「不勞你費半點氣力」；1870 年代初。

氓和遊民罪」，1846 年的案件中那些從船上跳海的人就被控以此罪。這是另一項來自英國的法律，在香港用來對付賭徒、流浪漢、無所事事之人和其他麻煩份子。

香港特有的一項罪行是身為「可疑」或「危險」份子。這罪名最初是在 1846 年制訂，1857 年再被加強，以作為第二次鴉片戰爭期間的緊急措施。一如許多緊急措施，它在香港局勢回復正常後仍然繼續存在了一段很長時間。它的用處有許多，其中之一是某人經巡理府定罪後，政府可以依循機制把他們遞解出境。在 1868 年，政府加強對付被懷疑犯罪的人，427 人根據有關「可疑份子」的條例被定罪，而這些人被認為與一些罪案有關，但因為「缺乏證人或未能提出證物，令主要控罪難以成立」，[3] 無法以此起訴他們。

2. 1856 年：警察遇襲案──動盪時期的抗議與鎮壓

昨天一名印警在文咸街值勤，看見路上放了一些圓木或木板，命人移走它們，但他不是去詢問這些木材屬誰所有，而是鞭打周圍的苦力。這些苦力受不慣這種對待，把他整個人抓起來拋入水中，他從水上掙扎爬上岸，前往警署講述他的故事版本，警署派出一隊警察，抓走至少六十五名正派體面的店主和其他人，送往警署，此舉令他們的店舖和裏面的物品任憑民眾擺佈宰制。在這六十五名店主等人中，那名膚色黝黑的警察認出十五人曾參與把他拋入水中，但奇怪的是，巡理府在調查後撤銷此案。

「一名英化華人」的投書，載《德臣西報》，1856 年 10 月 30 日

這篇報道的記者問道：「華人要是抱怨不是很正常嗎？」這封信刊登後三週，在 11 月 21 日，香港的華人店家發動罷市，抗議警察的過當做法。這次抗議很快升級，一萬多人沿皇后大道遊行──在最高峰時多達四萬人，亦即當時香港人口的一半。此時寶靈爵士不在，政府暫時由威廉‧堅

管理，他前往皇后大道，被大喊「打番鬼佬！」的群眾包圍。軍隊不久到場，群眾最終被驅散。那些領頭的店主在荷李活道文武廟開會，並起草申訴冤屈的稟呈，要求警察只能「對他們目睹偷竊搶劫之匪徒施暴，不可擅打一般被拘拿之人」，並要求在控告阻街之前，應先給予文咸街店家時間卸貨和搬貨。他們也呼籲寬待街頭小販。稟呈說：「小販乃貧苦民人，販售貨物皆奉領牌照。如因阻礙街道，應責令他往，而非將其財產盡皆毀去，使之無以營生過活。」[4]

在 1850 年代初，香港首次出現繁華局面。令中國東南諸省大受蹂躪的太平天國起事，加上一般的匪患，促使人民前往其他城市避禍。廣東商人攜同眷屬和財富前往香港，令經濟大為興旺，那時候香港以鴉片、前往新大陸的出洋活動和沿海貿易為重心。港督寶靈就此時提議在山下興建新的巡理府署，另外還有鑄造銀元的鑄幣局、植物園、學校和其他項目。但是，到了 1856 年 10 月，中英兩國之間戰火重燃，第二次鴉片戰爭爆發，粉碎了他把香港變成體現開明管治的示範城市的計劃。為應付恐怖襲擊，寶靈政府以高壓措施管制華人。

1856 年 11 月 21 日的示威是當局與華人居民之間衝突的高潮。政府在 2 月農曆新年時禁止放鞭炮，而慶祝者集體違反禁令，將近兩百人被捕。他們被帶到警署，與當天稍早時候遭拘留的約五十名賭徒為伍。大多數人在第二天獲得保釋，並在巡理府警誡後獲釋放。在春天，荷李活道西端擁擠不堪的太平山區爆發痢疾，799 人死亡。病亡者被淺埋於山邊的墓穴裏，令附近的歐籍人大為恐慌。政府的反應是制訂「華人下葬」條例，此法律除了規定埋葬方式，還有許多規定，包括訂明引起公共道路阻礙、非法砍伐樹木、侵佔政府物業，或在公眾地方大小便的華人，會被罰以巨款和鞭笞。一名自稱是「學習英國法律的華人」的記者指出，這樣做是試圖把公共衛生情況惡劣的問題推到華人身上，「替政府背黑鍋」，並且是歧視華人居民的另一例子。他抱怨：「只有華人須戴着鐐銬做苦工，只有華人須受笞刑，對華人的罰款相當於三個月或一年的薪金，而犯了相同罪行的醉酒或行為不檢水手，被處罰相同金額不過是令他們少掉幾天的薪金

1857 年，張亞霖在初級偵訊中受盤問的景象，這是當時由馬西安諾・巴普蒂斯塔（Marciano Baptista）所繪的速寫。張亞霖經營的裕昇店是向殖民者群體供應麵包的主要店家。1857 年 1 月 15 日的一批早餐被發現摻雜了砒霜。

而已！」[5]

動盪事態一直持續至夏天，當時新上任的律政司是神經質和壞脾氣的晏士地，他根據苛刻的新條例——《建築物和妨擾條例》，親自領導一場運動打擊違法小販和建築物非法擴建。巡理府也捲入這些運動之中。雖然香港人口輕微下降了，但檢控數字比 1855 年增加百分之四十一。

在之後兩年，為防止中國政府派來毀掉香港的間諜圖謀得逞，港府制訂的法律進一步偏離英國法律。歐籍人財產被燒毀，幾名歐籍人遭殺害，針對高級官員的暗殺計劃（包括一次以威廉·堅為目標的不成功嘗試，圖謀者被判叛逆罪）被破獲。高潮出現在 1857 年 1 月，逾四百名歐籍人吃了送來的麵包而砒霜中毒。因為砒霜份量太多，沒有令人即時死亡，大多數受害者都只是嘔吐。麵包店老闆和九名員工被指是犯罪者，在一片要求以私刑對付他們的聲音中，桌署判他們意圖謀殺罪名不成立。但殖民者群體的恐慌促使寶靈制訂一系列高壓法律，包括把華人遞解出境和要求他們登記的新權力，以及對華人實行長期宵禁，命令警察可以射擊那些晚上外出而答不出口令的人。交由巡理府審理的檢控案件在 1857 年再次上升，增加了將近百分之五十，達到 8,301 宗。在新增的案件中，大多數是來自逾二千宗關於違反宵禁令的起訴，犯罪者可被判監禁、枷號和最多二十下的公開鞭笞。由此而來的噪音引起住在監獄附近的歐籍人投訴。其中一人在 1857 年 6 月的報章上寫道：「整個社區都迴蕩着被鞭笞囚犯的慘叫呼喊。就算要鞭笞華人，難道不可以在人們看不到、聽不見的情況下施行這種可怕刑罰嗎？」[6]

3. 1869 **年：猥褻露體——裸露、噪音和其他滋擾事件**

一場刺激的追逐

一名華人被控在船政官私邸附近的溪中洗澡。根據兩名都是姓星的警察的口供……事件始末似乎是一名星期天於這條溪流附近執勤的

星姓警察，看到那名華人在一個顯露的位置，以及毫無遮掩的情況下沐浴，因此衝上去要想逮捕這個犯罪者。但是，這名正在洗澡的人匆匆抓起褲子，並向追趕而來的警察投擲石頭……然後拔腿拼命往山頂跑，他身後的警察銜尾窮追，此時另一名警察也趕了上來。這場有趣的小追逐……似乎令另外兩名紳士看得很高興，他們的屋子就靠近通往山頂的路線……他們從屋內出來，想在這個星期天早上來點休閒活動，其方式就是步槍射擊，而目標是那名正在逃跑的苦力。對苦力的追捕一直繼續到山頂，兩名警察在到達山頂後不遠處成功逮捕該人……從證據所見，上述兩名紳士都沒有傷到被告分毫。

《孖剌西報》，1869 年 5 月 25 日

巡理府查理士·梅理向那名逃走的男子罰款兩元，約相當於他一個月的收入。《孖剌西報》這篇報道的文末指出，猥褻露體罪「變得頗為普遍」。那些被捕的人，通常是在歐籍人房屋或學校視線範圍內的河溪中被發現。一個常見地點是聖約翰座堂附近的那條溪。另一個黑點是被稱為「摩羅廟村」（Mosque Village）的一個小規模寮屋區，它就在羅便臣道新的歐籍人高尚市郊住宅區對面。附近居民投訴，一天從早到晚，「這個村子的男人、女人和小童在山坡甚至是旁邊的公共道路，為了一些必要目的而在那裏赤身露體，對向閣下陳情的人和其家人造成嚴重滋擾，令人甚為厭惡」。[7]

殖民者想要在這個擁擠和衛生情況不佳的亞熱帶城市重現家國的舒適生活，然而「不雅沐浴」是各種令他們感到不勝其煩的滋擾之一。如同一名美國訪客在一些年後所描述，香港是「世界知名的無片瓦遮身者之城」，數以千計的人在街上吃、睡和進行日常生活。[8] 總巡捕官田尼投訴，大量華人在晚上違反宵禁令，「躺在街上四方八面，要不是睡着了，就是在裝睡」，令在晚上緝拿逃犯的問題更為困難。[9] 英國衛生專家查維克（Osbert Chadwick）在 1882 年報告，到了白天，

每處可用的空地都馬上被填滿，過多的人口從居所外溢到街上。廚房裏的廚師要劈柴時找不到地方或沒有光線，所以要跑到街上去做，大為影響路邊溝渠。洗濯和其他家居作業都在人行道進行，若非警察在戒備，人行道很快就被工匠和小商販佔據。事實上，許多情況下人行道已被高聲吆喝叫賣的攤檔佔據。

有些人即使有容身之所，一般都是住在太平山和附近地區那些擁擠不堪的旅館和廉價公寓板間房。有些人住在缺乏適當衞生設施的建築物中，每人只有 230 立方呎的空間（比域多利監獄每名囚犯 208 立方呎稍好一點）。他們只能從街頭的公共水龍頭間歇性地獲得食水供應，該處常有打鬥場面，因為收了錢的擔水人在供水前就在那裏搶位置。[10] 人類排泄物（稱為「夜香」）由糞務承辦商僱用的工人每兩三天清理一次，從政府投得利潤可觀的專營權的承辦商，把這種有價值的商品運到中國內地，用作種植桑樹的肥料。這種商品因為很值錢，有時候會成為賊人覬覦的目標。[11] 一篇社論抱怨，因為夜香工人不肯按法律規定使用有蓋的桶子，令清晨時分維多利亞城的街頭惡臭難當。[12] 1888 年域多利監獄爆發霍亂，一人病亡，歸咎於有人把糞便倒入通向忌連拿利谷水池的溪流中，而該水池是供應監獄和附近房屋之用。[13] 夜香工人是在巡理府面前被控以有違潔淨和公德罪名的人之一。其他被控此罪的被告包括在家中養豬養牛的人，任由穢物堆積不加以清理的人，在供應飲用水的河溪中洗衣服的洗衣工人，以及在街頭便溺的人，那時有少量領有牌照的公廁存在，但它們要收入場費以支付發牌成本。

被派到香港擔任港府顧問的查維克建議了解決辦法，就是改善衞生設施，並妥善地向市民供水。他說做好這些工作是政府的責任。政府遲遲不承認自己須肩起此責，無可避免造成疾病頻繁爆發。1890 年代中期，華人聚居的太平山區爆發鼠疫，整區的房屋都要夷為平地。直至二十世紀，香港的貧民窟和廉價公寓繼續是疾病溫牀，滋生腦膜炎、肺結核、斑疹傷寒、天花及其他因居住環境過度擁擠而傳播的疾病。

中區以西的華人聚居區內的殘破房屋。

　　　　　　　　　　大館：英治時期香港的犯罪、正義與刑罰

這張 1860 年代的照片左方的公所，位於荷李活道文武廟旁。入口右手邊的牌子寫着四環盂蘭公所的字樣。

殖民者也投訴來自華人區日夜不停活動所產生的噪音。「土著的夜間習慣，令街道充滿各種刺耳噪音，一直持續至深夜，是最惱人的滋擾源頭。」在臬署任職書記的韋瑟黑德（Alfred Weatherhead）如此憶述。針對城中華人居民的宵禁令，使像韋瑟黑德這樣的人可以稍得一點喘息，這宵禁令從 1850 年代末起至 1897 年廢除為止，執行程度時緊時鬆。它在 1856 年的動盪時期再次實施之後，「全城各處都得享安寧」。[14] 還有其他法例針對小販叫賣、更夫打梆子報平安、放鞭炮、在街道上加工處理花崗岩、使用木製獨輪車（它會發出非常刺耳的聲音），以及晚上玩吵鬧的猜枚遊戲。據律政司龐斯富特（Julian Pauncefote）在 1872 年說：「兩個人『猜枚』就足以吵得整個區的街坊鄰里無法入睡。」[15]

　　華人在宗教節慶期間舉行的中國戲曲也是滋擾來源。英治時代開始時，當局曾答允華人其風俗可一仍舊貫，根據這項政策，華民政務司通常批准華人在殖民者聚居的地區上演戲曲。1885 年 8 月 25 日，幾名雲咸街（「歐人區的中心」）的歐籍居民把他們的鄰居馮義安（音譯，Fung I On）告到巡理府那裏，控告這名二十五歲的木匠非法「在附近鳴鑼和製造其他噪音騷擾街坊鄰里」。馮義安是盂蘭節大型慶典的組織者，在前一天晚上，他獲准舉行慶祝活動至晚上 11 點。他在德忌笠街豎立一個巨大茅棚，在相鄰巷道則搭了一些較小的茅棚，在棚中唱歌、敲鑼和發出其他奏樂聲，從晚上 7 點持續至凌晨。巡理府屈侯士以馮義安超出所批准的時間為由，向他罰款十元。[16]

　　從 11 點到 6 點間嚴格禁止敲鑼打鼓，屬於 1888 年新制訂的「華人管制」條例的眾多條文之一。同年也制訂了首項把歐籍人和華人區域分隔的法例。這法例大約把堅道和堅尼地道以上的半山區，加上往下至中環的一小塊地區，劃為西人區，但這不包括監獄建築群、德忌笠街和長期華洋混居的大部分城內西側區域。華人並沒有具體地被禁止住在歐人區，這新法例只是禁止在當地興建「華人屋宇」，並訂明房屋需有每人至少 1,000 立方呎的內部空間。更嚴格的華洋分隔後來在 1904 年出現，當時署理港督梅含理制訂首項法例，把山頂保留為非華人的居住區。

偶爾有人會問，這地的華人，尤其是初來乍到的人，如何能搞清楚這些用來控制其行為而又不斷變化的法律和規例？ 1871 年，《德臣西報》的中文副刊上有人投書問道：初到香港奉公守法的華人，看到洋人在街上小便而不受警察干涉，又怎麼會知道如果自己有樣學樣，就可能會根據 1856 年的一項法律被罰鞭笞？[17] 曾在香港擔任律師和巡理府的伍敍寫下他當時的見聞，憶述一宗舂米工於巡理府署府受審的案件，此人因為工作時脫剩遮羞布而被控不雅行為遭拘捕。這名摸不着頭腦的舂米工被判罰兩元或監禁一週，還被英籍巡理府訓斥一頓：「文明社會不能容忍這種野蠻、低俗的原始舉止。」[18]

韋玉。

華人領袖挺身發聲是很罕見的。在 1909 年，定例局華人議員何啟和韋玉成功反對修訂《裁判司條例》授權港督制訂針對在公眾地方吐痰的規例。這些胎死腹中的規例，目的是為阻止

何啟。

肺結核傳播。何啟和韋玉說，吐痰在中國並非罪行，而以強制手段來控制這個習慣，對於勞動階層華人和新來者尤其苛刻。取而代之，他們成立一個團體以教育來推動反吐痰運動。然而，這個運動無疾而終，到了 1940 年，在公共地方吐痰終於成為罪行。在前一年，香港有 4,443 人死於肺結核，比任何其他疾病都多。[19]

4. 1874 年：拐帶──保護婦孺

綁架

本月 5 日，裁縫黃亞寶（音譯，Wong Apo）與媽姐黃亞福（音譯，

Wong Afook）遭羈押，他們被控拐帶來自廣州的年輕女子張桂馨（音譯，Cheong Kwai Hing）。羅士理先生與梅理先生共同聽審，整宗案件經過重新調查，但證供只是重複之前所得的。這名再次被傳召出庭的女孩說了一句奇怪的話，是華人很少會說的。她說，她深知自己所言非虛，但無論她的供詞有多確鑿，她都不會為證明這點而去廟宇斬雞頭發誓。這等於說，任憑巡理府判斷是否相信她的供詞。她一口咬定自己是由第二被告帶來的，而亞友〔證人〕也一起前來，第二被告為了她、亞友和〔另一名〕證人搭船的船費付出了一元半。兩位巡理府仔細衡量事實後……判首被告六個月苦工監，第二被告兩年。他們也讚揚案中兩名證人，說全賴他們，這名廣州女孩才沒有被送往新加坡，並忠告這名女孩在廣州的主人，既然他已為尋回她而懸賞，那他不應該忘記這兩名證人，因為全靠這兩人，他才能把女孩領回。

《孖剌西報》，1874 年 9 月 22 日

黃亞寶和黃亞福是根據最近制訂的條例（1873 年第六號條例）遭起訴的，當局為對付華人婦女和女孩被買賣為娼的問題，訂立了一系列法例，此條例就是其中之一。此法律之後不斷完善，並擴大至華人以外的種族。拐帶是法庭覺得十分難以獲悉真相的罪行，尤其是當主要證人是兒童時。在 1874 年那宗案件中，巡理府問張桂馨她是否願意斬雞頭發誓證明自己所言屬實。這是威廉·堅在早期香港巡理府署採用的傳統中國宣誓方式。雖然在法庭上不願意以手按《聖經》或其他宗教典籍發誓的證人，早已可用簡單的非宗教式宣誓來取代，但有些證人仍然要求使用斬雞頭方式，直至二十世紀。梅理擔任巡理府時，也會問證人是否願意到廟宇斬雞頭發誓，他以這個假設問題為盤問技巧。[20]

張桂馨似乎是廣州的妹仔。俗稱妹仔制度的蓄婢制是華人風俗，貧窮家庭為免女兒餓死，把她們賣給有錢人家收養。在收養家庭眼中，妹仔的身份介乎婢女和家人之間，待她長大後就嫁掉。許多妹仔受到虐待，有些

被賣入青樓。按察司士馬理爵士大力主張禁止蓄婢，他認為根據英國法律，蓄婢制度不啻是奴隸制。他宣稱，父母對於其子女並不擁有可將之出售的產權，但香港有一個由一萬甚至兩萬名兒童構成的「奴隸人口」。他毫不懷疑許多女孩獲得善待，但也有許多被賣作妓女，而「這種命運比死更悲慘」。[21] 他說，官方容忍這種做法，等於縱容奴隸制。

華人領袖說，當局曾允諾會尊重華人風俗，士馬理的說法令「本港居民實深惶恐」。廢除這個制度會助長溺殺女嬰之風，並使貧苦之民為糊口而「流為盜賊」。他們呼籲政府「變通辦理」，繼續容許華人買子立嗣、買女為婢，但對於買良為娼、誘拐販賣者，則應從重治罰。歐德理是熟悉華人風俗的香港歐籍專家，他在其對於華人收養習俗的長篇辯說中指出其他問題：如果把每個買了婢女的人都「抓到巡理府署加以懲罰」，那麼有名望的家庭將離開香港，而「沒有價值的婢女就會全被丟到政府手上」。[22]

港督軒尼詩在政治上依賴華人資產階級的支持，盡量不想得罪他們，

1880 年代的香港妓館。保良局成立的目的之一，是要解決女孩被拐賣為娼等問題。

所以他接納了這些理據，並同意在 1880 年成立慈善組織保良局。保良局由與華民政務司緊密合作的華人總理管理，僱用偵探（暗差）把拐帶者繩之以法，並為受害婦女提供住宿居所，直至她們能遣回原籍、出嫁或者受人收養。然而，這類侵害事件繼續發生。在二十世紀初，由此衍生的一種罪行也變得普遍。在稱為「放白鴿」的詐騙中，父母（或監護人）會把孩子賣給第三者，這名孩子之後會逃回父母身邊，這樣他們又能把孩子再賣給另一個人；如果被騙的人不肯善罷干休，犯罪者就會控告他們拐帶。但是，蓄婢制度在那時已開始式微。由華人和歐籍改革者推動的一個新運動導致它逐漸被廢除。在蓄婢制度獲容忍的時期，裁判司繼續處理女孩受虐案件，包括被主人拳打腳踢、鞭打和燙燒。視乎案件的嚴重程度，被告會被判罰款，偶爾還須入獄。肩負驗屍官職責的裁判司，也調查許多妹仔和其他受壓迫女子自殺的事件。

在巡理府署處理的案件中，有些被拐帶的婦女得到較美滿的結局。1874 年 11 月，巡理府羅士理當上了媒人。名喚韓亞五（音譯，Hon A Ng）的「纏足女子」因被控貧民罪而在他席前受審：

> 這名女子似乎是從廣州被誘拐，由一名女子帶她坐夜船「漢陽號」（Hanyang）來到此地，在船上經過一番交談後，那名拐匪慌張起來自行離開，把此女子留在船上。她對此地一無所知，故沒有下船，並被交給警察。女子說她擔心會落入壞人之手，不想再回廣州，寧願留下來並找一個丈夫。她之後被關押在監獄等候處置。這件案再次審理時，有兩名華人希望娶這名年輕女子為妻，一人年紀較大，是中區警署的辦公室雜役，另一人是年輕男子，是田尼先生的轎夫。她選擇了後者，兩人在法庭上承諾結為夫婦。由於有競爭，這情況創造了一個小說場面，各人之後一同離開法庭。
>
> 《孖剌西報》，1874 年 11 月 21 日

5. 1886 年：製造騷亂——三合會、鬧事份子和其他危險人物

在過去一兩個月的多個晚上，高陞戲院發生了騷動，因為一群人想進入戲院卻不願付入場費。這幫人的首領李亞燦（音譯，Li Achan）被趕走後，在一天晚上一再回去，並交了一封信給售票員，內容是說這家戲院眾所周知是個極討厭的地方，一個有兩千名成員的幫派打算用臭彈把它炸掉。他們現時還沒這樣做，是擔心會殺死很多人，但他們警告經理及其手下危險迫在眉睫，並告訴他們，這個幫派對他們瞭如指掌，就算不炸掉戲院，也會取他們性命。我們相信，當時沒有人認真對待這封信，它無疑被視為吹牛之作。但是，據說大約在本週初，李亞燦帶着糞桶回來，把糞便倒在一名售票員頭上。警察到場將李亞燦拘捕。他現在被控在戲院製造騷擾……米切爾—英尼斯（Mitchell-Innes）先生今天聽取了證供，並把案件押後審理，就應否流放李亞燦徵詢政府意見，據說他是一個派系的頭目，而這幫人的特徵是把辮子盤纏在頭上。

《德臣西報》，1886 年 11 月 13 日

幾天後，李亞燦被裁定襲擊罪名成立，並被判短期苦工監，其後，根據總督會同議政局的命令，以他危害這個城市的治安為由，驅逐出香港五年。[23] 在之前一宗類似案件中，另一名流氓戴譚坤（音譯，Tai Tam Kwan）因經營賭窟被米切爾—英尼斯罰款四百元。財力雄厚的戴譚坤馬上付了罰款，並說他打算上訴。之後一名正在等待他的督察向他出示遞解令，把他驅逐出香港五年，殺他一個措手不及。戴譚坤一直經營利潤豐厚的非法賭館，在市中心至少五處不同地點：嘉咸街、老沙路街、太平山街，還有士丹頓街的兩處，其中一處是在猶太會堂的地庫。社會對於戴譚坤一向聞之色變，他在城中各處走動時，會有二十名帶着鐵棍的保鑣伴隨。在審訊戴譚坤的法庭上，一名證人在被迫指認戴譚坤的身份時，因太過恐懼而昏倒。審訊結束後，另一名證人則被戴譚坤的手下毒打了一頓。[24]

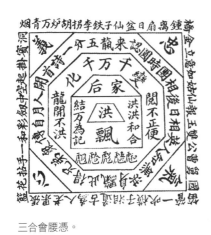

三合會腰憑。

香港三合會客棧福義興的單據，寫明收到
會員一元款項。

　　人們都認為戴譚坤是與三合會有聯繫。他和李亞燦被遞解出境，是因
為警察在 1886 年大舉鎮壓三合會領袖。三合會最初為反清復明而成立，
它有不同分支，在 1840 年代成為華南地區的強大顛覆勢力。主要為了取
悅中國當局，總督戴維斯在 1845 年制訂法例把三合會成員列為非法，但
此法例又根據倫敦的訓令而打了折扣，並且很少執行。香港的三合會有自
己神秘的儀式，當局有一段時間視之為奇怪事物多於治安威脅。在十九世
紀的香港，許多西方人加入共濟會（Freemasonry），有些殖民者把三合會
與共濟會相提並論，在 1860 年代，顛地洋行（Dent & Co.，又名寶順洋
行）為裝飾維多利亞城而捐贈了一座噴泉設於市中心，噴泉上刻了代表三
合會的字樣，政府以為那是共濟會的譯名而輕忽地批准，但許多人看到後
覺得很不妥當。[25]

　　但是，華南地區的三合會活動在 1880 年代初復熾，三合會還從原本
為推翻滿清的運動，慢慢變成有組織的犯罪網絡。現在香港已變成此地區
罪犯的庇護所，成為三合會運作的中心。在 1886 年，一個由政府官員和
三名華人太平紳士組成的秘密調查委員會認為三合會在香港已根深蒂固，
並危及此地的穩定。委員會從不同的證人（包括三合會成員和仍在服刑的

罪犯）口中得知，一半囚犯和幾乎所有香港「犯罪階層」都是三合會成員，估計在為數約十萬的男性總人口中佔一萬五千人。

三合會向各行各業勒索保護費，從賣淫到賭博，乃至移民出洋和帆船貿易。三合會幫派煽動打鬥和騷動，綁架富人勒索贖金、包庇罪犯、妨礙司法公正，並且報復線人。不同派系間為爭奪權力而爭執打鬥，有時候會造成人命傷亡。警察把 1880 年代初無法破案的十二宗謀殺案，歸咎於三合會隱藏證據和恐嚇證人，令法庭無法審理。三合會成員中有政府人員，包括警察和一名巡理府署傳譯員。三合會在監獄中有一個情報網絡，靠複雜的手勢暗號或在街上做苦工的囚犯傳遞消息。新入會者三更半夜在荒山野嶺舉行神秘的入會儀式，在儀式中繳交入會費，發誓彼此至死互相扶持，並答應不偷竊會中兄弟錢財，不淫兄弟妻子。城中的三合會房屋據點網絡包括一個位於堅道和奧卑利街交界的便利地點，距離域多利監獄只有幾碼之遙。一名證人（警探）說，沒有人投訴遭三合會恐嚇，是因為擔心去報案後會「被謀殺和煮熟後，丟到自己家的門前」。[26]

1886 年的調查委員會提出報告後，政府的即時反應是下令驅逐十名明目張膽的三合會成員。其中兩人被暫時拘留，這二人都是警察，一人沒有馬上被驅逐是因為願意提供有關三合會的資料，另一人則因為涉及恫嚇勒索而須移送臬署審判，他在受審前棄保潛逃中國內地，在當地受到追捕，並與中國士兵爆發槍戰被殺。在巡理府署任職傳譯員的李福勝是第三人，他聲稱自己生於檳城，擁有英國國籍，按法律不能遞解出境，因此他只是被革職。據說李福勝在法庭上袒護三合會成員，沒有向巡理府翻譯會令他們入罪的證據。當局大事宣揚這十名有勢力人士遭鎮壓之事，足以「徹底震懾」另外十多名三合會領袖，令他們躲藏起來。然而，幾名被懷疑告密指證三合會的人在街上被人刺殺。定例局華人議員黃勝因為就哪些人應驅逐出境提出建議，收到死亡恐嚇。在 1887 年，政府制訂新的反三合會條例，這嚴苛的法例是以海峽殖民地在 1869 年制訂的法律為藍本，三合會在當地長期被視為沉痾。[27]

在 1950 年代中期前，驅逐（或遞解出境）有系統地用於對付三合會

成員和其他製造麻煩的人，這主要是一種行政手段，經總巡捕官或華民政務司建議後，無須審訊而由總督會同議政局秘密決定。遞解出境背後的概念是：在殖民者眼中，英國統治下的香港華人是外籍人，而且就算在法律上是英國子民，有某些情況下也會被遞解出境。從 1914 年起，任何生於香港的英國子民，如果不能證明其父母也是英國子民，都可以被遞解出境。著名革命家如孫中山、胡志明（見頁 346）和陳馬六甲（見頁 344）都接過遞解令。在 1920 年代末至 1930 年代初，在香港政府與廣州政府的聯合行動中，據說一些名氣較小的共產革命份子被遞解到中國處決。被稱為「政府旅館」的域多利監獄，收容過其他英國、法國和荷蘭殖民地和從美國被遞解出境的區內華人。1937 年是香港遞解工作的高峰，超過一萬七千人被驅逐出香港，當中有九千多名出獄囚犯、近三千名乞丐，還有超過二千五百名各式各樣的「壞人」，這些人沒有犯下具體確切的罪行，令警方難以在法庭上起訴他們。

6. 1892 年：非法賭博和華人貴族

> 昨天傍晚，史丹頓（Stanton）督察如狼入羊欄般直搗歌賦街七號，成功大舉掃蕩字花賭局，此地似乎是他們的一個主要賭館。兩名被告各被罰二十五元，一名年輕人被賞以鞭笞六下的熾熱威力，另一人則獲給予十四天寧靜生活。關於這宗案件還可以指出一點，由於警察如此堅決對付開收字花和各種賭館的經營者，某些政府官員發覺自己的固定收入有所減少，但是，無論這算不算得上是福音，人生苦短，無暇不聞不問。
>
> 《士蔑西報》，1891 年 8 月 18 日

在此案中四名被告是以 1891 年 5 月新制訂的《賭博條例》被判罪，而該年共有 1,688 人根據此嚴苛的條例被拘捕。這法例訂明，賭館經營者和賭博地點的業主可被罰款最高一千元和監禁最多九個月。賭徒可被罰款

最高二十五元或以監禁抵免，如果是未滿十六歲的男童，則以輕藤條以「學校懲罰方式」鞭笞最多十六下。「非天生為英國子民」的職業賭徒，會被總督會同議政局驅逐出境。那些 1891 年被拘捕的人中，除了六十五人外，其餘全被定罪和處罰。在另一些案件中，有幾個人在逃避警察時喪命或受傷。史丹頓掃蕩歌賦街賭窟前一個禮拜，一名男子嘗試從老沙路街一間賭館中逃走時掉入排煙孔，從四十五呎高的地方摔落。他頭骨碎裂，送到醫院後不久死亡。

在 1891 年 8 月 17 日被判罪的人當時在賭字花，這種賭博是以中國歷史上的事物或人物組成列表，讓賭客從中選擇下注。其他受歡迎的彩票有呂宋票，這是菲律賓官營企業，在香港設有代理機構；闈姓則由廣州和澳門的專營者經營，賭闈姓的人要預測科舉考試結果；還有白鴿票，這種彩票上印有《千字文》的頭八十個字，以從中選出的字號來定輸贏（見頁 97）。其他賭博方式包括骰子、十五湖和天九，有些除了靠運氣還要有技

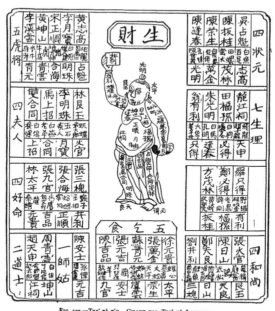

FIG. 132.—Tsz' FĀ T'O. CHART FOR TSZ' FĀ LOTTERY.
From original in the Museum of Archæology, Univ. of Penna. No. 7151.

字花圖。中間人物頭上的標題言簡意賅：生財。

街頭賭博，約 1870 年。

　　　　　　　　大館：英治時期香港的犯罪、正義與刑罰

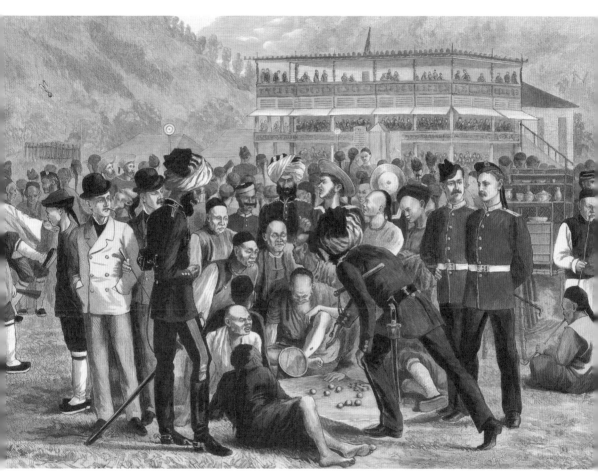

錫克士兵參與賭局,看來像是番攤。他們後方是賽馬場的觀眾席,賽馬又是一種賭博機會。
《圖畫周報》(*The Graphic*),1876 年。

巧。另外，番攤也很受歡迎（見頁96）。押注鬥蟋蟀、鬥雞甚至鬥老鼠也是流行的消閒玩意。如果手邊沒有動物，另一個替代方式是賭橙裏面橙核的數目。賭博在街上、在隱秘的賭館、在賽馬場、在公廁、在俱樂部和富有華人和洋人的家中都可見。

　　西方觀察者一般認為好賭是無法根除的「華人天性」。雖然中國法律明文禁止，但華人嗜賭之普遍，比英國低下階層嗜酒猶有過之，威廉‧堅在1855年報告：「目睹兒童在街上賭博，觀察到小販與前來購物的人賭博，看到我們自己家中的傭人不放過每個沉迷此事的機會。」[28] 香港官員長期以來都苦苦思索該如何處理賭博問題，賭博在中國和西方傳統中都是社會禍患，也是導致更嚴重罪惡的根源。港督麥當奴爵士大膽地批准合法開賭。在1868年推行的賭博專營中，領了牌的賭館可在警察監管下經營，它們只能招待華人和其他亞洲人（但不能招待歐籍人的僕役）。麥當奴向心懷疑慮的殖民地大臣解釋，開賭是為根除警察貪污的機會，監視光顧賭館的壞份子，並為最終在香港全面禁賭鋪路。從賭博專營所得的賭餉高得令人尷尬，當中一些收入用於資助新的東華醫院。但是，香港的頭臉人物抨擊這個計劃不道德，1872年賭博專營撤銷，各種賭博皆再被列為非法。

　　在1880年代初，港督軒尼詩命令警察，一般賭博活動只要沒有擾亂安寧和造成其他禍患，就不要干涉。因此確立了一種有所選擇地加以容忍的做法，而這是總巡捕官田尼所反對的。他說，沒有其他政策比這更可能滋長警隊華裔人員的貪污。[29] 幾名警員被懷疑是賭館股東。[30] 田尼的憂慮在1886年得到證實，五十一名華人警察被控向賭館索賄，以換取不對它們的經營者採取行動。九名警察在檢控期間潛逃。餘下四十二人被署理巡理府麥基恩(Ernest Mackean)判罰三十元（這種寬大的處罰令其他官員震驚），然後革職。有證據指出，全體華人警察（那時超過三百人，佔警隊人數將近一半）都被三合會嚴重滲透。但議政局認為，把這些人全部踢走是不可能的。[31]

　　華人領袖一直要求取締據知存在於香港的三百多間賭館。官員對他們

這些陳情之虛偽感到驚訝，眾所周知，這些「華人貴族」在他們的私人會所和賽馬場下注賭博的金額可高得很。但 1891 年的新賭博條例公佈時，它「完全不同」於華人領袖所預計。曾大力呼籲採取更嚴厲政策的定例局議員何啟，現在抱怨它引入推定罪行，並且「沒有將正派華人那些名副其實的社交會所與純粹的賭館加以區分」。[32] 幾乎每個華人家庭都會玩的天九和十五胡，現在被此新法例列為刑事罪行。[33] 何啟草擬另一個陳情，得到 588 名著名華人簽署或蓋章支持，要求登記「正當」華人會所，對之實行豁免，因為「正經的」賭博是這些會所的主要活動之一。

政府拒絕「香港華人賭博貴族」的這一陳情，但作為讓步，在雷厲風行取締「苦力」賭館之時，悄悄放過約六、七家華人「上流階層」光顧的私人會所。在此條例實施的四個月內，據說百分之九十的賭館被關閉，[34] 並在一年內全部遭取締，而彩票賭博也大減。但是，在靠近兩地的邊界、位於中國境內的深水埗和九龍城，大量賭窟如雨後春筍般湧現，大大抵銷了香港禁賭的效果。這些賭館不但為來自香港的賭客安排免費汽船接送和飲食，還提供銷贓服務。

這條例也未能如田尼等人所希望那樣，能藉杜絕賭博來減少警察貪污。1897 年，一百多名歐籍、印度和華人警察被揭發定期從賭館收受金錢，以換取他們睜一隻眼閉一隻眼，而史丹頓督察這隻幾年前大力掃蕩賭徒的「狼」也是其中一人。史丹頓被勒令退出警隊。他後來編了一本關於三合會的書，被視為這方面的權威，在 1920 年新制訂的《社團條例》中，此書脫穎而出獲列為裁判司在檢控三合會成員的案件中可參考的著作。

7. 1905 年：非法鴉片和鴉片承充權

追緝鴉片私梟
又是大坑村

昨日下午總餉員賀嘉（George Hoggarth）率領一隊鴉片巡丁（excise

officer，又稱鴉片餉員、巡役、緝私差）到大坑村搜查，一些村民長久已眾所周知參與走私鴉片活動，還涉及一般的非法貿易。

巡丁選定了一些地點前去搜查，但還沒到達，村民已得悉他們前來的風聲，九名村民從一塊巨石下奔出，逃入山中。巡丁從後追趕，雖然這些後來證明是私梟的人聞風先遁，但還是有兩人被追及和被捕。石下發現八兩半鴉片煙膏和大量煮煙器具。

這兩人今晨於巡理府署受審，被夏士倫先生定罪。巡理府大人認為案情嚴重，下令被告各罰款五百元，不繳款就入獄三個月。

《德臣西報》，1905 年 8 月 26 日

巡理府夏士倫是根據《熟鴉片條例》判罰這兩人，此條例訂明，未得鴉片承充人授權而藏有熟鴉片屬刑事罪行。「熟鴉片」是生鴉片經熬煮和包裝後製成，可以馬上吸食。熟鴉片會放在小錫罐中，以不同品牌名稱運銷世界各地的華人社會，是香港利潤最高的出口奢侈商品之一。[35] 對於香港鴉片煙民佔人口的比例有不同的估計，由百分之零點二至百分之六十不等。政府在 1908 年計算的總數是「25,310.1」〔原文如此〕，亦即人口的百分之六，這個數字意外地為報界得悉。大多數煙民都是男人。女人則多半把鴉片當藥物，有些人會大量吞食鴉片自殺。官方認可的「鴉片承充人」或「鴉片專營商」擁有在香港製造和銷售熟鴉片的專有專利，1908 年的數字就是根據他們的帳冊計算得出。政府通常每三年一次招人競投鴉片承充權，價高者得，1905 年來自鴉片承充的政府收入超過兩百萬元，即約該年總收入的百分之三十，是遠超其他收入來源的單一收入。

政府堅決保護這項稅收。這兩名大坑村民被罰五百元，是初犯的最高懲罰；再犯的話，最高可罰款一千元或監禁六個月。大坑村是惡名昭著的非法鴉片淵藪。在之前的 11 月，幾名村民痛毆兩名正在追捕疑犯的鴉片巡丁。在 1 月，夏士倫判處為報復而襲擊巡丁的孫福（音譯：Shun Fuk）入獄二十八天並枷號六小時，最近才出獄的孫福，是大坑村人所共知的「懶蟲」。孫福在村中發現一名巡丁，就掄起一根木柴追趕他。巡丁逃入

鴉片煙民：根據約翰．湯姆生（John Thomson）的一張照片製作的雕刻版畫，約 1869 年。湯姆生到訪荷李活道他口中的「音樂廳」。在地面層，「所有可用的空間都被一排排狹窄隔間所佔滿，每個隔間都明顯擺放了一張煙牀，還有吸鴉片煙的全套用具」。

香港國家大醫師艾爾斯醫生（1873 年至 1897 年在任）。

一家店舖，孫福把木柴擲向他，巡丁低頭躲開，木柴就擊中店主的臉。幾天後，膽大包天的孫福出現在裁判司署，要求發出傳票傳訊那名巡丁。但形勢逆轉，他因被控襲擊而身處犯人欄內。[36]

在 1905 年，總共有 3,057 人被控告非法擁有熟鴉片罪名，成為該年人數最多的罪犯類別（其次是「經營賭館或於賭館賭博」，有 1,336 名囚犯）。被裁定鴉片罪名成立的人，通常有近半因繳不出罰款而被關進監獄，佔該年入監總人數差不多四分之一。裁判司可酌情決定把向犯人徵收的罰款，撥出最多一半作為賞金給予舉報案件的線人，其餘則歸鴉片承充人，承充人如得總督會同議政局批准，也可獲得被政府充公的非法鴉

片。1905 年獲得承充權的鴉片公司潮裕興（音譯，Chiu Joo Heng）擁有一隊由它管轄的巡丁，在 1904 年至 1914 年由幹勁十足的賀嘉率領，他之前是政府的潔淨幫辦。這支隊伍有權搜查抵達香港的船舶和船上搭客，並且（在獲裁判司發出的令狀後）可以搜查房屋和其他地方，必要時可使用武力。鴉片承充人不時懸賞給能協助拘捕和令私梟定罪的人，賞金最高可達五千元。這種做法加上從罰款撥給線人的賞金，導致了猜疑和暴力。在 1905 年初，一幫惡棍誤以為一名小童將私煙消息告密，把他倒吊在皇后大道一間屋的天花板，用竹桿把他打至昏迷。夏士倫判這六名惡人六個月苦工監兼枷號六小時。[37]

從 1845 年至 1941 年，鴉片專賣（亦即承充、包稅或餉碼制度）以不同形式於香港存在了近一個世紀。其他地方都有類似安排。香港官員尤其羨慕新加坡的專賣制度，這項收入常常佔新加坡政府每年總收入逾一半，有時候還多達七成。香港的專營在賺取收入方面一直沒那麼成功，這是因為受到來自中國內地、澳門和其他地方較便宜的走私煙膏所影響。政府在此制度中的生意夥伴並不總是樂於配合的。幫派份子盧亞貴是最早期的鴉片承充人之一（1845 年至 1847 年），他的專營生意賺不到利潤。在十九世紀中葉，有好幾十年承充權都落入大華人資本家之手，他們如果不是在最高法院互相攻擊，就是聯手以最低價投取承充權。歷屆港督都嘗試以各種方式打破這種合謀。到了 1878 年年底，港督軒尼詩甚至引入來自香港以外地方的公司。這樣做雖然得到一些短期好處，卻也對這個行業造成擾亂，政府遂於 1883 年接手專營業務，還有兩年在「鴉片事務官署」之下設立煮鴉片的中央工場。在軒尼詩任內法例有所加強，加重了懲罰，因違反鴉片專營遭起訴的案件銳增（從 1878 年的四宗增至 1879 年的 117 宗，1880 年增至 195 宗）。這個制度在 1885 年《中英煙台條約續增專條》簽訂後鞏固下來，根據此條約，香港政府須管制生鴉片進出香港的流動，以防止走私，並協助中國政府徵收鴉片稅收。這加強了鴉片承充人的壟斷，因為他獲豁免不受這個制度影響，令其經營利潤更加豐厚。在 1889 年至 1891 年，成功投得鴉片承充權的標價，幾乎是之前的三倍。在之後

二十五年，鴉片承充權由來自香港、澳門和新加坡的不同商號獲得，繼續為承充人和政府帶來大量金錢。在這些年間，數以千計的人因鴉片罪行遭檢控，許多人因而入獄。

同時，國際反鴉片運動對港府施加愈來愈大的壓力，要它禁止或至少限制這種毒品。仍然有些為它辯護的人聲稱，吸少量鴉片是無害的。國家大醫師艾爾斯醫生（1873 年至 1897 年在任）一直說，大多數鴉片煙民所吸食的鴉片，對於煙民和其家人所造成的傷害，不及英國酗酒者的千分之一。1906 年中國政府決定在十年內根絕鴉片帶來的流弊。1909 年，殖民地部強迫頑不遵命的港府關閉香港的所有領牌煙館。1914 年政府自行經營鴉片專賣，目標是根據 1912 年在海牙簽署的《國際鴉片公約》取締鴉片貿易。而其短期結果是熟鴉片銷量大幅上升，鴉片收入大增，在 1919 年前的六年間，鴉片收入佔全部稅收的百分之四十，1918 年的總收入達至最高，共有 8,686,622 元。[38]

此時，不同形式的鴉片和其他毒品流行起來。首先是嗎啡。在 1893 年初，維多利亞城西區突然湧現一些為人注射嗎啡治療鴉片癮的商店。這種治療的成功率很低，如艾爾斯醫生所指出，尤其當注射劑量極高的時候，那些替人注射嗎啡的商店不會減少劑量，一旦顧客上癮後反而增加劑量。幾個月內，一千多人每天要打兩次嗎啡。顧客花一仙注射嗎啡，可獲得等同於花五、六仙吸食鴉片煙膏的效果，這引起鴉片承充人關注，因為他們的收入因此受損，政府的收入也是。政府的反應是很快在 1893 年制訂法例，把替人注射嗎啡列為非法，違例者可處以最高五十元罰款或兩個月監禁，由合資格的醫療人員施打除外。[39]

港府效法其他地方，也開始管制其他毒品：1908 年針對可卡因，1925 年對付大麻。香港首項《危險藥物條例》在 1923 年制訂，禁止非法進口、銷售和擁有嗎啡、海洛英和可卡因，但不包括鴉片；1928 年加入古柯葉和大麻。懲罰方面，裁判司可判處最高二千五百元罰款和最長十二個月監禁，最高法院則可判最高一萬元罰款和十年監禁。最後英國政府於 1943 年宣佈會在其遠東屬地完全禁絕鴉片，那時處於日佔時期的香港，政府正

在實行它自己的鴉片專賣。

　　1945 年香港重光後，英國軍政府最早的舉措之一是把所有形式的鴉片都列入《危險藥物條例》之中。九龍的臨時軍事裁判司奈傑爾（F. G. Nigel）觀察到，擁有非法鴉片現在不只違反稅務規例，還成為危害社會的道德罪行。裁判司最初對擁有少量鴉片的人都處以輕罰。之後警方開始行動。1948 年 12 月，被形容為此地歷史上最大宗的毒窟掃蕩行動中，在中央裁判司署第一法庭，一千罐鴉片煙膏、三百根煙槍、九十個煙碗、四百六十四盞煙燈、三十根海洛英吸管和數以千計的紅丸作為證物。房間內瀰漫濃烈的鴉片味道，「煙館經營者、鴉片煙民和皺縮的老婦，似乎沒完沒了地逐一排隊到法庭前，就他們各自被控的罪名答辯，幾乎所有人都認罪」。裁判司亞利孖打（F. X. d'Almada）向七十五名被告判罰，從吸鴉片煙罰款一百元，到經營煙館判囚六個月。[40]

8. 1911 年：擁有非法槍械彈藥──維護安寧秩序公告

> 一名華人男子帶着帆布袋搭「安利輪」從江門到來，警察見他形跡可疑。此人察覺自己受到監視，馬上丟下袋子拔足逃跑，但最後還是被捕，打開那袋子後發現內有九枝新式左輪手槍和兩枝步槍。今天在裁判司署，額榮（E. A. Irving）先生判這名男子入獄六星期以抵二百元罰款，兼受六下九尾鞭笞刑。
>
> 《德臣西報》，1911 年 12 月 4 日

　　額榮先生根據港督盧吉爵士五天前發出的「維護安寧秩序公告」處罰這名被告。公告生效的三個月間，對於逾八十種罪名，由阻礙電車到損毀燈柱、偷竊和意圖謀殺，裁判司有權在判刑時加入笞刑。成年罪犯最多可以九尾鞭鞭打二十四下，十六歲以下兒童則以九尾鞭或樺木條（由裁判司決定）鞭打十二下。上述案件中的年輕人是以九尾鞭還是樺木條鞭打，以及所受鞭打次數，不同報章報道有出入。[41] 但毫無疑問這是很重的懲罰。

自 1880 年代中期起，攜帶沒領牌照的武器彈藥在香港屬刑事罪行。中國的內戰、世界大戰和東亞各地的局部戰爭令這個城市充斥軍火彈藥。愈來愈多槍械被用於搶劫。應付這些情況需要更嚴格的管制和更重的懲罰。在 1925 年省港大罷工期間，一些極端份子使用了左輪手槍和炸彈，兩名裁判司共同聽審時，其判刑權力除了鞭笞，還可對犯罪者處以最高十年監禁。在 1950 年至

港督盧吉（1907 年至 1912 年在任）及其夫人。

1956 年，在發生一連串以槍械和炸藥搶劫和勒索的案件後，最高法院被要求向非法藏有手榴彈或非法使用軍火的人處以死刑，無論案中是否有人受傷。

「維護安寧秩序公告」是當香港面臨內部動亂時發出。那些權力源自 1884 年中法戰爭期間，當時港府匆匆制訂一項條例，禁止華人在沒有授權下攜帶武器，並且擴大政府的遞解出境權力，此條例生效限期六個月。兩年後制訂更為永久的《維持治安條例》，授權總督會同議政局發出「維護安寧秩序公告」應付罷工、仇外抵制運動和其他動亂。公告生效時，警察的搜查和拘留權力會獲加強。在 1911 年 11 月，港督盧吉批准對其他罪名也可額外施以笞刑。此時正際中國辛亥革命，香港舉行慶祝活動。港督盧吉説，全體華人「彷彿暫時歡欣若狂」。他還説，連妓女都「在海報和報章上宣佈會把一半收入捐予『革命大業』，邀請有愛國情操的顧客來光顧！試問除了中國，你還能在哪個地方看到有人懷着如此崇高的愛國熱情去私通？」[42]

但是，慶祝很快就演變成混亂和暴力。一群群年輕人強迫年紀大的人剪去代表歸順清廷的髮辮。年輕人向外國人擲石，象徵英國權威的事物遭毀壞：皇后像廣場上、新建成的法院外的英王雕像底座被潑紅漆。盧吉修訂《維持治安條例》並發出「維護安寧秩序公告」，希望在動亂變得不可收拾之前，藉裁判司向破壞份子發出強烈訊息並鎮壓動亂。

中文報紙上的漫畫，描繪辛亥革命後被迫和自願剪辮的情況。

在此公告生效的這三個月期間，除了原來已獲授權可處以笞刑的罪行，此條例還訂明另外多種不同罪行可施以鞭笞，五十一名男人和男孩因犯了這些罪而被鞭打。

到了 1912 年 2 月底，盧吉認為自己已控制住大局。但在該年稍後時間，動亂情況又再出現，有人試圖刺殺他的繼任人梅含理爵士（見頁 111）。在 12 月，發生針對新的電車系統的集體抵制事件，起因是港府憂慮來自廣州的劣質錢幣流入，禁止使用外來錢幣，抵制電車運動就是為抗議這項措施。梅含理覺得有需要再次發出「維護安寧秩序公告」，並威脅會採用連坐方式處罰。

隨着二十世紀初的反帝國主義情緒高漲，罷工、抵制和其他抗議活動一再出現。在 1922 年海員大罷工時，梅含理的繼任者司徒拔爵士通過《緊急規則條例》，賦予政府權力，無須事先獲得定例局許可，就能制訂關於幾乎任何事情的規例。多年下來就形成一套緊急規則，創造了各種新罪行，並授權政府可以做多種事情，包括恆常地審查中文報章和管制公眾活動。這些規則與正常的法例並行，包括愈來愈細緻複雜的遞解出境權力，並與 1914 年和 1939 年兩次大戰時實施的其他緊急權力同時存在。

9. 1928 年：警察行為不檢──汽車的出現

代價高昂的好奇心
印籍警察被罰款

昨晨在中央裁判司署韋路臣少校（Major C. Willson）席前，警員莫
罕默（Khushi Mahomed）被下令賠償五十元給車主，因為他在星
期天晚上胡搞之下，令這輛車倒衝入海港之中。如之前所述，警員
莫罕默在星期天晚上看到一輛奧佛蘭牌的惠比特型汽車 (Overland
Whippet)，停在省港輪船碼頭外，他見司機不在，就趁此機會想增
進自己的機械知識，亂動車檔。不幸的是，他的腳一定是碰到電力
發動開關，由於車子已處於入檔狀態，就往後衝入海港中。

《孖剌西報》，1928 年 3 月 7 日

　　除了賠償車主五十元，倒霉的警員莫罕默也因身為警察行為不檢而另
被罰五十元，總共是一百元，約相當於一個印籍警察的四個月收入。[43] 在
此意外中，警員莫罕默自己也隨車子衝過海堤墮入海中，雖然狼狽但沒有
受到永久傷害。莫罕默所受的懲罰算很溫和，這主要由於高級警官活侯士
替他緩頰。警隊也安排把這輛美國製造的奧佛蘭牌惠比特型汽車打撈出
水，損失估計三百元，由保險承擔。其他該年發生的汽車意外受害者就
沒那麼幸運。1928 年，香港
的道路上只有 2,177 輛領牌
汽車，卻發生 888 宗交通意
外，其中 39 宗有人死亡。
到了 1930 年代，輕微交通
罪行佔裁判司署的案件約五
分之一，大多數涉及超速、
違例泊車、阻塞交通和無牌

1926 年香港報紙上的奧佛蘭牌惠比特型汽車廣告。

駕駛。到了 1938 年，汽車數目增加了一倍，而每年死於交通意外的數字增至 119 人，是當初的三倍（比起 2015 年因交通意外而死的 117 人還多兩人，而 2015 年的領牌汽車數目是 1938 年的一百倍有餘）。司機把意外歸咎於燈光昏暗、人行道不足、騎樓阻礙和「無知路人」在馬路中間行走。有時候司機會被控魯莽駕駛或誤殺。

汽車約在 1905 年引入香港，[44] 當時並不受歡迎。根據 1911 年實施的規例，幾乎所有維多利亞城的街道都不讓汽車駛入。禁止行車地帶北面以皇后大道為界，南面以堅道和般咸道為界，東面以花園道為界，西面以薄扶林道為界。沿部分荷李活道、擺花街、威靈頓街和德忌笠街到皇后大道的一條路線，被劃為供汽車使用，但行駛速度不得超過時速七英里。山頂和堅尼地道和寶雲道禁行汽車，在維多利亞城的主要道路，時速限制在十英里，在香港其他地方包括新界，則提高至最高每小時二十英里。

在 1912 年，幾名著名華人居民預備了一份「巨卷陳情書」（monster petition），要求完全禁止汽車。據稱這份有多達一萬人簽名的陳情書，是由一場意外事件觸發，在事件中，法庭傳譯員黃廣田差點被一輛從德輔道轉入永樂街的汽車撞倒。這司機因為狂亂駕駛被罰五元。政府沒有取締汽車，而是收緊交通規則，要求汽車須裝喇叭，並禁止它們在午夜至早上 6 點之間行駛，除非是為緊急醫療原因。[45] 此時，輔政司署的官學生佘義（Geoffrey Robley Sayer）回憶：「城中街道完全被貨車、電車、手拉搬運車、牛車、人力車、轎子和行人佔去，而城外的馬路總長度大概不超過十英里。」[46] 但是，這些反對內燃機人士是在打一場注定贏不了的仗。曾任總巡捕官和輔政司的梅含理爵士熱愛汽車，他在 1912 年夏天返回香港擔任總督後，開展大舉修築馬路的計劃。

汽車大量出現難免會令官員以普通市民身份現身於法庭。其中一人是副裁判司榮鍾士（E. I. Wynne-Jones），他在 1933 年 3 月 1 日下午離開中央裁判司署走下雲咸街時，差點被一輛貨車夾死在牆邊。兩天後，榮鍾士在中央裁判司署作證，而他的同僚施戈斐侶判司機罰款四十元或一個月苦工監，並建議撤銷他的駕駛執照。[47]

1920年代，中環干諾道中海旁。一排汽車停泊於皇帝行門前，後為第三代郵政總局。

CONNAUGHT

十五年後，榮鍾士在從郵政司職位退休前夕現身於法庭，他獲裁判司亞利孖打邀請坐在律師的桌子旁，因為當時外面慶祝新年的炮竹聲很嘈吵。榮鍾士開着他那輛「奧斯汀軍用型小汽車」，在干諾道中撞翻了一台人力車，令任職牛奶公司的乘客蘇利文（H. G. Sullivan）受傷。榮鍾士被控遇意外沒有停車和報警。案中證人是在另一輛車上的英籍商人，他跟在榮鍾士的車之後，尾隨這輛急速加速的車到達他在山頂的住所，鳴喇叭並打訊號叫他停車。榮鍾士停車後，渾身酒氣，對這位證人態度「甚為惡劣」，不承認自己造成意外，還試圖仗勢欺人。榮鍾士聲稱自己不知道發生意外。亞利孖打撤銷榮鍾士遇事不停車的控罪，但裁定他沒有報告案件的罪名成立，警誡了事。憤怒的公眾認為這是對公義的嘲弄，指出在同一天有一個人因為煞車失靈被罰一百元，而在過去幾個月內，有一名華人司機犯了類似罪名被判罰五百元和三個苦工監，並吊銷駕駛執照十二個月。[48]

第二次世界大戰後，裁判司署審理的案件以違反交通規例和小販罪行為最大宗。在 1970 年代前，犯罪者一般仍然須親身出庭應訊。1950 年代曾有各種處理這個問題的嘗試，包括由非官守太平紳士主持的特別法庭去處理輕微違例事件，而某些罪行可以書面方式認罪。但交通案件繼續充斥法庭，在 1960 年代初佔所有案件的百分之七十。按察司何瑾爵士（Sir Michael Hogan）在 1961 年觀察到，這種情況模糊了「奸邪和正直、卑鄙和廉潔之間的分野，而刑事法和法庭的作用，都應當是強調而不是抹殺這種區別」。何瑾要求結束交通罪與刑事法之間的「不解之緣」。[49] 最後，在 1970 年實行定額罰款後，輕微的交通違例與刑事法分開，不用經過法庭審訊程序就可繳交罰款，如逾期不交，可以以民事法律程序追索。四年後，在極大爭議聲中，逾七十種較嚴重的交通罪行也納入定額罰款系統，而不交罰款會受刑事制裁。

10. 1933 **年：無牌賣報紙──街邊貧童**

許多報童遭警誡

「這是否會成為你每週習慣做的事？」昨天中央裁判司署的榮鍾士先生向兩名女童和十八名男童這樣問道，這些年紀由六至十六歲的兒童，因被控無牌賣報被帶到他席前。「無飯食」是普遍的回答。

檢控他們的副督察卡利（Carey）告訴裁判司，華人青少年寧願到香港賣報紙，是因為這裏的中文報紙比廣州多。他說：「香港小報章可以隨意評價廣州官員和中國官員，而在廣州，他們認為這樣做很危險。」

這些犯罪者大多被警誡了事，有幾人則被罰一元或打藤兩下。一名少年被打兩鞭，但他獲給予坐巴士回家鄉凹頭的車費。

《孖剌西報》，1933 年 3 月 18 日

那些男女童屬於香港數以百計的兒童小販和擦鞋童中的一群，他們在中環的大街小巷以朝不保夕方式謀生。他們是在榮鍾士法庭的常客，榮鍾士對於大部分這些兒童都顯出父母般的關懷態度，儘管是嚴父式。擦鞋童或多或少算得上是政府的發明。好些年前，由警察組織並且曾有一段時間設於新落成的裁判司署大樓內的街邊貧童會（見頁 126），曾仿效倫敦的做法，要求一些鞋油公司協助，為幾名兒童提供工具用品和印上 Nugget 或 Cherry Blossom 牌徽章的醒目紅色制服。但是，擦鞋童的人數一發不可收拾，有些男童包圍他們眼中可能光顧的客人。榮鍾士觀察到「他們幾乎把你撕成碎片」，雖然他承認他們所做的是有益的工作，但有時候也會忍無可忍。在 4 月審理一批二十一名少年報販時，他說，對他和卡利督察來說，最佳的解決方法是帶着藤條走到街上，「就地鞭打這些小童」。榮鍾士判那些超過十四歲的人罰款一元或打藤兩下。之後他向其他人揮動手

畫家筆下榮鍾士在中央裁判司署審案的情景,他向無牌賣報的男女童揮舞一根藤條。

中藤條説:「我這裏有一個大警長,下次我就會放他出去對付你們。」[50]

有些街童是孤兒,另一些則是從鄉郊地區的家中逃走,榮鍾士那宗案件中的一名男孩,就是因為父親常常以藤條打他所以逃家。另一些人與家人或親戚在西區擁擠的公寓樓宇板間房或牀位同住。教會、慈善團體和東華醫院提供一些救濟,在 1930 年 1 月正式成立的香港保護兒童會也有助照顧周恤有需要之人。在每個營業日的下午 5 點至 6 點,皇后大道上的華人店舖和公司行號在員工吃完晚餐後都會派發剩餘飯菜。在域多利皇后街,有一列婦女把附近中環街市丟棄已半腐爛的蔬菜拿來販賣,顧客是與他們同樣窮困的人。

政府一向的態度是照顧窮人不是香港的責任。它擔心就算提供最低程度的援助,都會吸引數以千計來自鄰近貧窮省份的人前來領取福利。反之,政府定期驅逐乞丐出境,藉此把這個問題丟到其他地方去,或者動用法律來處理。在 1933 年,有約 276 人因行乞而要受香港島裁判司審訊。

1930 年代賣食物的小販。

另外 619 名乞丐則打指紋存檔後，很快被警察遞解出境。更多的人（超過 6,000）因各種小販罪行被定罪。裁判司通常都很同情他們，大多警誡了事，對於一些特別悽慘的個案，還會從濟貧箱（不時以掃蕩賭博所得的收入來充實）撥款協助。他們在 1930 年代末的報告中指出，賣菜和賣報是「要賺錢養家餬口的兒童的主要工作」，特別是後者。[51]

在 1930 年代，大量難民為逃避戰火而從中國內地湧入香港，令香港小販大增，他們造成的滋擾也趨於嚴重。在 1939 年，裁判司開始拒絕處理小販案件，除非小販是在歐籍警長監督下被拘捕。首席裁判司些路頓報告，任意濫捕解決不了問題，還造成嚴重弊端。該年有幾名警察被裁定勒索罪名成立。1939 年小販案件的數字減少了一半，該年香港裁判司署所審理的案件總數，由 38,612 件降至 29,779 件。

1933 年設立少年法庭和實行感化制度後，法庭都盡量不判處兒童入獄。1940 年經香港裁判司審訊的 1,136 名男女童中，只有四人被判入獄。

其他人遭罰款、送往羈留院（那時還沒有感化院），許多被裁定偷竊罪名成立的男童，則在法庭上受笞刑。幾乎一半人乾脆獲釋放。偷盜和相關罪行的案件，佔少年法庭案件超過一半。裁判司注意到一個令人憂慮的趨勢，就是成人訓練童黨去當扒手和搶耳環。愈來愈多人是有前科的，而少年吸毒者也開始出現在法庭。

在兒童報販案中，卡利督察使人注意到香港報業相較於廣州的情況。但是，香港其實並沒有新聞自由。根據 1925 年至 1926 年省港大罷工期間實施並一直生效至第二次世界大戰前的緊急狀況條例，所有中文報章都須受審查。華民政務司署僱用了一隊華人學者，負責每天迅速審閱編輯送審的清樣，直至深夜。主要目的是禁制布爾什維克和仇視外國人的文章，不過，他們的審查範圍是視乎政府當時的憂慮而定，往往會很廣泛，可以擴大至任何他們視為不利於香港的事物。據立法局議員兼律師羅文錦說，他們「拿着雞毛當令箭」，根據自己肝臟的情況來做決定。報紙老闆和編輯違反審查規例會被罰款和監禁。在 1928 年和 1931 年兩宗著名案件中，羅文錦和另一名律師羅士庇（Frank Loseby）大力指出這些規例違反憲法和涉及種族歧視。在第一宗案件中，《晨報》呼籲抵制日貨以回應濟南慘案，在此事件中，日軍殺害數以千計的山東省中國人。在第二宗案件中，四張報紙刊登有關域多利監獄大罷工的文章。在兩宗案件中，被告都沒有承擔罪責：在第一宗案件，被告把報紙停刊後棄保潛逃；在第二宗，政府找不到文章送審時當值的審查員，所以撤銷檢控。

11. 1941 年：侵吞公款──第二次世界大戰

侵吞公款案

今晨在中央裁判司署，些路頓先生決定把四十三歲香港警察分區督察柯比（Albert Kirby）的案件還押候審一星期，柯比被指在 10 月 13 日至 21 日間侵吞了數目不一的金錢。

《南華早報》，1941 年 12 月 12 日

柯比督察案是香港在 1941 年聖誕日淪入日本人之手前，在中央裁判司署審理的最後一批案件之一。柯比自 1921 年獲警隊聘任，1938 年升為督察，經常在中央裁判司署起訴案件。1940 年夏天，他的妻子和十一歲兒子都與其他歐籍婦孺撤退到澳洲（其妻維奧萊〔Violet〕在該年稍後於墨爾本過世）。獨留香港的柯比督察被控從筲箕灣船艇徵收的牌照費中侵吞 1,048 元（相當於他七星期的薪金），於裁判司席前受審。政府早在 1941 年已發動了大力打擊公共部門貪污和其他弊端的行動，政府「貪污腐敗」已是老生常談。在 10 月 29 日，柯比首次上庭後兩天，新任港督楊慕琦爵士（Sir Mark Young) 任命按察司組成新的貪污調查委員會並擔任唯一成員。

這名按察司的委員會還沒有展開多少工作，日軍就在 12 月 8 日攻打香港。不久後，在 11 月聆訊過柯比案件幾天的年輕愛爾蘭裔裁判司勞里，因為身為香港義勇軍的二等兵而被動員，12 月 25 日戰事的最後一天，他在赤柱村附近陣亡。在 12 月 12 日，一項緊急條例把裁判司的標準最高判刑權力，從監禁六個月增至兩年。現在，些路頓單獨在中央裁判司署審案，因為缺乏檢控人和證人，不得不把幾宗案件押後審訊。警察奉命防止搶掠並執行戰鬥任務。檢控柯比的韋廉士（E. H. Williams，又譯威廉氏，前裁判司和日後的法官）也被動員。12 月 15 日，中央警署和域多利監獄受轟炸，該處的人員須撤離，而在日軍進攻香港島時，赤柱監獄的所有囚犯都獲釋放，除了最危險的人例外。

在日佔時期，有 2,500 名英國和其他同盟國平民被關在赤柱拘留營，當中包括些路頓和柯比。裁判司法庭在拘留營內仍然斷斷續續地運作，但些路頓沒有參與，他加入了營內的「反政府」派別，與官員和法官齟齬。在 1943 年 12 月 13 日，柯比的案件短暫復審，由按察司麥基利哥爵士（Sir Atholl MacGregor）主持的法庭審理。政府狀師（Crown Solicitor，舊譯國家狀師）提不出進一步的證據，柯比的控罪獲撤銷。

第三部分

域多利監獄

第7章

維多利亞時代監獄設計的遺跡*

　　和其他因鴉片戰爭來到香港的英軍官兵一樣，奧克特洛尼中尉對於這個島上大興土木的速度之快大感震撼。他列舉在 1841 年英國佔領後四個月內完成了「一座石造監獄、一條寬闊精美的道路，並且在凡有需要之處，都建造了排水溝和橋樑，還有正巡理府的官邸」。[1] 根據《廣州周報》1841 年 5 月 15 日的報道，還設置了一個絞刑架和一系列枷具。

　　香港島的中央有鋸齒狀的山脊橫亙，故此香港最早的建築物，尤其是碼頭和倉庫，顯然都須建於海岸邊。但是，那座「石造監獄」選址在一個高於海平面約三百呎的地點，頗為遠離已開發的市鎮，位置是今天的營房大樓和檢閱廣場所在地的中央。正巡理府官邸建在同一地點的附近。其後還築起圍牆環繞這些建築物，加強了隔絕森嚴的感覺。

　　從那座「石造監獄」起，至二十世紀初稱為 F 倉的大樓止，在這個地點上興建監獄的故事，透露出一個步履緩慢而蹣跚的歷程。不過，一個敍事線索始終貫穿其中，如本章和下一章所顯示，就是囚犯數目不斷增加，尋找地方把這些人全部關起來是一大難題。監獄所在地最後變成了這個城市擁擠不堪的中心地帶，令監獄無法向外擴展，問題更是雪上加霜。1938年有人把監獄形容為「兔子窩」，這個生動比喻在 1956 年又再為人複述，用來比喻荷李活道本身（見頁 27）。

---

* 　邁克爾・莫里森（Michael Morrison）、布里安・安德森（Brian Anderson）和希瑟・葉爾米（Heather Jermy）對撰寫此文有所貢獻

英國的刑罰理論在十九世紀初有所變化，香港也加以效法，靠興建放射型監獄來實行部分隔離制。隔離制是把囚犯關在單人囚室中，把他們互相隔離，藉此達到兩個目的：防止輕罪犯受到重罪犯荼毒；另外是囚犯身處孤獨狀態中，據說有助他們懺悔和改過自新。但是，這座新監獄沒有達到原本期望的效果。由於政府政策反覆，又沒有全心全意實行隔離制，原初的建築計劃規模被削減，改為在昂船洲興建另一座監獄，之後又突然放棄。這一連串事件反映了當局在態度上的變化，視囚禁的主要目的為嚇阻，而非感化更生。

1.「石造監獄」

上述「石造監獄」是香港首座監獄，它包含三座樓房（當時的繪圖稱為 A、B 和 C 監倉）和兩間細小的附屬建築物。在後來的平面圖（1851年）中，這些附屬建築物標示了「廚房」和「警察」的字樣。這個地點的東北角還有一間附有遊廊的守衛室，讓守衛在內當值。1851 年的平面圖上標示了一口井，2012 年在此地進行的考古調查發現了這口井存在的證據。

A 和 B 監倉用於監禁華人囚犯，這兩座各自獨立的建築物中央有院子連接，這片空地可供囚犯洗澡和做運動。院子南北兩邊都有界牆，形成一個獨立自足的結構。1843 年的一份報告勾勒了這些建築物的佈局。西邊的 A 監倉被描述為「79 呎乘 29 呎……分成兩個獨立的樓房，一大一小，都是用來收容苦工囚犯；兩座樓房都鋪了很好的地板，都沒有天花板，並且通風良好」。B 監倉位於東邊，「是專為尚未判刑的人而設」，面積 49 呎乘 16 呎。它包括「三個房間，每個 17 呎乘 16 呎，鋪上地板又有牀；這些房間一邊是寬廣的遊廊，可遮陽擋雨」，令囚犯「生活之舒適，比起中產階級華人所住的普通房屋有過之而無不及」。

在 A 和 B 監倉的東邊是 C 監倉，這是一棟花崗岩建造的單層建築物，用於監禁歐籍囚犯。其面積為 64 呎乘 30 呎，劃分出兩排總共十二個

建於 1915 年的 E 倉，其設計是仿照英美典型的獨立囚室監獄，在中央走廊兩旁排列一個個單人囚室。

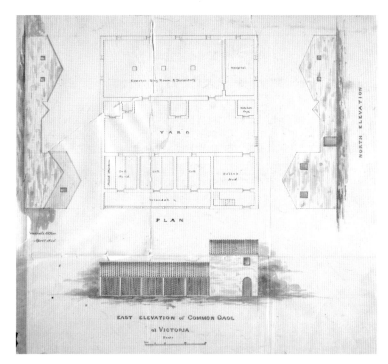

1845 年華人監倉的平面圖和立面圖。住宿空間安排在院子的兩側。這座「公共監獄」比起「中產階級華人所住的普通房屋」更加舒適、設施更優勝。

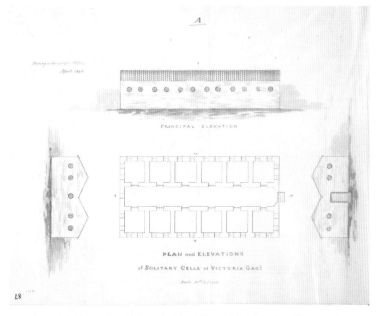

1845 年 C 監倉的平面圖。這座用來監禁歐籍囚犯的監倉設有兩排單人囚室。

囚室，兩排囚室之間有八呎寬的通道分隔。每名囚犯「通常（縱使不一定）有獨立囚室，它們乾淨、光線充足，並且通風良好」。[2] 從 1841 年 8 月 9 日至 1843 年 9 月 18 日的不同時期，總共 430 名華人、28 名印度水手、9 名葡萄牙人、5 名印度士兵、1 名美國人和 9 名歐洲人在這三個監倉中居住過。與這些囚犯緊挨在一起的還有另外 134 人，大多數是歐洲水手，他們被海事裁判司判處兩天至八十四天監禁。其餘的人通常監禁兩三週。大多數水手是因為醉酒、不聽命令和行為不檢而被監禁。他們顯然受到良好對待，至少食物很充足，每天獲得一磅牛肉和一條麵包為伙食。另一方面，華人囚犯被塞進兩座建築物，一座是用來關等候審訊的人，另一座則關被派到苦工隊的人，他們的腿上有腳鐐鎖住。幾乎所有華人囚犯也會受公開笞刑，鞭打次數由二十至一百下不等。他們的膳食很簡單但充足：米飯隨便吃多少都可以，偶爾配上一些鹹魚和蔬菜。飲料方面，有「來自山上的清水」。他們也獲提供淡水供清洗和洗澡之用，而一名「清掃夫」會在傍晚前來打掃和清理垃圾（包括糞便）。[3] 諸如衣服和被鋪之類的其他事物，則要由囚犯自己張羅。

雖然這個場址的面積與今天的相若，但實際的覆蓋面有點不同。它原本的南邊界達到現今的堅道，而且不包括前臨荷李活道、後來建造中區警署總部大樓的那塊地。它周遭有一個很基本的道路系統，包括其東端荷李活道的起始段，以及整條亞畢諾道。[4] 到了 1845 年，道路已擴展至香港的全境，這個地址的邊界劃定了奧卑利街、堅道和荷李活道西端延伸部分的基線。

2. 擴建監獄

香港開埠初期人口急增，隨之而來的是罪案上升和被定罪的人數增加。在 1843 年，總巡理府威廉‧堅接到港督砵甸乍爵士指示，就在現有的 A、B 和 C 監倉以外另覓地點建造一間「牢房」提交估價，最好是在城中心現有的地帶。它必須「呈正方形以石塊和石灰牢固地建造，並附有庭

院……由於現在要建造的這座建築物將會非常有用，並且事實上是本殖民地所不可或缺的，所以它應以最堅固耐用的物料建造」。[5] 這座建築物會包含一個守衛室、一間警署，還有獨立拘留室供收容等候訊問的囚犯，庭院四周有遊廊，並附長椅和枷具。

最後，在新地點上興建「牢房」的想法沒有實現，而只是擴建和改建現有建築物，包括擴建 A 和 C 監倉，並把總巡理府官署改建為錢債監獄和獄卒宿舍。

原本的 C 監倉有十二間囚室。由於須收容的人數增加，現有每間囚室要容納四名歐籍囚犯。這棟單層建築物加蓋了一層樓，還增建一間單層的廁所。地面層的一間囚室加建了一道樓梯，通往新增樓層，此新樓層現在有一間警察房間，中央走廊兩側共有五間囚室。這些新囚室的尺寸為 20 呎乘 9 呎，可容納九人。地面層的另一間囚室改建為入口，並有梯級通向庭院。這些改造令 C 監倉可容納八十五名囚犯。A 監倉同樣加蓋了上層，佈局和下層一樣：包含一間收容犯人的大宿舍，以及一間小守衛室。建築物外部也加建了三間廁所。

作為工程的一部分，威廉·堅的房屋有一半改建為錢債監獄；另一半之後改為司獄官官邸。這間屋可以利用，是因為這位總巡理府不久後就遷出，搬到監獄地點南面圍牆外興建的新私人住宅。那是一棟相當寬敞的宅邸，位於後來稱為堅道的山坡上。在改建工程進行之時，政府以每月兩百元租用派拔士貨倉（Pybus's Godowns），用來暫時安置囚犯，租約由「監獄長堅少校大人」在 1845 年簽署。

工程在 1845 年 5 月展開，1846 年 10 月 1 日竣工。這些工程進行之時，新的巡理府署也在這個地點東側沿亞畢諾道之處興建。如 1845 年進行的土地測量顯示，此時這個場址的主入口是在荷李活道，沿着後來稱為砵典乍街的小路進入。[6] 另一個入口是在亞畢諾道，這個入口似乎是在圍牆上開了一個閘門。到此時，這個監獄建築群已被稱為域多利監獄。

人們很快就知道這種零敲碎打的擴建難以濟事了。到了 1847 年，重罪犯、輕罪犯、欠債者和無依貧民的數目不斷增加，監獄淪為骯髒和有害

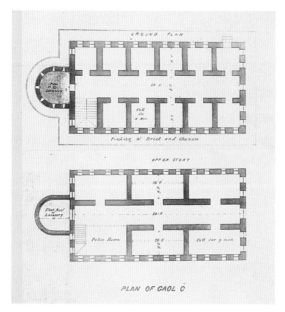

C 監倉的平面圖，顯示增建的上層。

這幅贊善里景象是以孖剌 (Y.J. Murrow) 在 1862 年拍攝的贊善里和奧卑利街照片為藍本重繪。在其中一幅照片中，一名印度守衛站在奧卑利街，監視「搬運石頭進監獄的囚犯」。

健康的陋屋。收容苦工犯人的囚倉現在有兩層，上下層都沒有水。當供犯人晚上使用的木糞桶滿溢後，地板無法定時沖洗。殖民地部憂慮囚犯的健康而要求調查，並在香港成立調查委員會。殖民地大臣也要求曾參與設計倫敦本頓維爾監獄（Pentonville Prison）的監獄工務司約書亞・傑布中校（Lieutenant Colonel Joshua Jebb）研究此事並提出建議。香港的調查委員會對於這座監獄的骯髒情況直言不諱：

> 現時這座擁擠不堪的監獄產生惡臭，如此大量人群的呼吸，他們身體和衣服的污穢（現時因這座建築物缺水而無法改善），加上來自木桶和房間角落發出的氣味，令房間惡臭難當，而且在很快來臨的酷熱天氣中，足以造成瘟疫。[7]

這次調查揭發出總巡理府官署建造得十分差劣。在 1851 年，亦即改建為錢債監獄僅五年後，量地官基化里報告這個「粗製濫造」的建築物現已殘破不堪。建造物料和工藝都「極為平庸，用於各處的幾塊木板極為輕薄，而整間屋的組合方式，一如那種常見於缺乏有效督工興建的房屋」。[8] 在港督文咸爵士指示下，基化里開始為建造全新的錢債監獄預備平面圖和估價，他認為需兩千至兩千五百英鎊。這個場址也進行了其他工程，包括內部擋土牆，並在這個場址中心地帶建造管獄官樓，在這個制高點可以俯瞰北邊的監獄建築物和南面新建的錢債監獄。

這些工程包括興建內部擋土牆，它們的建造地點和範圍，除了根據現有建築物的佈局，還順應這個場址的地形，它從西南往東北傾斜。這些內部牆壁有部分本來就是以花崗岩建造，而另一些（例如南面的邊界牆）則原以磚塊砌成，後來才改成花崗岩。今天這個地點內所見的界牆和分隔牆，直接反映當初的佈局，而一些十九世紀中葉興建的部分，包括裁判司署北面和沿亞畢諾道的圍牆，今天仍原地保留。

這個場址也進行了大規模的開闢台地工程，並且築建內部護土牆，這樣做的效果是把這個地點分成四個主要區域，區隔不同的用途：主監獄在

西北；裁判司署在東方，管獄官樓在這個場址的中央，而錢債監獄在南方。另外還有兩間守衛室俯瞰北面界牆。

到 1850 年代又進行了更多改建，尤其是這個場址因南邊部分被削減，面積有所縮小。這些改建包括拆卸兩座建築物，大概是屋外廚房和裁判司署的馬廄，並沿南側的新邊界建造一道圍牆。削減面積的原因不詳，不過大概與為了擴展街道網絡而開闢贊善里這條狹窄通道有關。

守衛室

位於荷李活道和砵典乍街交界的主入口旁，有一個單閘門的入口通往域多利監獄，監獄佇立在圍牆環繞的場地內，自成一國。兩間守衛室緊靠着北界牆：一間毗鄰主入口，有時候被稱為「主守衛室」，它是在監倉 A、B 和 C 興建時蓋的；另一間位於場址西北的監獄建築群之內，是在 1850 年代建造。兩間守衛室似乎是相同設計，呈凹字形佈局，單層，有雙層的四坡式屋頂。每間都有設拱形開口的大遊廊，北立面的末端開間凸出於邊界牆，並以階梯狀石托臂承托。監獄內的守衛室有兩張供守衛睡覺的牀，一面牆上還有一個中央火爐。主守衛室三邊有梯級通往監獄操場，但沒有跡象顯示另一間守衛室有同樣設施，如果沒有也不足為奇，因為它們是位於這個場址內不同高度的平面上。監獄的東南和西南角各築建了八角形監視塔，隨時日推移，這兩座監視塔似乎不那麼可靠，十多年後有兩名囚犯越獄就是證明（見頁 379）。

錢債監獄

新的錢債監獄在 1856 年建成，這座單層建築物建於此場址南面一處高地上。一條由東至西橫越這個地點的天然弧形山脊，把錢債監獄與場址上的其他部分隔開，它由一道磚牆圍繞，這道磚牆連接到這個場址南面的界牆。在其圍繞範圍內有一個很大的放風操場（讓囚犯做運動）、廁所和廚房。北面有一道弧形階梯通往這座監獄的主入口，這座監獄安排在一條南北軸線上，有中央走道通往兩端的門廊。這條走道兩側都有各種用途的

房間，包括病房、三間男宿舍、一間女宿舍、一間休息室、浴室和管理員
室，還有遊廊。相較於主監獄，這座監獄有較多家居氣息。

管獄官樓

同樣於 1856 年建成的還有新的管獄官樓，這座牢固的建築物俯瞰主
監獄和裁判司署四周的空地，它也有自己的封閉庭院，延伸至西界牆。這
座建築物不但供管獄官居住，還用作處理監獄行政和管理工作的辦公室。

這座大樓是建在原有的一間守衛室（類似前文描述的那兩間）之上，
凸出於分隔監獄樓群與此地點內其餘設施的南面分隔牆。此改建工程須在
原有守衛室之上加建一層，用作管獄官的宿舍。西面延伸出一座單層的加
建部分，用作辦公室；在同一方向較遠處，設有廚房、苦力宿舍和貯物
室，以遊廊與這座大樓的其他部分隔開。1853 年提出的平面圖還可見一
個有蓋通道，附有梯級通往一個圍起來的院落，裏面設有踏車房。

踏車房

在 1851 年，香港當局向倫敦申請在監獄內安裝一台踏車（亦稱腳踏
轉輪）（見頁 357）。英國政府財政部專員在批准其開支時提醒他們注意
一點：

> 在香港那樣的氣候，採用踏車來讓囚犯工作，或作為其懲罰方式，
> 應或多或少將之視為一次試驗，〔專員們〕建議須向總督發出訓令，
> 在確定此實驗是否成功前，除了此事所必需的經費外，不可再有額
> 外開支。[9]

基化厘聽了約書亞·傑布的建議後，向英國一間工程公司訂製了一台
踏車，[10] 1852 年 8 月運到香港，裝在一間工棚般的建築物內。這座有外露
桁架屋頂的單層建築物位於監獄南界牆的對面，有朝向監獄操場的開口。
這間「踏車屋」設計簡單並且完全是實用性質，但仍採用了一些建築裝

顯示守衛室正立面的設計圖，1851 年。

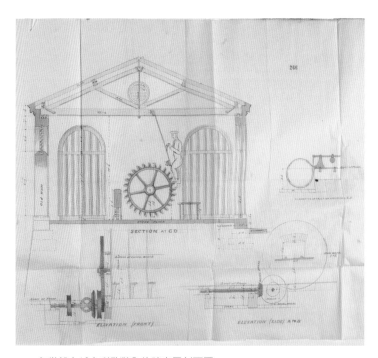

1853 年裝設在域多利監獄內的踏車屋剖面圖。

飾，如拱頂開口、隅石，在山牆端還設有牛眼窗。建築物的開口都裝上欄柵。

3. 放射型監獄

在 1858 年，把重罪犯送往其他殖民地的政策終止。香港人口繼續上升（從 1858 年的 75,503 人增至 1862 年的 125,511 人），[11] 進入域多利監獄的囚犯人數同樣增加，從 1858 年平均每天 262 人，增到 1862 年的 520 人。此刑務危機促發港府再次成立調查委員會調查監獄情況，這與 1847 年第一次調查相距十年。毫不令人訝異，這個委員會的成員同樣在報告中指出空間不足和衛生不佳的惡劣情況。國家大醫師鄧普斯特醫生（Dr J.C. Dempster）再次要求「廣設廁所」和提供清潔用的清水。在現有建築物這裏加蓋一層，那裏改建一下，以修修補補的方式來騰出更多空間，顯然不是令人滿意的折衷做法。到了 1858 年，終於獲准建造一座放射型佈局的新監獄，不過雖然獲得批准，卻沒有貫徹到底，所以域多利監獄的規模最後只有原本規劃的一半。

監獄改革和隔離制度

1850 年代末提出興建新監獄的建議時，香港政府得到指示，須向英國的政客、建築師和監獄改革者等權威徵詢意見和實際解決方案。關於監獄設計和刑罰規訓的意念已在西方討論多年。哲學家兼社會改革家邊沁（Jeremy Bentham, 1748–1832）在十八世紀末構思了一種設計。這是圓形的建築物，囚室是從中央塔向外輻射，中央塔是獄卒的房間。邊沁稱之為全景監獄（英文 panopticon，「pan」表示全，而「opticon」是來自希臘文 optikón，意思是看見），因為身處中央高塔的獄卒，可以從這個制高點時刻監察囚犯狀況，而囚犯卻無從知道自己是否正被監察。邊沁的主要構想，是以獄卒似乎無處不在的狀態來誘導囚犯改過遷善。邊沁形容這樣可獲得以精神支配精神的力量。全景監獄是靠建築來達到道德目的。

全景監獄的設計者邊沁。

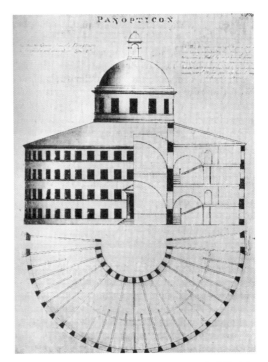

全景監獄，繪於 1791 年。邊沁的全景監獄從沒興
建，但其設計影響了十九世紀放射型監獄的發展。

　　圓形監獄從來不曾興建，但一些廣義上符合邊沁概念的監獄確實在
十九世紀出現，這就是以放射式佈局建成的監獄。首個這種監獄是費城的
東州教養所（Eastern State Penitentiary）。它的設計模仿圓形監獄，但以
放射式翼樓來取代圓形建築，並實行十九世紀監獄改革的另一個主要原
則——隔離制。東州教養所被認為十分成功，成為往後近百年各國監獄的
基礎。

　　到了十九世紀初年，西方對於如何處置罪犯的概念，已不再着重體罰
和羞辱。鞭打、頸枷、手枷、腳枷之類的公開虐待方式愈來愈受到撻伐，
而砍頭或絞刑這些施加於人身的終極暴力行為也遭譴責。取而代之是以監
禁為懲罰手段，這種想法日益為人接受。但有些獄政改革者更進一步：他
們聲稱文明的制裁制度，必須認識到監獄是可能令人幡然悔悟和改過自新
的地方。為發揮這種潛能，他們主張採用受控的環境，施以孤獨、秩序、

劃一和有規律的作息，這些條件可以令囚犯反省，或許接受基督教訊息，並最終痛悔前非。孤立狀態擴大至飲食，囚犯須在囚室中用餐，被帶出囚室放風或上教堂時，須戴頭套以維持單獨感和匿名感。

在改革可以落實之前，明顯須對囚犯更清楚地分類，例如把重罪犯與欠債人分開，把已定罪與還沒受審的人分開；這可減少輕罪初犯者或少年犯被慣犯教壞，走上終生為惡之路的風險。這種矯正策略反映在隔離制度中。

另一些獄政改革者提出所謂的奧本制（Auburn system），這種制度是參考紐約州的奧本州立監獄（Auburn State Prison），或奧西寧（Ossining）的新新監獄（Sing Sing）。在奧本制（也稱為群聚制或沉默制）之下，囚犯晚上被關在各自的囚室中，但工作或用餐時則並非單獨一人。不過，雖然他們有時候會群聚，但被嚴格禁止溝通——無論是用言語或訊號或身體語言都不准。

英國第一座隔離制監獄是倫敦的本頓維爾監獄。這座共有 520 間囚室的監獄由約書亞·傑布設計，1844 年落成後成為了典範，在之後六年共興建了 54 座放射型監獄，英國的殖民地也加以仿效。本頓維爾「這座龐大的監獄」，

> 其外觀是由中心往外放射，有着全然一模一樣的房間、設施和機械設備，這並非出於偶然。每樣事情都經安排規劃，以防止罪惡的發生和傳播……因此，本頓維爾……是巨大而複雜的工程成果，其目的並非征服自然，而是征服人性。[12]

這些監獄設計的演進變化，在 1850 年代末也在香港出現。

以放射型佈局重建域多利監獄

在香港建造放射型佈局監獄的建議，最早在 1858 年 8 月呈交殖民地部。如威廉·堅向殖民地大臣利頓爵士（Sir Edward Lytton）指出，此計

劃會被視為優先要務，而這樣就「必須暫停海旁填海或其他次要的公共工程，直至為符合人道精神和在健康安全情況下監禁囚犯……而對這座監獄進行的改善工作完成」。[13] 平面圖在 1859 年 2 月交到內政大臣之手，要求約書亞·傑布加以評估。

在傑布這名專家眼中，這些建議的平面圖有幾個不合標準之處。對於用來監禁兩名囚犯、稱為「雙人囚室」的平面圖，傑布認為違反法律：「把兩名囚犯放在同一囚室是非法的，如果要批准現在的平面圖，最好是以充分了解這點為前提。」[14] 傑布也指出，儘管是以英國的設計為藍本，但應當也顧及本地經驗：

> 繪圖上沒有顯示會採用哪種通風方法，但應注意此事的重要性，並運用本地經驗……我覺得必須指出，由於高溫氣候，採用效率最高的方式尤其合宜。[15]

興建一座完整的放射型監獄的原初設計，本來會佔去這個場地的大部分空間，它由兩座主建築組成，一座在南面，北方再有一座一模一樣的，兩者中間是監獄長樓。一南一北的建築物各有五座翼樓，並在中央設計了一個監視大廳，而這五座翼樓中，三座是呈 T 字形佈局的監舍，另外兩座容納廚房、遊廊和監獄醫院，呈斜角安排在這三座監舍之間。這個場址的東南角設有工棚。這個方案需要完全拆除所有建築，除了管獄官樓和裁判司署，方案繪圖上還有一個備註寫着：「裁判司署加建另一樓層後，可以改為國家醫院」[16]（這項工程不曾實行）。如果落實這個最初方案，這座放射型監獄會把所有可用的地方都佔滿。

紫荊樓

位於東南角的紫荊樓是亞畢諾道界牆一部分，這個外凸的開間大概是除圍牆以外，能留存下來的最古老的結構。它在 1850 年代初建成時，原本大概是個沒有屋頂的瞭望塔，從其南面和東面牆上的槍眼可以佐證這個

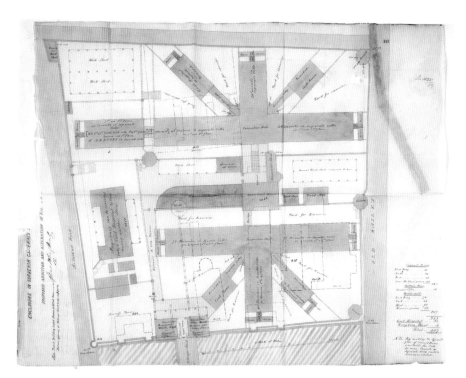

域多利監獄的平面圖提案,約 1858 年。這個原初方案打算興建兩座放射型大樓,兩者中間是監獄長樓,還有監視大廳和運動放風的操場。最後只有建成了此圖上方的南半部。

1970 年代的紫荊樓。

推論。1858 年的監獄平面圖提出把它改建為塔樓，供一名守衛駐守，監視監獄工棚。

現在稱為紫荊樓的塔樓，其外形輪廓已不同於初建之時，在十九世紀末至二十世紀初的某個時間，其東南角被去角，以加入一個外部門口，因此令這座建築物變成梯形。從這項改動和另外幾項內部變更可見，它被改為營房住宿空間的用途。

昂船洲監獄

這座放射型監獄的南半部在 1862 年 6 月竣工，港督夏喬士・羅便臣要求停建時，北半部還沒開始動工。他聲稱現在的事態發展已超出原有計劃，因為如果按原初的設計建造，這座監獄仍會太過細小。他認為較明智之舉是在幾乎杳無人煙的昂船洲興建新監獄，這座監獄的面積會相若，但在這個島上「可以幾乎無限制地擴建」。[17] 羅便臣認為已建成一半的域多利監獄，適合用作如「布萊德韋爾矯正所」（bridewell），[18] 並將其中一部分用作錢債監獄。他把停建監獄所得的土地撥給警隊興建營房，這已在第一章講述。

但是，昂船洲監獄的運作時間不長。在它全部竣工前，羅便臣的繼任人麥當奴爵士就決定將之關閉，並把所有囚犯送回域多利監獄。這座被棄用的監獄在 1867 年 6 月短暫再度敞開大門，收容五十六名搭英國戰艦「長公主號」（*Princess Royal*）從日本來到香港的天花患者，將他們隔離。在 1879 年，港督軒尼詩又對這個島產生興趣。他建議興建一座新監獄，而昂船洲是三個可能地點之一。另外兩個地點是黃泥涌谷的鵝頸（現在的灣仔）和撒擔灣（今天的堅尼地城），這兩個地點經調查後都被軒尼詩以衛生理由否決。撒擔灣有華人墳場，如果選址當地就須收回一部分墳場土地；軒尼詩認為這樣會「失信背約」，因為政府批出這地點作為墳場時，曾承諾永不騷擾該處的墳墓。[19]

無論新監獄選址在何處，它的建造計劃都沒有付諸實現。可以想像，

經費、其他基建計劃更為迫切或者政府三心二意，是造成延宕的原因。增加監獄收容空間的計劃，頻繁需要庫務署挹注巨額支持，此外還在定例局受到像威廉‧凱瑟克（William Keswick，又譯克錫、耆紫薇）等人的反對，凱瑟克堅決捍衛商界利益，又猛烈批評軒尼詩的進步政策。他認為政府試圖改善現有監獄或興建新監獄，都會過度縱容華人罪犯，並且浪費公帑。這個計劃或許受害於軒尼詩本人反覆無常的性情；如其孫子詹姆斯‧波普—軒尼詩（James Pope-Hennessy）所指出：「後來有人說，香港歷史上沒有一名總督像他那樣，在任內開展、討論並部分地執行了這麼多鴻圖大計，之後卻又無疾而終。」[20]

昂船洲監獄在 1879 年的一場猛烈颱風中嚴重受損。之後原有建築物殘存的部分經歷歲月摧殘後，變成了英國陸軍和皇家海軍的軍事監獄而獲得新生，在 1930 年代至 1990 年代，英國陸海軍把昂船洲用作某些部隊的基地和儲藏庫。現在這個島已與九龍半島相連，成為中國人民解放軍的基地。

放射型域多利監獄的已建成部分

雖然這個計劃的規模被縮減，但這座放射型監獄仍是一項大工程。已建成的半座監獄包括五個部分，在 1862 年竣工。最大的部分是主樓，這是一個又長又窄的東西向區域。再往東有一座附翼樓（「東翼」，成為了今天現存 D 倉的東側部分），與主樓東端連接在一起。這個包含主樓和東翼的長軸線稍稍向北偏移，大概是要與對面的擋土牆平行。南翼與主樓垂直，兩者形成一個 T 形。最後，從這個 T 形建築物的直角邊之間，伸出兩座斜向翼樓。《德臣西報》把這個佈局比喻為

有五根輻條（亦即輪輻）的半個車輪，由位於北方的車軸貫串起來。這條車軸是一座六角形塔樓，從地面直通最高的樓層，它事實上是預警系統所環繞的樞軸，並且是其中心。[21]

D 倉現貌。

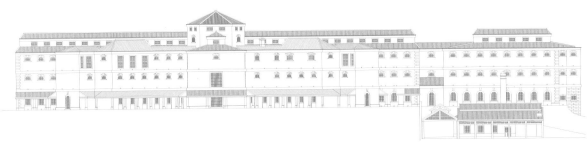

D 倉南立面。

　　　　　　　　　　　　大館：英治時期香港的犯罪、正義與刑罰

囚室。

港督麥當奴檢閱監獄守衞,《中國笨拙》(*China Punch*),1866 年。

今天還留存下來的只有主樓的東側部分和東翼，現在稱為 D 倉。儘管經歷多年來的改動，主樓西側和南翼還在第二次世界大戰後拆卸，但現今殘存部分的細小窗戶和昏暗囚室，清楚顯示它是維多利亞時代監獄設計的遺跡。在主樓殘餘部分和東翼之間有一個內凹開間，這個上方樓層開了一扇高位置窗戶的開間，把主樓和東翼分隔。較大的主樓有三層，而東翼則有四層，這是因為這個地點的地形高低不一所致。整個建築物是抹灰磚石結構，原本鋪瓦片的斜屋頂，在戰後修繕時被改成現今扁平的混凝土屋頂。

內部方面，域多利監獄的佈局大致依循了原初設計。三座監倉大樓全都有中央走廊，兩邊各排列了一排囚室。每座大樓的末端都設有廁所和盥洗室。

華人和歐籍囚犯被關在這座建築物中的不同部分，而囚犯也區分成不同階級。放射型佈局的西側部分（包括主樓的兩翼和斜向翼樓）供歐籍囚犯居住。主樓兩翼的地面層有工棚，可供一般運動和做苦工之用，一樓是監禁重罪犯的獨立囚室（被判苦工監），二樓是簡單監禁囚室（不用做苦工）。在斜向翼樓是懲罰囚室和負債人及頑劣水手的囚室。主樓的東半部（即現存 D 倉的西側部分）和與之相接的斜向翼樓是用來監禁華人囚犯的；該處還有收容還押犯和傷病犯人的囚室。

這個場址的最東端的附翼（即東翼）設有女子監牢、監獄醫院，還有額外的華人囚室，收容被判苦工監和簡單監禁的囚犯。收容華人男囚犯的上方兩層與主監獄大樓連接，地面層的女囚犯則完全分開。因此這座建築物以圍牆圍封起來，有自己的操場，以及洗衣房和清洗棚，全是供女囚犯使用。這個操場的東北角有一座八角形建築物，是「女管事」所用，她基本上是看管女囚犯的舍監。歐籍人、華人和女性囚犯被分開囚禁，當局也嘗試對囚犯做一些分類。然而，據 1867 年的《德臣西報》說，這座監獄並沒有完全複製本頓維爾監獄的情況，因為並非所有囚室都是單人囚室：

該處共有約 130 間或 140 間囚室，許多都甚大，就算在夏季月份仍可頗舒適地容納 5、6 名華人……全部加起來可以收容 900 人至

1,000 人；現在不超過 450 人⋯⋯就獨立囚禁而言——這是現任按察司起初廣泛採用的懲罰模式，足以收容 50 人至 70 人，這是根據登記冊上的囚犯數目。[22]

在監倉大樓外，還有其他建築物，包括屋外廚房、工棚和碎石棚。在這個場地的中央，監獄樓群北側是 1845 年的管獄官樓，現已改成了守衞室。與之相鄰並處於同一操場上的，還有一些附屬建築、監獄長樓（留存至今天）、女管事樓，以及供牢差或獄卒使用的建築物。

以磚砌成並在外牆抹上灰泥的主要建築物，大多闢設了附有巨大石砌弧拱的窗戶。這個設計細節是直接仿照英國監獄，尤其是本頓維爾監獄。主樓和南翼的轉角處有花崗岩隅石，主屋頂上還有淺平的高側窗，以令陽光能照進中央走廊。

本地建築風格和技術也應用於監獄內的許多建築物上。例如，抹灰磚石結構的監倉大樓頂部，是以木框架建造的四坡斜屋頂，鋪上中式筒瓦和板瓦。這是傳統的中式屋頂結構，以扁平的板瓦一塊疊一塊成行並排鋪設，兩行板瓦之間的接合處以半圓弧形的瓦片覆蓋，全是以雙筒雙瓦方式鋪設。後來屋頂日益朽壞並開始漏水，大多都鋪上柏油防漏。

除了監獄樓群的新建築物外，在 1860 年代初進行的工程還包括整修界牆，尤其是前臨贊善里的南側界址。原有磚牆以花崗岩重建，不但提高了高度，有些還在頂部的水泥插上碎玻璃，以防止囚犯攀越圍牆。在牆頂、窗台和排水管加碎玻璃的做法，一直沿用到二十一世紀初。

1866 年至 1867 年的改善工程，令囚犯的情況更趨妥善。那時注意力明顯集中在保養維護和潔淨，在 1867 年前四年間，獄內的死亡率是歷來最低，國家大醫師將之歸因於：

這座建築物依舊是潔淨和良好秩序的模範。在幹練的現任司獄官管理下，過去十二個月間進行了許多改善工作，並且主要是借助囚犯勞動力。監倉和操場都重鋪了漂亮而光滑的花崗岩，整齊地以水泥

監倉的鐵線網與窗邊的碎玻璃。

放射型的域多利監獄最初興建時，是有鋪上疊瓦的中式斜屋頂，戰後改成扁平的混凝土屋頂。瓦片屋頂可見於大館建築群內的其他大樓，如 E 倉和總部大樓。

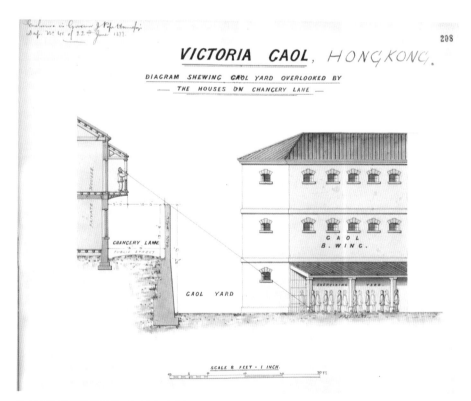

這幅圖顯示從贊善里的房屋望向監獄操場的視線。圖中囚犯正在搬運鐵球。

黏合，不像之前以粗鑿石塊砌成的步道那樣積聚污泥和濕氣。露天操場的三邊已建成或正在搭建棚房，將大有助於保護那些在操場運動或工作的囚犯免受日曬雨淋之苦。每個通道的末端都裝設了透空式鐵閘門，以便更妥善地加以分類，也令囚犯更安全。囚室的老舊木門也被類似的安排取代，完成後除了能更清楚監視囚犯的一舉一動，也會令分配給每名囚犯的立方空間幾乎倍增。最後，獄內各處都裝設了煤氣，除了能使監獄更清潔和安全，也大有助於病人的照顧。[23]

露天操場和工棚引起附近居民的憂慮。從監獄圍牆外的一些房屋可以看到囚犯做體操。例如，住在贊善里房屋高層的人，對於獄內景象一覽無遺。工棚是木框架的無外牆結構，有鋪了瓦片的屋頂；而主樓、南翼和兩座斜向翼樓，則有伸出操場的單坡屋頂，可提供有蓋的工作區域和額外遮蔭，但這表示從獄外可以看到正在工作的囚犯。附於 1877 年一份政府文件的草圖，顯示了從一間房屋一樓的視線可越過界牆望向地面工棚。[24]

域多利監獄放射型佈局的影響

在域多利監獄建成前，放射型監獄在其他殖民地和亞洲很罕見，它落成後就成為了典範。在日本擔任刑部省囚獄權正的小原重哉很佩服美國監獄的設計，但覺得英國殖民地的監獄是更值得參考的模式。1871 年，小原重哉與兩名刑部省官員一同視察亞洲各殖民地的監獄，他們花了十天在香港參觀域多利監獄，「視察了建築物的每一部分，並且巨細無遺地詢問其管理的各項細節」。[25] 據小原重哉的嚮導兼傳譯員霍爾（John Carey Hall）說，這些日本訪客對這座監獄印象十分深刻：

獨立的囚室，關乎通風、污水等衛生問題的細心安排，囚犯分類，他們有條不紊地完成自己的各項工作，完美的紀律，每一活動都以機器般的規律執行，並且各處都是乾乾淨淨、纖塵不染，令他們大感讚

嘆，對自己的欽佩之情也不加掩飾。他們說，這裏和日本最好的監獄
之間的差別，就如同大名的城堡與農民陋屋之間的差別。[26]

小原重哉把他對域多利監獄的欣賞帶回日本，不久後就採用放射型
佈局為藍本，興建他們的「模範監獄」。首座這種監獄是 1879 年至 1882
年由英國建築師興建的宮城刑務所，在 1888 年至 1929 年間，再建造了
二十一座放射型監獄。這種設計其後通過學者小河滋次郎傳播到中國，他
對於京師模範監獄（1909 年）和蘇州模範監獄（1910 年）的興建作用舉
足輕重。至 1918 年時，中國陸續興建了三十九座放射型監獄。

監獄長樓

大約在放射型監獄興建之同時，在營房大樓與監獄之間的圍牆東端，
興建了一座供監獄長使用的三層高樓房。大概是這個場址上現存建築物中
歷史最悠久的之一，它值得注意之處是其規模和特色很有家居氣息。但
是，其東立面的地面層設有寬闊的拱門，顯示這座建築物並非完全是私人
用途：拱門和之後的開放式門廊或許表示這是當時域多利監獄的入口。佐
證這點的另一證據是繪於門廊兩側牆壁的十字架（相信是基督教的象徵）
（見頁 320）。之後這座建築物被用作副獄長的宿舍。在最高層有一個與整
座建築物同寬的露台。屋頂以雙筒雙瓦方式鋪了筒瓦和板瓦，其下的山牆
端上有三角楣和裝上遮陽板的牛眼窗，呼應營房大樓頂樓的類似特色（營
房大樓在 1906 年增建一個樓層時失去此建築特色）。到了 1914 年，這座
建築物既用作辦公室，又把上方樓層作為司獄官宿舍。

這座建築物自建成後的這些年來已進行了大量改動。曾坐落其東南角
的八角形塔樓在 1914 年被換掉，而其後方部分至少經過兩次改動，最近
一次是 1929 年左右興建 C 倉時。門廊西面的小庭院在現代放置了兩個巨
大鋼籠子，用來容納大批囚犯。

監獄長樓以家居住宅的規模興建，落
成時代與放射型監獄相若。

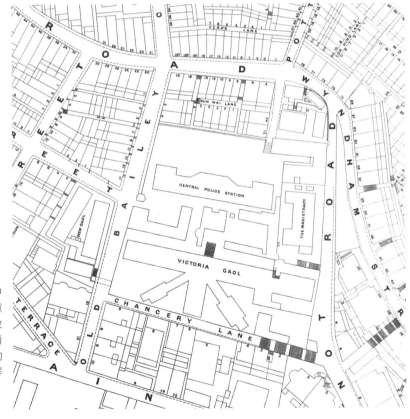

1897 年的中區警署、中
央裁判司署和域多利監獄
建築群。域多利監獄的放
射型翼樓和周邊街道都清
晰畫出。奧卑利街對面的
「新監獄」和連接主建築群
的隧道也明顯標示出來。

4. 「非常嚴重的醜聞」：1890 年代的監獄擴建

曾令小原重哉大為讚嘆的情況在二十年後走下坡。到了 1890 年，殖民地大臣諾士佛勳爵（Lord Knutsford）顯然認為改善監獄擠迫問題已不能再延宕。[27] 在之前十年香港人口增加了百分之三十八，而從 1891 年至 1901 年，由於移民遷入和新界被納入香港的版圖，人口再增加百分之二十七。監獄再次人滿為患，香港若不遵照殖民地部的「強制訓令」處理這個問題，「非常嚴重的醜聞」將會迫在眉睫。[28]

唐寧街最初提出的看法是：「應當在現有監獄以外另覓地點，按部就班地興建一座新監獄。」[29] 但在香港政府看來，這樣的計劃似乎花費太過高昂，故難以照辦。港督威廉‧羅便臣爵士提出另一建議：在營房大樓北面的檢閱廣場興建監獄（當時已包括戶外廚房、廁所和浴室），但他的計劃也被否決，因為這樣做會「令現在可用作警察檢閱場的空間變得極為擁擠狹小」。[30]

有三個替代方案交給了諾士佛勳爵審視：犧牲裁判司署，將現有監獄擴建至警察營房的所在地；另覓地點增建一座新大樓；在西面的薄扶林道興建全新的監獄。但是，當這些方案的估價提交定例局財務委員會審議時，其中一個方案估計花費高達 140,000 元，引起委員會成員震驚。其中一名成員威廉‧凱瑟克說，在估價中隨意放入如此巨大的數額，令他十分遺憾。律政司阿克羅伊德回憶 1886 年擔任監獄委員會主席時巡視監獄的所見：「華人在囚室中擠成一團，塞得水泄不通。」[31] 但是，雖然情況如此駭人聽聞，但他認為懲罰還不夠嚴厲。財務委員會的唯一華人成員何啟說，華人在外面也像在監獄內那樣緊擠在一起，而他們是堅忍刻苦的民族，不像歐洲人那樣害怕單獨囚禁。[32] 另一名成員署理華民政務司卻不以為然，他認為單獨監禁有嚇阻作用，因為「華人經過一天艱苦工作後，會想與其他人聊天，而不想獨坐在黑暗囚室中，對着他想像出來的惡魔與鬼魅」。[33] 經過投票後，財務委員會把 140,000 元那個方案從估價中剔除。

但是，諾士佛勳爵不容再有任何拖延，所以香港政府再次成立調查委

員會。這個委員會的成員有谷柏（Francis Alfred Cooper，工務司，1891-
1897）、遮打（Catchick Paul Chater，香港置地及代理公司創辦人兼定例局
議員）和哥頓（Alexander Herman Adam Gordon，司獄官，1885-1892；
總巡捕官，1892-1893）。經討論後，委員會建議大規模改造現有建築物，
把囚室細分；監獄擴建到現在由裁判司署、監獄醫院、警察貯藏室和馬廄
所用的地帶，而所有這些東西都要另覓地點重建；並增建操場和工場。這
個計劃估計成本高達 250,000 元。[34]

如此揮霍地使用稅收遭到強烈反對。香港最富有的華人在 1893 年呈
交定例局的陳情書中表明反對，重彈之前反對興建監獄的舊調。他們聲
稱，獄中的住宿空間很充裕；囚犯在囹圄中的生活更勝獄外。而由於香港
與中國內地領土只有「一石之遙」，擴建監獄肯定會引起「中國的匪類歹
徒大量湧入」。這份陳情書建議應更大力運用放逐和笞刑之權。[35] 儘管收
到這些抗議，監獄擴建仍然繼續，反對意見被認為是關乎開支，而非出於
其他迫切的憂慮。[36] 到了 1895 年，建築工程如火如荼地進行。[37]

新的監倉大樓

當局買下監獄西側奧卑利街對面的一塊地，亦即奧卑利街與士丹頓
街交界處的內地段第 124 號，很快在其上興建了兩座新的監倉大樓：設計
圖和估價在 1893 年初獲得批准（獲得建造合約的人名叫傅錫〔又名傅翼
鵬〕），而該處的舊建築物在該年年底拆卸。[38] 殖民地大臣曾提議，這些
新的監倉大樓應以「一條橋與主大樓連接起來」，[39] 但當局最終決定在域
多利監獄的西南角靠近贊善里的地方，挖掘一條隧道來連接舊監獄與新
建築。

1895 年的工務報告對這些已完成的建築物有以下描述：

奧卑利街的新建築物已竣工，並在 1895 年 12 月 20 日交予司獄官。
這些建築物包括兩座三層高的主樓，北側部分建有地庫。這些樓房
有 155 間獨立囚室，以有蓋通道連接。地庫設有廣闊的貯藏空間和

附有浴室的住宿空間。這個地點有部分用作興建工場和工棚，兼有相連的貯物室。整個場址由高聳的磚石牆圍繞，奧卑利街地底還修築了隧道，以與位於奧卑利街東側的原有監獄連繫。[40]

這些建築物一直用到 1950 年代末或 1960 年代初，之後改為警察宿舍，最後在二十世紀末拆卸，以興建現代化的警察宿舍。

監獄職員宿舍

在 1897 年，當局以港幣五萬元購下雲咸街和亞畢諾道之間的場址以東的內地段第 144 號，[41] 用來興建監獄職員住宿，他們原本住在放射型監獄入口大樓的一樓和二樓。

到了 1897 年末，這個地點上原有的建築物已被拆卸，新宿舍的平面圖也正在準備中，預定 1900 年底建成。[42] 但是，由於承建商的「耽擱」，以及這個地點固有的棘手情況，令工程出現延誤：「由於這個地點的佈局和不規則形狀，要把它整理以供建築之用，遇上了一點麻煩。」[43] 由於其後的進度極為緩慢，這些建築物的興建速度似乎是每年建成一層。

這些建築物最終在 1903 年完成，監獄職員在該年年初入住。共二座主樓，分別供已婚獄吏、印度獄吏和歐籍獄吏居住。每座建築物都是三層高，附有獨立或半獨立的僕役宿舍。

這三座監獄職員宿舍在 1955 年至 1968 年某個時間被建於同一地點的新「域多利監獄職員宿舍」取代。現在聳立於此處的是 2001 年建成的中央廣場。

放射型方案的改變

1890 年代監獄擴建的最後一環，是改造原有的放射型監獄，盡量把多人房（收容三名或以上囚犯的雜居房）細分，藉此騰出空間闢設更多獨立囚室。

1897 年再有進一步改造，包括把現有監獄建築物內的 89 間多人房改

背靠贊善里的 E 倉建於 1915 年，1980 年代拍攝這張照片時，其外觀仍然很樸實，並予人森森然之感。在它興建前，動用了監獄勞工去拆除一些原有的棚房。一些木工也是由囚犯協助。在各監倉大樓中，只有 E 倉仍然保留原有的中式屋頂結構。在照片左側邊緣可見一部分 D 倉。

為獨立囚室，大部分工作是由監獄勞工進行。現在監獄內有 427 間獨立囚室和 26 間多人房，可容 453 名囚犯單獨監禁，而如果每間多人房監禁五名囚犯，則可多容納 104 名囚犯，即共 557 人。[44] 另一項改善工程是拆卸西南面操場上的斜向翼樓；在騰出的土地上興建了一座「巨大的兩層工場……其上層用作印刷廠，下層則用於製造草蓆。工場極為需要，有助於擴大甚有裨益的工業勞動」。[45]

在十九世紀末到二十世紀初，監獄內的多人房許多都改為單人囚室。D 倉中一直用到 2005 年監獄關閉為止的單人囚室，就是此時期的產物。它們大概是在 1897 年的工程中改建，D 倉仍保存了一些多人房，有跡象顯示它們曾改為單人囚室，但在後來又重用為多人房。

監獄長樓也在這時期改建。監獄職員遷往亞畢諾道的對面後，這座建築物的一樓和二樓就被改為男囚犯醫院和監獄長辦公室。

為了容納日益增加的女囚犯，當局構思了進一步的改動。有一段時間女囚犯是安置在雲咸街一棟租來的建築物中。[46] 收容設施只有兩間多人房和兩間懲罰室，這表示還押犯無法與已定罪的囚犯分別囚禁。1896 年 10 月進行的改動，令這些囚犯可以搬到域多利監獄內一座已擴大的女監獄中。

監獄操場與遠處的 E 倉。

域多利監獄後來為應付在囚人士增加，把 F 倉二樓改為大囚倉，以鐵網分隔六個空間，放滿碌架
床。

新設計的監倉大樓

這座監獄的發展繼續至二十世紀。在 1901 年，當局提出興建新的監倉大樓，而這須要拆卸主監獄東南面操場上那座僅餘的斜向翼樓。[47]

這座大樓的建築是以英國和美國典型的獨立囚室監獄為藍本：它樓高三層，每層都在中央走廊兩邊排列單人囚室（整座大樓內共有 78 間），走廊上設有開放式樓梯，構成貫穿這座建築物中央的中庭空間。一如當時西方的例子，這座監倉大樓以清水磚工法建造，設計非常簡樸，着重實用。不同於放射型概念中那種分離式中央監控的構想，這種設計藉着開放式中央走廊和樓梯，令監控為眾目所見。這座大樓大概是在二次大戰期間受損，現已不復存在。

這類型的建築很成功，加上需要增加更多收容空間，因此當局以同一設計再興建兩座新的監倉大樓：位於放射型監獄北面的 B 倉建於 1910 年，位於這個地點東南角的 E 倉則建於 1913 年至 1915 年間。E 倉的特別之處在於它是以柱子支撐、建在一個地勢較低的露天院子上，這個院子之前是位於監獄的兩座放射型翼樓之間。從一張 1890 年代的照片（見頁 364）可見，這個背後有放射型大樓居高臨下的院子拉起了晾衣繩，掛滿晾曬的衣服。

華人承建商受僱進行興建工作，還動用監獄的勞動力拆卸棚房和從事其他工作，例如做木工。亞畢諾道上另外開了一個入口用來運送建材，並有印度警衛在該處每天二十四小時站崗。這個計劃不但利用了英國的設計，還採用英國物料，而這造成了一些延誤。囚室的鑄鐵鎖從英國訂購，由於遲遲未能送達，影響了監倉大樓的完成時間。

像監獄的其他建築一樣，這些監倉大樓採用了中式屋頂。這些是以木桁架建造的四坡屋頂，鋪上中式板瓦和筒瓦。到後來，多座監倉大樓原有的屋頂都改成扁平的混凝土屋頂，在這個場址上的域多利監獄的區域，只有 E 倉仍保留原來的屋頂構造。

5. 「兔子窩」：1913 年至 1940 年的監獄擴建

經過二十世紀初的重大工程之後，警隊僅餘的空地是營房大樓前方的檢閱廣場，監獄僅餘的空地則是 D 倉南面的監獄操場（即低座操場）。隨着歲月過去，收容空間仍然不足。當局研究是否可以向上發展，在 1913 年提出方案，在放射型監獄現存大樓中的三座（那時稱為 A、B 和 C 翼，A、B 翼就是今天的 D 倉）增建一個樓層，藉此將之擴大，估計須花費港幣 65,000 元。[48] 但是，現在找不到任何記錄證明進行過這些增建工程，而今天所見的 D 倉並沒有新增樓層。

除了需要增加囚室，還需要更大的工作場地和運動區域。在 1917 年，毗鄰亞畢諾道的低座操場搭建了一個以鋼框架支撐的混凝土平台，頂部鋪上瓦楞鐵，為囚犯提供額外的運動場地。一道樓梯連接低座操場和這個新的平台。[49] 興建這個新操場時須拆除低座操場上的一些建築物，還要把操場表面要平整為一致的坡度。與這項工程相關的項目還有擴大和改建洗衣場，旁邊設立兩部巨大鍋爐。這項計劃還包括一排十九個洗衣槽和八個浸泡槽，全是以鋼筋混凝土建造，並鋪上白色磁磚。

1920 年代和 1930 年代的進一步工程須拆卸營房大樓南面的建築物，包括浴室、苦力宿舍、廚房和貯物室。這是為騰出地方興建新的羈押大樓——A 倉（建造年份不詳），其「地面層有接待和登記室、浴室、更衣室、消毒室；一層有探訪室、囚犯衣物貯藏室、兩間律師房間和一間拍照室」；[50] C 倉（約 1929 年），當中一部分被認為曾用作監獄醫院；以及沐浴樓（1929 年）。沐浴樓與營房大樓連接，提供了監獄與警察建築群之間唯一的內部連接通道。

在 1929 年，當局預備了平面草圖，打算在這個場址西南角興建一座新的印刷工場，這須要拆卸建於 1897 年的印刷工場。合約批了給本地承建商建安公司，工程總價約 42,000 元。新的建築物 F 倉在 1931 年完成。它樓高兩層，下層是有蓋的院子，上層有廣大空間可放置印刷機器（裝設了新的馬達、線路和開關設備）。這座建築物之後用圍牆圍起來，與監獄

其他地方分隔，1948 年交給羅朗也印字館（Noronha Printing Company）使用，後來在 1956 年又再用來監禁囚犯。從 1970 年代末起，囚禁在其中的人包括尋求庇護的越南人，他們被收容在一樓四個非常巨大的籠子裏。每個籠子容納 30 人，角落有一個廁所，沒什麼私隱可言。

在將近一世紀的歲月裏，域多利監獄一直是香港唯一的監獄。如一份監獄署的報告所說，多年以來，它逐漸「被四方八面高聳的建築物擠壓，從它們的窗戶可看見監獄的許多部分，而其住客大多是貧窮華人……監獄本身狹小如兔子窩，對員工的心理有非常不良的影響」。[51]

結果赤柱監獄也證明太過細小，難以容納送到該處的囚犯，它全是以單人囚室方式建造，原本的設計是收容 1,559 名囚犯，結果在移送囚犯後要擠進 2,215 人。於是域多利監獄要重開，部分改為羈留中心，除了接收還押犯，也收容負債人、貧困遊民和等候遞解遣返的人。這些改造工程包括把一些囚室改為印度獄吏的宿舍。域多利監獄在 1939 年 10 月 16 日重開，員工有 1 名高級主任、4 名歐籍主任和 15 名印度獄吏。該處收容了 166 名囚犯，他們須自行料理自己的家居事務，但無須煮飯（煮飯工作由在赤柱監獄訓練的六名初犯者負責）。

6. 二十世紀末

1941 年日本人入侵香港時，域多利監獄是很早就遭受轟炸的目標。1941 年 12 月落下的炸彈摧毀了放射型監獄主樓的西翼和南半部分。1945 年 8 月日本投降後，當局調查了香港各地受轟炸損毀的情況。1946 年初，署理監獄署長鮑德（Major John Burdett）詳細調查過域多利收押所後提出報告，指出監獄受轟炸造成的損毀，因疏於照顧、雨水和氣候而加劇。他說，該處許多建築物現在都不適合再用作監獄，除非先進行必需的維修和改善，包括修繕屋頂、裝設衛生設備和廚房、在囚室門上安裝新門鎖，以及更換新的電燈和電鈴。鮑德的報告繼續說：

這座監獄氣氛很淒涼沉鬱。由於建築物的佈局，室內永遠陰森昏暗，我認為，許多房間和走廊在日間也必需以電燈照明。囚室窗戶很細小。在冬天，這座監獄猶如冰窖，寒風刺骨。在夏天，新鮮空氣會不足。我認為域多利收押所不是一座適合收容還押犯的監獄。大家不要忘記，他們是還押而未被定罪。因此，囚犯應有權享受監獄能為囚犯提供的一些生活便利設施。[52]

儘管有這些不足，域多利監獄在經過必要的工程後恢復運作。放射型監獄的一些樓房，尤其是西翼和南半部，因過於殘破無法修復而被拆除，而位於西北角的 B 倉，雖然受轟炸後損毀頗嚴重，但仍能修復。F 倉北面沿奧卑利街的地方，興建了一座新的狹長建築物用作辦公大樓。A 倉和 C 倉在戰後大規模重建。

二次大戰後的時期，監獄除了一般維修保養，已很少再有改建，不過隨時間推移，翻新和加裝現代化設施是必需和無法避免的。監獄操場經過改動，其東側（毗連 E 倉之處）興建了一條有蓋通道。操場本身也鋪平，在戰後一段時間曾用作網球場。

印刷工場（F 倉）在 1956 年改建，以適合於作為收押所的新用途。它所在的地點很適合於這用途，由監獄外前來的囚犯、訪客和員工，可以經由這個場地西南角的閘門直接來到此處。監獄從 1950 年代起開始接收大量湧入的非法移民，又在 1970 年代起處理來到香港的越南船民，它一樓的巨大開放空間（之前用來放置印刷機器）可以裝設一系列大「籠子」，藉此輕易地改為囚室，這些籠子可以讓整家人拘禁在一起。2005 年監獄關閉時，一樓囚室和地面接見室的內部佈局仍然存在。

對於監獄場地的其他大改動涉及把它改成入境中心。在 1966 年，它的名稱從之前的「域多利羈留中心」改為「域多利收押所」。這些改動包括在 D 倉西端加入新的結構，包括一座單層的擴建部分和附屬建築物。A 倉交給人民入境事務處用作辦公室。

第8章

「收容空間不足的問題」

在 1841 年，香港監獄被形容為乾淨和「通風良好」。[1] 不過，據 1847 年的一份報告說，有些囚室「極為缺乏衛生設施」，而且「既無廁所也沒有水」。每間囚室都有一個供囚犯於晚上使用的木桶，會發出「非常難聞的味道」，而它所在的地板「遍佈尿液」。[2] 到了 1861 年，這座監獄情況惡化為「待人如獸的魔窟」。[3] 其後新建成的放射型監獄，在 1866 年大獲讚賞：《德臣西報》認為它「大概是印度甚至好望角以東最優良的監獄」；事實上，確實可以說是「我們這座監獄是世上任何地方所存在最完善和管理最優良的」。[4] 中國出使英國欽差大臣郭嵩燾在 1876 年到訪香港時，發覺監獄十分乾淨，使人「忘其為錄囚處也」。[5] 九年後，一名司獄官因不獲准以獨立囚室關禁囚犯而大為不滿，他說：「域多利監獄不符合現代文明的要求，甚至有違人性……現時的監獄制度強迫罪犯雜居，眾所周知這樣會令好人變壞，原本已壞的人則變本加厲，繼續實行這種制度似乎很不人道。」[6] 在 1893 年，華人領袖反對改善監獄的計劃，他們說，這座監獄太舒適，「在許多流氓惡棍眼中，這座監獄已是天堂」。[7] 作家艾蕪在 1931 年由緬甸經香港被遣送回中國，在域多利監獄度過了一晚；後來寫文章記述這經歷，他無法忘記囚室中刺鼻的臭味和消毒藥水氣味。[8] 對於 1972 年被監禁在那裏的一名囚犯來說，關在該處和在地獄中受苦沒有兩樣。他寫道：「我已無法再忍受，自行了斷是最好的解脫。」[9]

這些引語呈現各種各樣的形象和意義，不但淋漓盡致地指出被監禁是可怕的煎熬，也反映出人們對於域多利監獄情況看法的變化。不需太多想

像力就能浮現皮拉內西（Giovanni Battista Piranesi）[10] 筆下陰森可怖的地底窟窖，或感受到這些囚室臭氣熏天的不衛生氣氛。那位企圖自殺者寥寥幾行的悲涼字句，濃縮了身陷囹圄中受疾病與絕望心情折磨是如何不堪忍受。與悲觀黯淡的引語交替出現的是自鳴得意的豪言壯語，說域多利監獄是世界任何地方管理最良好的監獄。但如本章的記述可見，吹噓香港監獄整潔、殖民管治下子民受到人道對待、英國司法大公無私的官方宣傳，在愈來愈多犯罪者被拘禁的情況衝擊下，漸漸消退成歷史陳跡。

在英國，監禁背後的理據自十八世紀以來就是公眾討論的主題。監禁無疑是一種懲罰方式，但在不同時期也被人認為可達致不同目的：向罪犯報復、令社會無須與不守法律者為伍、向其他人展示犯法會嚴懲不貸以嚇阻他們勿以身試法，或者幫助犯罪者改過遷善。許多香港的監獄管理人員支持教化矯治的理論，但缺乏付諸實踐的手段；有些人大概同意 1877 年監獄調查委員會的說法：華人罪犯的品德不管怎樣都提升不了。種族成見影響了監獄內懲罰的施行，華人囚犯受到的對待，無一例外都比歐籍人來得嚴厲。為糾正這種不公平情況，開明的港督軒尼詩嘗試向英國取經，在監獄紀律方面引入一些「明智的」原則。他或多或少取得成功，例如他限制了獄中以鞭笞懲罰囚犯的做法，不過他的改革大部分都持續不了太久。管治者認為這些令監獄變得沒那麼可怕的措施，會鼓勵華人犯罪而非嚇阻他們，因而浪費公帑。財政考慮也影響了香港華人精英的想法，他們堅決反對增加監獄開支，聲稱這樣會吸引更多罪犯從中國內地前來。他們全都擔心監禁不夠嚴厲或不足以令人生畏，而沒有什麼人考慮導致罪案率升高更可能的原因——鄰近省份政治腐敗和經濟蕭條，常常會迫使窮人大量移往香港。

域多利監獄的實體環境向人們呈現出最強有力的形象——「陰冷潮濕猶如地窖的維多利亞時代監獄設計的遺跡」，[11] 今天的 D 倉就是這座監獄仍然屹立的部分。在本章中，我們嘗試令讀者感受一下十九世紀這種實體環境的感覺，並進一步探討隔離制應用於香港的情形，還簡短論述 1970 年代和 1980 年代這座監獄用作非法入境者拘留中心的狀況。

1. 香港最早的監獄

D倉這座仍屹立於域多利監獄場址內的維多利亞時代建築，並非香港最早的監獄。香港首座監獄要小得多，它的監舍在平面圖上標示為「A、B和C監倉」，它一啟用就馬上不敷應用。在五、六年內，這座監獄已顯得不足和保安欠佳。如我們在第七章所見，1845年至1846年的改建工程包括在A監倉外興建廁所，但囚犯在晚上不能前往這些廁所，而須以木桶解手。廁所在晚上關閉，是因為前往廁所必須經過監獄操場，而在堅固的圍牆建成並派駐可靠的守衛站崗前，要是讓囚犯走到操場，很輕易就能逃獄。就算圍牆建成後，越獄還是很容易。1850年5月，名叫斯蒂爾（Thomas Steele）的前警察和名叫紐頓（Newton）的船副，僅靠爬上一根竹竿翻過圍牆就逃出了域多利監獄。幾個鐘頭後他們在城內喝得爛醉如泥再度被捕，他們因為逃獄受審並被增加刑期。這次審訊揭露出這座監獄不但保安很差（無論從內逃出，還是由外部潛入），而且守衛顯然十分鬆懈。紐頓在庭上雄辯滔滔，說自己所犯之罪不應界定為越獄，「看到逃走的設施是如此方便」，他和斯蒂爾就趁英女王壽辰的日子離開監獄去找樂子，並認為自己「能像無人察覺下溜出監獄那樣，神不知鬼不覺地回去」。如果這個實驗成功，他們就能建立「一個來去自如的體系，每當想要去『風流快活』一番時可加以利用」。[12]

因以刀傷人被定罪的斯蒂爾原本被判處流放，後來獲減刑為十二個月苦工監。在約一百五十年的時間裏，以流放到大英帝國邊陲之地（最初是美洲殖民地，其後是澳洲）來懲罰犯人，普遍被認為是把大部分「罪犯階層」從英國清除的最佳方法。香港在英治時代初期採取這制度，把罪犯流放到檳城、新加坡和納閩島，甚至遠至印度和范迪門之地（Van Diemen's Land，今塔斯曼尼亞），在1844年至1858年間從香港清除了近六百名囚犯，大部分是華人。[13]比如，在1857年，六十名因海盜劫掠至暴力行劫等罪行被定罪的犯人遭流放到納閩島，時間由七年至終生不等。[14]華人囚犯尤其害怕流放，認為長期或永遠無法回到故鄉，比起死刑本身更要命，

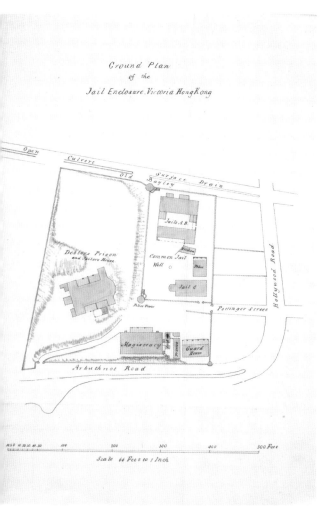

1851 年監獄場址的平面圖，當中可見 A、B、 C 監倉，還有由總巡理府官署改建而成的錢債 監獄和管獄官樓。亞畢諾道旁的巡理府署是在 1847 年興建。

畫家筆下以竹竿越獄的場面。有兩名囚犯在 1850 年 5 月女王壽辰那天從域多利監獄逃獄，之後在城中 喝得酩酊大醉，同日再被捕。

一些人以自殺逃避這種可怕命運。其中一人是海盜首領徐亞保，他因誤殺罪名成立而被判處終生流放，1854 年 3 月 27 日他在域多利監獄的囚室中自縊。後來其他殖民地不肯再接收香港罪犯，流放政策遂於 1858 年廢除；犯人改為判處勞役刑，並在域多利監獄內執行，令其收容空間受到更大壓力。

聲名狼藉的徐亞保率領一支海盜船隊，香港島赤柱附近的黃麻角是他的據點之一。在 1851 年，他因為殺死了兩名醉酒英國士兵而被香港臬署判處終生流放，他殺死這兩人是因為他們襲擊赤柱附近黃麻角村的婦女。徐亞保聲稱寧死也不願流放，在域多利監獄用一根原本綁在他腳鐐上的繩子自縊。

本書其他章節已指出，政府興建完整放射型監獄的決定，被港督夏喬士‧羅便臣部分推翻，改為在昂船洲興建一座新監獄。在 1866 年 11 月，這座還沒有完全竣工但已接收囚犯的監獄被棄用。奉行強硬路線的港督麥當奴爵士，決定把所有囚犯遷回域多利監獄，他認為昂船洲監獄已是多餘之物。麥當奴的估計與羅便臣相反，他認為囚犯數字會下降，如果一座監獄已足以應付需求，那何必要花費金錢維持兩座監禁設施？國家大醫師孖利按照麥當奴的命令，仔細視察域多利監獄和昂船洲監獄。他在 1866 年 10 月 21 日報告，在前一天：

在域多利監獄：429 名華人男囚犯

在昂船洲：165 名華人男囚犯

總數：674 人 [15]

孖利醫生認為域多利監獄有充足空間可全數容納這 674 人。他沒有把歐籍囚犯、欠債人和女囚犯計算在內，但是，就算把這些人統統收容，地方還是很充裕。事實上，他建議只要稍為改變一下安排，就有空間可以再容納一百人。

孖利醫生就監獄空間提出的報告令麥當奴
寬心，所以更覺得關閉昂船洲監獄合理。這位
港督認為，大部分被定罪的人是來自廣袤大清
帝國的「海盜賊匪」和「千百萬中國人中遷移
不定的渣滓」，只要有足夠嚴厲的措施嚇阻他們
回來，就可以永遠根除和摒諸門外。[16] 因此，再
去討論關於監獄紀律和諸如搬運鐵球、曲軸和
踏車等懲罰的相對優點，都是毫無意義，因為
任何改革的嘗試都只是「不切實際的」。他說到
做到，着手加強監獄內的紀律，並實行烙印和
遞解出境的嚴厲制度。在此計劃下，如果囚犯
永遠返回中國內地，可獲得有條件赦免。在離

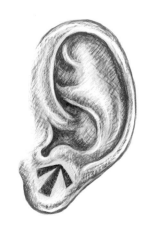

根據港督麥當奴的遞解出境
計劃，囚犯耳朵會刺上寬箭
頭記號。

開香港前，他們會「自願」在左耳珠上刺上一個細小的寬箭頭標記，有了
這個刺青，如果他們膽敢重回香港就會馬上被認出。那些真的膽敢回來的
人會被鞭笞，並送返監獄服完原有刑期。一名慣犯甚至在兩隻耳朵上都
被打上印記，他被指是 1867 年 7 月薄扶林道上一宗攔路搶劫案的匪幫份
子，並且是「不可放出監獄」之人。1877 年 6 月，署理總巡捕官接獲通
知，一名碼頭工人在多年前曾被打烙印並且遞解出境，而他顯然「極力要
擦掉那個記號，把左耳朵的一部分都毀掉」。[17] 採取這種極端手段的可不
止此人，在 1876 年，中國出使英國欽差大臣郭嵩燾看到域多利監獄內一
名囚犯試圖以刀削去身上的刺青（這次是頸上的圓圈），以膏塗之。這樣
做徒勞無功，因為傷口癒合後仍留下疤痕，還是被警察查獲拘捕。

把囚犯遷回域多利監獄還有另一個財政上的好處，那就是他們可以做
公共工程工作帶來利潤，而在昂船洲上工作則「毫無用處」。[18] 麥當奴擴
大他減少罪案和清空監獄的控制計劃，下令警察加強警戒，把域多利監獄
幾名「懶惰無能的」獄吏革職，任命一名更幹練的監獄守衛，並增加採用
遞解出境和體罰。如他所願，罪案數字和被定罪的人數下降了。麥當奴向
殖民地大臣報告，他在 1866 年 3 月抵達香港時，在昂船洲和域多利監獄

服刑的囚犯多達 767 人，但一年後此降至僅 530 人，他聲稱，囚犯顯著減少是罪案數字下跌的結果。[19]

2. 「人間地獄」：華人監獄

在域多利監獄設立後一百年間，它的名聲在讚美與撻伐之間來回擺蕩。無論是好是壞，它還是一直被人認為勝過鄰近中國各省的所謂監獄。不同的報告指出當時中國司法嚴苛，亦即中國囚犯受到「嚴厲而殘酷的懲罰」。[20] 例如，在 1858 年 4 月，香港監督學院熟悉粵語和官話的語言學家羅存德（Wilhelm Lobscheid）對「廣州城內囚犯的苦難」有詳細的描述。[21] 他曾代表「大英法會理華洋政務總局」到訪廣州的監獄。此總局的英國正使司「信誓旦旦秉持人道」，[22] 故派羅存德前往監獄調查在第二次鴉片戰爭（1856 年至 1860 年）初期因為與英法聯軍合作而被拘禁的人的遭遇。羅存德大感震驚。他報告，囚犯所吃的「米飯是人類歷來所獲得最噁心

十九世紀受笞刑的華人。

可厭的」。他們身披骯髒破布，挨凍受熱，常常「雜處於已死和垂死者之間，或者目睹同伴被用鐵鏈與死屍鎖在一起，或者遭受最暴虐的對待」。[23]

在 1872 年的警察調查委員會成員眼中，身陷中國囹圄的囚犯無疑遭受可怕苦難。懲罰包括「或重或輕的竹竿、枷具、劊子手的大刀或精巧的匕首、拷問台、骯髒擁擠的牢窖、十字架、站籠，加上一堆殘忍的權宜做法」。[24] 相較之下，香港監獄提供「寬敞乾淨的房間，與意氣相投的人為伍，受最友善的對待，獲得有益健康和充裕的食物，並有足夠工作令〔囚犯〕能有胃口去享受食物」，[25] 更不用說有需要時還會獲醫療照料。旅行家兼作家伊莎貝拉·伯德（Isabella Bird）在 1878 年到訪廣州南海監獄，她寫下見聞時，同樣把中國監獄描繪成十分可怕的地方：

> 如果人間地獄是由罪案、邪惡、絕望、污穢和殘酷所釀成，那麼這裏就是了……在此地，已受審和未受審的人、死囚、有罪和無辜（？）的人、殺人犯和海盜、欠債者和小竊賊全都半飢不飽，境況悲慘，遭受難以名狀的肆意非人對待，所有人擠挨在一起，這群頹廢墮落的人慢慢潰爛……他們聚集在我們四周，身上的鎖鏈哐啷作響，有個人說他們得到的米飯太少，因此要「喝髒水來填飽肚子」，另一人尖叫：「我可不可以去你們香港的監獄」，許多人異口同聲說：「你們香港的監獄，有魚有菜，飯多得吃不完，還有浴室，有牀可以睡；你們女王的監獄好得很啊，好得很啊！」[26]

在 1885 年至 1892 年擔任司獄官的哥頓少將，親自前往廣州和澳門去視察當地監獄。他觀察到在廣州「囚犯受到我們無法仿效的殘酷和嚴厲對待，但這樣卻很有嚇阻效果……不過，我們身為文明開化的基督教民族，對待囚犯必須秉持人道精神，在食物和衣服等方面照顧他們的健康和舒適」。[27]

在 1890 年代，擁有物業的中產階級華人熱切於與港府連成一氣。在 1893 年，他們一些人上書陳情反對擴建監獄，包括韋玉、何福、何東、

蔡紫薇、陳福、黃勝和劉渭川。中國監獄肯定是十分可怕的，這樣才能令人畏懼入獄而不敢為非作歹；相反，域多利監獄完全無法令人生畏，「如果將它弄得更加舒適，人們就更加無所忌憚，這會令罪案上升，因為罪犯不畏入獄」。[28]

3. 「德忌利士大酒店」

放射型的「域多利監獄」在 1862 年竣工。人們原本深信這座新監獄的保安會大為加強，但這種期望很快破滅。它的建造者沒有想到獄卒的監管是那麼漫不經心，他們工資微薄，當值時常常喝得醉醺醺。排水溝變成方便的出口也是始料未及。在這座新監獄啟用的首年，單單一個月內就有十四名囚犯越獄，有些人就是靠爬排水溝逃走的。而且疏忽職守的不只是獄卒，原本在船上擔任大副的司獄官賴亞爾（Charles Ryall）同樣不負責任。1863 年 9 月，賴亞爾為慶祝與一名英國寡婦成婚，在監獄內他的宿舍舉行晚宴派對。來賓包括鴉片躉船「熱帶號」（Tropic）的船長斯坦福（William Stanford），斯坦福之妻與賴亞爾的新娘是密友。那時斯坦福因為欺騙把鴉片存放在其躉船上的擁有人而判處坐監八年，他正在服刑。在慶祝的這天晚上，斯坦福從協助他的獄吏手中得到一把複製鑰匙，從囚室中走出來；之後換上晚禮服，與妻子一同去享受賴亞爾的招待。賴亞爾、斯坦福和那名獄吏最終受審判。獄吏獲得釋放——畢竟他只是聽命行事，賴亞爾被判入獄，斯坦福也一樣，在原有刑期結束後須再服新增刑期。

一年後，德忌利士（Francis Douglas）從英國受聘來取代賴亞爾。德忌利士在 1874 年於任內逝世，而在他任內監獄的運作似乎十分順利。港督麥當奴除了將此歸功自己以嚴厲手段處理罪案，還歸功於德忌利士「以明智方式管理囚犯，並執行甚有裨益的紀律」。[29] 三年後，監獄仍然「維修保養狀況良好，而這反映司獄官德忌利士厥功甚偉」。[30] 不過也有人認為他過於寬大仁慈，把監獄弄得太過舒適，所以有人調侃它是「德忌利士大酒店」，這個地方大概成為了罪犯「最喜愛的度假勝地」。[31] 另一些人，

如查理士·梅理，批評他「對犯了輕微罪行的人都處以烙印和流放，實行他自己一套執行私人公義的體系」。[32] 李亞祥（音譯，Lee-achoong）就是一名這種輕罪犯人，他因為形跡可疑而被監禁一個月，在刑期結束前一天被烙印和遞解出境。

德忌利士與他管理監獄的方式卻獲報界讚賞。《德臣西報》說，大家無須遠求，就能看到「在安全和應用方面都優於原初預期的監獄」，現在想要從這座監獄逃走幾乎是不可能的事。「聰明而充滿幹勁的司獄官」為防患未然，每天都進行各種改善工作，「我們無法在此一一列舉：新閘門、更堅固的囚室門、這裏裝欄柵，那裏裝欄柵，處處都有欄柵。想逃走極為困難」。[33]

4. 監獄擁擠問題

雖然德忌利士管理的這座監獄是以本頓維爾監獄為模仿對象，但它的建築構造並沒有體現隔離制：獄內多人房數目是單人囚室的兩倍。或許原本的打算是在北半部設立獨立囚室，但這只是揣測，事實是當局口口聲聲說要推行英國的刑獄政策，但只建了一半的放射型域多利監獄，無助於隔離制的全面實行。

國家大醫師孖利醫生奉命調查把囚犯從昂船洲遷到域多利監獄的情形時，估計遷回去後每名囚犯可以得到超過 300 立方呎的空間。[34] 這不及本頓維爾監獄囚室的一半，該監獄的囚室面積超過 800 立方呎。但孖利醫生認為這樣的空間已不算小，足以防止感染或疾病傳播。因此他認為把所有囚犯關在域多利監獄，應當完全無損他們的健康。

政府官員和監獄管理人員不時吹噓囚犯享有的立方尺寸，卻沒有把那些數字與關於睡眠或個人空間的最小標準作比較——如果真有這方面的明確標準的話。在 1877 年，港督軒尼詩談到「政府一再表明每名囚犯的睡覺空間不應少於 600 立方呎」。[35] 但是，1877 年軒尼詩首次巡視監獄時發現「同一囚室中睡了三、五和七名囚犯，各方面都擁擠不堪」。[36] 當他查

令人感覺森然的域多利監獄。這是 1890 年代從贊善里西端所見的景象。

大館：英治時期香港的犯罪、正義與刑罰

1960 年代囚犯所見的景象。類似這樣的格柵在監獄到處可見。

D 倉現存部分外牆高處的窗戶，D 倉是 1862 年建成的放射型監獄的樓房之一。這幅照片攝於 2005 年監獄關閉前不久。

問前一年和今年空間的立方尺寸時，似乎波動很大，從 184 和 220 到 482 和 776。但他很快就明白，這些數字不但把走廊之類的共用空間都算入總數之內，而且只是平均數，掩蓋了華人和歐洲囚犯是關在不同翼樓的事實，而且比起歐籍人，華人囚室中擠進的人數多很多。從多人房所見的數字更能反映真實情況，例如，1886 年男囚犯平均有 276 立方呎，一旦不計算單人和獨立囚室（收容歐籍囚犯），以及收容「患疥癬囚犯」和患麻風囚犯的隔離囚室，平均空間跌至 195 立方呎。[37] 儘管國家大醫師和司獄官提出了他們的本意，但域多利監獄的囚室經常都遠遠達不到被認為足以保障囚犯健康和安全的面積。

軒尼詩與 1877 年監獄調查委員會

1877 年獲派到香港擔任總督的軒尼詩對監獄特別關注，這點與第四代加拿芬伯爵（Earl of Carnarvon）相同，加拿芬曾在 1863 年擔任上議院監獄紀律專責委員會主席。而軒尼詩擔任港督的首年，加拿芬勳爵是當時的殖民地大臣。加拿芬的專責委員會組成時，時任監獄首長委員會主席的約書亞‧傑布爵士剛好去世。那時候，人們對於矯治感化的效果開始感到幻滅。現在公眾普遍認為傑布的監獄管理方式對罪犯太溫和，而加拿芬的專責委員會的結論反映了這種情緒。這些上議院議員對於試圖令罪犯改過的做法感到懷疑，強烈支持着重嚇阻的獄政制度。所謂嚇阻，代表更嚴格的紀律、更繁重的勞動、減少膳食分量，以及更嚴格地採用隔離制，隔離不但能阻止囚犯之間溝通，還因為他們相信囚犯害怕被隔離。他們聲稱，事實顯示許多監獄的囚犯都太受嬌慣縱容，除了暫時失去自由，他們有溫暖的住宿地方，膳食充足，工作又輕鬆。[38] 他們問：這算什麼懲罰？這些上議院議員不明言地採用「次於合格標準原則」，敦促監獄管理人員須令獄中經驗比獄外底層勞工的生活更淒涼和艱苦。1875 年至 1877 年域多利監獄調查委員會也秉持同樣原則的精神，建議減少膳食分量，因為華人囚犯所獲得的米飯，已超出自由身華人苦力所吃的分量。

加拿芬委員會的建議獲納入杜卡恩（Edmund Du Cane）的政策。杜

卡恩在 1863 年成為監獄首長，主宰英國及其殖民地的監獄管理長達三十多年。他所建議的獄政制度，簡單總結起來就是「做苦工、睡硬牀和吃粗食」。加拿芬的委員會建議，在短刑期或長期監禁的初期，囚犯應睡在木板上。杜卡恩也主張實行隔離制，即使它受到批評；反對此制度的人認為，如果隔離和沉默能使囚犯面對自己的道德墮落，這同樣可能會摧殘他的精神，並引致精神崩潰。

軒尼詩接到加拿芬勳爵的訓令，要他檢視香港的罪案和監獄紀律這個整體問題，所以早在履任總督前就已決意要處理監獄問題。[39] 一份冗長的報告等待他去審視，其前任堅尼地爵士任命了一個監獄調查委員會檢討域多利監獄的紀律和膳食，此報告就是該委員會在 1877 年發表的。軒尼詩和加拿芬勳爵大概知道，杜卡恩提出了一個據說是以醫學和科學意見為依據的監獄「膳食規則」；令囚犯得不到足夠食物，是杜卡恩的嚇阻計劃的重要一環。

一名囚犯在隔離囚室中製鞋，刊於梅休（Henry Mayhew）與賓尼（John Binny）著：《倫敦刑事監獄和監獄生活景象》（The Criminal Prisons of London and Scenes of Prison Life, 1862）的雕刻版畫。

堅尼地的監獄調查委員會成員明確持同樣看法。英國及其殖民地的監獄制度該奉行什麼原則，現在已清楚確立，這份報告的前言說，「刑罰的主要目的是嚇阻人犯罪，其他概念都屬次要，這已是無可爭議的看法」。[40] 與其說罰宜當罪，不如說懲罪是要令人震懾，日後就因害怕再受罰而不敢心生歹念。1877 年的調查委員會成員回應了杜卡恩的方案，建議「秉持一貫的理性和人道方式，藉着做苦工、吃粗食和實行嚴格的身體紀律」，盡量令囚犯尤其是華人囚犯的生活過得不舒適自在。委員會成員也呼籲把

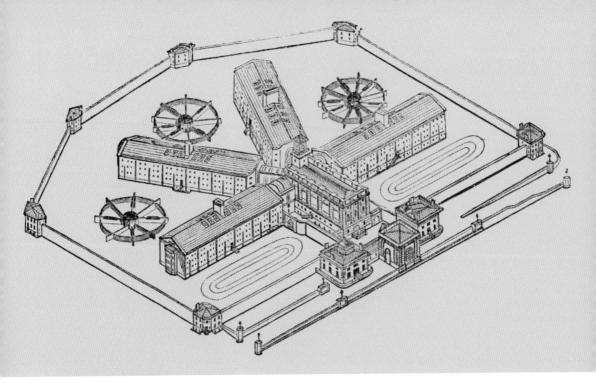

本頓維爾監獄的鳥瞰圖，繪圖來自監獄工務司的報告；重刊於梅休與賓尼著：《倫敦刑事監獄和監獄生活景象》。

香港的「獨特情況」考慮在內。簡單來說，這些獨特情況首先是毗鄰香港的廣東省有大量兇悍歹徒和遊民，與此地近在咫尺；第二，對於在囚犯中佔大多數的華人，任何想要增進其「才智」、改善其「道德」的嘗試都注定是徒勞。[41]

對於一名渴望向「被統治種族」提供平等權利和待遇的總督來說，這猶如在公牛面前舞動紅布，軒尼詩馬上決定以矯正改造為方向。一年前，堅尼地爵士為應付罪案上升的情況，把四十五名華人囚犯烙印和遞解出境。軒尼詩現在建議恢復把犯人流放到納閩島，他曾於 1867 年至 1871 年在這個死氣沉沉的熱帶島嶼殖民地擔任總督。他在納閩島遇到一些在 1857 年從香港流放到當地的罪犯；事實上他赦免釋放了當中幾人，包括惡名昭彰的幫派份子馬草黃，也就是那名被指是貪污官員高和爾的同黨。

把罪犯丟到流放地，是解決監獄擁擠問題並騰出地方實行隔離制的一個辦法，但在軒尼詩眼中，這不一定是一勞永逸的處置方式：他的犯人並

1875 年刊於《名利場》（*Vanity Fair*）的軒尼詩漫畫，那是他到達香港前兩年。他來香港前曾在四個地方擔任總督：納閩（1867-71）、英屬西非殖民地（1872-73）、巴哈馬（1873-74）和向風群島（1875-76）。他注重改革流弊、重視平等的管治風格，不是總能獲得那些地方的殖民者群體支持。

香港的笞刑架。這幅速寫是根據一幅十九世紀的照片繪畫。

第8章
「收容空間不足的問題」

非送走後就不必再管。他從納閩的經驗得知,「是有辦法令華人在獄中循規蹈矩,提升他們的道德情操也並非無望之事」,而且不用施加一鞭就能做到。[42] 他說,沒有理由認為香港的華人囚犯會有什麼不同。不過,由於英國不再贊成流放,殖民地部否決軒尼詩提出再次把香港囚犯流放到納閩的建議。

軒尼詩宣稱在納閩一鞭不打的說法,使他關注另一他最想除之而後快的事物——對於違反監獄規例的人施以過度和非法的鞭笞。他尤其反對麥當奴爵士時代大肆採用九尾鞭鞭打囚犯背部而非以藤條打臀部的做法,後者被認為較不會傷及肺部。公開執行司法笞刑的場面同樣令軒尼詩震駭。他停止這些羞辱人的做法,取消公開笞刑和烙印,並減少以鞭笞作為違反監獄規定的懲罰。首名受惠於減少笞刑的囚犯是王亞保(音譯,Wong Apo),他因入屋行劫和被指以牙齒襲擊另一人而被判監禁。王亞保因不肯做派給他的工作而關到水飯房單獨囚禁三天,由於不能因此鞭打他,那就只能延長他單獨監禁的日子。軒尼詩認為這樣是濫用法律,因為司獄官的權限最多只能處以三天單獨監禁。王亞保態度變得更加頑劣,還試圖越獄。《德臣西報》認為此事充分證明了總督不准鞭笞的決定「考慮不周」。這份報紙問道,對於毫不猶疑對他人施以野蠻暴力的人不得鞭笞,這種做法公義何在?有何審慎可言? [43]

但是,軒尼詩對於協助華人囚犯洗心革面完全不感絕望,反而相信是大有可為;他也看到生產工作和工業在矯治方面能帶來的好處。如他在1877年9月17日提醒定例局,大部分囚犯是慣犯,而實行隔離制的監獄更能妥善地處理這些人,

> 在那裏囚犯必須做一些有裨益的苦工,而他們很清楚除非自己保持良好品行,否則沒什麼可能獲得釋放,我認為這比起我們所能想到的其他方法,更能遏止慣犯數目增加……我們的目標是消滅罪犯。在邁向此目標時,如果還可以展露出一點人道精神,這是我們應感到於心無愧之事。[44]

但是，隔離制的實施仍然是遙不可及，「場址上空間不足」，更不用說它花費高昂，是令其難以施行「無法克服的障礙」。[45] 到了 1877 年，只有十七個囚室仍然採用隔離制，而 107 個是多人房。[46] 翌年有少許進展，地庫的兩個大廳分隔成四十六個囚室，這樣現在就有了八十三個單獨囚室。靠這種零敲碎打的改造，隔離制經過了許多年都未能實現。

軒尼詩的獄政改革取消短期監禁後烙印和遞解出境的做法，其結果是慣犯留在獄中的「時期增長」。[47] 同時，香港經濟因貿易、航運和小規模工業的增長而開始繁榮起來。這種繁榮又吸引了愈來愈多移民前來，令人口從 1870 年的 124,000 增至 1880 年的 160,000。在前來的移民中，除了商人和工匠，還混雜了大量萍飄蓬轉的無業窮人，以及來香港碰運氣的人。在監獄內，短刑期囚犯數目居高不下：愈來愈人因為繳不出罰款而入獄，並且滋擾案件大增，因為違反攜燈夜照規定在晚上外出被捕的華人數目也銳升。[48] 另外還有許多人因為非刑事性質的罪行入獄，例如賭博和侵犯鴉片承充權。國家大醫師艾爾斯醫生在 1878 年有這樣的觀察：「我認為香港擁有中國之內唯一由歐洲人管理而每天平均收容五百名各階層華人囚犯的監獄，這些人從買辦到來自大清帝國各地的乞丐都有。」他還補充：

> 近年來獄中囚犯的種類有很大變化。在過去，囚犯大多是獷悍的亡命之徒和海盜，現在則有不少羸弱衰敗的囚犯，因為干犯輕微罪行而入獄，例如小額盜竊、賭博、行乞和造成滋擾，他們長時間待在醫院，並且在監禁期間一直獲派輕鬆的工作。他們十分麻煩和令人煩惱，而剝奪其自由往往是唯一可施加的懲罰，除了失去自由，他們一生中從沒過得如此舒適，隔離囚室和新的膳食分級規定是對付這類囚犯的有效方法。[49]

從 1879 年至 1882 年軒尼詩擔任總督期間的四年內，監獄囚犯數目平均每天在 490 人至 570 人之間，從以下高峰時期的數字可見，人滿為患的情況在某些日子特別嚴重：

本頓維爾監獄的隔離囚室,囚犯在當中單獨睡覺和工作。這幅雕刻版畫載於梅休與賓尼著的《倫敦刑事監獄和監獄生活景象》(1862),從中可見供睡覺用的吊牀和日間工作用的織布機。

1879 年 5 月 4 日:643 名囚犯

1880 年 10 月 31 日:665 名囚犯

1881 年 7 月 7 日:768 名囚犯

1882 年 1 月 1 日:721 名囚犯

理論上,隔離制仍然有望令囚犯改過,並防止艾爾斯醫生形容為亡命之徒和海盜的罪犯敗壞其他人的道德,但是,有時候每天都有大批人入獄,令監獄管理者不得不把囚犯擠到所有囚室,不管是獨立囚室還是多人

房，讓他們雜居在一起。艾爾斯建議把「羸弱衰敗」的囚犯關在獨立囚室，並非為協助他們悔過自新，而是想令他們不敢再度犯罪。輕罪者被拘捕、定罪和服刑所造成的紛亂，令任何想協助囚犯改邪歸正的寄望都消失於其中。無論如何，此時香港和英國一樣，看待囚犯的態度趨於強硬，倡導隔離制背後原本希望幫助他們改過的熱情正在消退，而其懲罰和嚇阻效果成為關注重點。單獨囚禁當然有強烈的懲罰層面，完全無關矯治感化的理想。短期單獨囚禁，加上只有麵包和水（或飯和水）的清苦膳食，長期以來是違反監獄規矩的懲罰。人們認為持續的隔離令人難以忍受，可能會令囚犯精神錯亂，而 1877 年的監獄調查委員會卻建議可以把囚犯關到黑暗囚室中，藉此加強持續隔離的效果。

5. 1886 年的監獄調查委員會

司獄官哥頓少將在其 1885 年的首份年度報告中頗為坦率地說，監獄擁擠不堪。他補充：「這裏的感化元素極為不足。」[50] 在 1886 年 3 月的某一天，囚犯數目達到 674 人，他向政府警告會發生危機。他說，出於職責所在，他須要求政府設定上限，超出該數字就不可逼他將更多囚犯接收到域多利監獄。[51] 政府的回應是委任另一個調查委員會去審視「域多利監獄收容空間不足的問題」。[52]

這個監獄調查委員會得出的結論大家都耳熟能詳。由於香港正耗用巨資進行公共工程，此時不會再考慮興建一座巨大和昂貴的新監獄。香港是許多來自邊界彼方的中國罪犯份子的接收地，這種「獨特情況」令它迫切需要實施比僅僅監禁更加嚴厲的懲罰，尤其是對於小額偷竊和被驅逐出境後潛回香港的案件。對於更嚴厲的懲罰，委員會成員建議增加司獄官執行紀律的權力，恢復鞭笞，並減少監獄膳食分量。而獲有條件赦免後驅逐出境的做法，如能擴大至沒有就任何嚴重罪行被定罪的長期囚犯，也有助清空監獄。畢竟，

對於來自長期因騷亂和海盜而惡名昭彰的省份的罪犯，不應要求香港納稅人為他們提供西方概念所要求的監獄收容空間。要避免如此，唯有靠嚴格的遣返制度，以及實行該制度理所當然的後續措施，即對被驅逐出境後潛回此地的人施以鞭笞，而這是本殖民地至今仍沒獲准執行。迄今為止，所有處理這個問題的嘗試都不成功，司法工作受到掣肘，是因為遲遲未能獲得一個不可或缺的必要條件，亦即對被驅逐出境後潛回的罪犯施以適度的鞭笞，這些罪犯在自己的國家，在受審前可先會被無情地痛打一頓。[53]

有關監獄紀律的討論觸及兩種被認為華人尤其畏懼的懲罰。一是剪辮這種被誤以為中國採用的懲罰（見頁 167）。當局認為華人極害怕被迫剪辮，至少「正派體面的華人」是如此；對「無賴匪徒」來說，有沒有辮則無關緊要。[54] 一項長期存在的監獄規定訂明，為了「衛生和潔淨」，被判勞役刑的囚犯必須剃頭，直至出獄前六個月。這有別於以剪辮為懲罰。監獄調查委員會考慮到剪辮的廣泛影響，認為不應再以此為懲罰。另一項嚴厲措施是隔離囚禁，艾爾斯醫生認為這是「對於華人最嚴厲的懲罰方式」，因為華人喜歡與其他囚犯同在一起，並會喋喋不休聊個不停，所以很害怕被禁止與他人為伍，「隔離囚禁可令這些人屈服」。[55] 哥頓傾向同意。在他擔任司獄官的首年，有二三十名囚犯因為缺乏財力或沒有朋友提供守行為的保證金而被短期監禁（律政司已指出這樣做是濫用法律）。他們被囚禁在多人房，又沒有被派去工作，對他們來說監禁不算是苦事，所以通常都留在監獄服完刑期。哥頓懷疑這些囚犯如果願意的話，其實是可以籌得保證金，事實上他肯定某些人擁有多於保證金所要求的金錢，於是嘗試一個實驗，把一些人關到獨立囚室。他報告結果：「極少人撐得過超過三、四天隔離囚禁，只好籌措所需的保證金後出獄。如果容許這些人在多人房中住在一起，他們似乎很可能會寧願餘下幾個月都留在監獄，由本殖民地付出代價。」[56]

削減監獄膳食和恢復司獄官施行體罰的簡易權力後，似乎令之後一年的重犯率有所降低，調查委員會對此很滿意。其成員滿足於既得的結果，沒有再採取其他步驟處理此事。但是，哥頓仍在等待三年後推行隔離制。

6.「罪惡學校」

　　年復一年，司獄官哥頓要求擴大監獄並推行隔離制，但他的呼籲猶如曠野中無人理睬的呼喊聲：「我每年提出的迫切建議……」他寫道：「似乎只是令人厭倦和徒勞無功的重複。」[57] 定例局投票否決花錢於監獄，似乎沒有考慮到「現有監獄制度駭人聽聞的流弊」。[58] 囚犯在多人房中擠在一起，睡在地板上，平均每人只有不足兩百立方呎的空間，比起法律規定城內旅館需有的空間少三分之一。哥頓說，如果他是旅館經營者就犯了法，並會因為域多利監獄的九十五間多人房每間被罰五十元。在他看來，這座監獄「完全是一間罪惡學校。原本算不上是罪犯的倒霉人，因為違反鴉片法例、街頭打架或其他輕微罪行被送進監獄，會有被荼毒的風險而無從躲避」，因此「結果許多人在犯罪方面受到了充分指導」。此外，他還說：

> 我知道有一段時間（或許現在還是）監獄內有超過一百名三合會成員，而三合會成員大多是從出獄囚犯中招攬……這座監獄的華人囚犯暴露於種種邪惡影響之中，另一方面卻得不到什麼措施幫助他們洗心革面。曾做過的少量工作，是教導一些慣犯正當技能。但這無法令所有人受惠，因為沒有地方設立像樣的工場。[59]

　　不過這次他獲得諾士佛勳爵（見頁 273）為後盾，大事擴建監獄的要求獲得批准。繼他之後當司獄官的萊思布里奇（Henry Lethbridge）同樣致力於隔離制，雖然主要是着眼於其嚇阻效果，他在 1892 年言詞熱切地支持它：

1948 年，域多利監獄職員合照。

一直以來經常有人指出全面實行隔離制之必要，我也大力主張採用
這種制度。目前，囚犯晚上被關起來，直至早上才被放出，到監獄
人員用餐時再次囚禁，由於人手有限，無法在走廊進行適當監管，
以防止囚犯互相溝通。這必然會造成無可估計的害處，監禁的嚇阻
效果也會因此減低，這些不用我說大家都諒必知道。[60]

　　1898 年，現在擔任司獄官兼總巡捕官的梅含理報告，監獄的收容人
數下降，他將此歸因於攜燈夜照規例的暫停實施，以及對於在維多利亞城
的街市四周限制小販擺賣的禁令。但是，每日平均在囚人數仍然很高，在
監獄住滿囚犯的同時還須進行擴建工程，令資源大為吃緊。

　　在 1900 年，域多利監獄內 500 間單人囚室和十四間多人房相繼啟

用，獄內終於實行隔離制。現在這座監獄比以往寬敞得多，睡在單人囚室的囚犯每人可享有 664 立方呎的空間，而多人房的囚犯則每人有 235 立方呎。但是，這種情況無以為繼。梅含理在其 1900 年的年報中警告：雖然囚犯的每日平均人數是 486 人，但有時候有高達 598 名囚犯同時被關禁，在天氣最熱的幾週，數字都高於 570。因此，收容空間已不敷應用。梅含理建議，應盡早考慮興建一座新監獄。

放射型監獄建成後六七十年間，關於這座監獄情況的討論，都是圍繞三個一再出現的主題：第一，獄內環境擁擠，亟需改善；第二，擴建和保養維修的成本；第三，香港的「獨特情況」，這點從殖民者和華人精英的角度看，是實施體罰毋庸置疑的理由。他們的刑獄思想帶有對貧窮潦倒者的社會歧視。由於以上種種，儘管監獄當局相信隔離制有助於矯正改造，並可發揮嚇阻的效果，但十九世紀的香港社會一直缺乏足夠堅定信念在域多利監獄實行這種制度。合乎人道原則的刑獄措施，也並非總能施用於香港囚犯身上。

7. 域多利羈留中心

1911 年辛亥革命爆發前六個月，盧吉爵士建議處理罪案和判刑方面應「採取較開明的政策」。在他之前的一名港督認為，由於來自內地的罪犯源源不斷地湧入，故「令罪犯改過自新並非我們的責任」。但是，現在搖搖欲墜的中華帝國各地都將發生巨變，盧吉因此向殖民地大臣透露：

> 與中國合作並為之給予協助，無論是取締鴉片、提供西方教育設施，抑或令罪犯改過遷善，我相信都將加強中國看待我們的善意，並因此而增加英國聲望和影響力——另外是表示我們蹈仁履義這個實行此政策更堂皇正大的理由。[61]

當中國內地發生的事件令來到香港的無賴匪徒增加而非減少，這些高

D 倉西翼的走廊，攝於 1980 年代末，當時監獄仍在運作。

尚情操就急速減退，這些人中許多最終被關進域多利監獄的囚室和牢房。到了下一個夏季，監獄收容的人數太多，當局別無他法，只得把超過四百名囚犯釋放並送回中國內地，有些人是獲得大幅減刑。這座監獄就是沒有可容納他們的地方；事實上，有兩間貯物室須改為臨時羈留中心，收容等待遞解令的人。[62]

在二十世紀初年，其他擴大監獄收容空間的工程陸續進行，但直至1920年才有一座分支監獄建成。原本只是權宜措施，九龍荔枝角的分支監獄是由檢疫站改建而成，當中一個大廳用於收容少年犯。之後在附近建造一座附屬建築物用作女監獄，專收被定罪的女囚犯和十四歲及以上的女性少年犯。監獄署在1920年從警隊獨立出來。那時候，域多利監獄司獄官改掉舊有頭銜，在1920年後成為監獄監督（1938年現代化為監獄署署長）；而監獄管理部門改名「監獄署」；1982年再改名為「懲教署」，以反映其焦點從拘留轉向感化教導。

1937年，在香港島南方一個凸出於赤柱灣和東頭灣之間的美麗半島上，建成一座專門的最高設防監獄。可在單人囚室中收容約1,500名囚犯的赤柱監獄，設計了廣大的開放空間和囚倉大樓，讓人有「明亮而通風的感覺」，這在監禁設施中是不常見的。[63] 其建築大概是「這個殖民帝國首屈一指的」，[64] 不過它幾乎從啟用之日起就開始人滿為患。域多利監獄內的所有男囚犯都轉移到赤柱監獄。原本的想法是域多利監獄可以從此停用，但囚犯數目沒有減少，赤柱監獄啟用後不久，這座舊監獄就恢復到夏喬士・羅便臣爵士所構想的用途，成為羈押欠債者、無依貧民、上訴人和被短期拘留者的「布萊德韋爾矯正所」。根據1912年的《遞解出境條例》，域多利監獄有一部分被用作「羈留所」；隨着在判刑後遞解出境的做法被更廣泛採用，域多利監獄現在發揮中央分發中心的功能。監獄監督認為監獄署缺少了域多利監獄就無法運作。[65] 它處於都市地帶，毗鄰中區警署和中央裁判司署，接近下方的最高法院，前往九龍裁判司署也很容易，是個非常便利的地方。相較之下，如果羈押在赤柱再把他們送回香港和九龍的法院，就很廢時失事。因此，監獄當局在1939年關閉這座舊監獄的地下

通往 B 倉二樓的樓梯，攝於 2005 年前不久，那時域多利監獄已清空。

部分後將之重開。

域多利監獄在日本佔領香港（1941 年至 1945 年）前不久受到轟炸，損毀嚴重，但這座監獄有地利之便，難以輕易捨棄，所以在戰後獲得修復。署理監獄署署長鮑德寫道：「日本人炸掉了這座監獄最古老的部分，算是幫了我們一把。」[66] 鮑德希望可以拆卸殘存的部分，建興一座新的羈留所，但他這個願望落空。施工拆除最殘破的結構並重建較現代的部分後，域多利監獄在 1946 年再次能夠收容囚犯。

8. 非法入境者

經過幾年內戰後，共產黨在 1949 年奪得中國政權。此事大大影響了香港的人口變化，也因此對其資源造成極大壓力：香港人口在二次大戰結束後有約 60 萬；1947 年上升至約 180 萬；其後三、四年增至 200 萬至 225 萬之間；到了 1960 年再膨脹至 300 萬。在這些新增人口中，大部分是逃避戰火而來的難民。為阻止難民再湧入，兩地邊境在 1950 年關閉，這些難民就變成了非法入境者。囚犯數目隨之增加，域多利監獄的收押室必須加班工作才能應付。監獄署署長在報告中說：許多這些囚犯是無處可去的移民和難民。這種監獄工作和開支所承受的額外負擔

> 主要是因為犯了露宿街頭之類罪行被判監禁四至七天的犯人湧入所致。我認為，因露宿街頭而把人投入監牢四至七天後釋放，這種做法毫無助益，因為我們很清楚他們根本沒有其他地方可睡——四天相對奢華的生活並非懲罰，產生不了嚇阻效果，沒有教化作用，也無法保護社會，而如果達不到一個或以上的這類目的，將人監禁是毫無道理的。[67]

1970 年代和 1980 年代非法入境者進一步激增，因此警察、監獄當局和人民入境事務處必須採取聯合行動遏止，域多利監獄的一部分地方成為

人民入境事務處的聯絡辦事處。這個辦事處負責處理來自各地的非法入境者，從等候遣返的越南船民，到來自中國內地而沒有香港居留權的妻子和母親（有時候還有她們的子女）。1978 年代至 1979 年的冬天，「匯豐號」和「天運號」停泊在香港港口，這兩艘鏽跡斑斑的貨輪上擠滿 6,000 名越南船民，這是此時期香港令人印象難忘的場景。他們的困境引起國際傳媒關注，並凸顯了更大的難民問題——還有另外數以萬計的越南人將陸續乘坐小得多的船艇，冒着生命危險從越南前往香港這個避難港。許多人獲西方國家提供庇護；另一些人得不到安置就被關在禁閉營，由疲於奔命但堅忍克制且日益專業的監獄署看管。這股難民潮一直持續到 1980 年代；此時西方國家愈來愈不願意接收這些船民。無論如何，不久後湧入的人開始明顯是經濟移民多於政治難民。當香港這些第一收容港的情況達到危機狀態，聯合國難民事務高級專員辦事處最終須着手解決此問題，在 1989 年實施一個行動計劃，推行甄別政策以判定移民是否符合難民標準和往第三國定居的資格。不符合標準者必須返回越南：他們可以自願回去，不然就會被強迫遣返。他們離開前會被安置在域多利監獄。在 2011 年，F 倉內仍貼着一張以英、中和越三種語文寫的殘破告示，第一行寫着「申訴專員公署」，這個令人黯然神傷的事物，提醒大家這些過客曾經存在。

隨着最初幾波越南難民潮前來的移民中，有些人聲稱是為逃避在越南受到的迫害。當中包括超過七百名從中國內地而非直接從越南來香港的男人、女人和小孩。1979 年 9 月 19 日警察採取大規模行動，在上班時間結束後封鎖奧卑利街，在森嚴戒備下把那些非法移民從域多利監獄帶到邊界交給內地當局。[68] 但是，並非每個故事都是悲劇收場。在 1994 年，被拘留在域多利監獄的范氏映紅（Pham Thi Anh Hong）打了一場抗拒遣返的勝仗。她的名字被列入強制遣返越南的名單上，已預定要坐飛機送返河內。在最後一刻獲准緩期執行時，她獲得了美國簽證，這距離飛機起飛只有十二小時。她後來跟記者說：「對我來說，我在美國這裏的屋子似乎太大了，因為我仍記得在域多利監獄與三十人同住一室是什麼光景。」[69]

1979 年 8 月，荷蘭貨輪 Serooskerk 抵港，貨輪上的越南難民在廣東道政府合署船塢登陸。

「收容空間不足的問題」 311

第9章

「希望死絕！」——入獄

1856 年初，一名看起來很健康的三十七歲東莞商人，在香港被警察拘捕後不久就死亡。《華友西報》評論：「命運悲慘之人，因形跡可疑而被關進域多利監獄，希望死絕！」[1] 這名商人死在把他從監獄帶出來的人的臂彎中，法官、司獄官或國家大醫師都不知道他有病。驗屍官的檢驗報告只說他死於被捕前所患的疾病，「在警察手中受到嚴厲對待加速了死亡」。他入獄時顯然沒有醫生為他檢查，而事實上，在最早為管理「香港監獄」而制定的條例中，並沒提到醫學檢查。在其後擬定的第一套監獄規則中，也沒有訂明入獄程序包括身體檢查。無論如何，這是「一組複雜難懂和混淆不清的規例……互相矛盾之處甚多」。[2]

為監獄管理人員提供指引的一套條理分明的詳細規則，在 1885 年出現。[3] 所有這些基本規則在十九世紀餘下時間直到二十世紀都一直生效，儘管它們不時修訂。它們訂明監獄管理當局的職責，但最重要的是規範了囚犯生活各方面的事情，並賦予監獄管理制度其高壓的本質。本章會追溯由身後大門關上的一刻起，囚犯須經歷的各種事情。首個「必經儀式」剝奪囚犯的個人身份和過去人生的痕跡：他的名字變成號碼，衣服變成囚服，這些事物每天提醒他自己已淪為階下囚。此後，從入獄到分類再到監禁，囚犯的行為受到巨細無遺的控制。許多監獄規例是為了預防監獄罪行而制訂；另一些則為阻止越獄。管理人員——獄長、獄卒、牢差和巡役——全都受規例所規範，自主或酌情決定的餘地不多。這裏對監獄人口的探討，集中於十九世紀末至二十世紀初被囚的人，嘗試追尋華人和歐籍人

所犯罪行類型的模式。有少數囚犯寫下了自己在域多利監獄的經歷，本章結尾節錄了這些記述，有些是關於其骯髒污穢，有些抱怨獄中一成不變的生活，有些訴說自己的恐懼。

1. 入獄

入獄時，囚犯會被搜身、登記並接受身體檢查。如發現患皮膚病或感染了害蟲，就會得到治理。他之後會洗澡和剃頭。歐籍囚犯全須按規定以合乎衛生標準剪短頭髮，或剪成「衛生或潔淨所需」的「中等長度」，唯還押犯、一級輕罪犯[4]和負債人例外。被判處勞役刑的華人囚犯會被剪辮和剃光頭，直至釋放前六個月；如果國家大醫師建議，短期監禁的囚犯也會被剪辮，但他可以向港督上訴反對這種嚴厲措施。在 1858 年的一宗事件後，辮子被視為死亡工具，而這個觀念揮之不去。那時候三名華人海盜一起被關在監獄等候受審，他們先下手為強主宰自己的命運，用自己的辮子綁在囚室窗口的鐵枝上吊死自己。[5] 1896 年的司獄官萊思布里奇不贊成以剪辮作為懲罰，但認為對於懷疑有自殺傾向的囚犯，應予以剪辮。[6]

囚犯也會量體重，從 1860 年代起會拍照（之後從十九世紀末、二十世紀初起還會打指紋）。監禁期間，他會「按司獄官和大醫師指定的時期」[7]再量體重，這是用來觀察獄中膳食是否足夠的

一名年輕犯人在大欖戒毒所打指紋，這懲教設施在 1969 年開始運作。

頗為粗略的手段。1877 年的監獄調查委員會指出，華人入獄後體重通常都會增加，所以他們的膳食顯然太豐盛。因此委員會建議減少每週配給的豬肉，還建議囚犯應在出獄時拍照存檔，因為他們享用過如此豐富的食物後，外表變化很大。

監獄制服

囚犯入獄後不久就會獲告知現行的行為守則。這個附有中文翻譯的守則會張貼在獄內當眼處，囚犯如果想重溫，隨時就能看到。他的隨身物品，通常是衣服，會被清洗或消毒、貼上標籤並存放起來，待出獄那天發還。之後每名囚犯都會獲編配一個號碼，縫在「外套胸前、毛巾、華人用的筷子袋，以及無邊帽或寬邊帽上」。[8] 領取囚服後，抹除所有個人特點的過程就完成。在 1857 年時，流放犯會獲政府派發衣服，華人囚犯則穿着他們入獄時所穿的同一套服裝，無論日夜。國家大醫師登普斯特醫生（Dr Dempster）曾談及這點，他建議「所有囚犯，無論是歐洲人還是亞洲人，都應穿正規囚服……惟那些被判監禁僅幾天的人除外」。[9] 此後所有被判重罪的囚犯，以及所有被判超過四個星期苦工監的輕罪犯，都獲得一套「雜色衣服」。[10] 輕罪犯是指所犯罪行輕於重罪的人。

至於輕罪犯、欠債人和還押犯，如果他們自己的衣服不適合穿着，也會獲發服裝，但這些服裝不會有「明顯的標記」。[11] 他們獲准自備食物，並且每二十四小時獲得一品脫麥芽酒或蘋果酒，或半品脫紅酒。輕罪犯甚至獲准在囚室中使用自備的家具和用具。在這個早期監獄中，有一間囚室是用於收容歐籍流放犯的，內有草蓆和以絲綢及精紡毛料裝飾的牀單，這些裝飾是由一名手工靈巧的囚犯製作，他名叫懷斯（Wise）。[12]

監獄決定要提供囚服或制服時，就參考了英國的風格和樣式，事實上是向倫敦的皇家代理商購買囚犯和獄卒服裝，包括被褥。為歐籍囚犯購買的冬季服裝，包括釘上平頭釘的皮靴、法蘭絨襯衫、羊毛襪子，以及「三百套衫褲，外套加上褲子，如同英國監獄中所用的全套麻毛混織布監獄服裝」。[13] 麻毛混織布是一種以亞麻布和羊毛織成的粗糙布料。

在夏天，歐籍囚犯穿上棉質外套和褲子，外衣是「雜色的」，並獲發一頂草帽。[14] 從「雜色」這項描述可見，這座監獄有一段時間採用了英國維多利亞時代的囚服樣式：它的顏色組合是辨別囚犯在監獄層級中位置高低的另一種方法。華人囚犯穿本地生產的制服，包括法蘭絨襯衫、內褲和雜色棉外套和褲子，還有竹帽。制服的樣式顯然隨時間而變化。在一幅王貴福（音譯，Wong Qui Fook）的照片中可見，這名戴着腳鐐的犯人穿着淺色無領寬鬆外衣和七分褲，兩者都以深色印上「域多利監獄」英文字樣和寬箭頭。[15] 他在 1866 年因謀殺躉船「理查德號」（Richard）上德國造船匠邁爾（Meyer）之妻和兩名孩子而遭處決。在囚服印上寬箭頭記號也是英國監獄的標準做法，據說是由杜卡恩所創，用來標示囚犯身份並阻止有人嘗試逃獄。1920 年代曾在域多利監獄住過一段時間的記者利留斯（Aleko E. Lilius）形容囚犯的衣服是「有箭頭和號碼的囚服——黑色箭號代表短刑期，紅色箭號代表長刑期」。[16] 紅黑兩色箭號至少在 1940 年代末前仍然印在囚服上作識別之用。[17]

「心靈與精神訓練」

歐洲流放犯囚室中那種華麗柔軟的家具當然是例外情況，大多數囚犯的生活都極為千篇一律和枯燥刻板。只有在禮拜日司鐸來訪時，才打破這種乏味的例行作息。司鐸是按監獄規例安排的，來為囚犯主持宗教服務，並撫慰病人、垂死者或死囚。畢竟，人們期望宗教教義和良心覺醒可以令罪犯改過遷善。「根據囚犯本人所信奉的宗教」獲認可的牧師，同樣可獲探訪特權。圖書館提供的「精神訓練」或「教育」，有助促進監獄術語所謂的「心靈培育」或「心靈福祉」，圖書館內放滿「由監獄司鐸不時核准並獲總督認可的書籍」。[18] 司鐸探訪一直持續到二十世紀。使用其服務的人並不多，如 1954 年監獄署的報告指出，有宗教信仰的囚犯不過是很少數。

囚犯分類

理論上，所有男囚犯被囚的頭六個月，如果有足夠收容空間的話，都

會在隔離囚室中度過，但如前一章所說，現實中通常無法做到。在1891年，無疑是因為地方不敷應用，只有長刑期（兩年或以上）的囚犯在監禁頭六個月獲分配單人囚室。雜居囚犯就至少須與另外兩人同住一房。為防止串通和消除性接觸的機會，囚犯永遠不會只兩人同住一室；如約書亞·傑布在三十多年前所指出，這樣是違反法律的。無論如何，由於面對人滿為患，當局通常不得不把三個或以上的囚犯一同關在「原本僅為收容一人而設計的小囚室中」。[19] 1901年署理司獄官為此而抱怨，而這種抱怨當然早已有人一再提出。

囚服有幾種不同的款式。其中一種是香港監獄當局在英治時代初期進口的維多利亞時代英國「雜色」囚服，這幅畫家速寫中是黃黑兩色圖案。

　　隔離監禁的一個目的是保護少年犯和初犯者不受慣犯荼毒，並令囚犯沒有機會對話或交流，這呼應了沉默制。這樣做就需要分類制度，在此地的情況，一開始時的做法是把白人囚犯安置在沒有「亞洲」和「有色」囚犯的囚室中，以免受其污染，因此最早的分類制度，是根據他們是歐洲人、印度人還是中國人來區分。但是，如同印尼共產黨領袖陳馬六甲（見下文）的例子所顯示，根據種族來實行隔離不一定準確。1932年陳馬六甲被關在域多利監獄期間，幾次來回於關押華人和歐洲人的囚倉。另一個分類不嚴謹的例子涉及編號 E.R. 4418（E.R. 是 European Remand 的縮寫，代表歐籍還押犯）的菲戈拉（Mario Figora），他是來自馬尼拉的菲律賓人。在1954年9月6日下午，域多利監獄內四名「歐洲人」被召回他們的囚室關禁後不久，菲戈拉被發現失了蹤。他成功逃到囚犯每天進行一小時放風的上層操場，並爬上了羈押大廳

戴着腳鐐的王貴福與大概是來自西印度群島的監獄
守衛。王貴福在 1866 年因謀殺被處死。

的屋頂，用他的話說，他在該處「四處張看尋找逃走途徑，那時就被逮
捕」。他說自己逃走「是因為不想回到馬尼拉，如果我成功逃獄，會在外
面找工作」。[20]

當局在 1857 年嘗試追隨英國的做法，把囚犯分成八個類別：[21]

1. 被判死刑的重罪犯

2. 所有其他重罪犯

3. 輕罪犯及因違反稅收法律而被監禁的人

4. 因重罪將交付審判的囚犯

5. 因輕微罪行將交付審判的囚犯或交不出擔保而被拘押的人

6. 因重審而被羈押的囚犯

7. 告發者 †

8. 欠債人和因民事法律程序而被拘禁的人

† 為獲赦免而提出證供以使他人（通常是同夥）被定罪的人。

1887 和 1897 年推出更為細緻的方案，一方面按判刑的種類（代表罪行嚴重程度），另一方面按是否再犯來加以區分。這種分類在監獄一再人滿為患而無以為繼，但理論上其分類方式如下：[22]

1. 被判勞役刑（之後與「苦工監」合併）的囚犯：
   · 首次被定罪
   · 被定罪兩次或以上
2. 苦工監囚犯：
   · 首次被定罪
   · 被定罪兩次或以上
3. 被判以入獄代替罰款的囚犯
4. 無法提供守行為的保證的囚犯
5. 因形跡可疑或危險而被拘禁的囚犯
6. 欠債者和一級輕罪犯
7. 還押候審的人：
   · 首次被定罪
   · 被定罪兩次或以上
8. 被判不超過十四天短期監禁的囚犯：
   · 首次被定罪
   · 被定罪兩次或以上
9. 十六歲以下男童：
   · 首次被定罪
   · 被定罪兩次或以上

香港唯一的監獄一直採用這種分類方法，直至二十世紀頭四分之一個世紀。荔枝角和赤柱監獄啟用後，以及該世紀稍後時間更多監獄（如芝麻灣和大欖）建成後，就開始可以把不同級別的囚犯分派到不同的專門設

施。遵循西方的刑罰學，這些設施成為了「懲教」機構，並分為低度、中度和高度設防。赤柱監獄是香港首間高度設防監獄。同時分類制度改為：[23]

1. 長期監禁累犯（被判監禁一年或以上）

2. 短期監禁累犯（被判監禁一個月以上至一年）

3. 長期監禁初犯

4. 短期監禁初犯

5. 微罪犯（被判監禁一個月或以下）

6. 輕罪犯

7. 錢債囚犯

8. 貧困無依者

9. 青少年罪犯

10. 女性罪犯

11. 還押和等候審訊的疑犯

實際上事情不是那麼清晰分明，如監獄署自己首先承認，在戰前和 1941 年起的日佔時期，監獄管理「在香港的進步不足，令分類這種基本的必要之舉無法做到」，因此所有類別的罪犯全都「塞到赤柱，不管年齡大小、罪行輕重或有多少次前科」。[24] 這些人從「無牌小販到被判終生監禁的謀殺犯，從十六歲男童到六十歲或以上有二三十次前科的慣犯」都有。[25] 無論實行起來有多困難，但戰後還是開始嘗試適當的分類，而 1946 年 7 月重開的域多利羈留中心有一部分改作羈押所和分發中心。它毗鄰中央裁判司署，前往最高法院也只需幾分鐘，非常適合擔當分類中心的功能。所有男囚犯都要去那裏，

> 並在頭幾天留下來，以便如果他們想提出上訴，在上訴有結果前就不用轉移別處。經過詳細的醫學檢查（包括 X 光）後，囚犯會接受分類委員會查問，之後送往最適合他的機構。例如，赤柱為長期囚犯提供工業訓練，大欖有專為吸毒囚犯而設的特殊設施，芝麻灣和塘福則可供體力勞動。[26]

2014 年進行修復工作時發現的一組十字架。這些十字架繪於監獄長樓入口兩側的牆壁。繪製時代不詳，大概是十九世紀末。

十字架近拍照。

在 1961 年底，域多利羈留中心新增了一個重要部門——精神科觀察組。它設於一個可容最多五十名病人的監獄病房，按照從抑鬱、腦退化和「心智缺陷」，到「性變態」和「病態人格」等一系列疾病來為囚犯分類[27]

囚犯中難免有一些患精神病或智力有問題的犯罪者，但是對於這些人的特別照顧，在香港發展很緩慢，要待到十九世紀末現代的心理治療概念逐漸普及以後，才建造了一間精神病院來收容他們。在那之前，這些人數不多的病患若非交由其家人或朋友照顧，就是送回本國，包括歐美。在這過渡期間，他們被收容在國家醫院（華人則可收容在東華醫院）或監獄。獄中一名相信是來自美國的「混血」苦命婦人，胡言亂語並不停大叫，令人聽得心酸，《孖剌西報》也忍不住在 1874 年 10 月 27 日的社論中提出抗議。這名「可憐的傢伙」被當成遊民關到監獄裏，但她被關起來，既是為妥善看管，也因為她精神失常。而這張報紙認為把監獄用作精神病院是很不合適的，因為政府無疑應當在市郊提供收容這類病人的療養院，或者至少應為她「注射嗎啡」或其他鎮靜劑來減輕她的痛苦。[28] 此外，她製造的噪音令鄰近居民不得安眠。一名住在奧卑利街的記者「奧卑利」認為，把這名不幸的精神病人收容在監獄是很奇怪之舉，她日夜不停胡言亂語，據他所聽到的情況，她停止喊叫的時間最長是「半小時，而我猜那完全是因為她已叫得筋疲力盡」。[29]

儘管受到「奧卑利」之類的人施壓，還尤其受到來自殖民地部的壓力，但港府一直非常不願意建立精神病院。港督麥當奴在 1870 年說，由監獄和國家醫院照顧的精神病人數目很少，不足以為此而興建精神病院。[30] 反之，醫務當局以一系列收容精神病人的臨時病房來湊合，收容歐洲人的永久精神病院要到 1883 年才落成，華人精神病院則要等到 1891年。在此之後，監獄偶爾仍然是收容精神病人的最後手段，如果認為放任不管這些病人會對公眾或他們自己造成危險，當局就會拘留他們加以管束。梅含理的女兒菲比（Phoebe）記得，在其父兼任總巡捕官和域多利監獄司獄官的約四年間（1897 年至 1901 年），他們住在中區警署，而從宿舍，

我們可以看到華人囚犯在庭院中做體操。晚上有時候聽到一名女囚犯號啕大哭，聽說她被套上了緊身衣。父親巡視囚室時，偶然會把我們也帶去。我還記得囚犯站着雙手舉起以表示沒有藏起東西的模樣。[31]

王浩（音譯，Wong Ho）就是個沒有獲正確分類並送往合適設施的囚犯。1963 年初夏，他趁在戶外工作時嘗試逃走，但不成功。他在與其他囚犯一同「搬運鹹水」時，突然丟下水桶，衝過雲咸街。他馬上被一名看管他們的獄卒截停。被審問時他所説的故事顛三倒四，他説前一天在監獄外被兩名囚犯和「一名穿白襯衫藍褲子的人」襲擊。但審問後，監獄官員認為這供詞不可信，因為王浩在前一天並沒有被派到戶外工作。這名官員在報告中説，因盜竊而入獄的王浩「明顯是頭腦非常簡單之人，而其他囚

梅含理與家人在中區警署，約 1899 年。在前方坐墊上的就是梅含理的二女菲比（Phoebe）。長女斯特拉（Stella）在右手邊，坐在梅含理大腿上的嬰兒是艾麗絲（Iris）。四女迪奧妮（Dione）到 1900 年才出生。菲比記得那時中區警署有一個草坪，聖誕節時舉行孩子們的慶祝活動。她説中區警署並非「養育年幼孩子的宜人地方，因為它被華人民居圍繞，與城中擁擠吵雜的主要街道只有幾分鐘步行路程之遙」。在夏季的炎熱月份，梅含理會在山頂租屋子住。

犯通常會欺負這類人」。儘管王浩沒有能力「理解自己罪行的嚴重性」，但還是受到了「紀律處分」。[32]

在一宗離奇的死刑案中，一名謀殺犯以裝瘋為最後手段博取緩刑。來自美國的紐曼（Charles Newman）是一名失業的看守人，1878 年 12 月被香港臬署判處死刑，原因是 1878 年 8 月 8 日，他因為女朋友洛克哈特（Louisa Lockhardt）與他的朋友古鐵雷斯（Servando Cesar Guttierrez）關係太親密而吃醋暴怒，遂以斧頭殺害古鐵雷斯，他的女朋友也在襲擊中受了傷。紐曼在謀殺事件發生後向警察自首。他在接受巡理府審問和在域多利監獄候審時裝瘋，幾乎一句話都不講，拒絕吃固體食物，把衣服脫光，將排泄物抹在囚室牆壁和自己身上。他自己對自己唱歌，當知道有人看着他時，就「抽動臉部肌肉，令頭部出現中風般的動作」。在「遭受電擊和冷水沖洗時，他會大叫和掙扎，但不發一言」。他還嘗試兩次不成功的自

域多利羈留中心在 1966 年改名域多利收押所，其後又稱為域多利監獄。進入收押所須經由位於奧卑利街的閘門。

出口亦是同一閘門。這些照片大概攝於 1960 年代。

殺——如國家大醫師所說，那也是他知道有人在觀察自己時才做的。他這樣假裝了將近三個月，但在受審前幾天放棄，宣稱「他寧願快點死掉，也勝過在這監獄裏再住十五或二十年」。[33] 1878 年 12 月 19 日，紐曼在亞畢諾道巡理府署的場地被吊死。

2. 監管人員

在 1885 年，超過 3,600 名男、女和少年犯在域多利監獄度過或長或短的時期，當中 2,866 人被判監禁，包括勞役刑。[34] 負責管理這些囚犯的是司獄官，他的助手獄囚總管、牢頭、負責女囚犯的女管事，以及一些屬下職員（一級和二級牢差，還有一級及二級助理牢差）。雖然這些官員大部是歐籍人，在低層職位有少數印度人和華人。如同所有獄卒，他們的主要工作是看管囚犯和防止越獄，因此他們不斷巡邏囚室，監視囚犯的一舉一動——每天兩次點算人數，並且檢查門鎖、鐵枝、螺栓和鑰匙，確保它們運作良好。獄囚總管負責在囚犯入獄時徹底搜身，沒收他們身上的「所有刀子、武器、工具、金錢、鴉片、香煙或其他規例所禁止的事物，或者任何可能用來逃獄的物品」。[35]

司獄官

監獄管理人員尤其是司獄官，決定了他們所管理的囚犯群體的氣氛和社會秩序。司獄官必須秉持「堅定、人道和良善以行使其權威」，[36] 他的工作很棘手，所要達成的各種目標有時候是互相牴觸的。例如，司獄官理應在全監獄內執行沉默制，但他能用於防止囚犯互相交流的隔離囚室極少。司獄官的權力來自法律，但日復一日愈來愈須倚賴囚犯的服從和遵守規定。一名司獄官覺得他需要令囚犯有一個印象：他是「這座監獄的至高主人」，[37] 但他並非總能對不服從的人施以體罰，除非獲得太平紳士同意。1885 年的監獄規例訂明太平紳士的職責：聽取囚犯投訴；調查獄內任何虐待情形；檢視監獄膳食；並且在司獄官認為有必要時，有權以書面批准

對囚犯採取戴上鐐銬或機械束縛器具超過二十四小時等的紀律處分。規例不時改變，在司獄官獲授全權對違反監獄規定的人施以（有限度的）體罰的時期，若鞭笞次數超出規定的上限，須向太平紳士要求批准。

1876 年至 1882 年任職域多利監獄司獄官的湯隆基；《中國笨拙》，1875 年 10 月。

儘管障礙重重，但仍有少數司獄官在他們領導的管理制度留下「堅定、人道和良善」的印記。其中一人是湯隆基。湯隆基生於印度，在英國受教育，但沒有取得學位就從劍橋離開。他在 1862 年與田尼一起成為香港的官學生，屬於最早一批諳廣東話的學生傳譯員。他在政府歷任不同職位，成績不算突出，在 1876 年獲委任為域多利監獄的司獄官。對於一個已在香港工作十四年的官員來說，這並非很耀眼的升遷。但他仍然滿懷熱情地投入工作，並以他不溫不火的方式有效地管理。他支持軒尼詩的政策，嘗試令盡量多的囚犯參與工業勞動，但因為缺乏空間而往往受到諸多阻礙。他是首名司獄官正式提出有需要照顧出獄後的囚犯：

> 由於沒有任何「囚犯」輔助協會，我深切感到我們缺乏方法去協助那些值得幫助的囚犯，他們似乎對自己一時失足有所悔悟，如果從一開始獲得協助，希望能過更好的生活。我要不親自協助他們，要不把他們在得不到任何幫助的情況下送走，不久後又再回來。[38]

他深得下屬敬重，在獄內為職員設立圖書館，並「以其他方式調劑他們單調無聊的生活」。[39]他交遊廣闊，很少與人為敵，或許生活太豐盛了，

他身形很龐大。1882 年 12 月 13 日他在「香港會」吃午飯時,看來還很健壯和精神奕奕。[40] 但第二天早上,他的理髮師發現他躺臥牀上,氣息全無,據醫生說,他是因「心臟脂肪變質」於晚上去世,[41] 享年四十一歲。香港所有赫赫有名的居民——歐洲人、華人和印度人,以及域多利監獄的獄吏和巡役,都出席了喪禮。湯隆基的許多共濟會弟兄也有參加,還有香港各共濟會會所的導師,以及香港和中國地區總導師遮打(Paul Chater)。

哥頓少將(1885 年至 1892 年擔任司獄官;1892 年至 1893 年擔任總巡捕官)是另一名備受讚譽的監獄首長。哥頓原是約克和蘭卡斯特軍團的軍官,如他自己憶述,「為國戰鬥和流

1885 年至 1892 年任職域多利監獄司獄官的哥頓。

血」,並且多次在新聞報道中提及,他在四十八歲時退伍,獲任命為司獄官。[42] 湯隆基猝逝後,這座監獄在不同的署理司獄官管理下,猶如無舵之舟,直至兩年後哥頓獲任命為司獄官。那時候獄內紀律廢弛,有錢的囚犯可以靠賄賂牢差獲得香煙、鴉片、信件或任何想要的東西。哥頓憑着「處事老練和明智判斷力」,慢慢撥亂返正。[43] 他素來相信監獄紀律應當既能收嚇阻之效,又可助人痛改前非,他也主張工作是有裨益的,嘗試藉着勤懇的勞動來令囚犯改過自新,不過令他失望的是,獄內向囚犯教導工作手藝的設施很有限。製造草蓆、籃子及大部分拆麻絮工作,都須在狹窄的遊廊中進行;那裏的空間僅能放置一台織布機;裁縫工作要在一間昏暗大廳中進行,製鞋則在一間普通囚室。哥頓說,要是這座監獄有合適的工場,刑期長的囚犯就能學習一技之長,「藉此人生可以改邪歸正。」[44] 在其司獄

官任期將盡的階段，哥頓把監獄操場的粗糙表面磨平滑；這證明是明智之舉，囚犯患足底膿腫的情況因此大為減少。

獄吏、牢差和巡役

大多數監獄紀律都很嚴格。域多利監獄的情況並非極端，不過它肯定有一些很暴力的守衛。一名印度囚犯阿都汗（Abdul Kahn）不幸遇到幾個這樣的人。在 1868 年，三名牢差因誤殺而受審。他們據說極為凶暴，把阿都汗鞭打至死。其中兩人賈爾斯（J. Giles）和法爾（W. R. Farr）在 1868 年 5 月 13 日帶着一群由四十多名戴鐐囚犯組成的工作隊在羅便臣道工作。阿都汗與一名華人囚犯鎖在一起，被派去推獨輪車沿路運載泥土，不久後就顯得力不從心，但他的守衛覺得這是由於他想偷懶。推了第三車後，他倒在獨輪車旁，不肯再起來，牢差認為他裝病，賈爾斯用藤條狠打他，一名證人說打了「三四十下」，不過不是非常大力。第二名牢差法爾之後前來再次鞭打他。其後阿都汗看來真的十分不適，就被放在獨輪車上並運回監獄。他被放在監獄內的地上，再次被打，這次動手的是牢頭卡利福德（F. W. Culliford），一直打到司獄官德忌利士聽到騷動，從辦公室中衝出來大叫「停手，停手！」德忌利士馬上下令把阿都汗送往監獄醫院，但阿都汗在國家大醫師孖利到達前已氣絕身亡。

阿都汗整天都諸事不順，那天早上他在監獄內被一名警長無故拳打腳踢，該名警長後來被認出名叫赫斯特（Hurst）。阿都汗沒有吃早餐，戴上鎖鏈和鐵鐐去工作時肚子空空。之後還把帽子弄丟，那天天氣非常炎熱，他被太陽暴曬。驗屍結果顯示，他從脖子以下的整個背部有「大片變色」，變色情況深入肋骨的組織，手臂、手掌和頭部都有類似痕跡，但所有內臟都健康。在 1868 年 7 月 6 日，賈爾斯、法爾和卡利福德因誤殺受審，由按察司士馬理審理。德忌利士和來自戴鐐囚犯工作隊的證人都上庭作證，但最舉足輕重的是國家大醫師的證詞：他根據醫學證據得出結論，阿都汗之死大概是由多個因素所致：他身體虛弱、沒吃食物、中暑、早餐前被拳打腳踢，還受鞭打。但國家大醫師說，要是沒有其他因素，「死者

如果只受到證人供詞所描述的鞭打，僅受這樣的鞭打不會致死」。[45] 士馬理在總結案件時特別譴責在沒有獲正當授權下施加懲罰是非法之舉，而這種做法在監獄內愈來愈普遍。陪審團一致裁定被告罪名不成立。

總體來看，與其説牢差肆意殘暴，反而更多是總督麥當奴口中的「懶散無能」。許多人做事敷衍馬虎造成囚犯逃獄，這在記錄中所在多有，不過很少有像名叫麥克唐納（MacDonald）的牢差那麼離譜荒謬的例子。1868 年，麥克唐納因為讓名為富勒（Gardiner Fuller）的歐籍囚犯從羈押中潛逃而被解僱並罰五十元。[46] 富勒是因為通過假公司以虛假藉口騙取一批貨物而被還押。他説自己牙痛，説服麥克唐納把他從監獄送往國家醫院。一路上，這對牢差和囚犯流連幾間酒館，一直清醒的富勒從其中一間的後門溜走，逃去無終，留下他那名「事事順從的看管者⋯⋯ 茫然不解富勒所説的牙痛怎麼好得那麼快，然後繼續自己喝酒去」。[47]

值勤時「疏忽鬆懈」並非一定會被革職，但在 1889 年 9 月，錫克人監獄巡役尼哈星（Nehal Singh）明顯不只疏忽鬆懈，還讓六名戴着鎖鏈的囚犯衝上去制伏他，搶去他的來福槍並逃到一艘帆船去。他辯稱自己當時不是在睡覺，事實上還沉着冷靜地向囚犯開火，打碎了其中一人的下顎。這番解説證明是虛構的，雖然尼哈星九年來工作表現幾乎是無可挑剔，但仍被革職。[48]

在英治時代初期一直困擾監獄管理當局的員工問題，情況和警隊一樣。但是，牢差不同於低級警察，他們工作更辛苦，薪水更低，結果就不斷尋找機會跳槽。如司獄官萊思布里奇所抱怨，對當值時間長、工資低和生活環境淒涼感到不滿，難怪「他們執行職務時態度毫不認真」。[49] 員工持續流失令培訓工作事倍功半，也難以挽留有經驗的員工，以協助克服管理人員和囚犯之間的語言障礙。下至助理牢差的官員都是歐籍人，低級人員則由「有色人種和土著」組成。在 1904 年前，只有一名正式華人傳譯。無法以中文溝通的問題，在一宗離譜事件中清楚可見：一名囚犯在審訊三天後才知道自己被判了死刑，還是從一名到訪監獄的傳教士口中得悉。[50]

當哥頓接任司獄官，紀律甚為鬆弛，守衛與囚犯之間的勾結串通似乎

域多利監獄的獄吏和其他員工，約 1905 年。

是日常生活的正常情況。他說，他的非歐籍員工與囚犯十分親近友好，對於監獄的規定採取漫不經心的態度，並且很樂意偷運香煙或鴉片進監獄索賄。哥頓把最惡劣的違規者革除，並以英國駐軍中的士兵來取代，這種解決方法只能收一時之效，因為監獄職員的收入令他們的生活捉襟見肘，很難招募到人來做。到了十九世紀末，共有為數五十名的紀律人員，歐籍人和印度人各佔一半。高級監獄人員中沒有華人，原因和警隊不願招募華人警察一樣：他們不但被認為更容易貪污，還因為他們與所看守的大多數人有許多共同之處，其忠誠難免受到懷疑。

3. 囚犯是誰？

　　囚犯分類中所見的歐籍、印度（或有色）和華人的區分，同樣應用於域多利監獄的報告，當中既按照這三個種族標記，也根據囚犯的罪行輕重來將他們分類，這至少在英治時代初期是如此。這些數字很自然每年都會有上下波動，其中的高峰和低谷或許對應了人口增長、社會經濟狀況變化或判刑政策的改變，但這些記錄中可見一個模式：在華人囚犯中，大多數人是因違規罪行、欠交罰款和財產犯罪而被監禁，其次是因賭博之類被稱為「輕罪」的罪行。那些因「拒絕執勤、擅離職守等」被關的全是歐籍人和印度人，他們是違反陸海軍紀律而被投入牢中冷靜頭腦。

　　1881 年（這是隨意選擇的年份）的報告顯示，4,150 名囚犯在該年曾進入監獄，295 人是歐籍男性、一名歐籍女性、五十三名印度男性、3,643華人男性和 158 名華人女性。當中 645 名男性（歐籍、印度和華人）和女性（華人）是被還押候審和等待法庭命令。所犯罪行中有一宗謀殺案（由一名華人男性犯下）和三宗誤殺案（一名歐籍人、兩名華人男性）。[51] 其他重罪包括以刀傷人和傷害，或者引致他人身體嚴重受傷的襲擊（一名歐籍人、兩名印度人和六名華人男性；以及三名華人女性）；入屋盜竊（二十六名華人男性）和暴力搶劫（十五名華人男性）；偷小孩、拐帶、人口買賣（二十名華人男性、九名華人女性）；以及製造贗幣或假鈔（五名

華人男性）。

　　華人囚犯大多是因較輕微的罪行入獄。這些人可分為三大類。第一類包括各種盜竊行為——從房屋、從人身上、從港口或大海的舟船上，878名囚犯屬於這類。更多人（901名華人男性、十名華人女性）要坐牢是因為賭博或流連賭館、流浪和坐船偷渡、協助和教唆他人干犯輕微罪行，以及是「無賴、遊民和形跡可疑」。另外414名華人男性和二十名華人女性則因第三類的輕微罪行而被判刑，這些輕罪包括非法擺賣、無牌售貨、大聲叫嚷、沒有夜照或攜燈、阻街、滋擾、損害財物、放鞭炮、製造篝火、污染河溪、猥褻露體、侵入土地、違反海港和街市規例，以及違反鴉片條例。

　　對於公共秩序的憂慮始終存在，大量的人（625名）因範圍廣泛的罪行被囚禁，包括普通襲擊、襲擊引致他人受傷、打鬥、醉酒和行為不檢、反抗警察和使用侮辱語言，以及狂亂駕駛。可想而知，那些因拒付坐轎費、醉酒和行為不檢以及狂亂駕駛被拘留的人，大多是歐籍人，他們在這類囚犯中佔大部分（116名）。

　　約五十五年後，非法販賣活動和從前一樣是難以解決的問題。事實上，由於這座監獄再次人滿為患，並且如再一次的監獄收容空間調查所顯示，在1937年總數2,600名的囚犯中，被判監禁七至十天的小販佔了1,400人。在1937年由兩名成員組成的監獄調查委員會看來，把那些與其說是罪犯不如說是麻煩困擾的人關起來，唯一目的是不讓他們出現在街道上，這種做法似乎是「複雜繁瑣、不適當和沒效率的」。[52]委員會建議把小販、「乞丐之類的人」拘留在某種由華人守衞管理的「拘留營」中，他們在營中可以按規定的工作量勞動，賺取生活費，這樣做會明智得多。[53]如同其他要求政府擴大囚犯收容空間的建議，此建議也石沉大海。

婦孺

　　在十九世紀至二十世紀初，女性與男性囚犯的比例反映了監獄外的人口狀況：男性的數目大大超越女性。1857年，國家大醫師登普斯特醫

生發現八名婦女擠在域多利監獄一間原本只供容納三人的囚室中。但他承認這是不尋常的情況，因為一般來說，被拘禁的女性頂多兩、三人。十五年後，每天的平均數字仍然很低，徘徊在六人（1871年華人女性人口約有 29,600 人）左右，但她們的收容空間有所改善，因為她們收容在監獄建築群東端一座翼樓的地面層。到了 1881 年，女囚犯的絕對數字增加，不過仍然佔監獄人口少於百分之四。當中包括因違反妓院條例入獄的一名歐洲女人和三名華裔女人。其他女囚犯（全是華人）因為林林總總輕微罪行被監禁，從偷竊到滋擾或無牌擺賣。由於人數少，監獄管理可以較有彈性。如果囚犯是短刑期的母親，她們獲准把嬰兒帶進監獄。[54] 中國出使英國欽差大臣郭嵩燾和隨員在 1876 年 12 月進入域多利監

馬格里爵士 KCMG，MD（1833—1906）在 1876 年隨中國出使英國欽差大臣郭嵩燾前往倫敦，並留下使團到訪域多利監獄的記述。馬格里擔任中國駐倫敦公使館英文秘書兼參贊三十多年。1896 年孫中山被清廷特工在倫敦綁架，馬格里與康德黎（James Cantlie）和白文信（Patrick Manson）一同阻止孫中山被送走和處決。

獄女囚倉，這個中國使團的英文秘書馬格里爵士（Sir Halliday Macartney）見到「全體女囚犯，其中一人臂彎中抱着嬰兒，全部人站成一排」。[55] 為了衛生原因，她們的頭髮都剪短，但仍保持「正常的」女性氣質。德忌利士宣稱「華人女囚犯毫無例外全都非常整潔」，而「香港的華人女性尤其着重保持頭髮清潔」。[56] 根據記者利留斯說，有一段時間，從監獄醫院的男病房可以看到女囚犯，而每當她們現身倒垃圾或領取食物，都一定引來男囚犯「爭先恐後擠到窗邊」。[57] 在當局眼中，女囚犯並非無藥可救的敗類，她們被認為是可以教化，恢復得體合宜的女性舉止；為協助她們返回正途，荔枝角監獄歡迎英國和華人「巡獄女士」來訪，她們是端正風氣的中流砥柱，提供免費指導和基本教育，還有道德感召。[58]

　　向女囚犯拋媚眼或許可以，但她們是碰不得的，因為她們的囚倉與男

囚犯的囚倉嚴格分離。負責管理女囚犯的人，是一名稱為女管事的常駐女性看守，她要確保沒有男職員或訪客進入她的管轄區內，除非得到她或其他女職員親自陪同，而且根據監獄規例要求，她還須一直保管鑰匙。與男性獄吏相似，女管事不會獲得專門訓練，並且她的出身和社會階級大多頗為低下。1857 年有一對夫妻檔：獄吏麥肯齊（Robert McKenzie）（「沒有受過任何教育的人」）[59] 說自己的手下包括「一名女牢差」；[60] 她也被稱為「他擔任監獄女管事的妻子」。[61] 我們還知道另一名女管事的事跡，只知她名叫安妮琳（Anneline），她在 1862 年 5 月任職三年後不得不離任，因為被診斷患上「精神錯亂」。她獲得十五元離職酬金（每服務一年可得一個月薪金），她沒有其他謀生方法，但獲一些朋友願意收留。[62] 在第二次世界大戰爆發前，這些女管事大多數是歐籍人，當中一些人在戰事中被拘禁，後來由在本地招募的葡萄牙人和歐亞混血兒取代。

獄中女性通常都很年輕，有些人可能因為在家中偷竊而入獄。例如，在 1908 年，十七歲的婢女鍾秋雁（音譯，Chung Chau Ngan）因為偷竊女主人的珠寶而被判一個月苦工監。她的女主人從她四歲起就撫養她成人。她原本服刑後會被遞解出境，但女主人願意把她領回，裁判道格外開恩，尤其因為「她不知道自己的親戚在哪裏，如果被送到廣州，很可能就流落青樓」。[63] 這名女孩有一名叫潘鳳（音譯，Pun Fung）的同黨，之前曾在同一個家庭中當女傭，她幫忙處理掉一些被偷的珠寶，被裁定接贓罪名成立，判三個月苦工監。

像鍾秋雁這樣的年輕犯罪者，在獄中得到很少甚至沒有特別照顧。當局盡量把他們與累犯分隔，並不時嘗試提供一些教育來緩和懲罰，就像天主教神父在西營盤養正院為男童提供的教育，但除此以外青少年所受的對待實際上與成人無異。要到二十世紀較後時間，側重點才開始有所變化。為反映英國的發展，尤其是博斯托爾制（borstal system）的推行，香港監獄管理當局開始考慮設立感化院、職業學校和培訓中心。在荔枝角的分支監獄，劃出一個獨立大廳來收容少年犯，但還要再過二十年，專門協助他們矯正改過的制度才建立。不過，署理監獄總監在戰後發表的報告說：

1963 年監獄署長羅文在域多利監獄。

羅文檢閱赤柱感化院的童軍，1950 年代。

年輕罪犯的再犯問題必須從根源處理，把他們關在舊域多利監獄和今天的赤柱監獄，是不可再容忍的不合時宜之舉。英國和其他地方已證明，為年輕罪犯提供專門機構，可以減少慣犯人數，這足以抵銷開設這些機構的初始開支有餘。香港儘管在刑務管理方面有許多實在的進步，但仍然沒有像樣的官立少年管教學校（Government Approved School）或相當於博斯托爾少年感化院的事物，這依舊是香港社會結構的污點。[64]

香港首間根據博斯托爾制設立的機構，是收容十四歲至十八歲囚犯的赤柱感化院，其後改名赤柱教導所，並由社會局管理。署理監獄署署長羅文（James Norman）說，赤柱感化院「環境優美，俯瞰赤柱灣和大潭灣」，

在「令人耳目一新的自由和創新氣氛」中，為超過一百名男童提供教育和簡單的職業技能訓練——園藝、木工、裁縫、藤織工藝和製造郵袋。[65]

在 1953 年至 1968 年擔任監獄署署長的羅文，主張把年輕罪犯安置在開放的環境中，以另一種方式對待，他如此提倡是根據自己過往的經驗。生於 1913 年的羅文是倫敦人，曾加入警隊，其後被英國監獄管理委員會的中堅人物兼博斯托爾制的大力鼓吹者佩特森（Alexander Paterson）派往林肯郡北海營。那裏的男童被要求從事戶外勞動。羅文按照當時博斯托爾制的要求，靠近他們居住，很快就明白到他們大多數人並非惡棍或罪犯，而是如他所說的：「渴望成為社會中有用一員的年輕人」。[66] 1939 年戰爭爆發時，他不獲准加入其軍團，因為他從事的是免服兵役的職業。他在 1941 年申請到香港擔任助理監獄總監，這項職務須擔任義勇軍的軍官。但他沒有參與太多戰鬥，反而在拘留營度過了三年半。待到戰後，他才能着手改革刑務制度。他憶述：「很明顯，首要工作是把年輕人從監獄弄出去。」[67] 到了 1954 年，東頭灣教導所啟用，和赤柱教導所一樣，它沒有圍欄或圍牆，而且非常着重教育和培訓。羅文十分重視監獄管理制度的這個層面，如有需要，即使犧牲紀律也在所不惜，1955 年左右出現六名獄吏的職位空缺時，他把這六個職位「換成」六名導師。[68]

海軍、陸軍和領事

在十九世紀至二十世紀初，域多利監獄經常關着一些因違反各種軍紀而被軍事法庭判刑的海軍和陸軍囚犯。關押他們的食宿費用在監獄賬目中分開列出，這些費用會歸還港府。監獄也收容來自通商口岸和租借地威海衛的罪犯，[69] 根據 1869 年的《殖民地囚犯遣送法》，一個殖民地可以要求另一個殖民地接收被判刑或收到流放令、被監禁或服勞役刑的囚犯，讓他們在後者接受全部或部分懲罰。在一宗著名案例中，一名囚犯來自遙遠的日本，英國與日本簽訂了治外法權協議，令在日英國子民可由英國法官和根據英國法律審判。這個囚犯是來自神奈川外國人居留地的英國商人莫斯（Michael Moss）。在 1860 年 11 月的一天，莫斯與兩名日本僕人在神

奈川後方的鄉郊獵鴨，不知不覺間太過接近將軍的江戶（今東京）城，該處是禁止使用火器的，違者會被處死。莫斯和僕役一行人帶着獵物滿載而歸時被日本官員截停。他的雙管獵槍被搶走，混亂中傳來一聲巨響，其中一名日本官員被槍擊並受重傷。[70] 莫斯由英國領事審訊，被判處遞解出境和罰款，駐日公使阿禮國爵士（Sir Rutherford Alcock）追加三個月在香港監禁。但莫斯沒有服刑太久，他以法律細節為由，成功推翻這項判刑，於1861年1月獲釋。[71]

4. 聞名遐邇與惡名昭彰的囚犯

入獄經歷視乎囚犯的背景因人而異，但除非囚犯受過教育和識字，否則他們的故事無法傳諸後世，所以，雖然小販、乞丐等是無數其他曾出現在域多利監獄的人的典型代表，但他們是沉默的大多數。關於囚犯的記述，我們必須去找一些碰巧曾在香港坐牢的政治異見份子和記者的回憶錄。某些囚犯較一般人受矚目，報章報道了被遞解出境而短期逗留監獄的人的遭遇，可從中還原一鱗半爪；另外，從一些較轟動的審訊中的供詞，也可拼湊出其梗概。

遏雪

「這是白人在香港犯下最冷血的案件之一。」偵緝警長奧蘇利雲（Ed O'Sullivan）如此形容這宗《德臣西報》在1907年8月至9月的報道中稱之為「行李箱慘案」（The Trunk Tragedy）的謀殺案。[72] 當中的兇手是遏雪（William Hall Adsetts），對他的身份有不同說法，有說是美國陸戰隊士兵、水管工和鉛錫工匠；而受害者是妓女查杜魯·地頓（Gertrude Dayton），國家狀師口中馬尼拉「不幸階層」的一員。[73] 在歷時一個月的巡理府初步聆訊和臬署詳細審訊中，從眾多證人的證供所拼湊出的故事，令馬尼拉、煙台、上海和香港的公眾屏息凝視。審訊開始時，追蹤聳人聽聞事件和純粹好奇的人爭先恐後搶佔坐位，法庭後方的華人最後全被請離

畫家筆下遏雪把裝着地頓屍體的行李箱到「滿衣高」輪船的情景。

法庭，以騰出位置供歐籍人和外國人聽審。被告從被警察扣留羈押起直至他被處決，全程都在域多利監獄，這座監獄籠罩於這宗案件所瀰漫的惡名之中。

在 8 月 3 日星期六，一對男女以「鍾士先生和夫人」（Mr and Mrs W.H. Jones）之名由馬尼拉抵達香港，入住香港大酒店。兩人的行李是一個約長兩呎六吋，寬二十吋，深約兩呎的大型女裝旅行皮箱。這對男女英俊美麗：男的約二十多快三十歲，中等以上身高，有淺棕色頭髮和藍眼睛，幾顆牙齒「填入了黃金」，[74] 後來多名證人就是憑這項特徵認出他；女的是身材高挑的金髮女子，約五呎八吋高，手臂瘦削，長而尖的白皙手指上戴了一些閃閃發亮的指環。後來揭發這個女子帶着自己全部珠寶首飾，攜同屬於另一人的保險金匆忙離開馬尼拉。遏雪和地頓一起吃過晚餐後，在荷李活道五十二號和十八號的兩間「青樓」[75] 與地頓的老朋友度過晚上，喝了大量香檳和紅酒。他們在凌晨兩點至三點間離開第二間妓院，酒店內沒

有人看到兩人回去。遏雪後來堅稱他與地頓分手，他喝得醉醺醺記憶不清，但仍記得自己在灣仔洋船街一間不知名的日式妓院中與另一名妓女度過那晚。他在第二天早上回到香港大酒店，發現地頓並非喝得爛醉後去睡覺，而是死了。遏雪聲稱自己之後的行為是出於恐慌。

事情其後的發展匪夷所思。遏雪在 8 點左右走出房間，找來兩名苦力把他的行李箱搬下樓。他在酒店大堂又找了另外兩名苦力，替他把箱子運到太古洋行辦事處。他向該處的船務書記說他想把箱子運去中國海口給雅克（A. H. Jacques）先生。他沒有寫上地址，但說箱子運到後雅克會去領取。其後遏雪又回到船公司把箱子運走。他再找了兩名苦力搬箱子，與他一同前往孖厘埔頭（Murray Pier），他在埔頭找到一名略懂英文的舢舨婦，把他和箱子用舢舨載到停泊在銅鑼灣的「滿衣高」（Monteagle）輪船。那名女子在法庭上憶述那次交易：「我要你的舢舨一小時。」那名「歐洲人」這樣跟她說。「我對他說八毫子。他對我說可以兩元！」[76]

在「滿衣高」輪船上，遏雪說服舵手把行李箱搬到船上行李艙，答應之後再回來。這箱子一直放到那裏直到 7 號，船上開始瀰漫一股惡臭，人們追查之下發現源頭是這個箱子。箱子被撬開，發現一具已腐爛的成年女性屍體，明顯是被勒斃。屍體以側躺姿勢塞進行李箱中，雙膝屈曲頂着下巴，頭部有部分被手臂半遮。頸上纏着來自她裙子的腰帶，以一把梳子擰得緊緊，明顯被用作絞索。箱子找到兩條有「香港大酒店」標記的毛巾——警方就憑着這重要線索把這宗謀殺案追溯到遏雪身上。荷李活道其中一家妓院的證人之後憑着死者鑲金之牙、手臂形狀和長指尖甲認出她就是地頓。那時候，遏雪已在皇后大道的一家當舖典當了兩顆鑽石，接着前往上海（當舖老闆其後在域多利監獄的認人手續中憑他的金牙認出他）。之後，他比警察快一步逃到了華北的煙台。他帶着地頓的全部首飾，這些首飾數目不少，另外還有十四張各值一百美金的郵政匯票。他從煙台再逃往馬尼拉，最終難逃法網——落入香港警隊的偵緝警長奧蘇利雲和偵探白健士（Perkins）手中。遏雪從馬尼拉引渡到香港受審，被裁定罪名成立並判處死刑，在 1907 年 11 月 13 日伏法（見頁 387）。

張燦亮

　　根據 1912 年第九號《遞解出境條例》，域多利監獄的一部分用作收容流浪漢和被遞解出境者的「拘留所」。[77] 1933 年一名曾被拘留於該處的人曾對之有所描述，而如果這篇諸多挑剔的描述可信的話，那麼這拘留所和監獄本身其實沒有兩樣：設備有鋼牀，有牀墊和毯子，一個枕頭和牀單，全有寬箭頭記號，並以粗體黑字印上「囚犯」字樣。囚室內的其他物品包括飲水用的錫製杯子，一個清洗用的盆子，還有用作便桶的錫製有蓋容器。這名諸多抱怨的囚犯繼續說，在悶熱的天氣下，睡在七呎乘五呎的囚室中，「加上夜香就在你牀邊」，這種痛苦完全非筆墨所能形容。[78]

　　在該條例頒佈後到這篇揭露文章發表之間的 1925 年 5 月 28 日，又名張比利的張燦亮（Brilliant Chang，譯註：原名陳報鑾）來到香港，這名惡名昭彰的「黃皮毒販之王」抵港後在域多利監獄的拘留所逗留了約一星期。他被英國驅逐出境，正等待遞解到上海的命令，那是他想去的目的地。他在獄中的居住環境，與他在倫敦時經常光顧的豪華夜總會簡直是天壤之別。這名風流倜儻、衣着光鮮的西化商人，曾在倫敦西區攝政街擁有一間餐廳，據說他的魅力令女人無法抗拒，張燦亮曾涉及轟動一時的甘普頓（Freda Kempton）案，甘普頓是二十三歲的伴舞女郎，1922 年 3 月被發現在貝斯沃特（Bayswater）一間住宅內服用過量可卡因身亡。甘普頓在死前一晚曾找過張燦亮，據說張向她供應毒品，而張否認這指控。調查後的結論是甘普頓死於自殺，證明張燦亮無罪。思想淫穢的英國公眾則另有想法，他們看了薩克斯・羅默（Sax Rohmer）筆下的傅滿洲小說，熟悉當中關於黃禍的駭人故事，對他們來說，這宗案件體現了羅默所大肆描繪的場景，在最黑暗的萊姆豪斯區（Limehouse，當時倫敦華人的聚居地）的鴉片煙館和賭館裏，滿是邪惡的東方人，等待機會把白人女孩帶到沉淪墮落的深淵。據說羅默的著作《黃色陰影》（*Yellow Shadows*，1919）中的反派角色張緬甸（Burma Chang）就是以張燦亮為藍本。兩年之後警方終於逮到了張燦亮。他被判藏毒罪名成立，判處十四個月監禁，之後經香港遞解到中國，[79] 最終下場不為人知。

the "Limehouse Spider" Web

Brilliant Chang, King of London's Drug King.

倫敦「毒品之王」張燦亮被繪畫為萊姆豪斯蜘蛛，幾名白人男女困陷在他的網中；取自 1924 年的一份報紙。

利留斯

芬蘭裔記者利留斯出版了暢銷書《與中國海盜同行》（*I Sailed with Chinese Pirates*），記述他在華南的冒險旅程，包括在域多利監獄度過了兩個月。如他所説，這個故事充滿「野蠻和輝煌」，與他為伍的「男男女女，處於充滿令人作嘔、熱如體溫的血液味道和刺鼻鴉片臭味的氣氛中最感如魚得水，似乎這才是他們的天然環境」[80] 利留斯故意「捲入麻煩」（他沒有説明是什麼麻煩）[81] 令自己可以被送進牢中，在監獄尋找被囚禁的海盜，聽取他們的故事，尤其是可以濃縮成驚心動魄的新聞紀實「書籍」的經歷。他向自己的美國編輯説：「在域多利監獄的灰色圍牆背後，或許有可寫成一本書的故事。」[82]

利留斯在那裏沒有蒐集到海盜故事，但記述了 1929 年他在域多利監獄的囹圄生活，他的記載肯定是奇怪的，有時候還如人們所懷疑的，虛構多於真實。他寫道，坐在囚室中，有時候會「聽到可怕的慘叫聲，像是由被折磨或慢慢被殺的人發出。之後是咻、咻的聲音！慘叫聲會變得愈來愈弱。這是笞刑！」[83] 他聲稱從囚室門上的窺視孔看出去，有毫無阻礙的視界，可穿過對面囚室牆壁上的窗門鐵枝看見絞刑，這似乎匪夷所思：「一個影子緩緩擺蕩——前後、前後⋯⋯過了二十五分鐘後，我看見一隻手的影子割斷繩索，之後那暗黑物體就掉落，再看不見。」[84]

利留斯入獄時打了指紋、量了身高體重，並獲分配 E-10121 的編號，編號開頭的英文字母 E 代表歐籍人，之後再由醫生檢查身體。他在 D 倉的囚室漆了白灰水，面積五呎乘七呎，內有一張牀，牀上有草蓆、牀單、硬枕頭和兩張羊毛毯，全印了箭頭標記和英文字母 E。囚室內有兩個架子，其中一個放了洗臉盆和喝水用的金屬杯。角落放了痰盂和另一個有蓋盆子（「寫了 W.C.〔廁所〕，但『W』字不見了」）[85]，這就是所有設備。在靠近天花板的地方，微弱的光線從裝了鐵枝的窗戶透入，但利留斯是還押犯，所以有段時間獲得以電燈閱讀的奢華享受。他的守衛待他算不錯，但華人囚犯就艱苦得多：利留斯看到他們

> 受到白人和印度獄吏和巡役十分殘酷的對待；腳踢、拳打和掌摑每天發生。他們叫喚華人囚犯時，很少不帶一個極為粗鄙難聽的字眼，雖然那是中文，但我還是不能在這裏複述。[86]

利留斯説，暮色四合後不久，燈光就會熄滅，監獄迴盪着「此起彼落的放聲高歌和起勁喊叫」，一片雞飛狗跳的囂鬧混亂，一名華人一直以高亢假音有節奏但單調地唱歌。之後有蟑螂出沒：「又大、又黑又肥，身長三吋或以上」，[87]大得利留斯一開始時還以為是老鼠。白天不時會響起鐘聲，先是把每個人喚醒，之後是幾乎每小時都會鳴鐘，表示用餐、工作、小息、工作結束，最後一次是夜班守衛當值前的晚點名。

利留斯患上痢疾並被送到監獄醫院，出沒的昆蟲就由蟑螂換成牀蝨，他在那裏在牀上度過剩餘的兩個月刑

利留斯（1890—1977）記述了他在中國南方多姿多彩的冒險經歷，當中包括 1929 年在域多利監獄的牢獄生涯。

期。醫院裏也沒有海盜潛伏。他在書中承認：「我常常在想，我這場冒險是徹底的失敗。」[88] 不過他還是達成了目標，從他的經歷提煉出一本好「書」來。

艾蕪

在二十世紀初，香港是海外華人從英國、法國和荷蘭的亞洲殖民地，以及遠至英國、毛里裘斯和美國等地被遣返中國時的中轉站。這些人中有無業遊民、被解僱的工人，還有被驅逐的政治異見份子。除了數以千計從香港被遣返的人，香港警察也要處理這些被其他地方遞解回中國的人。許多人會在域多利監獄度過一兩個晚上。1931 年有超過八十人因政治原因從仰光經香港被遞解回本國，其中一人是中國作家艾蕪（1904 年至 1992 年）。他生於四川省，原名湯道耕，1925 年離家後過了幾年漂泊的生活，其間打零工賺取盤川。他從成都走路到昆明，越過雲南到達英治緬甸，在那裏找到一份報紙助理編輯的工作。他在路上漂泊時，常與

艾蕪

處於赤貧邊緣的人相交。艾蕪現在目睹他口中「英帝國主義者欺騙及壓迫弱小民族的黑幕」，激於義憤聲援緬甸農民起義，因而被送上一艘船，經香港遣返中國。

他一向想看看香港，在他心中這是個燈光燦爛的城市，他將之比喻為通身珠翠的少女。1931 年冬天，當他坐的船駛進香港的港口，滿山燈火似乎體現了他夢中所見的情景。但他和其他被遣返者卻被帶到警察局並關進域多利監獄——他說過程就像關豬關牛一樣簡單。他在這間「不要錢的政府旅館」中度過一晚，兩年後寫下生動的記述：

一盞十六支光的電燈照着，現出這縱橫丈二的小室，已經在地上睡了六個囚徒。當我們被人邀進去時，他們都驚醒了，抬起頭，露出浮腫帶病的臉……屋角裏放了一隻洋鐵馬桶，桶腳的大片地上，濕漬漬的，顯然是漫出的尿水。還有一二條香蕉似的大便，也刺眼的遺在地上。滿屋裏飽和着臭藥水和大小便的香氣，叫外面剛進來的人，馬上感覺得這兒別有天地，望望鐵欄外面，陰慘慘地，有點怕人，12月的寒風陣陣吹着。一個着黑外套的印度阿三，荷着槍來來去去，彷彿憧憧的鬼影。大家都忿怒着。粗暴地罵起下流話來了，洋鬼子，你媽的，紅毛鬼……。

　　在緬甸的拘留所，確比香港的好得多。囚徒進去，馬上招待飯吃，睡覺時，給你一張氈子蓋。屋子寬敞，空氣充足。廁所，西式的，手一拉，自來水便把污物臭味，一齊沖下地獄去。在香港的拘留，進去時，誰管你餓不餓，睡覺，誰管你冷不冷。至於廁所，未曾設備，僅以馬桶招待，彷彿應該享受大小便的香氣的。「紅毛鬼，對待中國人連亡國奴都不如！」大家都忍不住地吐出這句經驗話來。

　　後來我們向那睡着的六個囚徒談話。他們說是在星加坡失了業，被殖民地政府發配回國，已經押在這兒兩三天了。哼，豈有此理，失業是罪惡嗎？發配回國，就夠了，還又關在豬牢裏受苦，難道自稱為文明國的法律，是這般不講理嗎？這些善良的失業工人，不知在海外流了多少血汗，才造成了繁華的馬來半島及海峽殖民地。讓那些忘恩負義的豬狗——帝國主義者，去享幸福。結局，工人本身一無所得，反被成千成萬的驅逐滾蛋了。[89]

　　有人說，衡量一個文明高低的尺度，是其監獄和囚犯所受的待遇。艾蕪的記述也隱含了這觀點，他筆下域多利監獄的淒慘景況，反映了帝國主義的種族歧視和殘暴。他的記述是被關在域多利監獄中的華人罕有的第一手記述。第二天他乘船前往廈門，以帶忿怒的傷感說道：「我所愛的香港，

給我最深刻的印象，僅只是——凶惡的帝國主義，骯髒的臭馬桶！」

陳馬六甲

　　印尼獨立後，陳馬六甲（Tan Malaka，1896-1949，譯註：據考證，他是蘇門答臘的土著民族米南加保人，並非華裔。所以 Tan 是其名字而非中文的陳姓，其姓名應是丹·馬拉加，但早期東南亞華文報章按閩南語發音，把他的姓名翻譯為陳馬六甲，一直沿用至今）成為 1930 年代在蘇門答臘出版的小說系列《印尼紅花俠》（*The Scarlet Pimpernel of Indonesia*）的主角，存在於大眾想像之中。這名激烈反抗荷蘭殖民統治、曾任印尼共產黨主席和共產國際東南亞代表的人，無疑和小說中的角色一樣大無畏和行跡飄忽。他在蘇門答臘和荷蘭受教育，因為在爪哇組織罷工而被荷蘭人放逐。從 1922 年至 1942 年的流亡歲月中，他輾轉到過廣州、馬尼拉、新加坡、清邁、檳城、曼谷等地，荷蘭、美國和英國殖民地警察及情報機關一直緊追他不放，但他都一再逃過追緝。1927 年他在馬尼拉被捕並遞解出境。他到了上海，但在日本人攻打上海時逃往香港。他以一本姓名是王宋利（Ong Soong Lee）的護照四處旅行，他在自傳《從監獄到監獄》（*From Jail to Jail*）中十分得意地解釋，這名字的三個漢字都可用作中國人的姓氏。只要改變閱讀這三個字的次序，他就可以用不同身份出現，而無須更改護照中的名字。他在 1932 年 10 月初假裝成名叫王宋利的華裔菲律賓人到達香港。

　　不到幾天，陳馬六甲就被一名華人便衣警察和一名魁梧的孟加拉人拘捕，帶到香港警察總部，並關進他口中的「英帝國主義監獄」，在那裏「虛度」了兩個半月。他被問到自己是否真是華人時答道：「從科學上說，是的。」盤問他的人聽罷大笑，他自己也笑起來。當局很快就知道他是陳馬六甲，並且是共產國際的代表，因此是煽動革命之人，威脅到從印度到東印度群島的殖民地安全。來自海峽殖民地、上海公共租界和荷屬東印度的警察都來盤問他；其中一人甚至腼腆地承認自己敬重陳馬六甲，並佩服他的態度。陳馬六甲偶爾會以宣示政黨立場的口吻譴責帝國主義，但也承認

自己敬佩英國司法和公平，雖然諷刺地說並非人人都能受惠，皮膚黝黑的共產主義者肯定無緣享受。他很清楚自己的情況很曖昧：荷屬東印度當局想把他引渡回去，但香港政府沒有非這樣做不可的理由，因為他並沒犯法。

印尼民族主義者兼民族英雄陳馬六甲。

有一天副警察總監馬非現身陳馬六甲的囚室，給他一瓶檸檬水。原來這是表示同情的舉動，因為陳馬六甲之後就從原本所處的歐籍人囚室，轉到「華人囚室」。這間囚室地方狹仄，令人更不舒服，但陳馬六甲仍安之若素。他只是把此待遇「降級」歸因於有人發現他與一些印度獄吏結交往來。他曾與一名旁遮普穆斯林獄吏談論爪哇的穆斯林人口；還與另外兩人談過話，一個是印度人，一個是錫克人。那名錫克獄吏一天晚上大發雷霆，高聲抱怨儘管自己的工作比英國獄吏辛苦危險，薪水卻比他們低。

陳馬六甲在域多利監獄的華人監倉時，另一名囚犯悄悄接近他，此人是來自棉蘭的印尼種植園華裔苦力，因偷竊被判囚四年，他說可幫助陳馬六甲：「你要肉，我找來。你要雞蛋，我找來。」[90] 但陳馬六甲最想要的是筆和紙，他用來寫信給英國工黨領袖蘭斯伯里（George Lansbury）和蘇格蘭政治家馬克斯頓（James Maxton）。他寫的信被偷運出監獄，在英國國會中引發質問。

不久後，陳馬六甲再次遷囚室，原因不明，之後再三次在華人和歐籍人區域之間來回遷移。在 12 月底他終於獲釋，沒有被交到荷蘭當局手上，而是應他要求遞解到上海，對他來說，這個「受帝國主義支配的港口」並不比香港安全。但他再次逃過追捕。他所搭的船在前往上海途中於汕頭靠岸，第二天早上又停泊廈門灣。陳馬六甲在船上一名朋友協助下，

坐汽艇橫渡一段短距離後上岸，首先在鎮內躲藏起來，之後藏身於一個海邊村莊。到 1942 年時他已返回印尼，與他的左翼追隨者繼續反對蘇加諾（Sukarno）與荷蘭人談判的政策。他在爭取民族革命的最後鬥爭中，被印尼軍隊的士兵殺死。

陳馬六甲在自傳中把中國監獄的可怕情況，與他所知的其他監獄作比較。他對監獄並不陌生，他說：他曾分別在萬隆、三寶壟和雅加達的三座印尼監獄坐過牢，也在馬尼拉和香港的監獄蹲過。「不過，荷蘭、美國和英國帝國主義者的監獄與中國監獄相比，就像馬廄與豬圈的差異。中國監獄擁擠不堪，睡覺、吃飯、大小便都是人疊人，囚犯在此殘酷無情的社會中尋思自己的命運。一旦被投進真正的中國監獄，很少人還能保持健康或生存下來。」[91]

胡志明

又名阮愛國的越南革命家胡志明（1890-1969），曾兩次被羈押在域多利監獄。他在香港時所用的漢名除了阮愛國，還有宋文初。他從 1931 年 6 月到 1932 年 12 月遭港府拘押，但大部時間是被送到香港島寶雲道的一間醫院。他沒有犯罪，卻是共產國際成員，被懷疑利用香港為基地顛覆法國在印度支那的統治。香港政府決定把他遞解出境。通常的做法是把胡志明送上一艘開往印度支那的船，但他和他的律師聲稱，這樣無異於把他送到迫害他的法國警察手中。

胡志明開展幾個月的法律訴訟，其間獲准上訴至英國樞密院，最後雙方達成庭外和解，他獲得釋放，可按自己的意願離開香港，並獲協助前往任何他想去的地方。胡志明最初去了新加坡，1933 年 1 月又回到香港而再次被捕，被關進監獄度過一晚，第二天馬上獲釋放。他最後經上海和海參崴坐西伯利亞鐵道返回莫斯科。港督貝璐爵士（Sir William Peel）形容他是另一個「政府必須協助他與其俄國主管取得聯繫的代表」，[92] 第一個是陳馬六甲。

和陳馬六甲一樣，胡志明充分利用他被囚禁的時間。他在醫院的歲月

極為舒適。他不是真的生病，只是當局覺得應把他轉到一個沒有監獄那麼清苦的地方，醫院內護士對他照顧周到。另一方面，他在域多利監獄的日子就百無聊賴，非常單調沉悶。在他以第三者口吻撰寫的自傳中，「阮愛國」談到他的膳食是未脫殼米飯和難以下嚥的魚，只有一點許油和辣椒調味，每週只有兩次吃得到牛肉和精白米，聊作調劑。他每天有十五分鐘到監獄操場的放風時間，他很珍惜這個能與其他囚犯短暫接觸的機會，並享受可以看到一小片天空的景象，除此以外，他靠數草蓆上的草莖或囚室屋頂的瓦片度日。屋頂上方有一扇半月形窗戶，恍似絕望的獨眼巨人那隻單眼，透進陰鬱的灰白光線。一名與他友好的獄吏偶爾會偷運香煙進監獄，讓他享受快快抽一口這種違禁品的快感。他在晚上忙着抓虱蟲，他說：蟲子多得不得了，令他難以入眠，但他慢慢習以為常，不再在意被咬，雖然他繼續去抓牠們——主要為消磨時間，而非以殺死牠們為樂。

由於胡志明在反法獨立運動中所發揮的作用，以及長期（1945 年至 1969 年）擔任越南民主共和國主席，今天他被尊崇為二十世紀亞洲最有影響力的反殖民主將和共產主義領袖之一。他知道，他的越南同胞極渴望獨立和獲得解放。他未能活到目睹越戰結束和國家統一，但在一首關於囚禁和革命的拆字詩中預言：「籠開竹閂出真龍。」[93]

> 囚人出去或為國，
> 患過頭時始見忠，
> 人有憂愁優點大，
> 籠開竹閂出真龍。

戴望舒

1941 年香港淪入日本人之手後不久，左翼詩人兼編輯戴望舒（1905-1950）就被關進域多利監獄。1905 年生於杭州的戴望舒，1930 年代初留學法國，結織了如馬爾羅（André Malraux）等一些文壇人物，並通過翻譯象徵主義詩歌，如波德萊爾（Charles Pierre Baudelaire）的《惡之華》（Les

戴望舒

fleurs du mal），把歐洲文學介紹給中國讀者認識。1937 年抗戰爆發後一年，他離開上海前往香港。當時許多內地作家和新聞工作者都來香港避難，和他們一樣，戴望舒也投身於反日宣傳工作。1941 年日軍入侵香港時，他是《星島日報》文藝副刊的主編。反抗有許多不同方式，其中之一是傳播反日民謠，例如《大東亞》，據說它是戴望舒寫的：

> 大東亞，
> 啊呀呀，
> 空口說白話，
> 句句假。[94]

戴望舒在 1941 年 12 月底被日本人拘捕，在域多利監獄蹲了三個月，他被囚禁時受到虐待，令慢性哮喘惡化。他大概預感自己大限不遠，在出獄後不久寫了〈獄中題壁〉，這首詩中提到白骨的可怕意象，清楚透露出早逝和死於非命的想法。

如果我死在這裏，
朋友啊，不要悲傷，
我會永遠地生存，
在你們的心上。

你們之中的一個死了，
在日本佔領地的牢裏，
他懷着的深深仇恨，
你們應該永遠地記憶。

當你們回來，從泥土
掘起他傷損的肢體，
用你們勝利的歡呼
把他的靈魂高高揚起，

然後把他的白骨放在山峰，
曝着太陽，沐着飄風：
在那暗黑潮濕的土牢，
這曾是他唯一的美夢。[95]

第10章

懲罰、反抗與釋放

　　1885年6月27日，一名被判監十八個月的囚犯用棍棒襲擊司獄官哥頓，他很快被繳械並受懲罰。其後發現他原來是受五十多名囚犯收買的工具，這些人幾乎全是三合會成員，計劃發起暴動，以向世人揭露自己受到的委屈。這些委屈來自哥頓實行更嚴厲的監獄管理制度，並把每日米飯配給量從一磅八盎司（註：約680克）減至僅一磅（註：約454克）。[1]

　　不到兩年後，監獄再次爆發譁變，另一群囚犯一面口中大喊「打！打！」，一面襲擊獄卒，這次是因為他們的肉類配給被削減而引發。[2] 監獄當局早預計會有暴力反應，已防患未然，暴動份子遭強力鎮壓。為首份子被揪出來，馬上被處以每人十二下藤條鞭打。

　　對食物數量和品質的不滿，常常會引起囚犯憤怒，也是監獄內集體反抗的主因。哥頓說：「大家要記着，食物之於囚犯就像酬勞之於僱傭兵，每當習慣或自認為擁有的權利受到干涉，都可能造成譁變。」[3] 在域多利監獄發生那些暴動的時期，杜卡恩所改進過的刑罰學正廣泛在英國應用，並且有一段時間，監獄應令罪犯改過自身的目標被揚棄。香港也加以效法。杜卡恩的刑務制度是以「做苦工、睡硬牀和吃粗食」為基礎。在過度擁擠的域多利監獄，許多囚犯並非睡「硬牀」，而是睡在硬地板上，監獄繼續採用體罰。本章探討這三種懲罰方式，還會談到囚犯覺得無法忍受而以暴動、不服從、自殘和逃走來反抗。有關越獄的討論延伸至其他逃出監獄的方式，合法方式是透過減刑和赦免，另外就是自殺這條不歸路。最後一節會談論幾宗死刑，從1844年的第一次到1966年的最後一次。

倫敦哈洛威監獄（Holloway Prison）的廚房，取自梅休與賓尼著：《倫敦刑事監獄和監獄生活景象》（1862）。

域多利監獄的廚房，1960年代。

1. 吃粗食

一些參觀域多利監獄的記述，都有記載品嚐或者吃監獄食物的經驗，不用說這種經驗也見於囚犯自己的回憶著述。可想而知，這種經驗是因人而異的，不用每天吃的人對之讚賞，吃慣更好食物的囚犯對之厭惡，不一而足。《德臣西報》給予它有點明褒實貶的認可。該報記者在 1867 年 5 月寫道，監獄廚房有八個大鍋，「湯、飯、茶等等，沒有絲毫難聞的氣味」。[4] 十年後，郭嵩燾率領的首個出使西方的中國使團中，有一名成員也對之甚為讚賞：

郭嵩燾（1818—1891）在 1876 年出任首名中國駐英國公使。在前往英國途中，他與隨行人員路經香港。眾人探訪域多利監獄，郭嵩燾形容它「灑濯精潔」。

> 公使團成員經過廚房時，午餐正好端出，他們有機會看到當中有何菜式。盛滿白飯的錫盤子正裝到兩三部兩輪手推車上，每個盤子放了三條已煮熟的小魚。飯很好，魚也很新鮮，在這些大人眼中，這些飯菜一定與他們所知中國監獄中的膳食形成奇異對比。參贊黎大人俯身從其中一盤菜中取了一小口，他說美味極了。[5]

1886 年，署理總督馬維麟爵士（Sir William Marsh，又譯馬威林，後世將其漢名譯為馬師）在討論監獄調查委員會提出削減囚犯膳食的建議時指出一個事實：監獄「每天都有裝滿剩菜殘羹的桶子」。[6] 即使有些囚犯

監獄食物：麵包、水和利留斯所說的「燕麥粥」。

得不到想要的糧食分量，但食物供應很充足，政府定期招人承買監獄的剩餘食物就是佐證。這些「獄廚所棄之物，飯粥菜蔬並魚等類，平均每日約200磅不等」，[7] 被人買去用作豬餿水。有這麼大量的廚餘，令那時候批評伙食太清苦的說法都無法成立。

在 1920 年，被控殺死兩名獄吏的黃廣責怪政府忽視囚犯的苦況。在其雜亂無章的供詞中，他告訴裁判司：

> 餓死的犯人很多。給我們吃的魚和蔬菜，是餵牛餵貓的那些……其他種族的囚犯獲得油和糖；華人囚犯卻得不到……我們全都說醫生是好醫生……我獲得的食物分量，不到醫生批准的一半……我只獲得約三成……副監獄總監和獄卒長對待我們很惡劣，有七十人（連我在內）在盤算如何逃走……他們寧願被吊死，也不想在獄內餓死或被打死……副監獄總監和獄卒長沒有盡責為我們供應足夠食物；我想殺死他們……[8]

記者利留斯在 1929 年被囚一個月內患上痢疾，在他眼中，監獄的食物顯然不適宜人吃：

> 它以澱粉為主——馬鈴薯、混合羊脂的麵粉、燕麥粥和麵包。還有加了胡椒的湯，它辣得我的嘴巴幾乎起水泡……我們一星期兩次會獲得兩片以非常油膩和辛辣的汁液煮成的肉。我們沒有刀叉（監獄的「餐具」只限湯匙），因此我必須用手指把肉撕成小塊，這不是件容易的事。養過狗的人都知道餵狗是怎樣的——用金屬盆盛狗糧。在域多利監獄，食物就是這樣送來給我們吃的。[9]

監獄規則清晰列出囚犯每天從早到晚所吃的食物。詳細列出的餐單，符合杜卡恩在英國提出的構思。分量（以烹煮前的重量列出）根據是否須做苦工而調整。囚犯也按刑期長短分為兩組。一級囚犯是正處於其整體刑

期頭三個月，或其刑期是三個月或以下的人，他們所得到的膳食是不變的。二級囚犯是那些已完成頭三個月刑期，正在服餘下刑期的人；在此第二階段，他們的伙食會稍有變化，包括星期天有魚吃。但是變化很小；從 1928 年的一些例子可見伙食是多麼單調乏味（見表 10.1、10.2）。[10]

表 10.1 1928 年域多利監獄每名二級歐裔或白種囚犯的普通伙食

（無須做苦工的男性、女性和 16 歲以下男孩）

早餐	麵包 6 盎司 燕麥粥 1 品脫	星期日、二、四、六
	麵包 6 盎司 可可 1 品脫	星期一、三、五
午餐	麵包 4 盎司 馬鈴薯 8 盎司 去骨熟肉 4 盎司 湯 ¾ 品脫	星期一、三、五
	麵包 4 盎司 湯 ¾ 品脫 板油布丁 12 盎司	星期二、四、六
	麵包 4 盎司 飯 6 盎司 魚 8 盎司 咖哩材料 5 打蘭	星期日
晚餐	麵包 6 盎司 燕麥粥 1 品脫	每天

（註：1 盎司 [oz] ≈ 28.35 克 [gram]；1 品脫 [pint] ≈ 0.56 升 [Litre]；1 打蘭 [drachm] ≈ 1.77 克）
各種調製食品的成分都有規定。
湯——每品脫包含 3 盎司去骨的肉、1 盎司洋葱、1 盎司大麥、4 盎司青菜、山藥、番薯或芋頭；加胡椒和鹽。
燕麥粥——每品脫包含 2 盎司燕麥、1 盎司糖蜜；加鹽。
可可——每品脫包含 ¾ 盎司可可片或可可碎粒、1 盎司糖蜜或砂糖。
板油布丁——每磅 1 ½ 盎司板油、6 ½ 盎司麵粉、8 盎司水。
咖哩材料——3 ½ 打蘭辣椒、1 ½ 打蘭胡椒、¾ 打蘭薑黃粉、¾ 打蘭芫荽籽、¾ 打蘭孜然粉，還有 ½ 盎司油。
茶——每品脫包含 ½ 盎司茶葉、¾ 盎司砂糖。
註 1：被判監禁兩年或以上，並按漸進階段制屬於第一級的歐洲囚犯，除規定的餐單外，星期天的午餐還可獲得八盎司雞肉。
註 2：一打蘭相當於八分之一盎司。
註 3：可可碎粒是壓碎的咖啡豆或可可豆。

歐籍負債人和一級輕罪犯如果沒有請人送食物到監獄給他們，每週六天可獲得八盎司去骨牛肉、羊肉或牛肉，另外每週可獲得一次新鮮魚。

表 10.2　每名二級有色人種和華人囚犯的普通伙食

（無須做苦工的男性、女性和十六歲以下男孩）

早餐	飯 9 盎司 蔬菜 8 盎司 酸辣醬 ½ 盎司 油 ¼ 盎司 鹽 ¼ 盎司 茶葉 ¼ 盎司	星期日、二、四、六
	飯 9 盎司 鹹魚 1 盎司 酸辣醬 ½ 盎司 油 ¼ 盎司 鹽 ¼ 盎司 茶葉 ¼ 盎司	星期一、三、五
上午 11 時	粥 1 品脫	每天
晚餐	飯 9 盎司 鹹魚 1 盎司 酸辣醬 ½ 盎司 油 ¼ 盎司 鹽 ¼ 盎司 茶葉 ¼ 盎司	星期日
	飯 9 盎司 鮮魚 2 盎司 酸辣醬 ½ 盎司 油 ¼ 盎司 鹽 ¼ 盎司 茶葉 ¼ 盎司	星期一、二、三、四、五、六

酸辣醬——洋葱 1 盎司、大蒜 1 打蘭、辣椒 3 打蘭；煮餐時把這些材料加入食油同煮。

粥——每品脫包含 2 盎司米，加鹽。

註：被判監禁兩年或以上，並按漸進階段制屬於第一級的華人或印度囚犯，除規定的餐單外，星期天的早餐華人還可獲得六盎司豬肉，印度人可獲八盎司雞肉。

以同樣重量來看，歐洲人的伙食似乎比「有色人種和華人」的來得豐盛。印度囚犯的食物與華人囚犯的相若，包括少量綠豆（鷹嘴豆或其他豆類），在某些日子會供應九盎司的麵粉而非米飯。除了這種照顧到文化差異的微小變化，對於囚犯膳食的調配是一視同仁的。例如，所有漸進階段制下的歐洲、華人和印度囚犯，在星期天都有肉可吃。

漸進階段制是另一種由英國引入的事物。根據這制度，囚犯在初期受到嚴格對待，包括隔離監禁和最低分量的膳食供應，之後在中期會與其他人一同做苦工，例如被派到戴鐐囚犯工作隊，到了最後階段懲罰就會減輕，並可以靠積累操行分數得到減刑和提早獲釋。配合這種制度的餐單深受杜卡恩的構思影響，根據他的想法，在監禁期頭幾個月，囚犯獲最低量的伙食供應，並承諾之後會慢慢改善，在較後期會有肉吃作為獎賞。這個制度以醫學和科學事實為幌子，其依靠的假設是：一段短時期剝奪部分食物是安全甚至有益的，不過，其主要理念一如往常是為嚇阻。由於大部分囚犯的刑期通常都很短，所以只有少數人會有所「進步」邁過第一階段。

違反監獄規例的人會進一步挨餓，例如被剝奪魚和豬肉，或者停發晚餐或上午的粥；「行為不良或懶惰的」囚犯也遭殃，他們每天只會獲供應最粗淡的膳食，不過最多只限七天：[11]

歐籍人──麵包 1 磅，配以水。

華人──飯 12 盎司、鹽 ½ 盎司，配以水。

印度人──飯 12 盎司、鹽 ½ 盎司，配以水。

除了在分量上有所改變，這些監獄餐單幾十年都是如此。2005 年域多利監獄停用後，從仍掛在獄中的餐牌清楚可見，利留斯所抱怨的澱粉質過盛情況，直到那時依舊沒變：標準的早餐包括白飯、當令蔬菜和中國茶；午餐是葡萄乾圓麵包和中國茶（或者麵包、馬鈴薯和番茄）；晚餐則是白飯加上蔬菜和魚塊或肉塊。還有另外兩種早餐供應，大概是為非華人囚犯而設。這些包括牛油、果醬和奶茶，午餐則改為以馬鈴薯和麵包代替白飯，並在當令蔬菜以外再加入咖哩豆和番茄。此外，對於青少年和糖尿病人還有特別餐單，前者的早餐是豬肉碎伴飯，晚飯有魚柳；後者早餐是

肉碎雞蛋粥。

2. 苦工

1877 年的監獄調查委員會成員強調,應「秉持一貫的理性和人道方式,藉着做苦工、吃粗食和實行嚴格的身體紀律」,盡量令囚犯尤其是華人囚犯的生活過得不舒適自在。[12]「吃粗食」有雙重目的,既是胡蘿蔔又是大棒,給予食物變成鼓勵良好行為的誘因,斷絕或減少食物則用作懲罰。但是,想在最少量食物和最大量勞動之間取得平衡,就不是那麼容易,因為囚犯在服刑期間彷彿往往都會增重而非減重。似乎沒有太多官員想到,這些囚犯原本多半是流落街頭「羸弱衰敗」之人,[13] 大概早已營養不良、衰弱和健康欠佳。但是,如果刑罰餐單的效果虛無縹緲,那麼還有其他較可測量的肉體懲罰,包括一些輕鬆的工作,比如打掃監獄、「撿破爛」、煮飯、洗衣服和製造草蓆。苦工紀律則包括轉曲軸、搬運鐵球、拆麻絮或以扛石頭為替代,另外還有碎石和琢石。苦工是由法庭命令判處的,或因違反監獄規例而被罰做。囚犯一般每天工作六至十小時,通常從早上 7 點到下午 4 點 30 分,中間有一小時午飯時間。星期六下午是沐浴時間,不必工作,星期天也休息。

踏車

監獄委員會在報告也提及腳踏轉輪(亦稱踏車),不過只是說,英國刑罰學家認為踏車是能產生很大嚇阻效果的懲罰,但在香港不受青睞,從來沒在此地使用。有記錄顯示,域多利監獄在 1850 年代初曾裝設一台踏車,還連接磨坊,而就我們所知,它不曾使用過(見頁 255)。[14]

據監獄工務司約書亞‧傑布說,踏車是構造簡單的機械,英國許多郡立監獄都有裝設,用於被判苦工監的囚犯。[15] 它們一般是由裝在鐵框架的巨大空心轉輪組成,輪上安裝踏板,可供一定數目的囚犯(通常是或十個,但也可多達十六個)不停踩動以產生動力(例如用於泵水或磨玉米)

或令他們筋疲力盡。踩轉輪的動作猶如攀爬，在英國監獄，目標是一天踩六至八個小時，相當於爬上八千至一萬二千呎的山；在香港，這相當於爬五、六趟太平山。增加轉輪阻力可以令囚犯更辛苦。殖民地部諮詢傑布的意見，他建議在香港裝設十座踏車。不知為何後來沒有實現。港督麥當奴謀求在監獄內引入新的懲罰時，對於恢復踏車有所遲疑。他認為「華人的腰腿和脾臟似乎一般都十分衰弱」，另外踩轉輪時須有醫生在場監察，否則會有發生滑下或跌落意外的危險。[16]

曲軸、搬運鐵球和扛石頭

麥當奴沒有引入踏車，反而建議採用曲軸和搬運鐵球，兩者都是「惱人和令人厭煩、純粹為懲罰人而設的工作」。[17] 他要求殖民地部提供十二部曲軸，希望用來對付那些為求不用被派去築路而故意自殘的人。拒絕勞動是最普遍的監獄違規行為。不過，似乎大部分曲軸都只是放在那裏堆積灰塵，因為操作手冊顯然很快就不知所終（如果有送來的話），而沒有人懂得如何正確操作這些設備。到了 1877 年，僅兩台還在使用，用來替代搬運鐵球；另外有兩台下落不明；餘下八台，監獄調查委員會成員建議應立即重新使用。委員同意麥當奴所說，在各種苦工中，只有曲軸和搬運鐵球可以視為嚴格意義上的刑罰。署理司獄官譚連以薄弱的理由反對這種建議。他認為，更大規模地使用曲軸無可避免會造成一個後果，就是可能增加監獄的空氣污染，因為轉曲軸的人「在解手時須使用『木桶』而非操場上的廁所」。[18] 委員會認為他提出的反對理由不過是可輕易克服的「行政缺失」。之後就恢復這種懲罰，並在 1887 年為監獄再訂購另外五十台曲軸。[19] 獄吏須負責調較壓力和擰緊曲軸（這是獄吏在英國綽號叫「螺絲釘」的原因）。如果不調高重量或壓力，曲軸是完全達不到其效果的。1891 年至 1895 年間，監獄的鞭笞數目急升，署理司獄官譚臣（Alexander MacDonald Thomson）將之歸咎於曲軸被不當使用：

約在去年 9 月，我在例行巡視期間，發現牢頭沒有恪盡其職責，曲

軸沒有調較至適當強度。我下令獄吏在收到牢頭發出的證明後，突擊檢查所有曲軸。一天早上他這樣做的時候，發現大部分曲軸的重量都非常不足——低於標準，當中很大比例是完全沒有重量⋯⋯結果所有曲軸現在都能符合測試標準，我相信囚犯合謀不勞動，而其結果是鞭笞數字大增。[20]

曲軸在十九世紀的英國已廣泛採用，刑罰學家認為它在兩方面來看是非常合適的監獄懲罰：首先，它裝設在囚室之內，可由囚犯獨自操作；第二，如果設定了適當的重量或壓力，所需的勞動量就變得有系統和可以量度。例如，在香港，1873 年被判勞役的人每天須轉動 14,000 下，在 1876 年改為「不超過 15,300」轉，往後的歲月再變成在十二磅壓力下轉動 12,500 下。

以所花氣力來說，這種懲罰或許是可以量度的，但對於個人感受到的痛苦程度則很難測量。1877 年的監獄調查委員會觀察到，揀麻絮是華人囚犯覺得最辛苦和最不願做的工作，而歐洲人一般都厭惡搬運鐵球。在 1887 年，一名監獄管理人員持相反看法，他說曲軸是「華人非常不喜歡的，對他們來說，它比搬運鐵球或揀麻絮更討厭」。[21] 1892 年 3 月到訪域多利監獄的菲律賓民族主義者黎剎（José Rizal），對於曲軸的操作有很生動的記述。黎剎說，囚犯在囚室中前後走動，轉動

一台連着牆上、有皮革包覆的曲軸。這曲軸是連接到一個附有金屬板的計算錶，上面數字顯示用餐前應當達到的數字。房間很昏暗。從外面可以看到轉軸的轉動端；上面有指示方向的箭頭。每名犯人每天都要前後轉動 12,500 次，做不到就會受罰。曲軸的阻力重量大概由十至十六磅不等。該處有一本簿冊記錄了他轉動的次數和須要工作的天數。這是艱辛的工作，這麼多原動力沒有用在一些有益的事情上，實在可惜。[22]

域多利監獄曾有一座專為安放踏車而建的建築物。踏車又叫腳踏轉輪,還有「無盡階梯」這個很貼切的外號,是一種用來懲罰囚犯做苦工的裝置。

曲軸是「令人厭煩、純粹為懲罰人而設的工作」。郭嵩燾曾記述:「其禁錮者,房設一鐵軸,令手運之,每日萬四千轉,有表為記,不如數者減其食。」

拆麻絮是較為有生產力的苦工,但華人囚犯顯然十分厭惡這種工作。

搬運鐵球同樣是毫無生產效益的，事實上，如英國一名社會評論家在1862年所言，它無用得如此匠心獨運，難以想像有任何其他東西可以相比。但加拿芬勳爵及其1863年的監獄紀律調查委員會對這種無用至極的工作讚賞有加，認為囚犯知道自己耗費體力卻徒勞無功，這能產生雪上加霜的效果，令這種懲罰更加嚴苛。黎利也看到搬運鐵球實際進行的情況：在一名獄吏指揮下，囚犯必須彎腰以雙手搬起一個「鐵丸」或者炮彈，走幾步，然後把它放下。鐵球重十八、二十四和三十二磅。囚犯之後重複這動作——一再重複做四小時，每次一個半小時，在中間的時間扛石頭或揀麻絮。扛石頭是本地版的耐力考驗：囚犯須把一根竹竿扛在肩上，竹竿兩頭吊着兩塊巨大的花崗岩（總重量約四十五磅），這樣負重沿操場不停繞圈。

揀麻絮

踏車、曲軸、搬運鐵球和扛石頭都是全無生產效益的工作。英國刑罰學家嚴格規定，不應為了令囚犯獲滿足感而去讓他們從事一些有用的工作，因此削弱了身體懲罰的嚴厲程度，但實際操作的監獄管理人員或許不大擔心懲罰的目的會互相牴觸，覺得把勞動力變成一些價值或利潤，也可以達成懲罰目的，甚至可能更有效。讓囚犯揀麻絮，是利用監獄勞動力獲取經濟利益的方法之一。

揀麻絮自十八世紀末以來就是英國監獄和濟貧院採用的一種勞動形式。這項通常歸類為苦工懲罰的工作是要把「廢繩頭」拆散，廢繩頭是船舶所丟棄、包覆焦油的舊麻繩。拆散廢繩頭從中揀出麻絮，可以賣給船具商，再次混合焦油後用於為木船填縫。華人囚犯顯然覺得揀麻絮很困難，極不願意做，歐洲人做起來卻很靈巧俐落，因為他們大多曾是士兵或水手，慣於處理繩索。此外，使用「一種稱為『滾鈎』（jigger）的鈎子」[23] 把這項工作變得較輕鬆，令他們的手指甲不用再受罪。[24]

域多利監獄的歐籍囚犯每天平均拆揀一磅半麻絮，而華人則是一磅。域多利監獄的廢繩頭是來自海軍船塢，有時候城內的店家也會供應，而囚

犯的勞動是收費的，1875 年的費用是每揀一磅麻絮收半便士，賺得的金錢會交給庫房。[25]

戴鐐囚犯工作隊

從苦工獲取價值的另一方式是把它外判出去。囚犯的四肢被腳鐐和掛鎖扣在約 12 呎長的鐵鏈上，每天早上在森嚴戒備下走出監獄，到城內從事公共工程，就像 1868 年阿都汗被牢差賈爾斯和法爾打得無法動彈前所做的工作（見頁 327）。1873 年初，六名在羅便臣道工作的囚犯就幸運得多。當看守這六人的歐籍守衛被一名不屬於他們這隊人的囚犯襲擊，六人馬上保護這位名叫達雷爾（Darrell）的守衛。由於他們「願意服從權威，並給予達雷爾幾乎悉心的照顧」，按察司建議在他們圓滿服完一半刑期後給予有條件赦免。[26] 對於戶外體力勞動來說，在 1887 年是不尋常的一年，來自域多利監獄的一支四十七人帶鐐囚犯工作隊被派去夷平青洲對面的新警察營房的一個山丘。委託這項工作的工務司發覺，一百人的帶鐐囚犯工作隊所花的費用，只比五十人高一點點，所以要求增加供應人數。[27] 然而，花這麼多麻煩去利用囚犯工作不一定值得，到頭來可能比起僱用自由工人更昂貴。在監獄圍牆外工作帶來監管問題，畢竟這為囚犯提供了逃跑的機會。大麻煩的確很快就浮現。在 1888 年報告的無數逃走個案中，包括一個帶鐐囚犯工作隊中有十人逃跑，這些人逃到一艘帆船上，守衛佩雷拉（Pereira）追捕他們時殉職。佩雷拉是頭部被打還是被拋入水中並不清楚，無論如何他因此喪命。[28]

具生產效益的勞動

在監獄圍牆內，囚犯大部分時間都被派去做純粹懲罰性而沒有生產效益的勞動，只有揀麻絮和之後 1870 年代製造草蓆能賺取金錢、帶來利潤。到了十九世紀末，監獄管理人員主張應引入更有意義的職業：實在的工作，獲得象徵式的報酬，可以令監獄多少能自給自足，而獄內建築物的清潔、煮食、洗衣和修繕工作，都由囚犯負責，他們還縫製自己的衣服；

戴鐐囚犯工作隊成員和他們的歐籍守衛，十九世紀末。

此外，這也是囚犯改過自新的重要因素，他們可以學得一技之長，為獲釋後的生活做準備。但因為沒有地方設立工場，域多利監獄多年來都缺乏達到這些目標的手段。

　　監獄在十九世紀末擴建後，終於可以設置工業勞動設施。新增的地方可以裝設裝訂機和印刷機，在之後二十年，這座監獄承接了許多之前由政府印刷商羅朗也印字館負責的印刷工作。在 1925 年，它為政府各部門製作了超過一千三百萬份表格，裝訂和修復了七萬四千本書。[29] 因為監獄勞動力的成本是人為地壓低，被認為會對以市場方式經營的工廠和商號造成不公平競爭，所以它大部分工作是承接政府合約。到了 1920 年代中期，囚犯也參與縫衣、製鞋，以及製造肥皂、草蓆、椰棕蓆和網子的工作，獲得報酬。此時搬運鐵球、曲軸、扛石頭和碎石等懲罰方式仍然使用，但到了 1939 年就已消失，反映對於刑罰勞動的思潮變化。

域多利監獄放射型建築外的院子掛滿晾曬的衣服，約 1890 年。囚犯在獄卒監視下搬運鐵球。地上幾堆深色事物或許是麻絮。

　　　　　　　　大館：英治時期香港的犯罪、正義與刑罰

建於 1931 年的 F 倉。它的前身上層設有印刷廠，地面層則有草蓆製作工場。這座建築物在 1897 年建成，1929 年拆卸。F 倉繼續用作印刷工場，直至 1950 年代末它恢復監禁囚犯的用途。

F 倉現貌。

3. 體罰

公開笞刑取消後，體罰就在監獄內執行。如同苦工監，笞刑既是司法懲罰，也可以是違反監獄規例的懲罰（見頁 171）。有一段時間，對於某些罪行的懲罰是以九尾鞭鞭打背部，直至被總督軒尼詩禁止。之後改為採用長四呎、直徑八分之五吋的藤條，用於少年犯的藤條則更輕，到了 1911 年，當局恢復使用九尾鞭作為某些罪行的懲罰。鞭打的部位是臀部。標準程序是先由醫生檢查，證明囚犯身體狀況適合接受體罰，之後就確認名字、罪行和判刑。受刑囚犯須彎身伏在一個可調節的橫杆上，這個鋪了護墊的橫杆裝設於一個梯形木架，囚犯的腳踝和手腕鬆鬆地綁在木架上，還會穿上厚厚的帆布腰帶保護下腰的脊骨，以防行刑者失手打錯地方。除了負責鞭打的官員外，醫官（如果他認為下手太重或囚犯將要暈倒，有權停止鞭打）、司獄官和主任督導員通常也會在場。行刑的職員以類似「揮棒球棒」的動作，用藤條擊打囚犯裸露的臀部。一名赤柱的前獄吏憶述，這是很殘忍的場面：「屁股會像果凍那樣抖動。」[30] 當然，鞭打時下手的力道要夠重：它是要令受刑者受傷疼痛，以產生有效的嚇阻效果。不過，監獄署很謹慎，不會以「殘暴或虐待的方式」施行鞭打。[31] 一名早期目擊的人說，鞭笞在打到十二下時才開始發揮作用：

> 一個正常的健康男子被打六下不會有傷害很大的效果……就一兩道鞭痕，我會說一兩天就能癒合。被打十二下就開始有某種切肉之痛；被打十八下這種痛楚就再激烈得多，而我想我親眼見過最多的次數是二十五下，有幾道傷痕皮開肉綻。[32]

司獄官無須徵求法庭意見就可施加笞刑，此權力得來不易，並且受到小心翼翼地保護。如前一章所述，哥頓希望成為「監獄的最高主人」。但是，要維持這種印象並不容易，因為鞭笞次數如果超過若干下，通常須獲太平紳士批准，而每次申請批准往往都很困難。哥頓能夠在 1887 年 2 月

迅速敉平監獄暴動，是全靠前一個月賦予司獄官的權力：

> 在獄內暴動或公然煽動暴動、對於任何監獄職員施加人身暴力、嚴
> 重或一再襲擊其他囚犯、對任何監獄職員或囚犯重複使用威脅性的
> 語言，以及須以非常手段鎮壓的任何不服從行為，司獄官應有權力
> 對上述囚犯處以藤條鞭打不超過 12 下的體罰。司獄官行使本節所
> 賦予的權力後，有責任馬上向總督報告每一個案。[33]

「任何不服從行為」和「非常手段」這些字眼過於含糊。不止一名司
獄官把一再拒絕勞動界定為故意的不當行為，並把「大批囚犯密謀拒絕勞
動」視同暴動。這種解釋令他們可單憑自己的權力判處囚犯最高鞭打臀部
二下。[34] 如果得到巡獄太平紳士批准，鞭打數目可以增至成人三十六下，
少年則仍限於十二下。

在 1896 年，域多利監獄發生兩宗囚犯嚴重受傷事件，其中一宗的囚
犯死亡，當局因此調查獄內的笞刑情況，而上述司獄官權力是否被濫用就
成為主要問題之一。[35] 1896 年 4 月，名叫劉亞球（音譯，Lau A Kau）的
魚販被判苦工監，他的懲罰是搬運鐵球和扛石頭。他不肯工作，因為如他
後來所承認，他是鴉片煙民，沒力氣扛石頭。但監獄醫生認為他體格適
合，所以他被打藤六下，接著關到水飯房三天，沒有再要他做苦工。之後
他被派去揀麻絮和扛石頭。兩天後他以「鴉片煙癮發作」為藉口再次拒絕
勞動。他第一次笞刑的鞭痕經過兩個多星期已消失了，現在他再被鞭打
二十四下。這次只造成輕微擦傷和少許流血，但三天後醫生發現他右臀有
一個膿腫，遂在擁擠不堪的監獄醫院替他放膿並包紮傷口，院內病牀很
少，華人囚犯都睡在地板上。劉亞球在 5 月 12 日獲釋，當晚在太平山區
的街頭露宿，第二天他的傷口化膿，自行到東華醫院求醫。

在第二個事例中，黃友（音譯，Wong Yau）在 5 月 11 日入監，他因
不肯做搬運鐵球和扛石頭苦工，被打藤六下。在太平紳士同意下，他在一
個禮拜後再被鞭打，這次共打了十二下。監獄醫官確定他的體格十分正

常，甚至頗為健壯，看不出他會在第二次鞭打後不支倒下。但他不久就出現臀肌膿腫，在監獄醫院內放膿並以臭水和高錳酸鉀治療。為替這名病人補充體力，醫生開出營養更豐富的餐單：兩品脫牛奶、一磅麵包和威士忌。黃友不要威士忌，他說自己是鴉片煙民，不適合喝威士忌。到了6月1日，他發燒臥牀。他臀部有兩個如手掌大小的大「痂」，他再吃不下營養補品，不久後去世。醫生認為是死於血液中毒，但驗屍結果顯示他有其他毛病：他的肝臟和脾臟佈滿「細小出血點」，肺部和腎臟也有充血情況。[36]

調查此事的成員宣佈醫生並無過失，無須為事件中有人死亡負責。他們推斷黃友是死於因鞭笞傷口導致的敗血症，並認為監獄醫院過於擁擠，院內傳染病和感染的風險很高。至於劉亞球，他們認為他的膿腫惡化，很可能是他從監獄獲釋後露宿街頭所致，而非監獄醫生疏忽。對於鞭笞的總體問題，進行調查的成員堅定認為應當保留司獄官施加笞刑的權力。司獄官在獲太平紳士同意後可下令採用更嚴厲體罰的權力，也在1899年的監獄條例修訂中再得到肯定。[37] 根據1911年的《笞刑修訂條例》，最高法院可以再度判處使用九尾鞭的懲罰。對於成年男性，最多可以九尾鞭或樺條打二十四下；如果犯罪者不足十六歲，條例最多容許以樺條打臀部十二下。[38]

到了二十世紀下半葉，笞刑已很少用作違反監獄規例的懲罰，但作為司法懲罰則仍在香港保留，時間長於大部分其他英國屬土，尤其多用於少年犯身上。一名官員認為，在缺乏足夠感化設施的情況下，它仍然是「各種窳劣的選擇中最好的」。[39] 笞刑在1990年正式廢除。

香港懲教博物館展示的笞刑架。

4. 健康與疾病

　　鞭笞頻繁造成囚犯身體創傷和挫傷，在十九世紀監獄醫院的報告中很常見。以 1892 年為例，記錄顯示有二十六名華人囚犯因笞刑創傷入院，當中多達六人有臀肌膿腫。囚犯要受鞭笞大多是因為他們拒絕勞動。有些囚犯對於自己煩厭的工作和笞刑深惡痛絕，為了規避甚至依靠極端的自殘手段——例如在自己的腿上造成「潰瘍」。[40] 在 1866 年，囚犯自殘十分普遍，當局因此任命一個調查委員會去調查此事。[41] 當時多達六十四名華人囚犯因「腿痛和腳痛」而無法工作。當中兩人死亡，一人出院，一人治癒。在其餘六十人中，兩人因「不肯截肢」而瀕臨死亡，約十二人的潰瘍十分嚴重，至於剩下的人，國家大醫師說，「如果這些人渴望被治癒」，他們的潰瘍是可以輕易治好的。[42] 在大多數例子中，這些潰瘍是囚犯自殘造成，或者是他們自己令傷口惡化。總督麥當奴發覺被派去築路的戴鐐囚犯工作隊中有相同的抗拒情況，他們許多人

> 仍然在自己的身體和腿上製造潰瘍，希望能藉此留在監獄內，因為他們在獄內只須揀麻絮或做一些輕鬆工作，要防止他們這樣自殘十分困難，尤其是他們在戶外工作時，有藉口說傷口是由所戴的腳鐐造成的。[43]

　　自己製造潰瘍及其他聲稱生病的人，會按照國家大醫師（後來改名為首席醫生）的命令接受觀察，並在二十四小時內出院。比起那些真正生病的人，他們往往帶來更多麻煩並造成更多焦慮。如一名醫生在 1903 年指出，這些人數目很多，佔該年醫院總入院人數的百分之四十八。[44]

　　注重清潔和衛生安排，是避免生病率和死亡率過高的方法。在域多利監獄這類封閉設施中，禁止吐痰，注意環境清潔、通風和個人獲分配的空間大小，這些都尤其重要。一些掌權者，包括某些總督和負責照顧監獄乃至全香港衛生情況的國家大醫師或首席醫生，是十分注重改善排水溝和

廢物處置。總督軒尼詩尤其注意下水道：他發現有些糞便被運到城市的西端，倒在鄰近卑路乍灣的坑內，或者只是倒在流經監獄正中央底下的一條排水道。由於這條排水道通過監獄操場的部分有開放式欄柵，這些地方自然就瀰漫「來自糞桶的惡濁氣味」。[45] 國家大醫師把獄內經常有人生病歸咎於這個源頭。軒尼詩同意，決定開始在糞桶中使用乾泥。他被告知要取得足夠的乾泥供應有困難，但他不為所動，並着手建造一座窯來烤泥，藉此穩定地供應「除臭物料，不只足夠監獄使用，還可供應所有政府機構之用」。[46] 事實上，這個乾泥供應體系很有效率，軒尼詩其後告知殖民地大臣，新任的獄囚總管和牢頭把香港監獄形容為潔淨的模範。

這樣做多少改善了監獄內的空氣質素，囚犯也一般都很健康，或者至少沒有比他們在獄外差。到了 1891 年，國家大醫師聲稱：「就健康而言，監獄內的華人囚犯比起他們在獄外要好得多。」[47] 此外，他們開始一律接種天花疫苗。在 1903 年，一如外間社會，監獄內最普遍的疾病是瘧疾、痢疾和「循環、呼吸、消化和泌尿系統」感染，這種情況跟在東華醫院的報告中所見一致。[48] 支氣管炎、肺炎、慢性肺氣腫和肺癆（肺結核）等呼

在十九世紀，入獄者中通常有大量鴉片煙民。國家大醫師艾爾斯醫生認為突然斷癮不一定會導致嚴重症狀。

吸系統問題，佔香港總死亡人數中的四分之一（而肺癆佔當中超過三分之一）。在人口密集的監獄情況也一樣，在 1903 年，獄內因呼吸系統疾病而死的人多於其他各種疾病。不幸的是，監獄內還發生鼠疫，監獄醫院報告有十七人染疫死亡，七人是職員，十人是囚犯，包括一名印度助理獄吏和一名還押犯。[49] 有部分鼠疫個案被認為是外來傳入，但其餘的就無疑是在獄中染病，這座擁擠不堪的監獄是傳播鼠疫桿菌的溫牀。補救之道是消毒囚室和通道，並馬上把染疫者轉到堅尼地城醫院和東華醫院，這些措施成功遏止了爆發。醫生也在報告中指出，1903 年女子監獄內有兩名嬰兒出生，1904 年則有一名。

監獄內另一個常見的病痛是「全身虛弱」，一名醫生在報告中說，「由於疾病、受寒和上了年紀」，囚犯都很孱弱。這些人中許多是鴉片煙民，必須小心照顧，以防他們在入獄後出現痛苦的戒斷反應。[50] 但是，與一般人所想的相反，鴉片突然被剝奪只造成輕微症狀，國家大醫師艾爾斯醫生在 1884 年報告，鴉片煙民並不比吸香煙者的戒煙反應嚴重。1873 年艾爾斯負責管理監獄時，鴉片煙民獲得特別對待，包括逐日減少他們的攝取量，同時每天給予他們一劑混合鴉片酊、奎寧藥丸和兩盎司杜松子酒的藥物。據他觀察，這些東西在三個月後就全都不再需要了。[51]

即使如此，許多囚犯在那時和之後仍會想方設法滿足自己的癮頭。所有監獄群體之下都潛藏着一股買賣或交換違禁品的暗流。無論鴉片還是香煙，這些禁果全都能流入監獄，或由囚犯的朋友從相鄰街道越過圍牆丟進獄內，或由串通的獄卒帶進去。哥頓主政的時期，囚犯獲准為居住在監獄內的牢差擔任廚師和僕人，這些人可以與外界接觸，有很多機會可以替其他囚犯偷運非法物品進監獄。鴉片和香煙可以混在其他供應品中和藏在運乾泥的桶子內帶入監獄。[52] 域多利監獄的囚犯和其他地方的囚犯一樣，在想方設法違反監獄規例方面都是充滿巧思的。

對囚犯健康的照顧，其後擴大至對於心理健康和精神福祉的關注，這些都被視為矯正感化的元素。當局早在十九世紀末已在「心靈和精神培訓」方面下過一些初步工夫，但內容只是提供有鼓勵振奮作用的書籍，並

在星期日為歐籍囚犯做禮拜（見頁 315）。到了二十世紀初，「精神訓練」的手法變得更多元化，還包括提供康樂和教育活動。二次大戰後域多利監獄開始播放電影，負責舉辦活動的基督教協同會（Evangelical Alliance Mission）保證電影是關於「有教育意義和宗教主題」。[53]

5. 形形色色的反抗

在監獄管理人員看來，偷運毒品進監獄對磨蝕刑罰紀律的威脅，不如襲擊和暴動之類的直接對抗來得大。哥頓嘗試嚴懲違反監獄規例的人後，一連串暴力和抗命犯上事件立即接踵而來。在 1886 年，哥頓得到英國囚犯洛甘（Logan）通風報訊，粉碎了一次在製衣工場縱火的陰謀。囚犯計劃在聖誕節當天晚上放火，因為預計那天當值的獄吏會較少，而有些值班人員肯定會喝得酩酊大醉。其盤算是要在監獄製造破壞和混亂，令一些長刑期的囚犯可以趁亂逃走，而他們在監獄外的朋友已提供了一條火繩、少許火藥，並預備了引火物。[54]

另一名告密者是華人囚犯，他只須再坐幾天牢就可出獄，他確定策劃者是三合會成員，三合會的勢力範圍很廣大，他擔心如果被人知道他告密，出獄後性命堪虞。畢竟之前已有幾名告密者於光天化日之下在大街上被刺死。哥頓小心行事，命令水車待命，並安排錫克守衛巡邏贊善里。由於製衣工場很可能在聖誕節當日關閉，他推斷囚犯打算在前一天放火。因此在 24 日，當囚犯被關進牢房後，他親自率領幾名監獄人員前往製衣工場。在工場的一個角落，一堆準備送洗的囚衣下面，藏了一百磅麻絮和藤絲（用作墊子的填充物料）。當中藏了約一呎長的火繩，一端綁着大堆連同火藥的火柴。附近有大量引火物和一瓶汽油。導火線沒有點燃。在洛甘、華人告密者和一名「穆斯林終身監禁犯」幫助下，哥頓蒐集了足夠證據起訴圖謀者。[55]

一樁更可怕的陰謀導致獄吏士必（James Leslie Speed）和助理獄吏夏南星（Harnam Singh）在 1919 年 12 月 15 日凌晨時分被殺害。[56] 當晚士必

與夏南星在 B 倉當值，另外還有阿尤布汗（Ayub Khan）。在樓上的囚室，編號 791 的囚犯成功切掉囚室門上的木造部分，並以複製鑰匙從外面將門打開。他在監獄內擔任鐵匠，有辦法偷取舊銼刀，甚至複製出百合匙。他脫掉囚服，換上深色外套，悄悄潛入走廊，打開另外三名囚犯的囚室。其中一人是黃廣，就是本章前文見過那名挨餓的囚犯。全部四人之後靜靜走到樓下。當時環境很昏暗，但巡邏的阿尤布汗看到其中兩人走進士必的辦公室，從後襲擊他。阿尤布汗與他們扭打時手部被刀割到，受傷嚴重。另一名印度獄吏夏南星之後加入打鬥，被人刺中胸口，之後在醫院死亡。那時候警鐘已鳴響，這幾名囚犯仍能打開通往操場的閘門，再跑過操場鑽入下面的隧道，並翻過圍牆逃出監獄。這面牆有二十呎高並插有碎玻璃，但外面接應的同黨提供繩索幫助他們攀越圍牆。

在犯罪現場，獄吏士必躺在他辦公室外的走廊上，辦公室內血跡斑斑。他的左輪手槍不見了，身上有十五道刀刺的傷口。之後在附近找到一把染血刀子。此事件的不幸之處是：施襲者認錯了人，他們原本要殺的是

近在咫尺，群樓俯瞰：域多利監獄被亞畢諾道、奧卑利街和贊善里包圍，2000 年代初。

一名他們很痛恨的獄吏，但此人要參加共濟會會議，所以與士必調了值班時間。[57]

一天後，黃廣在銅鑼灣再被擒獲。他被拘捕時沒有逃避，受裁判司審判時也沒有否認自己有罪，不過他宣稱用刀殺人的不是他。據他說，他之所以鋌而走險是因為飢餓和受虐待。雖然監獄管理當局反駁這些指控，[58]但黃廣所受的委屈，無論確有其事還是純屬想像，顯然成為了一種執念，令他不惜使用暴力逃獄。他被判罪名成立並處以絞刑。

黃廣在其控訴監獄膳食不足的混亂供詞中，還指控獄內有「違背自然罪行」。他宣稱：「印度管鑰牢差把香煙和煙草帶入監獄」，供應給「長相俊俏的華人囚犯」。[59]他還在法庭上說：「有證據顯示獄內有違背自然罪行發生。」[60]在被質詢時，副司獄官扶冷士（J. W. Franks）承認曾有華人囚犯向他投訴，印度獄吏向他們提出「不道德的暗示」。[61]

在 1870 年代的某些年份，監獄年度報告一再列出因「雞姦與違背自然罪行」被判監禁的人（細分為「歐洲人」、「印度人」和「華人」）的數字。在官方分類中，這類罪行被視為與拐帶兒童和意圖搶劫而襲擊他人同樣嚴重。[62]到了 1882 年，分類變為「干犯或意圖干犯違背自然罪行、猥褻侵犯」，並且不再有按種族的細分。[63]在域多利監獄內，雖然很少事例被揭露出來，但「違背自然罪行」無疑十分猖獗：根據 1855 年的一份報告說，它在囚犯之間十分常見。[64]哥頓在 1890 年也有類似的報告，他在一再要求更多空間時說，多人房內的囚犯蓋着毛毯擠在一起睡在地板上，無法阻止他們晚上在毛毯下交合。在這種情況下「什麼道德或體統都無從談起」。[65]

當囚犯被嚴禁交談，暗中聯繫就成為另一種顛覆方式。據說同性戀盛行於單一性別的機構。在囚犯與囚犯之間，以及看管者與囚犯之間的關係中，存在着某些剝削利用的模式，這也是監獄生活的現實。例如，獄吏或許會侵犯囚犯，或者要求以性服務換取食物和香煙。黃廣就很明白暗示了這種情況，不過受委派調查監獄管理的委員會以缺乏證據為由，決定對此暫不加評論：

對於黃廣指控監獄內有違反自然罪行之事，我們無法取得任何確鑿證據。我們認為必須譴責當時因近期人手短缺，故只由印度獄吏搜查華人囚室的制度，這種做法無論如何可能會滋生這種弊端，也製造了向華人囚犯提供香煙、工具或食物的現成機會。[66]

在 1951 年 12 月，域多利收押所據報發生一宗試圖強姦的事件。來自南京的三十五歲華人囚犯黃明，被控在收押所內作出猥褻行為。原職打字員的黃明已婚，並有兩名子女，據知過往品行無可挑剔。他是因為無力繳付一宗輕罪的二十五元罰款而被拘禁。關在域多利收押所同一間囚室內有三個人：被告、名叫譚雪的囚犯，還有據稱是受害者的康岳。康岳在當天晚上約 8 點就寢，為了禦寒他穿上大部分衣服，但將長褲摺成一團當枕頭用，所以下身只穿內褲。黃明睡在他旁邊，譚雪則在更遠處。三人都是睡在地板的草蓆上。當晚不久後，康岳「突覺刺痛」而驚醒，他推開自己的毯子，見到黃明蒙被而臥。康岳示警求助，並向獄吏舉報黃明的罪行。[67]

黃明的辯護律師試圖反咬康岳一口，指是康岳先挑逗被告，之後又暗示康岳同意兩人交歡。全由男性組成的陪審團並不信服，一致判定黃明罪名成立。法官較有同情心，責怪監獄人口大增，因而須把三人同囚禁於一室，令黃明受到誘惑而犯罪。有見於此並且黃明過往品行良好，他建議「酌予輕辦」，判處苦工監十五個月。[68]

晚上的監獄充滿囚犯發出的聲音。哥頓不時慨嘆，沉默制是一紙空文。不過，談話（在正常情況下只是一種社交方式）仍然不只被視為違反規定，並且是徹頭徹尾的反抗。哥頓在 1886 年報告，儘管努力控制，但囚犯關進牢房後，「來自多人房的交談嘈雜聲，在鄰近的街頭都清晰可聞」。[69] 他補充說，耐人尋味的是，囚犯在夏季月份更難保持沉默。在 1931 年 6 月 30 日，一如往常，囚犯又騷動起來，集體表現出對抗態度，不知是為抒發鬱悶，還是想咒罵自己的命運，無論如何，監獄爆發一陣哀號、呻吟和喊叫，從晚上 10 點持續到約凌晨 1 點：

這場「音樂會」以一把聲音大叫「哎呀！」（表示痛楚的感歎語助詞）來開場，接着就一呼百應，眾聲輪流叫喊「哎呀！」、「救命！」、「死喇！」和「陰功呀！」。這種淒厲的可怕叫喊撕破晚上的寧靜，無疑「令人毛骨悚然」，尤其是一開始很難聽得出是從哪裏傳來。[70]

這場騷動明顯經過精心策劃：時間是配合堅道意大利嬰堂的時鐘每一刻鐘的鳴響，愈來愈大的叫喊聲每次持續幾分鐘，明顯沒有監獄人員阻止。一名報章記者寫道，喧鬧聲「像是地獄亡魂的鬼哭神號」，從亞畢諾道、荷李活道、奧卑利街和贊善里向四方八面迴盪，往上傳到羅便臣道的房屋，彷彿是乘着從海港吹來的強風而至。

6. 出獄

由於大部分在域多利監獄的監禁刑罰都是短期，所以一般程序是把犯罪者關起來服完一段時間的刑期後，就把他們放走或逐回原籍。總督麥當奴甚至答應，如果囚犯接受被刺上永久記號和同意遞解出境，就提早釋放他們。釋放當天通常都太平無事，囚犯想到自己重獲自由興奮過度死掉是很罕見的。但是，1864 年時確實有一名歐籍士兵在坐上前往英國的船前死去，但據知他那時患有「心臟疾病」。[71]

對於服刑十二個月及以上的重罪犯，杜卡恩的漸進階段制除了應用於膳食，也應用於刑期上。那些重罪犯在服完頭六個月刑期後，會開始參與減刑計分制。[72] 之後他們

· 每天「積極而持續地做苦工」可得六分；
· 從事辛勞程度較低的工作可得五分；
· 從事一天中等程度的工作可得四分。

囚犯如果獲得全部分數額度，可以減掉三分之一的餘下刑期。但他如

果行為不檢，所得的分數也會被減，減分多少與所受的懲罰掛鈎，例如，單獨監禁一天減八分，被鞭笞減七十二分。如果獲港督會同議政局批准，已服刑十五年或年紀已達六十歲的終身監禁犯可獲赦免，不必再服餘下刑期。

提早釋放

總督有權赦免囚犯，但像堅尼地爵士和軒尼詩爵士分別在 1876 年和 1877 年那樣大批釋放囚犯的情況很罕見。在 1876 年的例子中，一天內釋放了三十九名囚犯，目的是為減少監獄內的擁擠情況。軒尼詩在 1877 年「運用王國政府赦免權」赦免三十四名歐洲和華人囚犯，是出於非常特殊的情況。在 11 月 22 日晚上，香港港口發生一宗可怕意外，停泊在德忌利士埔頭的蒸汽輪「蝦夷號」（Yesso）發生鍋爐爆炸。滾燙的蒸汽湧入艙內，燙死十二人。有些沒有當場燙死的人後來也死去，所以到了第二天，三十人躺在荷李活道的死囚室地板和長凳上。死亡人數之後增至七十六人，包括一名歐籍人，[73] 而傷者有 114 人 [74] 他們不但受了外傷，還因為吸入熱蒸汽而燙傷肺部。「蝦夷號」的主甲板滿目瘡痍，除了屍體，「仍然散佈着手和腳的皮膚，它們像手套一樣脫落」。[75]

東華醫院和國家醫院都無法收容那麼多傷者和垂死者，那時候的國家醫院不過是一間私人房屋。國家大醫師在獲軒尼詩批准後，把大批傷者送往監獄。監獄已十分擁擠，但它有一個大房間和歐籍人餐廳，可以騰空改為臨時醫院。但這間醫院沒有護理人員。署理司獄官不因此而畏縮，他挑選了一些自動請纓的囚犯幫忙照顧傷者，為他們包紮。這是很令人悲傷痛苦的工作，必須日夜不停照料有「大片腐蝕性潰瘍」的人體。這些自願為傷者包紮的囚犯要小心走過佈滿一片片皮膚和血灘的地板，忍受垂死者發出的惡臭和呻吟。只有十分之一的病人活下來。為了報答這些自願擔當護士的囚犯的出色服務，三十四人獲赦免和釋放，另外六人獲減刑。[76]

軒尼詩對待囚犯的立場較人道，也見於他無條件釋放兩名罹患絕症的人。因盜竊而被判監禁六個月的何亞周（音譯，Ho A Chau）是個「羸弱

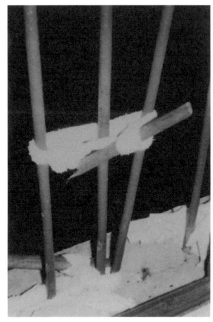

1966 年 2 月，劉才破壞監獄醫院腐朽殘破的窗枝逃走。這些照片附在關於這次企圖越獄事件的官方報告中。

不堪的可憐人」，自入獄後一直不斷進出監獄醫院；至於陳亞四（音譯，Chan A Sze）是個餓得半死又貧血的高個子，他「全身水腫」並且心臟衰弱。[77] 監獄管理當局認為兩人已時日無多，建議赦免他們並遞解出境。但軒尼詩認為遞解出境的懲罰太嚴厲，在他要求下，兩人獲釋放並交予東華醫院照顧。

越獄

囚犯如果難以指望有獲赦免的機會，可以靠越獄來令自己提早獲釋。沒有其他違規行為比越獄更嚴重了，在罪行的分類中被描述為重罪，可由法庭判處懲罰。大多數歲月裏，域多利監獄每年都會發生一兩宗越獄事件。由於監獄位於市中心，逃獄者要生存並不太困難，周圍就有食物和衣服可以偷取，也很容易就可以混入城市的人群中。不過，能遠走高飛的人還是寥寥無幾。即使逃出了監獄，逃犯往往很快就被追蹤到。有兩個越獄

者卻成功逃之夭夭，而且是逃出新建成、被認為固若金湯的放射型監獄，這兩人是一名被判囚十五年的海盜和他的黨羽。他們逃獄的方法，是靠簡單而「巧妙」地拆走監獄西南角一座小塔樓的十多塊磚頭，然後穿過這個洞口，利用一條「細長繩索」往下爬十二英呎到奧卑利街，對面瞭望塔的錫克守衛全程渾然不察。[78] 而在操場碎石的囚犯以鑿子敲擊的聲響，則蓋掩了越獄者發出的聲音。

這名海盜及其同黨其實不是特別聰明，因為這座監獄常常都是極為不牢靠。有些囚犯單靠爬溝渠就能逃掉。在 1947 年 1 月 2 日凌晨，三個人就利用監獄脆弱的窗門鐵枝逃走。吳啟瑞（因發勒索信件而被控）和鍾培、黎祥（這兩人都因持械行劫而被還押），靠用不知如何偷運進監獄的鋼鋸片鋸斷囚室窗口的鐵枝，並以他們的毯子做成的繩索爬下。窗口鐵枝和被他們撞破的側門門鎖顯然都不夠堅固，無法抵受鋸片和蠻力的破壞。三名囚犯輕易地從監獄逃到外面，其後一名獄吏察覺示警，他們再被拘捕。[79]

域多利監獄成為低度設防的監獄，用來收容還押犯甚至等候上訴的囚犯，有時候，想從那裏逃走以逃避法庭審判的誘惑令人難以抗拒。在一些例子中，囚犯與獄卒合作策劃逃獄，如 1951 年 4 月「線人 X」所揭露的一次嘗試。X 是域多利收押所的囚犯，正等待到最高法院受審，其間結識了一名叫周湯美（Tommy Chow）的人。X 和周湯美都選擇從外面送餐進監獄，兩人獲准一同吃飯。周湯美說 X 的案件沒有勝算，一定會被定罪，為什麼不逃走？他建議 X 不要把金錢浪費在律師費上，改為把 2,500元投資於周湯美和另外四名囚犯正在策劃的逃獄大計。一名獄吏

> 同意收取一萬元協助他們逃獄。他顯然不喜歡自己的工作，並希望
> 回到中國。這名獄吏壓印了囚室鑰匙的形狀，製成複製品……這名
> 獄吏還提供用來剪鐵絲的剪刀，以及爬下圍牆用的繩索。一切安排
> 妥當，並定下逃獄的日子……該獄吏會在前一天到訪周湯美的家，
> 通知他的家人準備去接應。[80]

X 變成告密者，監獄當局根據他透露的消息採取了預防措施。隨後沒有人逃脫。線人 X 受審後獲判無罪。

有些人是入住監獄醫院時逃走，因為醫院的保安不如監倉嚴密。一宗逃走事件發生在 1966 年 2 月 19 日凌晨，因藏有危險藥物入監的病人劉才，在醫院廁所找到一些掃把，他把其中一把的木柄折成三截，藏在睡衣內運入病房中。劉才趁醫院守衛離開去巡邏時，拿了兩條洗臉毛巾綁在窗口的一根鐵枝上，用掃把木柄去撐毛巾，直至把這根顯然已嚴重鏽蝕的鐵枝撐斷。他還從無人的病牀上拿了三張牀單，把它們綁成長布帶，綁在窗口一根完好的鐵枝上。之後他從鐵枝斷掉的缺口爬出窗戶，以自製「繩索」往下爬。爬了一半就被發現，守衛鳴警笛示警，劉才聽到警笛聲就不再沿牀單往下爬，而是沿一根水管滑下，過程不到十五分鐘。之後他運氣已盡：水管是通往緊鄰中區警署營房的一幅牆壁邊緣，過不了幾分鐘他就被一名警察發現並被捕，很快又再被投入牢中。[81]

7. 永去不歸

囚犯因死亡而「獲釋」有兩個途徑，一是自殺，另外是司法絞刑。自殺通常是自縊和窒息而死；[82] 而在司法絞刑中，驗屍官通常判定死因是第一和第二節頸椎骨折和脫位。

自殺

在英治年代初期，處以極刑的數字是與監獄內相對高的自殺率有關連，但囚犯是否為逃避被公開吊死的恥辱而自殺就較難肯定。然而，對公開處決的憎惡，可能是 1845 年三名死囚自殺的原因。這幾名被關在同一囚室的囚犯，用麻包袋製成繩索，互相將彼此勒斃，另外還利用了一個倒置的桶子，把它踢掉自殺。港督戴維斯說，此事斷送了「土著居民本來可以從公開行刑中吸取的有益教訓」。[83]

對於一些人來說，監獄的嚴格紀律已是足以令他們輕生的原因。雖然

官員對此抱有懷疑，但他們有些人也認為「由於這些土著的思想中有宿命論傾向」，[84] 華人自殺事件的重要性不能與歐洲人自殺相提並論。[85] 要再過很多年之後，當局才擺脫這種原始的心理學，開始明白自殺很可能是與其他因素有關，如濫用藥物和精神疾病。域多利監獄內直至 1960 年代才設立精神科觀察組，抑鬱症也是那時候才納入分類之中。

那些其他因素與域多利監獄的一些事例尤其有關。它自 1939 年起成為收押所後，所關押的囚犯監禁期都非常短暫，他們通常是在等候轉往其他設施，或者在等待受審。表面看來，這些人並非絕望的死刑犯，但他們一些人仍然選擇逃避正當的法律程序，抗拒司法制度，並自行決定自己的命運。在 1950 年，兩名還押犯和一名上訴犯試圖自殺。在該年 7 月，還押犯梁元泰（音譯，Leung Yuen Tai）嘗試以破玻璃自殘輕生；他被轉去赤柱監獄並接受觀察。[86] 在 10 月，二十六歲的還押犯鄭生在 F 倉自縊身亡；調查發現他是死於窒息。同一個月的稍後時間，上訴犯人李子成也在囚室中自縊身亡。[87] 做出這種終極絕望之舉，無疑每個人都有自己的原因；但是在監獄的報告中從沒記錄。

處決

根據《廣州周報》說，在威廉・堅上尉獲任命為總巡理府後一個月內，就設計了「一個尺寸最大的絞刑台和一系列枷具」。[88] 但是，香港首次有記錄的處決要過一段時間後才發生。第九十八軍團的印度裔隨軍人員佩爾塞（Costa Persey），曾因喝醉酒被克羅斯比中士（Sergeant Crosby）懲罰，他為此謀殺了克羅斯比。佩爾塞在 1844 年 11 月 4 日被吊死，刑場大概是在西角（大約是今天的上環）搭建的絞刑台。他之後的埋葬地點也可能是在監獄附近。

香港民間傳說中流傳，在中區警署建築群內被處決和埋葬於該處的死刑犯，他們的鬼魂一直在監獄和警署出沒。有些被吊死的人的確埋在那裏，港督戴維斯在 1847 年清楚指示了鍾錦繡（音譯，Chung Kum-sow）、郭爵拉（音譯，Kwok Cuok-la）、溫亞保（音譯，Ung-apow）和林亞友（音

譯，Lam-ayow）四名謀殺犯的處置方式。戴維斯指示：處決他們後，「屍體應埋在監獄範圍內」。[89] 這樣的額外好處是有助嚇跑那些為了在監獄內獲得住宿、衣服和食物而犯罪的人，戴維斯指出，由於華人迷信，監獄內埋葬了屍體，會散發很令人毛骨悚然的邪氣，大部分華人無法忍受。

1852 年 5 月執行了另一次集體處決，這次的死囚是英國三桅帆船「先驅號」（*Herald*）上的六名葡萄牙水手。他們因為試圖搶劫和謀殺船長、船長之妻勞森太太（Mrs. Lawson）和另外五名船副被裁定罪名成立。神父在絞刑台上為他們主持宗教儀式，其中一名死囚向圍觀群眾演説，表示懺悔。行刑者是「有色人種美國人」，他因為執行這項工作，監禁刑期獲得縮短。關於這次行刑的報告説，「屍體懸掛一小時後被解下，放入一架馬車中並蓋上草蓆，旁邊站了一匹已裝上挽具的馬，這堆已無生命的肉體被帶回監獄埋葬。這是整個過程中最令人厭惡的部分」。[90] 在 1924 年，面臨奧卑利街的一段圍牆被拆除，以騰出空間興建警署的貯藏室，當時在地下發現一具骷髏，它蓋着一張已腐爛的草蓆，並以生石灰覆蓋。這似乎佐證了把處決的囚犯屍體葬在絞刑台附近的做法。[91]

曾有一段時間行刑是在巡理府署周遭進行，首名在該處面對這種可怕命運的是馬來人薩馬蘭（Samarang）。他在 1856 年 5 月 19 日因謀殺一名華人女孩而被吊死，吊死他的絞刑架是在行刑前幾天才在巡理府場址東北角豎立。這個裝置失靈，行刑弄得一塌糊塗，因為門閂卡住了，因此死囚沒法墜落。當行刑者兩度嘗試把門閂敲開，可憐的薩馬蘭頸上套着絞索一直站在那裏。由於門閂仍然卡住不動，這名死囚被送到守衛室再等候一段時間，直至門閂能鬆開。

1859 年的一宗案例，向香港內外的華人顯示英國法律的公正不偏，案中犯人是吉本斯（Robert Gibbons）、威廉斯（Charles Williams）和鍾斯（Robert Jones）。政府聲稱此案顯示，「凡辦罪之件，無論何國何事何色之人，概皆畫一，必求公允」。[92] 吉本斯、威廉斯和鍾斯是一艘船上的船員，該船的船長發覺自己有大筆金錢被偷，而船長的華裔僕人失蹤，懷疑是被他所偷。但不久後發現的證據顯示，是這三名英國水手偷了錢還殺

了那名華裔僕人。三人受審並裁定罪名成立，威廉斯獲得緩刑，死刑減為無期徒刑，吉本斯和鍾斯則在 1859 年 3 月 7 日於監獄東面圍牆之外公開吊死。超過兩千人蜂擁前去觀看行刑，大多數是華人；總督寶靈想藉此樹立英國司法的典範，有這麼多人前來觀刑，他一定十分滿意。[93]

謀殺和海盜行為都是可被處縲首死刑的罪行。1867 年 8 月 15 日倫敦《泰晤士報》生動地描述了三名海盜和謀殺犯張保生（音譯，Cheong Po-sang）伏法的情況：

> 當表示 6 點的鐘聲敲響，囚犯就被帶往絞刑架，附近有一些歐洲人，一兩連的警察，還有五十名勞役刑囚犯排列在廣場的一側……所有死囚都走到高台上，之後出現的景象是那些目擊者好一段時間都難以忘記的。保生的五官擠在一起，彷彿很痛苦般的模樣，他如雕像般冷漠；另外三人則不安地搖擺身體，扭頭望向身後的圍牆，像是在思考如何能逃走，現在吵鬧地反抗行刑者，並像之前一樣哀號呻吟……羅馬天主教神父的聲音，淹沒於從絞刑架傳來的不絕咒罵之中……到 6 點 05 分，在傳票官的示意後，閂閂打開，那致命的猛然一拉發生，這些可憐的死者被吊在那裏，在半空中擺盪搖晃。

鐘聲鳴響，神父誦唸禱文，官員和囚犯排列在絞刑架一旁，這場面與為人熟知的新門監獄（Newgate Prison）和更早期喬治時代倫敦泰伯恩刑場（Tyburn）的處決，有着一脈相承的傳統。

同年稍後時間，在 1867 年 12 月一個嚴寒早上 6 點半整，海盜卓亞佳（音譯，Cheuk Akai）在巡理府署的場址被處決，在場觀看的有司獄官德忌利士、傳票官湯隆基、一隊由副巡捕官賈曼指揮的錫克警察、由一名督察指揮的「印度人」分隊；還有一如往常蜂擁在絞刑台下方道路的「烏合之眾」（不過歐籍人十分少）。[94] 被押解出監獄的卓亞佳面無表情和神色陰沉，由羅馬天主教神父陪伴步上絞刑架，這位神父在晚上一直看顧他。他對神

駭人的行刑場面：香港在 1895 年前仍然公開執行絞刑；而在中國，直至二十世紀初前，斬首仍是主要的處決方式。這張照片攝於 1891 年 5 月 11 日在九龍城執行的一次集體斬首處決之前，十五名海盜被斬首，當中六人因襲擊蒸汽輪「南澳號」和殺死船長而被判死刑。一些香港居民坐船渡海到九龍觀刑，包括總巡捕官田尼、華民政務司駱檄和兩名警官。

父從旁照料無動於衷，一路沒有流露情緒，直至最後套上絞索、戴上頭套時才有所變色。之後「門閂咔嗒一聲打開，此人沒有抖動一下就死掉了」。

公開處決被認為能震懾旁觀的人，因此既有嚇阻也有教化作用，絞刑台彷彿是上演受難和贖罪場面的舞台。儘管這些處決通常會吸引大量觀眾，但並非人人愛看。大約在薩馬蘭被處決之時，有人「代表以堅道為散步之地的婦女和兒童」提出抗議，反對被迫要看「『絞刑樹』那樣令人反感和厭惡的景象」。[95] 英國在 1868 年不再公開處決，但香港要過更長時間才改為閉門進行絞刑。總巡捕官田尼在 1871 年、1875 年和 1879 年都曾反對這種儀式，雖然他的投訴似乎主要不是厭惡無謂的恐怖，而是對於控制圍觀人群感到十分煩惱：絞刑台位於巡理府署場址內，對於附近（「本城歐人區的中心」）居民來說，是甚令他們困擾的事物。蜂擁去看絞刑的「華人和其他人」，會「以下方的圍牆和屋頂為看台，觀看處決場面」。[96] 後來他又寫道：

赤柱監獄的行刑室;藝術家根據香港懲教博
物館的展品所畫的速寫。

這種藉行刑來做公開宣傳的極端做法是否可取,非常令人懷疑。看
到絞刑架設於如此顯眼的地方,許多有名望的體面之人都很反感,
除此以外,圍觀群眾的數目很少達到二百人,當中華人幾乎不到一
半。因此,似乎沒什麼理由本地行刑為何不能像英國那樣,改為在
監獄內的操場舉行,而若認為有必要,可令囚犯觀刑。[97]

這些令人生畏的公開場面是為華人而設,但田尼在 1875 年和 1876 年
所提及的兩次絞刑,因愛看血腥場面而蜂擁前去觀刑的歐洲人,數目似乎
不下於華人,甚至更多,這有違以儆效尤的原意。但麥當奴爵士和堅尼地
爵士這兩名總督都不是這麼想,而 1871 年議政局同意他們的看法,公開
處決獲得保留。

1874 年楊燦英(音譯,Yeong Chanying)遭處決時,沒有太多嗜血的
人群出現。這名二十二歲的水手被裁定謀殺布拉迪船長(Captain Brady)

罪名成立。前來觀刑的人不多，華人極少。[98] 絞刑架搭建在往常的地點，俯瞰亞畢諾道。楊燦英在監獄內的最後一晚顯然睡得很安穩，第二天一大早這名死刑犯吃茶點時，一名「土著」神父前來探望他。在 6 點，柯士甫督察率領的一隊警察在絞刑架四周列隊，另有一些在外面駐守。集合在操場內的人有傳票官祁理、湯隆基和艾爾斯醫生，還有一些被帶來觀刑的囚犯。屍體懸掛約一小時後解下，送往國家醫院，之後葬在薄扶林附近。

試圖靠裝瘋逃躲絞索的斧頭殺人犯紐曼（見頁 323），在 1878 年被吊死前十五分鐘獲得半杯白蘭地。[99] 他的處決約在早上 6 點 45 分於巡理府署場址內執行，有六七百名主要是歐籍人的群眾在場觀看，而下方街道還有幾百人。在絞刑台上，紐曼獲維加諾（Vigano）神父主持臨終聖禮（維加諾神父在一天前替他洗禮成為天主教徒），在行刑前發表了一番莊重的演說。行刑者是一名歐籍囚犯，他行刑時戴着頭套。紐曼在受審時曾要求把自己的遺體運去三藩市，葬在藍山墓園（Blue Mountain Cemetery）。這個要求不獲批准，大概是因為費用問題。反之，他在當天稍後葬在跑馬地天主教墳場。

在 1879 年，主持公義的舞台移到監獄主樓前方的操場。1882 年時，該處豎立了一個新的絞刑架。它是根據英國設計搭建，採用銅環而非不可靠的滑結，繩索因此得以暢順滑動，令絞刑可以更迅速完成。首個在這個絞刑架上被吊死而遺臭萬年的人是士兵拉姆（Tika Ram），他以刀砍破一名女孩的頭顱把她殺死，因而被判死刑。他的處決吸引了四五百人圍觀，包括許多歐洲人。[100] 直至 1895 年處決才改為非公開進行，首次非公開處決的受刑者是區俊（音譯，Au Chun）和李邦（音譯，Li Pong）這兩名謀殺犯，而即使是非公開，在場觀刑的人除了司獄官和總巡捕官，還有報紙記者。

到了十九世紀行將結束之際，絞刑設備和執行程序都開始受嚴格規範。除了在監獄內行刑，不讓群眾圍觀，司獄官（與其他「身穿黑色得體服裝」的在場官員）還必須保證死囚室「合適和安全」。[101] 死囚必須日夜一直由一名職員監察。他能獲得「根據司獄官指示給予的膳食和運動

量」，並可按他的要求，讓親戚、朋友和法律顧問來探訪。

每次絞刑的高潮都是墜落的那一刹那，一聲巨大悶響後，活門打開，繩索一下子猛然拉緊，戴了頭罩的囚犯就吊在絞索上懸盪。屍體在一個小時後解下，接受醫生檢驗以保證囚犯人已死。當天稍後巡理府署內由驗屍官檢驗，陪審團會作出裁決，判定死者是根據適當的法律程序行刑而死。

這裏列舉的行刑，以 1907 年 11 月 13 日遏雪的處決為終結，上文提過他因為殺害地頓和殘酷處理其屍體而被處死刑。在被裁定有罪並關進域多利監獄後，遏雪變得歇斯底里，又哭泣又嚎叫，獄方須派四名獄卒去看管他。他向總督請求赦免，説自己的家人在美國，尤其是母親已老邁龍鍾並且有病，景況悲慘非常需要他的照顧。總督沒有赦免他，並定下行刑日子。遏雪在受刑前一天向司獄官坦承自己的罪行，並述説自己放蕩墮落的一生。

遏雪不再歇斯底里，顯得十分從容自若，無須別人攙扶自己從囚室走到絞刑台。行刑現場的人有司獄官、英國聖公會牧師、醫官摩爾醫生（Dr. Moore）和幾名警察。這次絞刑執行得完美無瑕。早上 5 點 02 分，遏雪腳下的門閂打開，他即時畢命。屍體懸掛了一段時間後解下。摩爾醫生驗屍後，屍體就放到監獄殮房供陪審員查驗。[102] 在下午的稍晚時間，巡理府署舉行例行調查，如常地裁決死因是經由正當法律程序所致的頸部骨折和脱位。

從 1937 年起死刑在赤柱監獄執行，最後一名被處決的犯人是年輕售貨員黃啟基，他在行劫時殺死了一名看更，因而被處極刑，1966 年伏法。香港在 1993 年正式廢除死刑。

註釋

緒論

1　Porter, *London: A Social History*, 9.

2　Report of the Superintendent of the Government Civil Hospital, *Hongkong Government Gazette*, 6 July 1878, 323.

3　*Chinese Repository, Vol. XII, From January to December, 1843*, 536. 五六十桿等於 275 至 330 碼。

4　亞畢諾是傑出的政府官員，在 1840 年代擔任羅伯特・卑利爵士（Sir Robert Peel）的私人秘書。在那個時代，那一帶的街道都以英國大臣和官員名字命名，如鴨巴甸街、卑利街、士丹利街、威靈頓街、麟檄士街。

5　Plan of Victoria, Hong Kong, copied from the Surveyor General's Department, to accompany a report of 12 May 1845, The National Archives, Kew, WO 78–479.

6　Ibid., Plan of Victoria.

7　Report of the Captain Superintendent of Police for the Year 1874, *Hongkong Government Gazette*, 20 February 1875, 45.

8　Figure 3: Licensed brothels in central Hong Kong, 1879, in Howell, 'Race, Space and the Regulation of Prostitution in Colonial Hong Kong', *Urban History*, Vol. 31, no. 2 (2004), 242.

9　Report on the Condition and Prospects of Hongkong, by His Excellency Sir G. William Des Voeux, Governor, &c., presented to the Legislative Council, 31 October 1889, *Hongkong Sessional Papers* 1889, 289-304.

10　Ibid., 304 footnote.

11　Ibid., 304.

12　Appendix to the Colonial Surgeon's Report for 1894, *Sessional Papers* 1895, 484.

13　Ayres to Austin, 15 April 1874, enclosed with Appendix to Colonial Surgeon's Annual Report for 1894, *Sessional Papers* 1895, 485.

14　Report of the Captain Superintendent of Police for 1894, *Hongkong Government Gazette*, 16 March 1895, 196-97; Tsai, *Hong Kong in Chinese History*, 173-74.

15　Colonial Surgeon's Report for 1889, *Sessional Papers* 1890, 307.

16　Report of the Superintendent of the Government Civil Hospital, *Hongkong Government Gazette*, 6 July 1878, 323.

17　Accessed 30 April 2014: http://www.devb.gov.hk/en/issues_in_focus/conserving_central/Police_Married_Quarters_at_Hollywood_Road/index.html.

18　Eitel, *Europe in China*, 282.

19　Sinn, *Power and Charity*, 159-83.

20　Acting Attorney-General, Legislative Council Meeting, 27 August 1894, *Hong Kong Hansard*, 51.

21　Colonial Surgeon's Report for 1894, *Sessional Papers* 1895, 480.

22　Robinson to Ripon, 20 June 1894, *Sessional Papers* 1894, 288.

23　*Hong Kong Hansard*, 21 March 1956.

24　*Hong Kong Daily Press*, 2 May 1878.

第一章

1　Ouchterlony, *The Chinese War*, 216-17.

2　Cunynghame, *The Opium War*, 40.

3　Pottinger to Aberdeen, 8 February 1842, FO 17/56, 111-12, cited in Carroll, "Chinese Collaboration in the Making of British Hong Kong", in Ngo Tak-Wing (ed.), *Hong Kong's History*, 19.

4　*Friend of China*, 13 October 1842.

5　*Friend of China*, 26 June 1843.

6　Davis to Gladstone, 15 April 1846, CO 129/16, 224, cited in Carroll, *Edge of Empires*, 25.

7　Land Officer, CO 129/7, 23 July 1844, cited in Smith, *Chinese Christians* (2005 reprint with new introduction), 114.

8 Osmond Tiffany, Jr., *The Canton Chinese*, cited in Carroll, *Edge of Empires*, 25.

9 今天這種物料有一種現代版，由波特蘭水泥、石灰、花崗岩或火山土混合而成，在香港用於鞏固斜坡。

10 *Friend of China*, 25 June 1844.

11 Bernard, *Narrative of the Voyages and Services of the Nemesis*, cited in Sayer, *Hong Kong 1841-1862*, 118.

12 James Legge, "The Colony of Hong Kong", lecture delivered in the City Hall, Hong Kong, 5 November 1872, *Journal of the Royal Asiatic Society Hong Kong Branch*, Vol. 11 (1971), 174.

13 Cunynghame, *The Opium War*, 41.

14 Meeting of the Legislative Council, 11 November 1878, *Hongkong Government Gazette*, 16 November 1878, 539.

15 Robinson to Newcastle, 25 June 1862, CO 129/86, 493.

16 Report on the Police Force, *Hongkong Government Gazette*, 17 April 1869.

17 Report on the Police Force, *Hongkong Government Gazette*, 24 June 1871.

18 Report of the Acting Director of Public Works for 1893, *Sessional Papers 1894*, 214.

19 Report of the Director of Public Works for 1905, *Sessional Papers 1906*, 549.

20 Report of the Director of Public Works for 1905, *Sessional Papers 1906*, 549.

21 一封由工務司漆咸（William Chatham）所寫的推薦信說，羅斯在 1910 年至 1916 年受僱於工務司署，在其監督下進行的工程，包括「香港的新裁判司署和其他一些建築物，當時他擔任工務司署建築設計處助理工程師」，取自 Leslie Owen Ross Biographical File, 20 February 1934, Royal Institute of British Architects Library。

22 在新古典主義建築中，簷壁飾帶（frieze）位於建築物頂部。上面會有壁面間飾（metope），亦即內凹的石板，與之交錯出現的是三豎線花紋裝飾（triglyph），其形態是一組凸出的直線。三豎線花紋裝飾底部有露珠飾（gutta，這是被截短的細小圓錐體，三豎線花紋裝飾的每條直線下方都有

一個）。在簷壁飾帶上方，外凸護牆的底部（內覆面 [soffit]）有簷底托板（mutule），它們是外凸的扁平石板，與三豎線花紋裝飾的位置對齊。

23 1937 年 5 月 7 日舉行了為副偵緝處長馬非（Timothy Murphy）和助理警司格蘭（P. Grant）而辦的退休茶會。有些報道指該處曾舉行電影放映會，以及總巡捕官胡樂甫（Edward Wolfe）在 1920 年為不同職級手下舉行有管弦樂團伴奏的茶舞。舞會頻繁舉行：*South China Morning Post*, 9 April 1920；*South China Morning Post*, 7 November 1947；*South China Morning Post*, 16 February 1948。在體能訓練方面，警察衝鋒隊在這裏上自衛術課，防衛道（defendu）結合了柔術和拳擊招式，是 1930 年代為訓練上海公共租界巡捕而發展的徒手格鬥術：*South China Morning Post*, 17 May 1932。其後在這個體育館舉行過左輪手槍射擊比賽：*South China Morning Post*, 27 March 1950，以及警察劍擊會和華人劍擊會之間的友誼賽：*South China Morning Post*, 21 April 1954。

24 "Central Police Station — Extension", in Report of the Director of Public Works for the Year 1919, *Administrative Report 1919*, Appendix Q, 31.

25 Report of the Director of Public Works for the Year 1927, *Administrative Report 1927*, Q48.

26 Calthrop, Hong Kong Police War Diary, CO129/592/4, 31.

27 Ibid., 32.

28 Cited in Banham, *Not the Slightest Chance*, 80.

29 Harrop, *Hong Kong Incident*, 72.

30 Ibid., 75.

31 Calthrop, Hong Kong Police War Diary, 33.

第二章

1 Report on the Police Force, *Hongkong Government Gazette*, 20 February 1875.

2 Endacott, *Biographical Sketch-Book*, 60.

3 Quoted in Endacott, *Biographical Sketch-Book*, 63.

4 CO129/12, 306, 24 June 1845, quoted in Smith, *Chinese Christians*, with new introduction by

Christopher Munn (2005), 108.

5   Printed Report of the Police Enquiry Commission 1872, item 10, enclosed with CO129/158, 287.

6   Ibid.

7   *Friend of China*, 3 August 1843, quoted in Kerrigan, "Policing a Colony: The Case of Hong Kong 1844-1899" (2001), 64.

8   *Friend of China*, 22 March 1845.

9   *Chinese Repository, Vol. XII, From January to December, 1843*, 363.

10 No. 1 of 1845; amended by No. 12 of 1845, 20 October 1845.

11 *British Parliamentary Papers: China 38*, 277.

12 Ibid.

13 William Scott's evidence to the House of Commons Select Committee on China, 18 May 1847, *British Parliamentary Papers*, China *38*, 278.

14 An Ordinance for the Preservation of Good Order and Cleanliness within the Colony of Hongkong and Its Dependencies, No. 14, 26 December 1845.

15 Ibid.

16 May to Colonial Secretary, Hong Kong, 1 September 1854, CO 129/47, 93; quoted in Miners, "The Localization of the Hong Kong Police Force, 1842-1947", *Journal of Imperial and Commonwealth History*, Vol. 18, No. 3, 300.

17 Report of the Police Commission, 10 December 1856, CO 129/59, 248-50.

18 *Hongkong Register*, 6 June 1858.

19 Quoted in Endacott, *Biographical Sketch-Book*, 103.

20 Report by Charles May, CO 129/38, 120-25.

21 Report by Deane, 22 September 1871, CO129/152, 210.

22 Hennessy to Hicks Beach, 28 April 1879, CO129/184, 179.

23 Quoted in Printed Report of Police Enquiry Commission, 20 July 1872, CO 129/158, 293.

24 *Hongkong Daily Press*, 12 July 1871.

25 Snow, *The Fall of Hong Kong* (2003), 14.

26 Report of the Captain Superintendent of Police for 1870, *Hongkong Government Gazette*, 24 June 1871, 282.

27 Report of the Captain Superintendent of Police for 1894, 16 March 1895, *Hongkong Government Gazette*, 1895, 197.

28 Report on the Police School for 1899, *Hongkong Government Gazette*, 1900, 341.

29 James Dodds (1842-76), Diary of 1876, Hong Kong PRO, Book 920 DOD.

30 Report by Deane, 22 September 1871, CO129/152, 218.

31 *Hongkong Daily Press*, 23 February 1866.

32 Sir Richard MacDonnell to Earl Granville, 7 June 1869, CO 129/138, 19-26.

33 *China Mail*, 1 March 1870.

34 James Dodds (1842-76), Diary of 1876, Hong Kong PRO, Book 920 DOD.

35 O'Sullivan, "George Hennessy, an Irishman in the Hong Kong Police", *Journal of the Royal Asiatic Society Hong Kong Branch*, Vol. 52 (2012), 189-223.

36 *China Mail*, 11 January 1901.

37 *China Mail*, 22 May 1903.

38 Report by Deane, 22 September 1871, CO 129/152, 206-21.

39 MacDonnell to Colonial Office, 7 January 1867, CO129/120, 42-46; MacDonnell to Colonial Office, 10 June 1868, CO129/131, 97. Cited in Miners, 'Localization', n16.

40 MacDonnell to Duke of Buckingham and Chandos, 21 July 1868, CO 129/131, 354.

41 *Hongkong Daily Press*, 4 June 1867.

42 Report on the Police Force 1868, *Hongkong Government Gazette*, 17 April 1869.

43 Report by Deane, 22 September 1871, CO129/152, 206-21.

44 Report on the Police Force for 1869, *Hongkong Government Gazette*, 16 April 1870.

45 Miners, "Localization", 308.

46 Telegram, Stubbs to Secretary of State, 17 January 1925, CO 129/488, 17.

47 *Hongkong Daily Press*, 2 March 1868.

48 Legge, quoted in Report of the Police Commission, 27 June 1872, CO 129/158, 290-308.

49 *China Mail*, 25 August 1868.

50 Ibid.

51 Report of the Police Commission, 27 June 1872, CO 129/158, 290-308.

52 Report on the Police Force for 1893, *Hongkong Government Gazette*, 10 March 1894.

53 John Smale, *Hong Kong Hansard*, 11 November 1870; *Hongkong Government Gazette*, 25 February 1871.

54 *Hongkong Daily Press*, 25 July 1928.

55 May to Chamberlain, 6 December 1896, CO 129/288, 295.

56 Petition of Indian British Merchants in Support of Utter Singh to Sir William Robinson, 4 June 1897, CO 129/288, 299ff.

57 Report on the Police Force for 1893, *Hongkong Government Gazette*, 10 March 1894.

58 Report by Deane, 22 September 1871, CO 129/152, 215.

59 Report by T. Fitz Roy Rice, 31 September 1871, CO129/152, 222-90.

60 MacDonnell to Earl of Kimberley, 11 January 1872, CO 129/156, 96-97.

61 *Hongkong Daily Press*, 20 August 1870.

62 Hamilton, "The District Watch Force", *Journal of the Royal Asiatic Society Hong Kong Branch*, Vol. 38 (1998-99), 218.

63 Hamilton, *Watching over Hong Kong: Private Policing 1841-1941*.

64 Report on the Police Force, *Administrative Reports*, 1916.

65 Report of the Commissioner of Police, 1937.

66 Civil Establishments of Hong Kong for the Year 1928, *Hongkong Blue Book*, 1928.

67 Eitel, *Europe in China* (Reprint, 1983), 428.

68 Hong Kong: return to an address of the House of Lords, dated 22nd March 1889, for copy of report of the Commissioners appointed by the Governor of Hong Kong to inquire into the working of the Contagious Diseases Ordinance of 1867.

69 Report on Workings of the Contagious Diseases Ordinance.

70 Creagh, in Workings of the Contagious Diseases Ordinance.

71 Workings of the Contagious Diseases Ordinance.

72 Ibid.

73 Ibid.

74 Hennessy to Sir Michael Hicks Beach, 18 March 1879, CO 129/184, 148.

75 Ibid.

76 Deane to Mercer, Colonial Secretary, 25 April 1867, CO 129/122, 26.

77 *China Mail*, Chinese supplement, 20 January 1872.

78 Bowring to Henry Labouchere, 10 December 1856, CO129/59, 238.

79 Quoted in Lethbridge, *Hard Graft in Hong Kong*, 32.

80 *Hongkong Telegraph*, 30 April 1929. ·

第三章

1 *Hongkong Daily Press*, 22 November 1870.

2 Report on the Police Force for 1893, *Hongkong Government Gazette*, 10 March 1894, 128.

3 Memorial from inhabitants of Hong Kong to the Earl of Kimberley, Her Majesty's Principal Secretary of State for the Colonies, for a commission of enquiry into police and crime, 25 September 1871, CO 129/152, 74ff.

4 Whitfield to Kimberley, 27 September 1871, CO 129/152, 58-63.

5 Deane to Colonial Secretary, 26 October 1871, CO 129/391, 398-99.

6 Printed Report of the Police Commission, 27 June 1872, enclosed in CO 129/158, 290-306.

7 *China Mail*, 23 April 1870.

8   Report of the Police Commission, 27 June 1872, enclosed in CO 129/158, 290-306.

9   Ibid.

10   Ibid.

11   Ibid.

12   *Hongkong Daily Press*, 6 July 1878.

13   Colonial Office minutes, 18 October 1888, CO129/239, 1-5; Colonial Office to Des Voeux, 30 October 1888, CO 129/239, 28-30.

14   Perham, *Lugard, Volume II*, 288.

15   N.J. Miners, "The Attempt to Assassinate the Governor in 1912", in the *Journal of the Royal Asiatic Society Hong Kong Branch*, Vol. 22 (1982), 279-85.

16   Printed Report of the Police Commission, 27 June 1872, enclosed with CO 129/159, 290-306.

17   Ibid.

18   Black to Chamberlain, CO 129/285, 395.

19   Translation of imperial edict, *Chinese Mail*, 22 December 1899, enclosed with CO 129/297, 13.

20   Blake to Chamberlain, 3 January 1900, CO 129/297, 9.

21   Francis Bertie to Under-Secretary of State for the Colonies, 20 August 1900, CO 129/302, 702.

22   Wodehouse to Stubbs, Colonial Office, 15 November 1911, CO 129/381, 315-16.

23   Perham, *Lugard, Volume II*, 361.

24   Report of the Captain Superintendent of Police for the Year 1925, *Administrative Reports*, K14.

25   Ibid.

26   Gillingham, *At the Peak*, 37; cited in Carroll, *A Concise History of Hong Kong*, 99.

27   *South China Morning Post*, 15 May 1924.

28   "Is Police Station Haunted? ", *Hongkong Telegraph*, 10 February 1926.

29   Report of the Inspector General of Police for the Year 1935, *Administrative Reports*, K9.

30   *South China Morning Post*, 1 June 1966.

31   Ibid.

32   Blyth and Wotherspoon (eds.), *Hong Kong Remembers*, 96.

33   *China Mail*, 6 June 1967.

34   *China Mail*, 5 June 1939; *Hongkong Daily Press*, 5 June 1939.

35   *Hongkong Daily Press*, 5 June 1939.

36   Preliminary Report on the Hong Kong Police Force 1941, CO 129/588/4, 1-21.

37   J.P. Pennefather-Evans to Edward Gent, Assistant Under-Secretary in charge of Hong Kong affairs at the Colonial Office, 11 November 1941; Preliminary Report on the Hong Kong Police Force, CO 129/588/4.

38   Ibid.

39   Calthrop, Hong Kong Police War Diary, CO129/592/4.

40   Wally Scragg, "The Christmas of '41-Air Raids, Food Riots and Finally, Surrender", *Offbeat* (Hong Kong Police magazine), 3-16 January 1996.

41   Shepherd, *Silks, Satins, Gold Braid and Monkey Jackets*, 39-40.

42   *China Mail*, 6 October 1945; Calthrop, War Diary, 40.

43   Accessed various dates in 2013 and 2014: Case WO235/937, The National Archives, http://hkwctc.lib.hku.hk/exhibits/show/hkwctc/hkwct.

44   *Lawrence Journal-World*, 4 February 1946.

45   Ibid.

46   *South China Morning Post*, 2 September 1945.

47   *China Mail*, 6 October 1945.

48   Hong Kong Year Book 1950, 73.

49   Annual Report of the Commissioner of Police, 1955-56.

50   Annual Departmental Report by the Commissioner of Police, 1954-55.

第四章

1   *Naval and Military Gazette*, 20 April 1844.

2   *Canton Register*, 2 November 1841.

3   *Canton Press*, 19 February 1842.

4   *List of Buildings in Hong Kong Belonging to Government Now Occupied*, Auditor General's Office, 1 May 1845, CO 129/12, 66-67.

5   *Hongkong Blue Book*, 1847.

6   Janice Y. Webb, in Holdsworth and Munn (eds.), *Dictionary of Hong Kong Biography*, 105.

7   Norton-Kyshe, *History*, Vol. I, 236-37; *Friend of China*, 28 March 1849.

8   Davies to Bridges, 29 May 1857, CO 129/63, 307.

9   Comments by Hillier, 23 April 1856, CO 129/57, 164.

10 Smith, *To China and Back*, 28-29.

11 *Hongkong Telegraph*, 9 March 1898.

12 Norton-Kyshe, *History*, Vol. II, 547-48.

13 *South China Morning Post*, 23 June 1904.

14 Report of the Director of Public Works for the Year 1912, *Administrative Report 1912*, P39.

15 Report of the Director of Public Works for the Year 1913, *Administrative Report 1913*, P43.

16 跨越兩層樓或以上的巨柱,可以是任何柱式風格,如多立克、愛奧尼亞或科林斯。

17 *South China Morning Post*, 18 October 1977 and 10 January 1978.

18 Report of the Director of Public Works for the Year 1914, *Administrative Report 1914*, P44.

19 *South China Morning Post*, 15 May 1953.

第五章

1   Y.J. Murrow to the Earl of Harrowby, 2 August 1857, CO 129/66, 469.

2   Bonham to Grey, 27 December 1848, CO 129/26, 310.

3   Hong Kong Hansard, 19 July 1946.

4   這宗案件是關於一名士兵受人教唆和協助擅離部隊。被告穆罕默德·富克(Mahomed Fukeer)是一名旅館經營者,此案獲得重審,部分原因是田尼在案中的雙重角色。*Hongkong Daily Press*, 18 & 20 April 1874.

5   Stanley to Pottinger, 3 June 1843, CO 129/2.

6   Minute by Stephen, 8 March 1845, CO 129/11, 159.

7   Ordinance No. 15, 1844.

8   1953 年地方法院設立後,案件是否從裁判司署移交地方法院審理,是由律政司或其下屬決定。從 1965 年起,裁判司也須先得到控方同意,方可以簡易程序審理可公訴罪行。

9   *Hongkong Daily Press*, 2 June 1933.

10 *Hongkong Telegraph*, 8 March 1906.

11 *China Mail*, 8 August 1906.

12 *Hongkong Register*, 6 February 1844.

13 *Hongkong Daily Press*, 8 & 9 January 1867.「狐狸」是海事術語,指用來綑綁物件的絞股繩。

14 May to Alexander, 20 August 1862, CO 129/87, 136.

15 *Hongkong Daily Press*, 22, 24 & 29 November 1865.

16 在 1950 年代,最高法院對幾名暴力搶劫的英國軍人判處入獄兼受笞刑。

17 *Hongkong Daily Press*, 4 April 1866.

18 Hennessy to Carnarvon, 6 July 1877, *British Parliamentary Papers: China 25*, 461-62.

19 *Hongkong Daily Press*, 5 June 1866.

20 *Hongkong Daily Press*, 23 & 24 February 1865; *Hongkong Government Gazette*, 1 December 1866; *Hongkong Government Gazette*, 12 May & 2 June 1866.

21 *Hongkong Daily Press*, 19 January 1895.

22 Lai Wing Sheung to the Police Magistrate, 22 February 1908, HKRS 101-1-4-21, 21.

23 Petition from Shopkeepers, July 1845, FO 233/186, 6; Pottinger to Wellington, 26 October 1844, CO 129/49, 171.

24 *China Mail*, 15 May 1856.

25 Cooke, *China*, 173.

26 Norton-Kyshe, *History*, I, 407.

27 Anstey to Lytton, 17 May 1859, Great Britain: China, Vol. 24, 670.

28 Mitchell to Newcastle, 29 July 1862, CO 129/90, 243.

29 Caldwell, *Vindication*, 27.

30 Executive Council Minutes, 18 February 1878, CO 131/10, 39.

31 他也是首名出任按察司的香港巡理府，但只在 1866 年 3 月 12 日當了幾分鐘：經刊憲任命的署理總巡理府鮑爾身體抱恙，在港督麥當奴的宣誓就職儀式上遲到；麥當奴做事一貫爽快俐落，馬上委任懷特為臨時按察司，這樣就可以由他來主持麥當奴的宣誓儀式。

32 *China Mail*, 13 December 1866.

33 Cooke, *China*, 359.

34 Eitel, "Chinese Studies and Official Interpretation in the Colony of Hongkong', *China Review* Vol. 6 No. 1, 10.

35 Hennessy to Hicks Beach, 19 January 1880, CO 129/187, 47.

36 Kimberley to Hennessy, 11 August 1880; Hennessy to Kimberley, 17 September 1880 (with enclosures), CO 129/191, 11-14, & CO 129/189, 460-70.

37 *China Mail*, 22 April 1881.

38 軒尼詩懷疑大律師希剌（Thomas Hayllar）意圖染指他富有吸引力的年輕妻子姬蒂（Kitty Hennessy）。軒尼詩和希剌本來是朋友，軒尼詩甚至推薦希剌擔任按察司。但 1879 年他發現希剌與自己的妻子在總督府閨房共處一室，一起看一本「淫穢圖片」畫冊。希剌被逐出總督府，並不再獲任何官方幫助。閨房事件發生將近兩年後的 1881 年，軒尼詩與希剌在港督山頂官邸（Mountain Lodge）附近一條僻靜的路上不期而遇，據說軒尼詩以雨傘擊打希剌，「瘋狂和暴力地」襲擊他。當軒尼詩的私人秘書歐德理開始向定例局議員展示關於此事件的通信，希剌就發出控告誹謗的令狀，要求兩萬五千元賠償金。在歐德理和軒尼詩發出道歉信後，希剌始撤回令狀。Pope-Hennessy, *Verandah*, 213–28.

39 Luk, "A Hong Kong Barrister in Late-Ch'ing Law Reform", *Hong Kong Law Journal*, Vol. 11 (1981), 339-55.

40 儘管其他官員大幅加薪，但巡理府的俸祿自 1860 年起就沒有變過，並且是以港幣支付，還根據 1860 年代定下的兌換率，而當時港元兌英鎊的兌換率至少高出百分之三十。Des Voeux to Knutsford, 20 November 1888, CO 129/239, 198-207; Hennessy to Kimberley, 14 June 1880 (with enclosures), CO 129/188, 287-364; Robinson to Ripon, 16 January 1895, CO 129/266, 119-24.

41 *South China Morning Post*, 25 October 1916.

42 Lugard to Crewe, 29 March 1909, CO 129/355, 439; *Hongkong Daily Press*, 1 December 1916.

43 *South China Morning Post*, 1 & 5 January 1926.

44 *South China Morning Post*, 3 June 1937.

45 Report on the Measures Required for the Institution of Juvenile Courts in Hong Kong, *Sessional Papers* 1931, 51-56; *Hong Kong Hansard*, 19 June & 2 October 1930 & 28 January 1932; CO 129/527/13: Juvenile offenders; Ordinance No. 1 of 1932; *Hongkong Government Gazette*, 17 November 1933; *China Mail*, 20 November 1933.

46 *Hongkong Daily Press*, 25 September 1940.

47 *South China Morning Post*, 1 July 1952, 25 December 1958, & 27 August 1964.

48 *South China Morning Post*, 18 June 1970.

49 *South China Morning Post*, 20 October 1972.

50 *South China Morning Post*, 18 July 1967.

51 The Labour MP Tom Driberg, *South China Morning Post*, 24 October 1967.

52 *South China Morning Post*, 5 October 1982.

53 *South China Morning Post*, 15 January 1983.

54 *South China Morning Post*, 15 June 1984.

第六章

1 *Friend of China*, 18 & 24 November 1846.

2 Ordinance No. 14 of 1845.

3 Police Report for 1868, *Hongkong Government Gazette*, 17 April 1869.

4 Caine to Labouchere, 22 November 1856, CO 129/59, 199-211.

5 Ordinance No. 12 of 1856; *Friend of China*, 4 June 1856.

6   *Friend of China*, 27 June 1857.

7   *China Mail*, 1 March 1866.

8   Thomson, *The Chinese*, 39-40.

9   Deane to the Acting Colonial Secretary, 12 May 1886, CO 129/227, 113-14.

10 Chadwick, Report on the Sanitation of Hong Kong, 1882.

11 例如，1911 年 11 月，一名男子因在油麻地一個村莊偷了大量糞便，被裁判司判處一個月苦工監。*Hongkong Telegraph*, 14 November 1911.

12 *Hongkong Daily Press*, 23 October 1868.

13 *China Mail*, 14 June 1888.

14 Weatherhead, "Life in Hong Kong, 1856–1859", 3.

15 Pauncefote to Herbert, 19 June 1872, CO 129/161, 399-403; Ordinance No. 10 of 1872.

16 *R v Fung I On*, 25 August 1885, CO 129/227, 144-57.

17 *China Mail*, Chinese supplement, 22 April 1871; Ordinance No. 12 of 1856.

18 Wu Tingfang, *America through the Spectacles of an Oriental Diplomat*, 135.

19 *Hong Kong Hansard*, 10 & 17 December 1908, 1 & 10 September 1909, 7 April 1932 & 18 April 1940; Lugard to Crewe, 11 March 1909, CO 129/355, 215-31; Ordinances Nos. 1 & 26 of 1909 & No. 10 of 1940; Report of the Registrar General for 1909; *China Mail*, 11 December 1890.

20 見梅理在 1873 年一宗襲擊案件中對這種程序的解釋：*Hongkong Daily Press*, 3 July 1873。

21 *China Mail*, 6 October 1879.

22 Petition of Committee-Members and Merchants, 25 October 1879, in *Correspondence Respecting the Alleged Existence of Slavery*; Dr Eitel's Report, in *Correspondence Respecting the Alleged Existence of Slavery*, 49-57.

23 Executive Council Minutes, 3 December 1886, CO 131/15, 234.

24 Marsh to Granville, 1 June 1886, CO 129/227, 10-15; *Hongkong Daily Press*, 26 May 1886.

25 當中的關連被人揭發後，這些刻字就被鏟除。*Hongkong Daily Press*, 3 January 1866.

26 Marsh to Granville, 15 June 1886, CO 129/227, 287-371.

27 Marsh to Granville, 28 June 1886, CO 129/227, 587-600; Marsh to Secretary of State for the Colonies, 29 July 1886, CO 129/228, 125-133; Marsh to Stanhope, 20 September 1886, CO 129/228, 305-18.

28 Caine, Comments on gaming among Chinese inhabitants, 13 August 1855, CO 129/54, 233.

29 Marsh to Granville, 8 June 1886, CO 129/227, 73-157.

30 Bowen to Derby, 11 May 1883, CO 129/209, 161.

31 Marsh to the Secretary of State, 24 August & 3 September 1886, CO 129/228, 186-94 & 226-29.

32 *China Mail*, 8 December 1890.

33 Barker to Knutsford, 19 May 1891, CO 129/249, 649-56.

34 Horspool to Colonial Secretary, 28 September 1891, CO 129/251, 334-35.

35 Sinn, *Pacific Crossing*, Chapter 5.

36 *South China Morning Post*, 11 November 1904 & 7 January 1905.

37 *South China Morning Post*, 23 February 1905.

38 Miners, "The Hong Kong Government Opium Monopoly", *Journal of Imperial and Commonwealth History*, Vol. 11, no. 3, 275–99.

39 Reports on Morphine Injection & Memorandum Regarding the Restriction of Opium, *Sessional Papers* 1893, 521-27 & 1909, 25-40; Ordinance No. 13 of 1893.

40 *South China Morning Post*, 9 December 1948.

41 《南華早報》説以樺條鞭打 12 下，《孖剌西報》則只説鞭打 6 下。

42 Lugard to Harcourt, 23 November 1911, CO 129/381, 196; Lugard to his brother, E.J. Lugard, 23 December 1911, quoted in Perham, *Lugard, Vol. II: The Years of Authority*, 361.

43 *Hongkong Daily Press*, 5 March 1928; *South China Morning Post*, 7 March 1928.

44 香港法庭上最早提到汽車的案件，大概是最高法院的一宗民事訴訟，在此案中，巴山天拿 (Grateno Passantino) 控訴車主陳禮明和他的廚師。這名廚師未得准許擅自把車子開出去，「因為他想開來玩玩」，結果把從電車下車的巴山天拿撞倒，令他受傷。法官士蔑判廚師須賠償一百元。*China Mail*, 16 May 1905.

45 不過，禁止汽車的建議沒有什麼成功的希望。即將到任的新港督梅含理爵士很熱衷於推廣汽車。*Hongkong Daily Press*, 18 & 20 May 1912.

46 Sayer, *Hong Kong 1862-1919*, 115.

47 *South China Morning Post*, 3 March 1933.

48 *South China Morning Post*, 10 & 13 February 1948.

49 *South China Morning Post*, 20 January 1961 & 17 January 1964.

50 *South China Morning Post*, 3 April & 28 August 1933.

51 1937 年香港和九龍裁判司署報告。

第七章

1 Ouchterlony, *The Chinese War*, 217.

2 關於 A、B 和 C 監倉的描述引自 *Chinese Repository*, Vol. XII, No. 10 (October 1843), 534。

3 *Chinese Repository*, Vol. XII, No. 10 (October 1843), 534-36.

4 1845 Land Survey, MPG 1/156, in CO 129/2, Report 33.

5 Johnston to Pottinger, 16 August 1844, CO 129/10, 384-85.

6 1845 Land Survey, MPG 1/156, in CO 129/2, Report 33.

7 Report on the State and Conditions of the Jails, 12 May 1847, in CO 129/27, 136.

8 Surveyor General to Colonial Secretary, 25 November 1851, CO 129/38, 94.

9 Trevelyan to Merivale, 7 April 1851, CO 129/38, 219.

10 Cleverly, Report and Estimate No. 5, 1853, CO 129/43, 249-74.

11 MacDonnell to Carnarvon, 23 November 1866, CO 129/116, 106.

12 Evans, *The Fabrication of Virtue: English Prison Architecture, 1750-1840*, 4.

13 Caine to Lytton, 29 December 1858, CO 129/69, 614-20.

14 Correspondence between Jebb, Duke of Newcastle, Caine, etc., 12 July to 10 August 1859, CO129/75, 231-42.

15 Ibid.

16 Caine to Lytton, 29 December 1858, CO 129/69, 614-20.

17 Robinson to Newcastle, 25 June 1862, CO 129/86, 491-504.

18 Robinson to Newcastle, 25 June 1862, CO 129/86, 491-504.「布萊德韋爾」(bridewell) 得名自位於倫敦市的「布萊德韋爾宮」(Bridewell Palace)，它是 1522 年亨利八世 (Henry VIII) 所建，三十年後因為殘破而交給倫敦市並改為收容遊民、妓女和輕罪犯的「矯正所」。

19 Hennessy to Kimberley, 5 May 1881, CO129/193, 37.

20 Pope-Hennessy, *Verandah*, 207.

21 *China Mail*, 25 May 1867.

22 Ibid.

23 Colonial Surgeon's Report for 1867, *Hongkong Government Gazette*, 22 February 1868, 56.

24 Dispatch No. 41, 22 June 1877, CO129/178, 208.

25 Botsman, *Punishment and Power*, 150.

26 Ibid., 150.

27 Despatches Respecting Prison Accommodation, presented to the Legislative Council: Secretary of State to Officer Administering the Government, 21 November 1890, *Sessional Papers 1891*, 119-20.

28 Lucas to Meade, 4 March 1892, CO129/254, 317-18.

29 Knutsford to Robinson, 7 July 1892, in

Hongkong Government Gazette, 3 December 1892, 1022.

30 *Hongkong Government Gazette*, 3 December 1892, 1022-23.

31 *China Mail*, 5 December 1890.

32 *China Mail*, 5 December 1890; *China Mail*, 6 December 1890.

33 *China Mail*, 5 December 1890.

34 Committee's Report on Prison Accommodation, 16 November 1892, *Sessional Papers* 1892, 461-63.

35 Wei Yuk et al. to the Registrar General, 6 January 1893, in a Memorial Respecting Gaol Extension, *Hongkong Government Gazette*, 28 January 1893, 57.

36 Robinson to Ripon, 22 February 1892, CO 129/154, 319-26：「儘管我對此陳情書中的大部分意見難以苟同，但覺得重點是陳情者反對擴建監獄所需的任何龐大開支，由於在此事中，他們大概可被視為代表華人社會的意見，他們付出的差餉和稅收，估計總數不少於本地這些收入的三分之二……非華裔居民也有類似的強烈不滿。」

37 Report of the Director of Public Works for 1894 (*Sessional Papers* 1895, 285) 內有以下備註：「去年從司獄官傳來有關監獄建築物的投訴，許多都已經處理，尤其是關於司獄官宿舍的那些。無論如何，因這些工作而獲得的改善，加上監獄擴建部分啟用後，希望監獄的收容空間能夠滿足往後歲月各種合理的需求。」

38 Public Works Report for 1893, *Sessional Papers* 1894, 213.

39 Knutsford to Robinson, 7 July 1892, in *Hongkong Government Gazette*, 3 December 1892, 1023.

40 Public Works Report for 1895, *Sessional Papers* 1896, 200. 至今仍未發現這條隧道的具體證據。

41 Robinson to Chamberlain, 26 November 1897, CO 129/278, 233-34.

42 *Hongkong Government Gazette*, 3 September 1898, 866.

43 Report of the Director of Public Works for

1899, *Sessional Papers* 1900, 238.

44 Report of the Superintendent of Victoria Gaol for the Year 1897, *Sessional Papers* 1898, 120; Report of the Superintendent of Victoria Gaol for the Year 1898, *Sessional Papers* 1899, 121.

45 Report of the Superintendent of Victoria Gaol for the Year 1898, *Sessional Papers* 1899, 120.

46 *Hongkong Government Gazette*, 19 November 1892, Report on Prison Accommodation, 906-7.

47 有點令人混亂的是，這座建築物歷史上被稱為「C 倉」，但它並非今天存在的那座 C 倉。這座建築物在第二次世界大戰後拆卸，大概是因為被轟炸後受損。

48 Victoria Gaol and Central Police Station Block Plan, 1913, CO 129/402, 19-22.

49 Report of the Director of Public Works for 1917, *Administrative Report 1917*, Appendix Q, 65.

50 Report of the Director of Public Works for 1927, *Administrative Report 1927*, Appendix Q, 88.

51 Prisons Department Annual Report for 1938, *Administrative Report 1938*, L2.

52 Report of Major J.T. Burdett, 6 March 1946, Hong Kong Public Records Office, HKRS 125-3-4.

第八章

1 *Chinese Repository*, Vol. XII, No. 10 (October 1843), 534.

2 Report on the State and Conditions of the Jails, 12 May 1847, in CO129/27, 135-40.

3 *Friend of China*, 17 August 1861.

4 *China Mail*, 25 May 1867.

5 Frodsham (translated and annotated), *The First Chinese Embassy to the West*, 10.《使西紀程》

6 Report of the Superintendent of Victoria Gaol, for 1885, *Sessional Papers* 1885-86, 149.

7 Memorial Respecting Gaol Extension, 6 January 1893, *Hongkong Government Gazette*, 28 January 1893, 57.

8 艾蕪：〈香港之一夜──南洋歸客談之一〉，載湯繼湘、王莎編：《艾蕪集》。

9　來自編號 47770 的囚犯陳啟倫的遺書，他在 1972 年 12 月 24 日被發現在囚室上吊自殺；Hong Kong Public Records Office, HKRS 125-4-8。

10　皮拉內西（Giovanni Battista Piranesi，1720—1778）是意大利建築師兼蝕刻畫家，他創作了一系列稱為「想像監獄」（Imaginary Prisons）的版畫。這些想像出來的監獄是歌德式巨大結構，糅合了奇幻想法和雄偉建築形式。

11　Prisons Department Annual Report for 1946-47, Hong Kong Public Records Office, HKRS 158-1-15.

12　Norton-Kyshe, *History*, Vol. I, 276, 285, 289.

13　Munn, 'The Transportation of Chinese Convicts from Hong Kong, 1844-1858', *Journal of the Canadian Historical Association*, Vol. 8, no. 1 (1997), 113-45.

14　Bowring to Labouchere, 14 September 1857, CO 129/64, 217-21.

15　Murray to Mercer, Colonial Secretary, 21 October 1866, CO 129/116, 124-25.

16　MacDonnell to Carnarvon, 23 November 1866, CO 129/116, 108.

17　Hong Kong Public Records Office, HKRS 101-1-4-2.

18　MacDonnell to Carnarvon, 23 November 1866, CO 129/116, 105-16.

19　MacDonnell to Carnarvon, 28 March 1867, CO129/121, 87.

20　Report of the Commission Appointed to Consider the Question of Insufficient Accommodation in Victoria Gaol, 1 June 1886, *Sessional Papers* 1886-87, 146.

21　Lobscheid to Allied Commissioners, 11 April 1858, enclosed in CO 129/67, 502-14.

22　Bowring to Labouchere, 16 April 1858, CO 129/67, 49

23　Lobscheid to Allied Commissioners, 11 April 1858, enclosed in CO129/67, 505.

24　Report of the Police Commission, 27 June 1872, CO 129/158, 302.

25　Ibid.

26　Bird, *The Golden Chersonee and the Way Thither*, 69-71.

27　Report of the Superintendent of Victoria Gaol for 1885, *Sessional Papers* 1886, 152.

28　Memorial on the Question of the Gaol Extension, 6 January 1893, *Hongkong Government Gazette*, 28 January 1893, 57.

29　MacDonnell to Carnarvon, 28 March 1867, CO 129/121, 87.

30　Minute Paper, 7 November 1870, CO 129/148, 372.

31　Sir Edmund Hornby to the Editor of *The Spectator*, reproduced in Norton-Kyshe, *History*, Vol. II, 265.

32　Munn, *Anglo-China*, 362.

33　*China Mail*, 25 May 1867.

34　Murray to Mercer, 21 October 1866, CO 129/116, 124-25.

35　Proceedings of Council, 17 September 1877, *Hongkong Government Gazette*, 22 September 1877, 411-15.

36　Ibid.

37　Superintendent of Victoria Gaol to Acting Colonial Secretary, 6 April 1886, enclosed with Report of the Commission Appointed to Consider the Question of Insufficient Accommodation in Victoria Gaol, 149.

38　*The Times*, 8 January 1863.

39　Colonial Office minutes, 27 April 1877, CO 129/177, 170.

40　Report of the Gaol Committee, 21 April 1876, in CO 129/177, 176-83.

41　Ibid., 176.

42　Hennessy to Legislative Council, 17 September 1877, *Hongkong Government Gazette*, 22 September 1877.

43　*China Mail*, 31 July 1877.

44　Report of a meeting of the Legislative Council, 17 September 1877, *Hongkong Daily Press*, 18 September 1877.

45　Colonial Office minutes, 4 April 1877, CO 129/179, 379.

46 Gaol and Prisoners, *Hongkong Blue Book*, 1877.

47 Annual Report from the Superintendent of Victoria Gaol, 1880, *Hongkong Government Gazette*, 11 June 1881, 463.

48 Police Report for 1877, *Hongkong Government Gazette*, 6 April 1878, 125.

49 Colonial Surgeon's Report for 1878, *Hongkong Government Gazette*, 9 July 1879, 405.

50 Report of the Superintendent of the Gaol for 1885, *Sessional Papers* 1886, 148.

51 Gordon to Colonial Secretary, 30 March 1886, enclosed with Report of the Commission Appointed to Consider the Question of Insufficient Accommodation in Victoria Gaol, 150.

52 Report of the Commission Appointed to Consider the Question of Insufficient Accommodation in Victoria Gaol, 149.

53 Ibid.

54 Certain Chinese Justices of the Peace to the Acting Colonial Secretary, 26 June 1886, Correspondence in Connection with the Whipping Ordinance, presented to the Legislative Council, 18 March 1887, *Sessional Papers* 1886-87, 298.

55 Ayres to members of the Gaol Commission, 17 April 1886, in CO 129/227, 553.

56 Report of the Superintendent of Victoria Gaol for 1885, *Supplement to the Hongkong Government Gazette*, 30 April 1886, 269.

57 Report of the Superintendent of Victoria Gaol for 1890, *Sessional Papers* 1891, 157.

58 Ibid., 157.

59 Ibid., 158.

60 Report of the Superintendent of Victoria Gaol for the Year 1892, *Sessional Papers* 1893, 87.

61 Lugard to Harcourt, 29 April 1911, CO 129/376, 530-31.

62 May to Harcourt, 2 September 1912, CO 129/392, 7.

63 Draft of annual report, 1957, Hong Kong Public Records Office, HKRS 125-3-581.

64 Annual Report of the Commissioner of Prisons Hong Kong for the Period 1 April 1947-31 March 1948, Hong Kong Public Records Office, HKRS 125-3-570.

65 C.J. Norman, Superintendent of Prisons, 3 January 1951, Draft of annual report, 1950, Hong Kong Public Records Office, HKRS 125-3-564.

66 Prisons Department Annual Report for 1946-7, Hong Kong Public Records Office, HKRS 125-3-564.

67 Prisons Department Quarterly Report for 1950, Hong Kong Public Records Office, HKRS 125-3-544.

68 *South China Morning Post*, 20 September 1979.

69 *Eastern Express*, 16 May 1994.

第九章

1 *Friend of China*, 26 January 1856, 30-31.

2 Regulations for the Government of the Gaol at Hongkong, 25 June 1857, *Hongkong Government Gazette*, 12 March 1859, 178-85; Report of the Gaol Committee 1877, *Hongkong Government Gazette*, 10 March 1877, 116.

3 Prison Ordinance No. 18 of 1885; Rules and Regulations for the Management of the Gaol of Victoria, Hongkong, and for the Guidance of the Officers, *Hongkong Government Gazette*, 24 December 1887, 1371-87.

4 「一級輕罪犯」是十九世紀英國採用的類別，用來處理所犯罪行帶有政治性質的囚犯，例如愛爾蘭民族主義者，以及後來爭取女性選舉權的人。

5 Norton-Kyshe, *History*, Vol. I, 537-38.

6 Report of the Committee Appointed to Enquire into the Question of Flogging in Victoria Gaol, *Sessional Papers* 1896, 96.

7 Rules and Regulations, *Hongkong Government Gazette*, 24 December 1887, 1380-81.

8 Ibid.

9 Proceedings of a Commission on the State of

the Gaol, 5 March 1857, CO 129/64, 303.

10 Regulations for the Government of the Gaol at Hongkong, 25 June 1857, *Hongkong Government Gazette*, 12 March 1859, 180.

11 Ibid.

12 Statement of Mr McKenzie, Jailer, Proceedings of a Commission on the State of the Gaol, 9 March 1857, CO 129/64, 303.

13 1866 年為供域多利監獄管理當局使用而經由倫敦皇家代理商購買的所需物品清單和費用，見：F. Douglas to Acting Colonial Secretary, 29 May 1865, CO 129/106, 10。

14 Gaols and Prisoners, *Hongkong Blue Book*, 1863, cited on 'Hong Kong Memory' website: http://www.hkmemory.hk/collections/ victoria_prison/All_Items/images/201303/ t20130315_57654.html.

15 Albumen and silver print, probably by William Prior Floyd, Asia Society Galleries, *Picturing Hong Kong*; 96; Norton-Kyshe, *History*, Vol. II, 90.

16 Lilius, *I Sailed with Chinese Pirates*, 105.

17 Warder A. Silva to Commissioner of Prisons on clothes found hidden in the vegetable garden at Stanley Prison, 22 December 1946, HKRS 125-3-148.

18 Rules and Regulations, *Hongkong Government Gazette*, 24 December 1887, 1371.

19 Report on the Victoria Gaol for the Year 1901, *Sessional Papers* 1902, 26.

20 Figora's statement, 7 September 1954, Hong Kong Public Records Office, HKRS 125-3-148.

21 Regulations for the Government of the Gaol at Hongkong, 25 June 1857, *Hongkong Government Gazette*, 12 March 1859, 182-83.

22 Rules and Regulations, *Hongkong Government Gazette*, 24 December 1887, 1380—81; Rules and Regulations, *Hongkong Government Gazette*, 27 March 1897, 183-202.

23 Prison Rule 276, Prisons Department, 1939; cited in Au Yeung Sau-ching et al., *Custody and Correction*, 26.

24 Prisons Department Annual Report for 1946-7,

Hong Kong Public Records Office, HKRS 125-3-564.

25 Annual Report of the Commissioner of Prisons Hong Kong for the Period 1 April 1947-31 March 1948, Hong Kong Public Records Office, HKRS 125-3-570.

26 Unsigned memo, July 1967, General Correspondence Files, Victoria Remand Centre, Prisons Department, Hong Kong Public Records Office, HKRS 81-1-4.

27 Psychiatric Observation Unit, Victoria Remand Prison, Statistics for Year 1 April 1963 to 31 March 1964, Hong Kong Public Records Office, HKRS 81-1-4.

28 *Hongkong Daily Press*, 27 October 1874.

29 Old Bailey' to the Editor, 12 November 1875, *Hongkong Daily Press*, 14 November 1874.

30 MacDonnell to Granville, 23 March 1870, CO 129/144, 59-60.

31 Whitworth, Phoebe, *View from the Peak*, 1966; new edition published by T.G. Whitworth, 2001.

32 Report to the Superintendent HKP (V), 24 May 1963, Hong Kong Public Records Office, HKRS 125-3-148.

33 Colonial Surgeon's Report, *Hongkong Government Gazette*, 9 July 1879, 404.

34 關於勞役刑，官方解釋是「依據法庭判刑而施加、作為實質懲罰的監禁」。Statistical Return for the Prison of Hongkong for 1885, Gaols and Prisoners, *Hongkong Blue Book*, 1885, x-2.

35 Rules and Regulations, *Hongkong Government Gazette*, 24 December 1887, 1380-81.

36 Regulations for the Government of the Gaol at Hong Kong, 25 June 1857, *Hongkong Government Gazette*, 12 March 1859, 170; Rules and Regulations, *Hongkong Government Gazette*, 24 December 1887, 1380-81.

37 Marsh to Granville, 26 June 1886, CO 129/227, 543-44.

38 Annual Report from the Superintendent of Victoria Gaol for the Year 1880, *Hongkong Government Gazette*, 11 June 1881, 464.

39 *Hongkong Daily Press*, 15 December 1882.

40 *Hongkong Telegraph*, 14 December 1882.

41 *Hongkong Daily Press*, 15 December 1882.

42 Gordon to Under-Secretary of State for War, 28 February 1885, in CO 129/222, 34.

43 Marsh to Granville, 26 June 1886, CO 129/227, 544.

44 Report of the Superintendent of Victoria Gaol for 1885, *Sessional Papers* 1886, 148-49.

45 *Hongkong Daily Press*, 7 July 1868; Norton-Kyshe, *History*, Vol. II, 157.

46 *Hongkong Daily Press*, 24 October 1868.

47 Norton-Kyshe, *History*, Vol. II, 162-63.

48 Des Voeux to Knutsford, 22 November 1889, CO 129/248, 470-76.

49 Report of the Superintendent of Victoria Gaol for 1893, *Sessional Papers* 1894, 89.

50 Henry Tudor Davies, Chief Magistrate, to President of the Commission of Jail Inquiry, 9 April 1857, CO 129/64, 346.

51 1881年香港各法庭判入域多利監獄監禁囚犯所犯罪行分類之報告。Government Notification No. 103, in *Administrative Reports*, 1882.

52 Report of the Committee Appointed to Consider the Recent Increase in the Number of Prisoners in the Colony and to Make Recommendations in Respect of Such Increase, 27 October 1937, *Sessional Papers* 1937, 232.

53 Ibid.

54 Francis Douglas, answers to prison interrogatories sent out in a Colonial Office circular of 16 January 1865, CO 129/107, 204.

55 Frodsham, *The First Chinese Embassy*, 180.

56 Report Respecting the Practice of Cutting the Hair of Female Convicted Prisoners, enclosed with MacDonnell to Kimberley, 2 February 1872, CO 129/156, 278-80.

57 Lilius, *I Sailed with Chinese Pirates*, 117.

58 Report of the Superintendent of Prisons for the Year 1932, *Administrative Reports*, 1932, L2.

59 Bowring to Labouchere, 7 May 1857, CO 129/63, 100.

60 McKenzie to Jail Inquiry, enclosed in Proceedings of a Commission on the State of the Gaol, 5 March 1857, CO 129/64, 311.

61 *Friend of China*, 29 July 1857.

62 Robinson to Newcastle, 20 May 1862, CO 129/86, 270.

63 Police Magistrate to Colonial Secretary, ? [illegible] July 1908, Hong Kong Public Record Office, HKRS 101-1-4-19.

64 Appendix AA, Annual Report for 1946—7, Prisons Department, Hong Kong Public Records Office, HKRS 125-3-564.

65 Draft for Hong Kong Annual Report: Prisons, 28 December 1951, Hong Kong Public Records Office, HKRS 125-3-564.

66 Information provided by Kirsty Norman, 8 October 2013.

67 C.J. Norman, 'The Prison Service in Hong Kong', *Prison Service Journal*, Vol. III, No. 10 (January 1964).

68 Minutes of meeting, 27 July 1955, Colonial Office Advisory Committee on the Treatment of Prisoners, Hong Kong Public Records Office, HKRS 41-1-2171.

69 Agreement for the Removal of Prisoners under Sentence from Wei-hai-wei to Hongkong, 29 July 1916, *Sessional Papers* 1916.

70 Botsman, *Punishment and Power*, 133, citing Rutherford Alcock, *The Capital of the Tycoons* (New York: Harper and Bros., 1863), 2: 14-16.

71 Robinson to Newcastle, 29 January 1861, CO 129/80, 61-69.

72 *China Mail*, 23 September 1907.

73 *Hongkong Daily Press*, 2 October 1907.

74 *China Mail*, 9 August 1907.

75 *Hongkong Telegraph*, 23 October 1907.

76 *Hongkong Telegraph*, 7 October 1907.

77 *Hongkong Government Gazette*, 26 April 1912, 269.

78 "House of Detention Is Nothing But a Gaol: Startling Disclosures of Hongkong 'Poor

House'", *Hongkong Telegraph*, 9 August 1933.

79 *Hongkong Daily Press*, 4 June 1925.

80 Lilius, *I Sailed with Chinese Pirates*, 7.

81 他「以虛假藉口或欺詐手段令一些店家負上債務」，*Hongkong Telegraph*, 16 September 1929。

82 Lilius, *I Sailed with Chinese Pirates*, 98.

83 Ibid., 106.

84 Ibid., 104.

85 Ibid., 100.

86 Ibid., 103.

87 Ibid., 101.

88 Ibid., 107.

89 艾蕪：〈香港之一夜──南洋歸客談之一〉，載湯繼湘、王莎編：《艾蕪集》。

90 Tan Malaka, *From Jail to Jail*, translated by Jarvis, Vol. 2.

91 Ibid.

92 Quoted in Duncanson, 'Ho Chi Minh in Hong Kong, 1931-32', *China Quarterly*, Vol. 57 (March 1974), 100.

93 Ho Chi Minh's 'Word Play' is reproduced in Tan Makaka, *From Jail to Jail*, and credited to Bernard B. Hall (ed.), *Ho Chi Minh on Revolution: Selected Writings 1920-66* (New York: Signet, 1968).

94 引自謝永光：《三年零八個月的苦難》。

95 王文彬、金石主編：《戴望舒全集・詩歌卷》（北京：中國青年出版社，1999），頁 149。

第十章

1 Report of the Superintendent of Victoria Gaol for 1885, *Sessional Papers* 1886, 150.

2 Marsh to Secretary of State for the Colonies, 1 February 1887, CO 129/231, 102-4.

3 Extract of letter from the Superintendent of the Gaol, 22 June 1886, in Marsh to Secretary of State for the Colonies, 1 February 1887, CO 129/231, 105.

4 *China Mail*, 25 May 1867.

5 "Sir Halliday Macartney's Diary of the Voyage", in Frodsham (translated and annotated), *The First Chinese Embassy to the West*, 179-80.

6 Marsh to Granville, 26 June 1886, CO 129/227, 543.

7 Government Notification, No. 501, *Hongkong Government Gazette*, 30 November 1895, 1204; *Hongkong Government Gazette*, 8 November 1912, when the waste food averaged 200 lbs daily, 555.

8 *Hongkong Daily Press*, 20 January 1920.

9 Lilius, *I Sailed with Chinese Pirates*, 102-3.

10 Gaols and Prisoners: The Diets of Prisoners in Victoria Gaol, *Hongkong Blue Book*, 1928, 390-93.

11 Ibid., 392.

12 Report of the Gaol Committee, *Hongkong Government Gazette*, 10 March 1877, 116.

13 Colonial Surgeon's Report for 1878, *Hongkong Government Gazette*, 9 July 1879, 405.

14 McKenzie to the Gaol Commission, 11 March 1857, CO 129/64, 301.

15 Jebb to Waddington, 23 April 1851, CO 129/38, 212.

16 MacDonnell to Buckingham, 29 May 1868, CO 129/130, 560.

17 Ibid.

18 Report of the Gaol Committee, *Hongkong Government Gazette*, 10 March 1877, 119.

19 Annual Report of the Superintendent of Victoria Gaol for 1887, *Hongkong Government Gazette*, 31 March 1888, 338.

20 Report of the Committee Appointed to Enquire into the Question of Flogging in Victoria Gaol, *Sessional Papers* 1896, 60.

21 Annual Report of the Superintendent of Victoria Gaol for 1887, *Hongkong Government Gazette*, 31 March 1888, 338.

22 Rizal, "A Visit to Victoria Gaol" (trans. Encarnacion Alzona), in *Miscellaneous Writings of Dr José Rizal*, 145-48.

23 Report of the Gaol Committee, *Hongkong Government Gazette*, 10 March 1877, 119.

24 Oscar Wilde was to have a different experience. He summed up oakum-picking in a couple of graphic lines in his *Ballad of Reading Gaol*: 'We tore the tarry rope to shreds/With blunt and bleeding nails.'

25 Gaols and Prisoners, *Hongkong Blue Book*, 1875, 165.

26 Minutes of the Proceedings of the Executive Council, 26 March 1873, CO 131/8, 253-54.

27 Annual Report of the Superintendent of Victoria Gaol for 1887, *Supplement to the Hongkong Government Gazette*, 31 March 1888, 338.

28 *Hongkong Telegraph*, 23 November 1888.

29 Report of the Superintendent of Prisons, *Administrative Reports for the Year 1925*, L4.

30 Simon V. Barros, interview, 8 November 2012.

31 Department of Prisons memo, 'Corporal Punishment', 7 August 1951, HKRS 125-4-1.

32 Alexander MacDonald Thomson, Acting Superintendent, in Report, 'Flogging in Victoria Gaol', *Sessional Papers* 1896, 60-62.

33 Government Notification, No. 16, *Hongkong Government Gazette*, 15 January 1887, 38.

34 Report, 'Flogging in Victoria Gaol', *Sessional Papers* 1896, 69.

35 Ibid., i-x, 1-120.

36 Ibid., 41.

37 Government Notification, *Hongkong Government Gazette*, 21 April 1906.

38 An Ordinance to amend the Flogging Ordinance, 1903, *Hongkong Government Gazette*, 28 April 1911, 177.

39 「體罰紀要」("Note on Corporal Punishment"),未標註日期,歸入 1968 年 7 月 9 日的備忘錄中,該備忘錄提及任命調查委員會,就是否應改變香港的體罰法律和做法提出建議,HKRS 125-4-1。

40 Proceedings of a Commission on the State of the Gaol, March 1857, CO 129/64, 303.

41 引自 1866 年 9 月 14 日調查委員會報告中關於域多利監獄某些囚犯在自己身上製造傷口的摘錄,CO 129/116, 121-22。

42 Ibid., 121.

43 MacDonnell to Buckingham, 29 May 1868, CO 129/130, 559.

44 Report on the Gaol Hospital, 29 February 1904, in Report of the Principal Civil Medical Officer for the Year 1903, *Sessional Papers* 1904, 440.

45 Hennessy to Hicks Beach, 23 July 1878, CO 129/181, 297-300.

46 Ibid.

47 Colonial Surgeon's Report for 1891, *Sessional Papers* 1892, 394.

48 Report on the Health and Sanitary Conditions of the Colony of Hong Kong for the Year 1903, *Sessional Papers* 1904, 228, 229; Report of the Principal Civil Medical Officer for the Year 1904, *Sessional Papers* 1905, 285.

49 Report on the Gaol Hospital, 29 February 1904, in Report of the Principal Civil Medical Officer for the Year 1903, *Sessional Papers* 1904, 439.

50 Report of the Principal Civil Medical Officer for the Year 1903, *Sessional Papers* 1904, 440.

51 Colonial Surgeon's Report for 1891, *Sessional Papers* 1892, 895.

52 Report of the Superintendent of Victoria Gaol for 1885, *Sessional Papers* 1886, 149; Report, 'Flogging in Victoria Gaol', *Sessional Papers* 1896, 58.

53 Report on H.M. Victoria Prison by C.O.V.P., 29 December 1949, Hong Kong Public Records Office, HKRS 125-3-564.

54 Gordon to Colonial Secretary, 29 December 1886, enclosed in CO129/229, 425-33.

55 Gordon to Colonial Secretary, 29 December 1886, enclosed in CO 129/229, 425-33; Report of the Superintendent of Victoria Gaol for 1886, *Sessional Papers* 1887, 250.

56 *Hongkong Daily Press*, 20 January 1920.

57 Andrew, *Diary of an ex-Hong Kong Cop*, 27.

58 Report of the Committee Appointed to Investigate Certain Matters Connected with the Administration of the Victoria Gaol, 12 April 1920, *Sessional Papers* 1920, 41-46A.

59 *Hongkong Daily Press*, 20 January 1920.

注釋

60　*Hongkong Daily Press*, 21 January 1920.

61　Ibid.

62　Return showing the classification of offences, for which prisoners were confined in Victoria Gaol, on the first day of each month of the year 1871, *Hongkong Government Gazette*, 23 March 1872, 127; *Hongkong Government Gazette*, 14 March 1874, 115; Returns relative to Victoria Gaol, during the year 1875, *Hongkong Government Gazette*, 12 February 1876, 75.

63　Return, 1881, *Hongkong Government Gazette*, 11 March 1882, 263.

64　Hillier, 7 April 1855, quoted in Norton-Kyshe, *History*, Vol. I, 644.

65　Report of the Superintendent of Victoria Gaol for 1890, *Sessional Papers* 1891, 157.

66　Report of the Committee Appointed to Investigate Certain Matters Connected with the Administration of the Victoria Gaol, 12 April 1920, *Sessional Papers* 1920, 41-42.

67　*China Mail*, 22 January 1951.

68　*China Mail*, 23 January 1951.

69　Report of the Superintendent of Victoria Gaol for 1885, *Sessional Papers* 1886, 147.

70　*China Mail*, 30 June 1931.

71　Colonial Surgeon's Annual Report on the Sanitary Conditions of the Colony, *Hongkong Government Gazette*, 1 April 1865, 158.

72　Rules and Regulations for the Management of the Prison at Victoria, *Hongkong Government Gazette*, 31 October 1891, 953.

73　Hennessy to Carnarvon, 29 November 1877, CO 129/179, 414; *Hongkong Daily Press*, 23 November 1877.

74　Hennessy to Hicks Beach, 12 August 1878, CO 129/181, 452.

75　*Hongkong Daily Press*, 23 November 1877.

76　*China Mail*, 30 November 1877.

77　Report from the Colonial Surgeon, 14 June 1878, CO 129/184, 218.

78　*China Mail*, of unknown date, probably early 1868.

79　Special Report by Commissioner of Prisons, 7 January 1947, Hong Kong Public Records Office, HKRS 101-4-21.

80　Report made by "Informer X", 9 April 1951, Hong Kong Public Records Office, HKRS 125-3-148.

81　*South China Morning Post*, 20 February 1966; report, Chief Officer (V), 19 February 1966; signed statement by Lau Choy, 21 February 1966; Hong Kong Public Records Office, HKRS 125-3-148.

82　Finding of jury on death of prisoner Cheng Sang, 5 October 1950, Hong Kong Public Records Office, HKRS 125-3-145.

83　Davis to Stanley, 27 March 1845, CO 129/11, 218-24.

84　Gaol Returns 1870, *Hongkong Blue Book*, 1870, 198.

85　Colonial Office pencilling, in MacDonnell to Buckingham, 29 May 1868, CO 129/130, 557.

86　Annual Report of HM Victoria Remand Prison for the Year 1950, Hong Kong Public Records Office, HKRS 125-3-564.

87　Ibid.

88　*Canton Press*, 15 May 1841, cited in Sayer, *Hong Kong 1841-1862*, 106.

89　Munn, *Anglo-China*, 218.

90　Norton-Kyshe, *History*, Vol. I, 324.

91　*South China Morning Post*, 14 May 1924.

92　Government Notification, *Hongkong Government Gazette*, 12 March 1859, 178.

93　Norton-Kyshe, *History*, Vol. I, 580.

94　*China Mail*, 13 December 1867.

95　Norton-Kyshe, *History*, Vol. I, 386.

96　Minutes of Executive Council meeting, 11 July 1871, CO 131/7, 329.

97　Report of the Captain Superintendent of Police for the Year 1874, *Hongkong Government Gazette*, 20 February 1875, 45-46.

98　*Hongkong Daily Press*, 12 October 1874.

99　*Hongkong Daily Press*, 20 December 1878.

100　Norton-Kyshe, *History*, Vol. II, 352.

101 Rules and Regulations for the Management of the Prison at Victoria, *Hongkong Government Gazette*, 27 March 1897, 197.

102 *China Mail*, 13 November 1907; *Hongkong Telegraph*, 13 November 1907.

大事年表

●：香港發生的事件
■：世界其他地方（主要是英國和中國）發生的事件

1816

- ■ 位倫敦皮姆利科區（Pimlico）的米爾班克監獄（Millbank Penitentiary）建成，它的放射型佈局顯示其設計受到邊沁提出的全景監獄影響。

1829

- ■ 英國通過《大都會警察法》（Metropolitan Police Act），在當地創建首支專業警察隊。

1839

- ● 鴉片戰爭爆發。

1841

- ● 把香港島割讓予英國的《穿鼻草約》擬定，但最終沒獲批准。
- ● 威廉‧堅獲任命為香港的總巡理府。
- ● 香港人口估計約為 7,450 人。

1842

- ● 根據《南京條約》，香港島「永久」割讓予英國。上海、廣州、寧波、福州和廈門開放外國通商。
- ● 總巡理府禁止華人在晚上 11 點後出門，違者會被警察拘捕。
- ■ 約書亞‧傑布中校設計的「模範監獄」本頓維爾監獄啟用。
- ● 香港人口估計倍增至約 15,000 人。

1843

- ● 威廉‧堅把宵禁提早至晚上 10 點實施；華人居民在晚上 8 點後出門須攜燈籠。

1844

- ● 英治時期的警隊成立。
- ● 最高法院（臬署）啟用。
- ● 香港在西角執行首次處決，受刑者是因謀殺一名歐裔中士而被處死的印度裔隨軍人員。

1845

- ● 來自倫敦警察廳的查理士‧梅理抵達香港。
- ● 香港政府首次實行鴉片專營承充制度。

1847

- 文武廟建成。
- 新的巡理府署大樓落成啟用。

1849

- 首批華工從香港搭船前往美國加州的金礦工作。

1850

- 中國爆發太平天國之亂。

1851

- 信奉基督教原教旨主義的太平天國領袖洪秀全自稱天王。這場叛亂在 1864 年結束，中國十六省和數以百計的城市大受蹂躪，但沒有推翻清廷統治。

1854

- 英國實行少年犯感化制度。

1856

- 港府任命警察委員會調查警隊弊病。
- 「亞羅號」事件發生，第二次鴉片戰爭爆發。
- 巡理府署範圍內執行該地點首次有記錄的處決。被處死的是馬來人薩馬蘭。

1857

- 「攜燈夜照」規定收緊，加強了之前的宵禁制度。華人居民如在晚上 8 點至日出前外出，須持有警方發出的夜行執照。
- 張亞霖因被懷疑供應毒麵包被捕，經審訊後獲判無罪釋放。
- 六十名華人罪犯被流放到納閔島（十人到達時已死亡）。

1858

- 《天津條約》簽訂：中國再開放十個口岸對外通商。
- 香港人口達到 75,500 人。

1860

- 《北京條約》簽訂，確認《天津條約》有效，並結束第二次鴉片戰爭。英國取得九龍半島。

1862

- 查理士・梅理獲委任為巡理府。
- 總巡捕官昆賢從印度招募 150 名印度兵加入香港警隊。
- 昂船洲的新監獄動工。
- 香港人口達到 125,500 人。

1863

- 英國通過《勒頸搶劫法》（Garrotting Act），以減低公眾對於倫敦凶殘罪犯逍遙法外的憂慮。約書亞‧傑布的監獄管理制度被批評過於仁慈寬大。
- 在英國，杜卡恩獲委任為監獄首長。

1865

- 香港仿照《勒頸搶劫法》制訂條例，令臬署可判處笞刑懲罰。

1866

- 更練成立。
- 烙刑計劃實行。

1867

- 《傳染病條例》通過。
- 港督麥當奴准許合法開賭；16 家有牌賭館獲准在警察監管下營業。

1868

- 滅火隊根據法例成立：滅火權責從總巡捕官轉移到香港滅火官之手。
- 英國取消公開處決。

1869

- 警察學校成立。
- 東華醫院成立，採用中醫藥治病，並迅速成為香港最大的華人慈善組織，為華人提供各種社會福利服務，成為非正式權力的中心。

1871

- 港府委任警察委員會調查警隊的效率和組織，以及在香港防止罪案發生的事宜。

1872

- 警察調查委員會支持理雅各博士提出以英國人和華人組成警隊的主張。

1877

- 港督軒尼詩建議改革監獄並實行「隔離制」。

1879

- 三人在監獄場址內被公開處決，是首次在監獄範圍內行刑。

1880

- 伍敍成為定例局臨時議員，是首名華人獲委任。港督軒尼詩也委任伍敍為署理巡理府。

1881

- 香港人口升至 160,400 人。

1882

- 保良局開幕。

1884

- 中法戰爭爆發。
- 艇夫和運貨工人拒絕為停泊於香港港口的法國船服務或供應補給物資。警察干涉後，罷工者暴動。
- 《維持治安條例》制訂，以對付罷工和仇外抵制活動。

1888

- 「管理華人」條例納入「攜燈夜照」的規定。

1894

- 香港爆發鼠疫。
- 香港軍團的士兵亞都拉汗（Abdoolah Khan）在監獄操場被吊死，是最後一次公開執行處決。

1897

- 「攜燈夜照」制度中止。

1898

- 英國租借新界 99 年。

1899

- 域多利監獄的英文名稱從 Victoria Gaol 改為 Victoria Prison。

1901

- 香港人口達到 283,900 人。
- 倫敦警察廳採用指紋分類法。

1902

- 首間少年犯收容所於肯特郡的博斯托爾設立，目的是把少年犯與監獄中的成人罪犯分隔。類似的設施在全世界發展起來。

1903

- 域多利監獄爆發鼠疫。

1904

- 當局通過條例把山頂保留為僅限非華人居住,受僱於歐籍人的僕役則例外。
- 總巡捕官畢地利在香港採用指紋登記。

1907

- 英國推行感化制度。

1908

- 英國為十五歲或以下的犯罪者設立獨立法庭。
- 英國開設了更多稱為「博斯托爾感化院」的設施。

1910

- 殖民地大臣下令關閉香港所有鴉片煙館。

1911

- 中國爆發辛亥革命。
- 《維持治安條例》賦予警察管制群眾和拘捕的緊急權力,總督盧吉又批准額外的鞭笞權力。
- 人口增至 456,740 人。

1912

- 梅含理爵士來港擔任總督時遭人試圖行刺。
- 抵制電車事件引發示威者與警察衝突。

1914

- 第一次世界大戰爆發。
- 香港實行政府鴉片專賣,作為配合國際取締鴉片工作的一環。

1915

- 新建成的中央裁判司署開庭審案。

1918

- 《山頂區(居住)條例》規定,除了某些例外情況,任何人未得總督會同行政局同意,不可於山頂區居住。

1919

- 警察與監獄的行政管理分開，總巡捕官和域多利監獄司獄官成為兩個各相獨立的職位。

1920

- 荔枝角分支監獄落成。
- 「域多利監獄司獄官」的稱呼由「監獄總監」取代。
- 連串罷工爆發。
- 在此政治形勢緊張、大規模勞工動員、罷工和抵制活動的時期，許多人被遞解和驅逐出境。

1921

- 中國開始與列強談判歸還租借地，包括威海衛。
- 香港現時人口為 625,166 人。

1922

- 兩百名從威海衛招募的人加入香港警隊。
- 海員和碼頭工人罷工爭取加薪；十二萬名工人加入表達支持。
- 《緊急情況規例條例》制訂，授權總督會同行政局可以不經立法局訂立法律。
- 警察在沙田附近向罷工者開槍，幾人被殺和受傷。

1923

- 首批威海衛警察抵達香港。

1924

- 九龍裁判司署啟用。

1925

- 省港大罷工發生，警察被派去鎮壓罷工和應付罷工者的恐嚇威脅。

1931

- 胡志明被拘留在域多利監獄。
- 中國知識份子艾蕪從英屬緬甸被驅逐，在前往上海途中停留域多利監獄。
- 香港人口增至 840,473 人。

1932

- 《少年犯條例》通過，設立香港最早的少年法庭。
- 荔枝角的新女子監獄啟用。

1933

- 中央裁判司署的少年法庭首次開庭。

1937

- 赤柱監獄建成。
- 日本侵略中國，抗日戰爭爆發。

1939

- 域多利監獄部分重開，用作收容還押犯的拘留中心。

1941

- 香港人口估計為一百六十四萬人。
- 日本入侵香港。香港投降。

1942

- 中區警署被日本憲兵隊使用。

1942–44

- 日本軍政府實行自願歸鄉政策和強迫驅逐措施，令香港人口跌至六十萬。

1945

- 日本投降。

1946

- 赤柱設立收容少年罪犯的開放式感化所。

1949

- 中國共產黨執掌政權，中華人民共和國成立。
- 香港人口估計達為一百八十六萬。

1950

- 警隊招募女警。
- 香港與中國內地之間的邊界關閉。

1954

- 位於灣仔軍器廠街的新警察總部啟用。
- 香港人口介乎二百萬至二百二十五萬之間。

1956

- 大嶼山芝麻灣設立首間開放式監獄。
- 香港人口超過二百五十萬。
- 「雙十暴動」：香港的國民黨支持者於 10 月 10 日舉行抗議，引發持續幾天的暴動，令多人死亡。

1960

- 香港人口升至超過三百萬。

1964

- 英國停止執行死刑。在 1965 年，五年內暫緩執行對謀殺案所判的死刑，之後在 1969 年全面廢除。

1966

- 天星小輪提出加價引發暴動。
- 香港最後一次執行死刑。
- 中國開始「文化大革命」。
- 澳門爆發左派暴動。

1967

- 「文化大革命」開始後，香港局勢動盪，發生暴力示威、遊行、暴動、炸彈爆炸和意圖刺殺等事件。

1969

- 設於大欖的首間戒毒所啟用。
- 香港警隊獲得皇家香港警察稱號。

1972

- 小欖精神病治療中心設立。

1973

- 赤柱監獄發生暴動後，當局展開對監獄結構和管理的調查，結果是廣泛改革香港的監獄制度。

1974

- 香港人口接近四百二十五萬。

1975

- 第一波越南船民抵達香港。

1979

- 中央裁判司署關閉。這座建築物被用作最高法院分院，直至 1982 年；之後又用作西區裁判署，直至 1984 年。

1980 年起

- 來自內地和其他地方的非法移民在遣返前，會拘押在邊境的臨時拘留營和域多利監獄。

1981

- 監獄內廢除膳食懲罰和體罰。

1982

- 監獄署改名為懲教署，反映其重點轉為教化更生。
- 英國取消博斯托爾感化院。

1984

- 《中英聯合聲明》簽署。

1988

- 中英聯合聯絡小組成立。

1989

- 香港人口逼近五百七十萬。

1990

- 《香港特別行政區基本法》在北京頒佈，將於 1997 年 7 月 1 日生效。
- 體罰作為司法刑罰被廢除。

1992

- 香港對越南船民實行有秩序自願遣返計劃。

1993

- 香港廢除死刑。

1995

- 中區警署、中央裁判司署和域多利監獄獲古物古蹟辦事處列為法定古蹟。

1997

- 7月1日中華人民共和國香港特別行政區成立，英國不再管治香港，中華人民共和國中央人民政府恢復對香港行使主權。
- 香港人口達到六百四十九萬。

2005

- 中區警署正式關閉。
- 香港人口達到六百九十萬。

2007

- 香港賽馬會宣佈資助保育和活化中區警署建築群的計劃。

附錄

香港警隊首長

	上任年份
總巡理府	
威廉・堅（William Caine）	1841
署理巡捕官	
哈利上尉（Captain Haly）	1844
布魯斯上尉（Captain J. Bruce）	1844
總巡捕官	
查理士・梅理（Charles May）	1845
昆賢（William Quin）	1862
田尼（Walter Meredith Deane）	1867（署任至 1868 年 7 月）
哥頓（Alexander Herman Adam Gordon）	1892
梅含理（Francis Henry May）	1893
畢地利（Joseph Francis Badeley）	1901
馬斯德（Charles McIlvaine Messer）	1913
胡樂甫（Edward D.C. Wolfe）	1918
警察總監（職銜名稱改變）	
胡樂甫（Edward D.C. Wolfe）	1930
經亨利（Thomas Henry King）	1934
警務處處長（職銜名稱改變）	
經亨利（Thomas Henry King）	1938
俞允時（John Pennefather-Evans）	1941
辛士誠（C.H. Samson）＊	1946
麥景陶（Duncan W. MacIntosh）	1946
麥士維（Arthur Maxwell）	1953
伊輔（Henry Heath）	1959
戴磊華（Edward Tyrer）	1966
伊達善（Edward C. Eates）	1967
薛畿輔（Charles Payne Sutcliffe）	1969
施禮榮（Brian F.P. Slevin）	1974
韓義理（Roy Henry）	1979
顏理國（Ray Anning）	1985
李君夏	1989

（續上表）

許淇安	1994
曾蔭培	2001
李明逵	2003
鄧竟成	2007
曾偉雄	2011
盧偉聰	2015
鄧炳強	2019

＊英國軍政府時期的短暫任命

中央裁判司署的著名裁判司

威廉·堅	1841–1846
禧利（Charles Batten Hillier）	1844–1856
米切爾（William Henry Mitchell）	1850–1862
德都德（Henry Tudor Davies）	1856–1859
卡拉漢（Thomas Callaghan）	1860–1861
查理士·梅理（Charles May）	1862–1879
懷特（John Charles Whyte）	1862–1867
羅士理（James Russell）	1869–1879
伍敍（伍廷芳）	1880–1881
屈侯士（Henry Ernest Wodehouse）	1881–1898
夏士倫（Francis Arthur Hazeland）	1901–1916
士蔑（Thomas Sercombe Smith）	1898 及 1900–1907（中間有間斷）
活約翰（John Roskruge Wood）	1908–1924（中間有間斷）
連些路（Roger Edward Lindsell）	1919–1929（中間有間斷）
施戈斐侶（Walter Schofield）	1931–1937
富勵士（Robert Andrew Dermod Forrest）	1937–1940
些路頓（Harold George Sheldon）	1940–1941 及 1946–1947
羅顯勝	1948–1970（中間曾於其他裁判司署任職）
李扶連（Anthony Lawrence Leathlean）	1958–1973
高富（Paul Melville Corfe）	1966–1983

註：在此時期於中央裁判司署擔任過裁判司的人超過 100 名，有的只是擔任很短時期，許多人的任期互相重疊。
此表包括二十名最為人熟知的名字，並列出他們擔任裁判司的時期。我們沒有根據迭經改變的職銜和層級（總
巡理府、副巡理府、巡理府、首席巡理府、正巡理府等）去把他們分類。

附錄

監獄及懲教部門首長

	上任年份
總巡理府	
威廉・堅（William Caine）	1841
不同的「管獄官」	1846–1857
監獄長	
史葛（Joseph Scott）	1858
域多利監獄司獄官	
賴亞爾（Charles Ryall）	1862
德忌利士（Francis Douglas）	1863
李士達（Alfred Lister）	1874
湯隆基（Malcolm Struan Tonnochy）	1875
哥頓（Alexander Herman Adam Gordon）	1885
萊思布里奇（Henry B.H. Lethbridge）	1892
梅含理（Francis Henry May）	1897
畢地利（Joseph Francis Badeley）	1902
馬斯德（Charles McIlvaine Messer）	1913
監獄總監	
扶冷士（John William Franks）	1920
監獄署署長	
威路覺士（James Lugard Willcocks）	1938
施靈福（William Shillingford）	1947
鮑德（John Tunstall Burdett）	1951
羅文（Cuthbert James Norman）	1953
白傑德（Gilbert Roy Pickett）	1968
懲教署署長	
簡能（Thomas Garner ）	1972
陳華碩	1985
麥啟紓（Frederic Samuel McCosh）	1990
黎明基	1995
伍靜國	1999
彭詢元	2003
郭亮明	2006
單日堅	2010
邱子昭	2014
林國良	2017
胡英明	2018

主要參考書目

主要一手資料包括刊載於《香港藍皮書》和《香港政府憲報》的政府部門年報和統計數字，尤其是關於警隊、監獄和法庭的。另外也參閱了立法局會議報告（《香港議事錄》）和各種呈交立法局的會議文件。1941 年前的這些文件，大多能在香港大學圖書館網站 Digital Initiatives 下的 Hong Kong Government Reports Online 頁面找到。

十九世紀至二十世紀初的報紙，主要是《德臣西報》、《孖剌西報》和《士蔑西報》，刊登了數以千計法庭案件的報道和許多有關警察和監獄的資料。這些和其他香港報紙歷來出版的期數，已上載到香港公共圖書館網站的多媒體資訊系統頁面。《南華早報》也是關於案件和其他資料的重要來源。

我們也參考了英國國家檔案館所藏、1841 至 1951 年間香港總督與殖民地部之間的通信原件（'CO 129'），以及香港歷史檔案館中有關裁判司署和監獄的通信檔案。另一個很有用的系列是英國國家檔案館所藏的香港戰爭罪行審訊藏品（WO235/937），這些許多都能在香港大學圖書館網站的 Digital Initiatives 網頁中找到。

我們查閱過許多已出版和未出版的書籍、文章和其他資料，以下詳列直接引用過及許多其他一些我們認為特別有用和有趣的資料。

中文書刊

Tan Dan Tien 著，張念式譯：《胡志明傳》（上海：八月出版社，1949）。

王文彬、金石（主編）：《戴望舒全集·詩歌卷》（北京：中國青年出版社，1999）。

艾蕪：〈香港之一夜——南洋歸客談之一〉（1931），載湯繼湘、王莎編：《艾蕪集》（廣州：花城出版社，2011）。

蔡榮芳：《香港人之香港史》（香港：牛津大學出版社，2001）。

謝永光：《三年零八個月的苦難》（香港：明報出版社，1994）。

英文書刊

Asia Society Galleries, *Picturing Hong Kong: Photography 1855–1910* (New York: 1997).

Anderson, David M. and David Killingray (eds.), *Policing the Empire: Government, Authority, and Control, 1830–1940* (Manchester: Manchester University Press, 1991).

Andrew, Kenneth, *Diary of an ex-Hong Kong Cop* (Cornwall: United Writers, 1979).

Au Yeung Sau-ching, *et al.*, *Custody and Correction: Development of Hong Kong's Penal System* (Hong Kong: Correctional Services Department, 2011).

Baker, Phil, and Anthony Clayton (eds.), *Lord of Strange Deaths: The Fiendish World of Sax Rohmer* (London: Strange Attractor, 2015).

Banham, Tony, *Not the Slightest Chance: The Defence of Hong Kong, 1941* (Hong Kong: Hong Kong University Press, 2003).

Bernard, W.D., *Narrative of the Voyages and Services of the Nemesis and the Combined Naval and Military Operations in China: Comprising a Complete Account of the Colony of Hong Kong and Remarks on the Character and Habits of the Chinese, from Notes of Commander W. H. Hall*, II, 83 (London: Henry Colburn, Publisher, 1844).

Bickley, Gillian (ed.), *A Magistrate's Court in Nineteenth Century Hong Kong: Court in Time* (Hong Kong: Proverse Press, 2005).

Bird, Isabella, *The Golden Chersonese and the Way Thither* (New York: Putnam, 1884; reprint, Kuala Lumpur: Oxford University Press, 1967).

Blyth, Sally and Ian Wotherspoon (eds.), *Hong Kong Remembers* (Hong Kong: Oxford University Press, 1996).

Botsman, Daniel V., *Punishment and Power in the Making of Modern Japan* (Princeton: Princeton University Press, 2005).

British Parliamentary Papers: China 25: Correspondence, Dispatches, Reports, Returns, Memorials and Other Papers Relating to the Affairs of Hong Kong 1862–81 (Shannon: Irish University Press, 1971).

British Parliamentary Papers: China 38: Report of the Select Committee on Commercial Relations with China 1847 (Shannon: Irish University Press, 1971).

Brook, Timothy, and Bob Tadashi Wakabayashi (eds.), *Opium Regimes: China, Britain, and Japan, 1839–1952* (Berkeley & Los Angeles: University of California Press, 2000).

Caldwell, Daniel Richard, *A Vindication of the Character of the Undersigned from the Aspersions of Mr T. Chisholm Anstey, Ex-Attorney General of Hong Kong, as Contained in His Charges, His Pamphlet, and His Letter to the Secretary of State for the Colonies* (Hong Kong: Noronha, 1860).

Carroll, John M., *Edge of Empires: Chinese Elites and British Colonials in Hong Kong* (Cambridge, Massachusetts: Harvard University Press, 2005).

——, *A Concise History of Hong Kong* (Hong Kong: Hong Kong University Press / Lanham, Maryland: Rowman & Littlefield Publishers, Inc., 2007).

Chadwick, Osbert, *Report on the Sanitation of Hong Kong* (London: Colonial Office, 1882).

Chan Sui-jeung and Jimmy Tsoi Kwok-wai, *Victoria Prison Memorial Book 1841–2005* (Hong Kong: Correctional Services Department, 2005).

Cheung, Gary Ka-wai, *Hong Kong's Watershed: The 1967 Riots* (Hong Kong: Hong Kong University Press, 2009).

Cooke, George Wingrove, *China: Being "The Times" Special Correspondence from China in the Years 1857—58* (London: Routledge, 1858).

Cowell, C.A., "Form Follows Fever: Malaria and the Making of Hong Kong, 1841–1848", Unpublished MPhil thesis (University of Hong Kong, 2009).

Crisswell, Colin and Mike Watson, *The Royal Hong Kong Police (1841–1945)* (Hong Kong: Macmillan, 1982).

Cunynghame, Arthur, *The Opium War: Being Recollections of Service in China* (Philadelphia: G.B. Zieber & Co., 1845).

Dikötter, Frank, *Crime, Punishment, and the Prison in Modern China, 1895–1949* (New York: Columbia University Press, 2002).

——, "'A Paradise for Rascals': Colonialism, Punishment and the Prison in Hong Kong (1841–1898)", *Crime, Histoire & Sociétés*, Vol. 8, no.1 (2004).

Dodds, James (1842–76), Diary of 1876 (Unpublished), Hong Kong Public Records Office, Book 920 DOD.

Duncanson, Dennis J., "Ho Chi Minh in Hong Kong, 1931–32", *China Quarterly*, Vol. 57 (Jan–March 1974), (Cambridge: Cambridge University Press).

Eitel, E.J., *Europe in China*, with an Introduction by H.J. Lethbridge (Reprint, Hong Kong: Oxford University Press, 1983).

——, "Chinese Studies and Official Interpretation in the Colony of Hongkong", *China Review*, Vol. 6 No. 1. Empson, Hal, *Mapping Hong Kong: A Historical Atlas* (Hong Kong: Government Information Services, 1992).

Emsley, Clive, *Crime and Society in England, 1750–1900* (London: Longman, 1987).

Endacott, G.B., *A Biographical Sketch-Book of Early Hong Kong* (1962; reprinted with an Introduction by John M. Carroll; Hong Kong: Hong Kong University Press, 2005).

Evans, Robin, *The Fabrication of Virtue: English Prison Architecture, 1750–1840* (Cambridge: Cambridge University Press, 1982).

Foucault, Michel, *Discipline and Punish: The Birth of the Prison*, translated from French by Alan Sheridan (Reprint, London: Penguin Books, 1979).

Frodsham, J.D. (translated and annotated), *The First Chinese Embassy to the West: The Journals of Kuo Sung-T'ao, Liu Hsi-Hung and Chang Te-yi* (Oxford: Clarendon Press, 1974).

Gaylord, Mark S. and Harold Traver (eds.), *Introduction to the Hong Kong Criminal Justice System* (Hong Kong: Hong Kong University Press, 1994).

——, Danny Gittings and Harold Traver (eds.), *Introduction to Crime, Law and Justice in Hong Kong* (Hong Kong: Hong Kong University Press, 2009)

Hamilton, Sheilah, "The District Watch Force", *Journal of the Royal Asiatic Society Hong Kong Branch*, Vol. 38 (1998–99).

——, *Watching over Hong Kong: Private Policing 1841–1941* (Hong Kong: Hong Kong University Press, 2008).

Harrop, Phyllis, *Hong Kong Incident* (London: Eyre & Spottiswoode, 1943).

Ho, Lawrence K.K. and Chu Yiu Kong, *Policing Hong Kong, 1842–1969: Insiders' Stories* (Hong Kong: City University of Hong Kong Press, 2012).

Holdsworth, May and Christopher Munn (eds.), *Dictionary of Hong Kong Biography* (Hong Kong: Hong Kong University Press, 2012).

Howell, Philip, "Race, Space and the Regulation of Prostitution in Colonial Hong Kong", *Urban History*, Vol.

31, no. 2 (2004).

Jiao, Allan Y., *The Police in Hong Kong: A Contemporary View* (Lanham, Maryland: University Press of America, Inc., 2007).

Jones, Carol, with Jon Vagg, *Criminal Justice in Hong Kong* (London: Routledge-Cavendish, 2007).

Kerrigan, Austin, "Policing a Colony: The Case of Hong Kong 1844–1899", Unpublished PhD thesis (Cardiff Graduate Law School, University of Wales, 2001).

Lethbridge, H.J., *Hong Kong: Stability and Change* (Hong Kong: Oxford University Press, 1978).

——, *Hard Graft in Hong Kong: Scandal, Corruption, the ICAC* (Hong Kong: Oxford University Press, 1985).

Lilius, Aleko E., *I Sailed with Chinese Pirates* (1930; reprinted with a new foreword by Paul French; Hong Kong: Earnshaw Books, 2009).

Luard, Tim, *Escape from Hong Kong: Admiral Chan Chak's Christmas Day Dash, 1941* (Hong Kong: Hong Kong University Press, 2012).

Luk, Bernard, "A Hong Kong Barrister in Late-Ch'ing Law Reform", *Hong Kong Law Journal*, Vol. 11 (1981)
Malaka, Tan, *From Jail to Jail*, Vols. 1, 2 and 3, translated by Helen Jarvis (Ohio: Ohio University Center for International Studies, 1991).

Miners, Norman J., *Hong Kong Under Imperial Rule: 1912–1941* (Hong Kong: Oxford University Press, 1987).

——, "The Localization of the Hong Kong Police Force, 1842–1947", *The Journal of Imperial and Commonwealth History*, Vol. 18, no. 3 (October 1990).

——, "The Hong Kong Government Opium Monopoly", *Journal of Imperial and Commonwealth History*, Vol. 11, no. 3 (1983).

Morris, Esther, *Helena May: The Person, The Place and 90 Years of History in Hong Kong* (Hong Kong: The Helena May, 2006).

Morris, Norval and David Rothman (eds.), *The Oxford History of the Prison: The Practice of Punishment in Western Society* (New York: Oxford University Press, 1998).

Munn, Christopher, *Anglo-China: Chinese People and British Rule in Hong Kong, 1841–1880* (Richmond, Surrey: Curzon Press, 2001).

——, "'Scratching with a Rattan': William Caine and the Hong Kong Magistracy, 1841-1844", *Hong Kong Law Journal*, Vol. 25 Part 2 (1995).

——, "The Transportation of Chinese Convicts from Hong Kong, 1844–1858", *Journal of the Canadian Historical Association*, Vol. 8, no. 1 (1997).

Ngo Tak-Wing (ed.), *Hong Kong's History: State and Society Under Colonial Rule* (London: Routledge, 1999).

Norton-Kyshe, J.W., *The History of the Laws and Courts of Hong Kong from the Earliest Period to 1898*, Vols. I and II (Hong Kong: Vetch and Lee Ltd., 1971).

O'Sullivan, Patricia, "George Hennessy, an Irishman in the Hong Kong Police", *Journal of the Royal Asiatic Society Hong Kong Branch*, Vol. 52 (2012).

Ouchterlony, John, *The Chinese War: An Account of All the Operations of the British Forces from the*

Commencement to the Treaty of Nanking (London: Saunders and Otley, 1844).

Pearson, Veronica and Ko Tim Keung (eds.), *A Sense of Place: Hong Kong West of Pottinger Street* (Hong Kong: Joint Publishing [H.K.] Co., Ltd., 2008).

Perham, Margery, *Lugard, Volume II: The Years of Authority 1898–1945* (London: Collins, 1960).

Pope-Hennessy, James, *Verandah: Some Episodes in the Crown Colonies 1867–1889* (London: George Allen & Unwin, 1964).

Porter, Roy, *London: A Social History* (London: Penguin Books, new edition, 2000).

Rizal, José, "A Visit to Victoria Gaol", translated by Encarnacion Alzona, in *Miscellaneous Writings of Dr José Rizal* (Manila: National Historical Institute, 1992).

Sayer, Geoffrey Robley, *Hong Kong 1841–1862: Birth, Adolescence and Coming of Age* (1937; reprint, Hong Kong: Hong Kong University Press, 1980).

——, *Hong Kong 1862–1919: Years of Discretion*, edited with additional notes by D.M. Emrys Evans (Hong Kong: Hong Kong University Press, 1975).

Shepherd, Jim, *Silks, Satin, Gold Braid and Monkey Jackets: An Autobiography* (Edinburgh, Cambridge, Durham, USA: The Pentland Press, 1996).

Sinclair, Kevin, *Asia's Finest: An Illustrated Account of the Royal Hong Kong Police* (Hong Kong: Unicorn Books, 1983).

—— and Nelson Ng Kwok-cheung, *Asia's Finest Marches On: Policing Hong Kong from 1841 into the 21st Century, An Illustrated Account of the Hong Kong Police Force* (Hong Kong: Kevin Sinclair Associates Ltd, 1997).

Sinn, Elizabeth, *Power and Charity: A Chinese Merchant Elite in Colonial Hong Kong* (Hong Kong: Oxford University Press, 1989).

——, *Pacific Crossing: California Gold, Chinese Migration, and the Making of Hong Kong* (Hong Kong: Hong Kong University Press, 2013).

Smith, A.R., *To China and Back: Being a Diary Kept Out and Home, with an Introduction by Henry James Lethbridge* (Hong Kong: Hong Kong University Press, 1974).

Smith, Carl T., *A Sense of History: Studies in the Social and Urban History of Hong Kong* (Hong Kong: Hong Kong Educational Publishing Co., 1995).

——, *Chinese Christians: Elites, Middlemen, and the Church in Hong Kong* (1985; reprinted with an Introduction by Christopher Munn; Hong Kong: Hong Kong University Press, 2005).

Snow, Philip, *The Fall of Hong Kong: Britain, China and the Japanese Occupation* (New Haven and London: Yale University Press, 2003).

Stanton, William, *The Triad Society; or, Heaven and Earth Association* (Hong Kong: Kelly and Walsh, 1900).

Thomson, John Stuart, *The Chinese* (Indianapolis: Bobbs-Merrill Company, 1909).

Tsai Jung Fang, *Hong Kong in Chinese History: Community and Social Unrest in the British Colony, 1842–1913* (New York: Columbia University Press, 1993).

Weatherhead, Alfred, "Life in Hong Kong, 1856–1859", unpublished lecture (typescript in the Hong Kong Special Collection, University of Hong Kong).

Witchard, Anne, *Lao She in London* (Hong Kong: Hong Kong University Press, 2012).

Whitworth, Phoebe, *View from the Peak: An Autobiography* (Cambridge, 1966; new edition published by T.G. Whitworth, 2001).

Wright-Nooth, George, with Mark Adkin, *Prisoner of the Turnip Heads: Horror, Hunger and Humour in Hong Kong, 1941–1945* (London: Leo Cooper, 1994).

Wu Tingfang, *America through the Spectacles of an Oriental Diplomat* (New York: Frederick A. Stokes Company, 1914).

圖片來源

此書中引用眾多個人、畫廊、博物館和其他機構藏品的圖像，承蒙他們惠允，在此謹致謝忱。以下列出這些圖像的來源連刊出頁碼。其餘圖片大多來自公共領域。有極少數情況是無法追溯版權持有人。如發現任何遺漏和錯誤，煩請通知出版社，以於日後重印時更正處理。

何明新：頁 32、52（上及下）、54、133（下）、134、304

冼玉儀：頁 192

香港古物古蹟辦事處：頁 49（上）、149（右）、248、261（下）、276、293（上）、306

香港特別行政區政府：頁 4–5、28、212、323（左及右）、351（下）、365（上）

香港會：頁 101（右）、164（下）、325

香港懲教署：頁 313、317、363、368

香港藝術館藏品：頁 36、60、66、68、208

香港歷史博物館：頁 104、156（下）、183（右）、213、241

香港警務處警隊博物館：頁 80、164（上）

香港政府檔案處歷史檔案館：頁 180（左）、378（左及右）

香港大公文匯傳媒集團：頁 120（上及下）、311

馬道立法官，大紫荊勳賢：頁 160（下）

高添強藏品：頁 2–3、21、27、112、118、168（下）、183（左）、215（上）、217、229（右）

陳天權：封面、56（下）、277（下）

陳碩聖：頁 293（下）、308、373

許日彤：頁 82、125、149（右）、237

黃棣才：頁 39、50、147、264（下）

賽馬會文物保育有限公司：頁 16、48（上）、96、320（下）

Adolfo Arranz: 頁 101（左）、252（下）

Anthony King：頁 64

A.B.K. Treays：頁 326

Courtesy of the family of Phoebe Whitworth, View from the Peak: An Autobiography：頁 110、322

John Breen：頁 41（左下）

K. & J. Jacobson：頁 224

Kirsty Norman：頁 334（左及右）

Louise Soloway Chan：頁 73、92（左）、133（上）、188（左）、287、297（下）、316、337、352（下）、360（上、左下及右下）

Michael Stanwick, the Mahjong Tile Set website：頁 188（右）

Philip Howell, 'Race, Space and the Regulation of Prostitution in Colonial Hong Kong', Urban History, Volume 31, no. 2 (2004), 229—48：頁 94（上及下）

Peter and Nancy Thompson：頁 156（上）

Roxy Lau：頁 173（左及右）、240、285（右）、385

Stewart Lockhart Collection, National Library of Scotland, Acc.4138. Courtesy of George Watson's College：頁 116

The American Geographical Society Library, University of Wisconsin-Milwaukee Libraries：頁 135

The Collection of Roy Delbyck：頁 71、83、105、109、182

The National Archives, Kew：頁 24(上)、37、41(上)、44(上及下)、45(上)、141(上及下)、249(上及下)、252（上）、256（上及下）、261（上）、269（下）、272（下）、285（左）、292、364

The Pennefather-Evans Family：頁 128

The Wodehouse Family：頁 117、185

Wattis Fine Art：頁 24－25（下）、28、88、180（右）、205（上）、225、265（下）

Wellcome Library, London：頁 144、288、384

大館

英治時期香港的犯罪、正義與刑罰

潘靈（May Holdsworth）
文基賢（Christopher Munn） 著

林立偉 譯

責任編輯 黎耀強　蔡柷音

裝幀設計 簡雋盈

排　　版 時潔

印　　務 劉漢舉

出版

中華書局（香港）有限公司

香港北角英皇道 499 號北角工業大廈 1 樓 B

電話：（852）2137 2338

傳真：（852）2713 8202

電子郵件：info@chunghwabook.com.hk

網址：http://www.chunghwabook.com.hk

發行

香港聯合書刊物流有限公司

香港新界荃灣德士古道 220 - 248 號

荃灣工業中心 16 樓

電話：（852）2150 2100

傳真：（852）2407 3062

電子郵件：info@suplogistics.com.hk

印刷

美雅印刷製本有限公司

香港觀塘榮業街 6 號 海濱工業大廈 4 樓 A 室

版次

2023 年 7 月初版

©2023 中華書局（香港）有限公司

規格

16 開（240mm x 170mm）

ISBN

978-988-8860-26-5